U0089866

中國學術思想 研究輯刊

初 編
林慶彰 主編

第23冊

《白虎通》讖緯思想之歷史研究

周德良 著

花木蘭文化出版社

國家圖書館出版品預行編目資料

《白虎通》讖緯思想之歷史研究／周德良 著 — 初版 — 台北縣
永和市：花木蘭文化出版社，2008〔民97〕
目 2+308 面：19×26 公分
（中國學術思想研究輯刊 初編：第23冊）
ISBN：978-986-6657-95-5（精裝）
1. 經學 2. 讖緯 3. 研究考訂
071.2   97016381

ISBN - 978-986-6657-95-5

中國學術思想研究輯刊
初 編 第二三冊   ISBN：978-986-6657-95-5

《白虎通》讖緯思想之歷史研究

作　　者　周德良
主　　編　林慶彰
總 編 輯　杜潔祥
出　　版　花木蘭文化出版社
發 行 所　花木蘭文化出版社
發 行 人　高小娟
聯絡地址　台北縣永和市中正路五九五號七樓之三
　　　　　電話：02-2923-1455／傳眞：02-2923-1452
網　　址　http://www.huamulan.tw 信箱 sut81518@ms59.hinet.net
印　　刷　普羅文化出版廣告事業
封面設計　劉開工作室
初　　版　2008 年 9 月
定　　價　初編 28 冊（精裝）新台幣 46,000 元　　　　版權所有·請勿翻印

《白虎通》讖緯思想之歷史研究

周德良　著

作者簡介

周德良，臺灣・基隆市人。
國立中央大學中國文學博士。
曾任職：淡江大學、中央大學兼任講師。
現任職：淡江大學中文系專任助理教授。
教授課程：中國思想史、四書、荀子、韓非子等。
著作：《白虎通暨漢禮研究》，及有關《白虎通》、孟子、莊子、荀子等多篇期刊論文。
研究：執行行政院國科會專題研究計畫案：94 年度〈東漢白虎觀會議緣起與重塑〉、96 年度〈從「心」論荀子理論思想及其儒學性格〉。

提　　要

　　東漢建初四年（79），章帝下詔太常以下及諸生、諸儒會白虎觀，講議《五經》同異，史稱「白虎觀會議」，會後討論成果編輯為《白虎通》。（或稱「白虎通義」、「白虎通德論」）本論文乃以《白虎通》文本引述三十一則讖緯條文為研究對象，研究目的有三：一、說明讖緯思想之緣起與義界；二、闡發《白虎通》所引述之讖緯文本，建構《白虎通》讖緯思想之理論體系；三、以《白虎通》文本運用讖緯思想疏解儒家典籍之方式，管窺漢代學術風貌，尋求讖緯思想在東漢時期之學術價值與歷史定位。

　　本論文所採取之研究步驟，乃是以東漢時之讖緯思想為中心，對讖緯思想做歷時性之省察：首先，由探討讖緯之緣起過程，說明讖緯之義界，進而勾勒讖緯思想在東漢發展之整體概念；其次，依此義界對應漢代學術思想，藉由學術流變，探索形成讖緯思想之背後成因，展現東漢讖緯思想之時代意義；最後，爬梳羅列《白虎通》中涉及讖緯思想之文本，與其時代思想基源，一一對應，循此途徑建構《白虎通》讖緯思想之理論意義。

目

次

第一章 緒 論

第一節 研究動機

先秦諸子爭鳴之局世，緣於董仲舒倡「罷黜百家，獨尊儒術」獲武帝同意後，暫告中輟；同時，武帝立學官制度置五經博士，儒家典籍如「五經」之屬頓時成為學術主流，學界爭論焦點落至對經書之詮釋。又因當時魯恭王壞孔子宅得古文經傳，引發後續所謂「今古文之爭」，論辯經書之同異亦成學界一大盛事，西漢宣帝甘露三年所開之「石渠閣會議」，與東漢章帝建初四年所開之「白虎觀會議」，便是由天子詔諸儒講論五經同異之結果；前者於會後所輯之議奏只存數條，無法窺其全貌，而《白虎通》即是當時「白虎觀會議」記錄之總匯；因此，《白虎通》一書理應展現先秦儒家思想精神風貌落實於東漢實際政治與學術之上，然而該書所載內容卻未必如此。

勞思光於《中國哲學史》言：「漢儒思想，以陰陽五行為基本觀念」，[註1]並強調「但陰陽五行之說侵入儒學，尚有另一重要通路，此即所謂『讖緯』」，又如侯外廬（A.D.1916～）於《中國思想通史》第二卷所言《白虎通》一書「百分之九十的內容出於讖緯」，何以講論儒家經典之學術會議記錄，內容竟充斥著「讖緯」思想，究竟何謂「讖緯」？其發生歷史為何？至東漢呈現何種樣態？其又如何與儒家經學合流？《白虎通》一書做為聖裁所治之學術思想，以及其資料之完整性，自其書入手應可為以上諸問題提供相當有效之詮釋。

〔註1〕 勞思光，《新編中國哲學史》（臺北：三民書局，民國70年1月初版，79年9月增訂五版），語見第二冊，頁11。

第二節　研究目的

　　關於「讖緯」之來源眾說紛紜，未有定論，諸如自東漢張衡云「成於哀平之際」，至陳槃於史語所發表一系列有關「讖緯」諸問題之研究成果，從其師顧頡剛〈五德終始說下的政治和歷史〉之言，曰「讖緯導源於騶衍一派之思想」，並稱「實則所謂讖緯，不過騶書之改頭換面，固不僅大九州與五德終始說而已」。千八百年來各說各話之由，乃導源於對讖緯定義之不同，各家雖各持理據，仍僅是「各照隅隙」，未能「振葉以尋根，觀瀾而索源」，本論文目的其中之一，即試圖對讖緯思想之義界與源起做一說明。

　　讖緯向來即被視爲荒誕不經之言，本論文研究終極目的，在闡發《白虎通》所可能蘊含之讖緯思想，即試圖整理《白虎通》中有關讖緯之記載，分析讖緯所言之內容，並依此建構《白虎通》讖緯思想內在理論架構，還原《白虎通》讖緯思想本來面貌。

　　《白虎通》一書乃基源於漢儒講論五經同異，由天子欽定而成，此書不僅具有國憲律法之性質，同時亦標誌著漢儒解釋先秦典籍之態度；故本論文研究延伸出另一項目的，便是以《白虎通》中運用讖緯思想疏解儒家典籍之方式，管窺漢代學術風貌，爲《白虎通》中之讖緯思想尋求歷史定位。

第三節　研究方法

　　本文旨在闡述《白虎通》中之讖緯思想，及其思想之歷史意義。本文擬採學術思想史之比較方法研究：即透過《白虎通》與外在學術環境進行比較，分析其間之異同，從而理解《白虎通》之讖緯思想；故本文論述內容著重在闡述讖緯思想之形成基源，〔註2〕及其思想基源下所形成之讖緯思想理論。此處所謂「基源」者，乃著眼於歷時性之探討，探究讖緯思想產生之時代背景及其原因，而其讖緯思想理論又僅止於《白虎通》一書中所蘊含爲準，於此

〔註 2〕本文所謂「基源」者，乃藉用勞思光《新編中國思想史》一書中「基源問題研究法」之「基源」一辭之概念，勞氏稱：「我們著手整理哲學理論的時候，我們首先有一個基本了解，就是一切個人或學派的思想理論，根本上必是對某一問題的答覆或解答。我們如果找到了這個問題，我們即可以掌握這一部份理論的總脈絡。反過來說，這個理論的一切內容實際上皆是以這個問題爲根源」，語見頁 15。本文則利用此一觀念，尋索《白虎通》讖緯思想所可能之形成因素，透過《白虎通》與不同學術領域之比較分析，其目的在推求《白虎通》讖緯思想之來源。

則需要與其他思想做共時性之比較。

　　本文所以採取學術思想史之比較方法，考量原因有三：其一，苦於《白虎通》文本所引讖緯條文有限，（僅三十一則，詳見於後）若僅就如此有限之文本立論，恐易流於穿鑿之說；且讖緯圖書之由來，仍有許多疑點尚待辨僞考證，若從學術思想史之角度出發，可以避免上述缺點之虞。其二，基於讖緯思想本身所涉及之學術領域，「有釋經的、有講天文的、有講曆法的、有講神靈的、有講地理的、有講史事的、有講文字的、有講典章制度的」，〔註3〕還有大量關於陰陽五行與音律之內容，若從不同學術領域探討，應可獲得較爲完整《白虎通》之讖緯思想全貌。其三，透過思想史之比較方法，乃是爲求更爲客觀之論述，與更爲豐富之理論意義，以期達到具體呈現《白虎通》讖緯思想之目的。

　　索緒爾（Ferdinand de Saussure）以爲，吾人對於事物之了解，有賴於吾人能感知此物與他物之差異，而吾人所能感知之差異，則是意義之所在。〔註4〕因此，一個事物所賦予之意義，或許可以直接從該事物本身觀察得到；但是一個事物所蘊含更爲豐富之意義，則可以與其他事物間之比較關係中獲得，「所以意義及意義的產生與其說是『本體的』，倒不如說是『不完全的』、『相對的』、『未定的』」。〔註5〕羅伯胡克（Robert Hooke）在〈關于中國文字和語言之觀察和推測〉一文中將中國思想喻爲「世界」未知之「部分」，〔註6〕故就整個世界而言，中國思想只是世界之一部分；而就整個中國思想史而言，漢代思想是中國思想

〔註3〕　顧頡剛，《秦漢的方士與儒生》，（臺北：里仁書局，民國74年出版），語見頁129。

〔註4〕　〈創造世界：結構主義與符號學〉說：「結構主義語言學的創建者索緒爾，發現除了……再者，我們對事物的了解又有賴我們能感知此物與他物相異。……意義就在能被感知的差異之中。」雷大科維茲（Lori Hope Lefkovitz）著·陳國球譯。該篇收錄於《當代文學理論》，張雙英·黃景進中譯主編，（臺北：合森文化事業，民國80年9月初版），語見頁111～112。

〔註5〕　本文直接引述鄭樹森在周英雄《結構主義與中國文學》一書之代序——〈結構主義與中國文學研究〉文章中所引，（臺北：東大圖書公司，民國72年3月初版），語見頁9。

〔註6〕　羅伯胡克言：「我們很感謝那些對于『數學知識』有充份資格的人們（按：指在中國的耶穌會士而言），把先前『世界』未知的『部分』（Parts），加以發現，由此我們希望把那種『知識』加以『完成』，並且『發現其餘的部分』。」本文直接引述《中國之科學與文明》第一冊「導論」前言引文部分。《中國之科學與文明》，李約瑟（Joseph Needham）著，陳立夫主譯，黃文山譯述，（臺北：臺灣商務印書館，民國60年12月初版，61年7月二版）。

之一部分，欲了解中國思想，則需要掌握包括漢代在內之每一時期之思想；就整個漢代思想而言，《白虎通》只是漢代思想之一部分，欲了解漢代思想，則需要掌握包括《白虎通》在內之每一種思想內容；而就《白虎通》之整體思想而言，讖緯思想只是《白虎通》思想之一部分，欲了解《白虎通》讖緯思想，則需要掌握《白虎通》中之每一種思想內容；因此，從思想史角度看，無論是整體或者部分，皆是相對性之概念，並非有一明確可辨之界域。

故本文暫行將漢代視爲一個有機整體，透過對兩漢時代（側重在東漢初期）環境之分析，舉凡當時之思想、學術、政治等因素，說明《白虎通》讖緯思想形成之由，由探索外在背景及產生原因之過程中，描繪出《白虎通》讖緯思想存在之意義；換言之，本文試圖對兩漢整體結構之掌握，進而以此整體結構詮釋個體形成之時代意義。其方法便有二條路徑：其一是由外而內，由學術背景推論闡述《白虎通》讖緯思想之基源，闡發《白虎通》讖緯思想之內在精神意涵；其二則是由內而外，以《白虎通》所載有關讖緯思想回應外在學術環境，從《白虎通》與外在學術兩相對照中，逼顯出《白虎通》讖緯思想之特色與時代意義。

然而漢代上下四百年，時空範圍或許龐雜，可以引證說明者自是難以勝數，本文僅就其影響《白虎通》讖緯思想層面較爲深遠者提出說明，論述範圍但求直接與有效，故本章討論重點以《白虎通》爲中心，範圍則環繞與《白虎通》讖緯思想相關之議題。本論文所採取之研究步驟，乃是以東漢時之讖緯思想爲中心，對讖緯思想做歷史性之省察，由探源之過程中，逐次建立讖緯之義界，進而勾勒出讖緯在東漢時之初步印象；再依此義界觀點切入漢代學術思想，舉凡：儒家經學、陰陽五行、天人感應、政治大一統與自然科學，皆在比對之列；藉由學術思想流變，觀察《白虎通》讖緯思想形成之由，及其讖緯思想之時代意義；且就《白虎通》中爬梳羅列涉及讖緯思想者，與其思想基源一一對應，試圖循此途徑建構起《白虎通》讖緯思想之理論意義。故本文論述流程如下：

第一章：緒論。首先闡述本論文研究動機、目的與方法；並探討《白虎通》書名由來，與其書之作者、篇目等問題。

第二章：讖緯思想正名與探原。此章著重釐清何謂讖緯思想，及其思想起源問題，作意在規範本文討論之對象。

第三章：經學發展之脈絡／《白虎通》讖緯思想與經學發展。《白虎通》

一書，無論就其書形成之因，或是內在思想之由，皆與漢代經學發展有密不可分之關係，故首先討論《白虎通》讖緯思想與漢代經學之關係。

第四章：陰陽五行學說之流衍／《白虎通》讖緯思想與陰陽五行。漢代經學之陰陽五行化，實與讖緯思想互為因果，本章順漢代經學發展之後，續論陰陽五行學說與《白虎通》讖緯思想之關係。

第五章：天人感應思維之模式／《白虎通》讖緯思想與天人感應。《白虎通》讖緯思想以陰陽五行為基調，而陰陽五行理論是天人感應思維模式下之一理論間架，陰陽五行理論最終得依附於天人感應理論系統之下，故本章乃以《白虎通》讖緯思想之陰陽五行為基礎，推究天人感應之思維模式。

第六章：政治大一統之格局／《白虎通》讖緯思想與政治大一統。天人感應學說固然有其內在理論架構，然其學說之形成，往往受制於現實之政治制度。本章論述重心在探究漢代政治對當時學術之影響，由政治與學術之關係中，闡發《白虎通》讖緯思想之政治作用與目的。

第七章：自然科學之昌明／《白虎通》讖緯思想與自然科學。《白虎通》讖緯思想不僅融合陰陽五行、天人感應與政治制度，自然科學之研究亦是其重要理論基礎之來源。本章試圖藉由漢代天文學之研究成果，說明自然科學與陰陽五行、天人感應與政治制度之關係，並分析《白虎通》讖緯思想如何在現實政治之壓力與天人感應之思維下安置客觀之自然科學，進而建構《白虎通》讖緯思想更為具體之理論體系。

第八章：結論。

然而，本文所採取思想史之比較方法，在理論上首先面臨兩難，無論是以「整體」了解「部分」，或者是以「部分」了解「整體」，勢必陷入詮釋之循環，形成論述本身之謬誤。易言之，欲了解《白虎通》之讖緯思想，必當先了解《白虎通》整體思想，反之，欲了解《白虎通》之整體思想，則必先了解包括讖緯思想在內之種種思想要素；故無論是先了解《白虎通》之整體思想，或者是先了解《白虎通》之思想要素，在理論上皆不可能。然而唐君毅在揭櫫研究歷史意義之本性言：「世間根本莫有所謂只是已成，而只屬於過去世界之單獨自己存在之一件一件之歷史事實之絕對的真相，可分別為歷史學所研究之一一對象」，「歷史學便不能說是只以已成之過去的歷史事實本身之意義，為其研討之對象。此乃因所謂歷史事實之本身之意義，即原須透過此方生的及現在與未來之事實之相續發生，而後次第決定，而未嘗有一最後

之決定也」，〔註7〕從此一角度言，漢代或者是《白虎通》之整體思想，雖是一已知之歷史事實，但卻不是絕對之事實眞理，其眞實性仍有待不斷之交互辯證，「所以每一部作品的意義都是潛在地無限的，因而每一種詮釋都是有限的和暫時的」，〔註8〕由此鬆動歷史之眞實性後，思想史之比較研究，始有可能。詮釋學稱：「理解常常從一個給定的理解界域的內部出發，然後又回到這理解界域之中，解釋學循環與直線的歸納所以不同，因爲部分固然會導致對全體的理解，但在考察部分之前就一定已存在著一種對全體的理解」，〔註9〕因此，以對漢代及《白虎通》整體思想之了解，進而了解《白虎通》之讖緯思想，始成可能。以整體解釋部分雖是可能，不過，仍有一項不可避免之危機，即是在考察部分之前所存在著一種對全體之理解，是否正確？一種對全體正確之理解，且未必能推論出一個合理之結果，更何況是一種不正確之理解。誠如許萊爾馬赫（F.D.E.Schleiemacher）言，「嚴格的詮釋從誤解開始」，〔註10〕對於漢代整體，本文一方面採取學界既有之成說，並且從既有之成說中擷取與《白虎通》讖緯思想有關之文獻，以期接近歷史之眞實。英國批評家 Frank Kermode 言：「研究文學必須認清所有問題還沒有定論，也永遠不會有定論。天下沒有獨一無二、百發百中的研究文學方法」，〔註11〕研究文學如此，思想史亦如是。因此，本論文之研究方法，亦只是提供研究《白虎通》讖緯思想一種詮釋方法，如此而已。

其次，在實際操作上亦有其侷限。不論從遠古到漢代，或者從漢代至《白虎通》成書年代，時空浩瀚，可以引述說明一種思想理論或是思想基源，勢難網羅殆盡；故試圖透過思想史比較方式之方法，顯然無法達到掌握「整體」思想史之要求。然而，本文無法亦不必要求在形式上達到「完整」，只期掌握論述之範圍，能與《白虎通》讖緯思想之形成基源與其思想理論者直接與有

〔註7〕 唐君毅，《中華人文與當今世界》，（臺北：臺灣學生書局，民國77年11月全集初版），以上二段引文語見上冊，頁133，134。

〔註8〕 〈解釋學〉，韋恩斯摩（Joel Weinsheimer）著，岑溢成譯。該文收錄於《當代文學理論》，張雙英・黃景進中譯主編，（臺北：合森文化事業，民國80年9月初版），語見頁194。

〔註9〕 〈解釋學〉，譯者將詮釋學譯爲解釋學，語見頁203。

〔註10〕 許萊爾馬赫（F.D.E.Schleiemacher）〈解釋學：1819 年講義大綱〉（The Hermeneutics：Outline of the 1819 Lectures）本文直接引述韋恩斯摩所著〈解釋學〉，語見頁193。

〔註11〕 本文直接引述鄭樹森〈結構主義與中國文學研究〉一文中所引，語見頁32。

效，進而達到本文論旨所需之相對性之「完整」。

　　至於運用史料方面，自隋朝全面禁絕緯書以來，有關「讖緯」之史料大多殘佚不全，本論文固然以《白虎通》所引讖緯條文為首要參考資料，若文獻本身不足徵時，必要以當時代其他文獻資料進行對比，並儘量求得客觀之證據與合理之論證，以逼近歷史之眞實。

第四節　《白虎通》書名、作者及其篇目

　　《白虎通》一書之名稱，從《隋志》以下，尚有二個較為常見之名稱：《唐書・藝文志》稱《白虎通義》、《崇文總目》稱《白虎通德論》，此三名通用至今尚未統一。〔註 12〕考其名稱如此多端，實緣於當時未有專名稱之。據《後漢書》載，建初元年（A.D.76）楊終上疏曰：

　　終又言：「宣帝博徵群儒，論定《五經》於石渠閣。方今天下少事，學者得成其業，而章句之徒，破壞大體。宜如石渠故事，永為後世則。」於是詔諸儒於白虎觀論考同異焉。會終坐事繫獄，博士趙博、校書郎班固、賈逵等，以終深曉《春秋》，學多異聞，表請之，終又上書自訟，即日貰出，乃得與（預）於白虎觀焉。〔註 13〕

越三年，至建初四年（A.D.79）十一月壬戌，章帝下詔諸儒生會白虎觀，講議五經同異：

　　詔曰：「蓋三代導人，教學為本。漢承暴秦，襃顯儒術，建立《五經》，為置博士。其後學者精進，雖曰承師，亦別名家。孝宣皇帝以為去聖久遠，學不厭博，故遂立大、小夏侯《尚書》，後又立京氏《易》。至建武中，復置顏氏、嚴氏《春秋》，大、小戴《禮》博士。此皆所以扶進微學，尊廣道藝也。中元元年詔書，《五經》章句煩多，議欲減省。至永平元年，長水校尉儵奏言，先帝大業，當以時施行。欲

〔註 12〕關於《白虎通》之名，歷來史書及私家藏書目錄有不同名稱：《舊唐書・經籍志》稱《白虎通》、《宋史・藝文志》稱《白虎通》、《郡齋讀書志》稱《白虎通德論》、《直齋書錄解題》稱《白虎通》、《通志》稱《白虎通》、《文獻通考》稱《白虎通德論》、焦竑《經籍志》稱《白虎通》、《四庫全書・總目提要》稱《白虎通義》等。現存最早之《四部叢刊》影印元大德九年重刊之宋監本則稱《白虎通德論》。

〔註 13〕《後漢書》，（北京：中華書局，1965 年 5 月第 1 版，1993 年 3 月第 6 次印刷），語見〈楊終傳〉卷四十八，頁 1599。

使諸儒共正經義，頗令學者得以自助。孔子曰：『學之不講，是吾憂也。』又曰：『博學而篤志，切問而近思，仁在其中矣。』於戲，其勉之哉！」於是下太常，將、大夫、博士、議郎、及諸生、諸儒會白虎觀，講議《五經》同異，使五官中郎將魏應承制問，侍中淳于恭奏，帝親稱制臨決，如孝宣甘露石渠故事，作白虎議奏。〔註14〕

因為《白虎通》產生之初只是一種「議奏」，尚未具有書籍形式，故未以書名之。而此議奏是由魏應制問，太常、將、大夫、博士、議郎、諸生、諸儒講論五經同異，淳于恭記錄，呈獻由帝王裁決；又因此會議在白虎觀詔開，故所作議奏以此名之曰「白虎議奏」。李賢注曰：「今《白虎通》」，〔註15〕《隋書·經籍志》載《白虎通》六卷，未載作者。而《後漢書》曰：

建初中，大會諸儒於白虎觀，考詳同異，連月乃罷。肅宗親臨稱制，如石渠故事，顧命史臣，著為通義。〔註16〕

李賢於此又注：「即《白虎通義》是」，〔註17〕故有《白虎通義》之名；又《後漢書》曰：

（班）固自以二世才術，位不過郎，感東方朔、楊雄自論，以不遭蘇、張、范、蔡之時，作〈賓戲〉以自通焉。後遷玄武司馬。天子會諸儒講論《五經》，作《白虎通德論》，令固撰集其事。〔註18〕

故有《白虎通德論》之名，且言明此書乃班固撰集其事而成。由此可知，《白虎通》前身只是一場會議彙編，緣自章帝下詔諸儒生在白虎觀講議五經同異，會議所得，由章帝稱制臨決，最後再由班固編纂完成；因此，此一會議彙編在名義上，忽稱「議奏」，又名「通義」，又有「通德論」之說。此書產生背景之屬性，連帶產生出對作者之質疑，不同說明又可分為三種：因此書乃諸儒生講議所得，無法以一名表之，故《隋志》未名作者；又此書是由章帝稱制臨決，故《舊唐書》以為漢章帝所撰；然此書最後經由班固撰集而成，是以《新唐書》以下大多認為作者是班固。此書乃屬彙編性質，無論以為作者為誰，皆有可說。

至於書名問題，《白虎通》、《白虎通義》、《白虎通德論》三者，推究其實

〔註14〕《後漢書·章帝紀》卷三，語見頁138。
〔註15〕同上註，語見頁139。
〔註16〕《後漢書·儒林列傳》卷七十九上，語見頁2546。
〔註17〕同上註，語見頁2547。
〔註18〕《後漢書·班彪列傳》卷四十下，語見頁1373。

乃後人用以稱呼班固依章帝會議裁決所編纂完成之書，故此三者，異名而同實；唯《白虎通》一名在袁宏《後漢記》及邱悅《三國典略》已經使用，又《隋志》以此稱之，《白虎通》亦只是《白虎通義》之流俗省稱，〔註19〕故本文暫以《白虎通》名之。至於淳于恭依該會議所記錄之「白虎議奏」，經由章帝裁決再交付班固撰集而成之《白虎通》，二者在內容有無差別，則史料不足徵矣。而當時卷帙多少，亦不可考，唯現今刊本所存篇目，乃後人編纂而成，篇名依陳立（A.D.1809～1869）所作《白虎通疏證》〔註20〕所列，計有：

卷一：〈爵〉

卷二：〈號〉〈諡〉〈五祀〉

卷三：〈社稷〉〈禮樂〉

卷四：〈封公侯〉〈京師〉〈五行〉

卷五：〈三軍〉〈誅伐〉〈諫諍〉〈鄉射〉

卷六：〈致仕〉〈辟雍〉〈災變〉〈耕桑〉〈封禪〉〈巡狩〉

卷七：〈考黜〉〈王者不臣〉〈蓍龜〉〈聖人〉〈八風〉〈商賈〉

卷八：〈瑞贄〉〈三正〉〈三教〉〈三綱六紀〉〈性情〉〈壽命〉〈宗族〉

卷九：〈姓名〉〈天地〉〈日月〉〈四時〉〈衣裳〉〈五刑〉〈五經〉

卷十：〈嫁娶〉〈紼冕〉

卷十一：〈喪服〉〈崩薨〉

卷十二：〈郊祀〉〈宗廟〉〈朝聘〉〈貢士〉〈車旂〉〈田獵〉〈雜錄〉

共十二卷五十篇。《四部叢刊》與《隨盦徐氏叢書》與陳氏疏證不同，二書至卷十二〈郊祀〉篇以下闕，以上四十三篇分為十卷，其餘篇數與順序均同。而本文凡引《白虎通》文本，悉依陳立《白虎通疏證》之版本。

〔註19〕李賢注《後漢書》即同時以此二名互稱無別。

〔註20〕《白虎通疏證》清‧陳立著，（臺北：廣文書局，民國76年5月初版）。

第二章　讖緯思想正名與探原

　　本章論述重心在於釐清讖緯思想，此一釐清工作包涵了對此一思想之歷史溯源與界定其性徵。只就讖緯思想來源而言，依呂凱（A.D1936～）《鄭玄之讖緯學》一書歸納，有關讖緯思想之起源有三系（據時而論者、據人而論者、據書而論者）共十種之多，〔註1〕而王令樾《緯學探原》對同一問題按時代粗分為四類（緯起於伏羲至孔子、緯起於西漢哀平之際、緯起於周秦西漢、緯出於古史）細則更達十九條之多，〔註2〕鍾肇鵬《讖緯論略》亦分十二類，〔註3〕歷來學者對此聚訟紛紜，未有定論，可見此一問題之複雜性。然而，說明一種思想產生之來源，必須先溯及歷史斷代以及對此一思想之性徵有所界定，否則必然導致上述歸納結果，各說各話，莫衷一是。因此，本文之論述方式擬採斷代義界：就時間縱向言，主要設定在東漢光武帝建武元年（A.D.25）至東漢獻帝延康元年（A.D.220）；就空間橫向言，則以該時期之學術背景為對象；意即以東漢時之學術思想為研究對象，說明在東漢時期讖緯究竟呈現何種樣態，並為

〔註1〕 呂凱《鄭玄之讖緯學》第一章第一節「讖緯之起源」分讖緯起源之說有三系：
　　　（一）據時而論者，（1）源於太古說、（2）源於周代說、（3）源於秦穆公說、
　　　（4）源於哀平說；（二）據人而論者，（1）源於孔子說、（2）源於七十弟子
　　　說、（3）源於古太史說；（三）據書而論者，（1）本於五經說、（2）本於洪範、
　　　夏小正、周官、內經說、（3）本於禮記之王制、明堂位、喪服小說、史記、
　　　說苑等，（臺北：臺灣商務印書館，民國71年5月初版），參考頁1～13。
〔註2〕 王令樾，《緯學探原》，（臺北：幼獅文化事業，民國73年4月），頁57～74。
〔註3〕 鍾肇鵬，《讖緯論略》分讖緯起源有：原於古代「河圖」「洛書」、原於《易經》、
　　　原於古之太史、源於太古、起於周代、源於春秋之世、原出於孔子、原出於
　　　七十子之徒、起於戰國之末、始於秦王朝、淵源於鄒衍、出於西漢之末等十
　　　二類，（臺北：洪葉文化，民國83年9月初版），頁12～27。

該時期之讖緯學說界定性徵。由此所得之義界，暫定爲本文所討論之讖緯範疇，故此處所謂讖緯自有別於歷來學界所稱之讖緯，再依此範疇爲讖緯做一歷史省察，尋求其發生之根源，爲東漢讖緯思想謀求歷史定位與意義。此外，討論讖緯問題時，無可避免地對於「讖」與「緯」之分合則須一併解決，疏通「讖」與「緯」之分合，有助於讖緯思想觀念之釐清，同時可爲讖緯義界做補充說明，並爲讖緯問題提供另一思考向度。本章所論述之流程如下：一、正名讖緯，首先考察有關「讖」與「緯」之義界，同時辨明「讖」與「緯」之同異，進而說明「讖」與「緯」之分別義與合成義；二、讖緯之起源，即探索讖緯思想發生之歷史源流。唯須事先說明，本文旨趣偏重於讖緯思想之正名與探原，故對於「緯書」版本、作者等考證諸多問題，暫且不談。

第一節　釋　讖

　　「讖」字形，甲骨文、金文皆闕。「讖」之傳聞由來已久，《史記》載春秋之際即有所謂「秦讖」、〔註4〕「趙讖」等讖語出現，〔註5〕此二讖語，要皆不外古代卜筮占夢、預卜吉凶行爲之遺留，〔註6〕此讖語雖未必忠實紀錄當時秦趙之世果有此讖語，然做爲西漢初年有此思想者，應可接受。就字典意義（dictionary meaning）而言，〔註7〕《漢書·賈誼傳注》曰：「讖，驗也」，《後

〔註4〕《史記·趙世家》云：「扁鵲曰：『血脈治也，而何怪！在昔秦繆公嘗如此，七日而寤。寤之日，告公孫支與子輿曰：「我之帝所甚樂。吾所以久者，適有學也。帝告我：『晉國將大亂，五世不安；其後將霸，未老而死；霸者之子且令而國男女無別。』」公孫支書而藏之，秦讖於是出矣」，（北京：中華書局，1982年11月2版），語見卷四十三，頁1786～1787。

〔註5〕《史記·趙世家》云：「居二日半，簡子寤。語大夫曰：『我之帝所甚樂，與百神游於鈞天，廣樂九奏萬舞，不類三代之樂，其聲動人心。有一熊欲來援我，帝命我射之，中熊，熊死。又有一羆來，我又射之，中羆，羆死。帝甚喜，賜我二笥，皆有副。吾見兒在帝側，帝屬我一翟犬，曰：「及而子之壯也，以賜之。」帝告我：「晉國且世衰，七世而亡，嬴姓將大敗周人於范魁之西，而亦不能有也。今余思虞舜之勳，適余將以其胄女孟姚配而七世之孫。」』董安于受言而書藏之。以扁鵲言告簡子，簡子賜扁鵲田四萬畝」，語見卷四十三，頁1787。

〔註6〕《文選·幽通賦》班固云：「黃神邈而靡質兮，儀遺讖以臆對」，李善注曰：「遺讖，謂夢書也」。梁·蕭統編，唐·李善注，（臺北：華正書局，民國76年9月初版），語見頁209。

〔註7〕依何秀煌所著《記號學導論》言：「所謂字典意義就是一個符號樣型所可能裝載的所有意義內容」，（臺北：水牛出版社，民國82年7月30日四版三刷），

漢書・張純傳注》亦做如斯解。小篆依東漢許慎（A.D.30～124）《說文解字》曰：「讖，驗也。從言韱聲」，〔註8〕「讖」是形聲字；劉熙《釋名・釋典藝》則稱：「讖，纖也。其義纖微而有效驗也」；〔註9〕依此二書所解，「讖」乃屬一種語意隱微，但將來能見諸事證之預言，意即指預測有效之言。許慎、劉熙二人所解只是就「讖」字之本義做說明，說明「讖」之所以為「讖」之特質，意即旨在界定名與實間之關係而已。《後漢書・光武帝紀》章懷太子李賢（A.D.651～684）注進一解：

> 讖，符命之書。讖，驗也。言為王者受命之徵驗也。〔註10〕

此「讖」含有二義：其一與上述二書所解無別，指有徵驗之義；其二則指「符命之書」。然此二義並非分別部居、互不相屬，而是更加明確界定：「讖」不僅是「其義纖微而有效驗」之書，而且是「符命之書」。

《後漢書・張衡傳》載張衡（A.D.78～139）上疏曰：

> 立言於前，有徵於後，故智者貴焉，謂之讖書。〔註11〕

張衡所謂「前有言，後有徵」便是讖書，張衡以「徵」與「證驗」釋「讖」，此解與上述二書解「讖」並無不同；然而就脈絡意義（contextual meaning）言，〔註12〕張衡於疏中謂「讖」者，亦有二義：其一曰讖書。其疏曰：

> 臣聞聖人明審律歷以定吉凶，重之以卜筮，雜之以九宮，經天驗道，

語見頁 11。

〔註8〕許慎，《說文解字》，是書於東漢和帝永元十二年（100）起稿，至安帝建光元年（121）方告完成，歷時二十一年，（臺北：黎明文化事業。民國78年9月增訂四版）。一般而言，「《說文解字》每字一般只說解一個意義，就是它的本義」，參閱王力《中國語言學史》，（臺北：駱駝出版社，民國76年7月），參考頁 131～160。

〔註9〕《釋名》一書舊題漢劉熙撰。畢沅稱：「疑此書兆於劉珍，踵成於熙，至韋曜又補職官之缺」，此書特色，依其自序言：「夫名之為實，各有義類。百姓日稱而不知其所以之意，故撰天地、陰陽、四時、邦國、都鄙、車服、喪紀，下及民庶應用之器，論敘指歸，謂之《釋名》，凡二十七篇」，吳孟復《訓詁通論》言：「此書最重要的特點在於它『以同聲相諧推論稱名辨物之意』，創造了『聲訓法』。……《釋名》一書也就成為我國最早的『同源詞詞典』」，（臺北：東大出版社，民國79年11月初版），語見頁 170。

〔註10〕宋・范曄，《後漢書》，唐・李賢注，（北京：中華書局，1993年3月第六次印刷），語見卷一上，頁 3。

〔註11〕《後漢書・張衡傳》卷五十九，語見頁 1912。

〔註12〕所謂脈絡意義，《記號學導論》言：「一個符號樣型在某一脈絡裡所載的那部份意義內容，我們稱為該符號的脈絡意義」，語見頁 11。

本盡於此。或觀星辰逆順，寒燠所由，或察龜策之占，巫覡之言，其所因者，非一術也。立言於前，有徵於後，故智者貴焉，謂之讖書。讖書始出，蓋知之者寡。〔註13〕

此讖書乃指「律歷、卦侯、九宮、風角」等，是書可同聖人般「經天驗道」；且因為此書所成非僅一術，故知之者鮮矣。其二日圖讖。其疏日：

自漢取秦，用兵力戰，功成業遂，可謂大事，當此之時，莫或稱讖。若夏侯勝、眭孟之徒，以道術立名，其所述者，無讖一言。劉向父子領校祕書，閱定九流，亦無讖錄。成、哀之後，乃始聞之。……聖人之言，孰無若是，殆必虛偽之徒，以要世取資。往者侍中賈逵摘讖互異三十餘事，諸言讖者皆不能說。至於王莽篡位，漢世大禍，八十篇何為不戒？則知圖讖成於哀平之際也。……此皆欺世罔俗，以昧勢位，情偽較然，莫之糾禁。且律歷、卦侯、九宮、風角，數有徵效，世莫肯學，而競稱不占之書。譬猶畫工，惡圖犬馬，而好作鬼魅，誠以實事難形，而虛偽不窮也。宜收藏圖讖，一禁絕之，則朱紫無所眩，典籍無瑕玷矣。〔註14〕

張衡在疏中陳述，圖讖乃當時「虛偽之徒」所作，其內容當指預言性質之圖書，其目的不外「要世取資」。張衡對於所謂「讖書」與圖讖二者，在其價值判斷上顯然有天淵之別：律歷、風角等之讖書，正如聖人之言，有徵有效，故應重視與學習；而圖讖之言，實後人虛偽造作，宜應禁絕，以端正天子視聽。值得注意者，以張衡頗具科學知識之身分，〔註15〕對讖書猶持保留與重視之態度看，讖書在當時仍受知識分子肯定，非僅是「詭為隱語，預決吉凶」之預言而已。

早在張衡上此疏之前，桓譚（B.C.23？～A.D.50）便識「讖」為虛偽而上疏光武帝請求禁絕，《後漢書・桓譚傳》載其疏日：

上疏日：「凡人情忽於見事而貴於異聞，觀先王之所記述，咸以仁義正道為本，非有奇怪虛誕之事。蓋天道性命，聖人所難言也。自子

〔註13〕《後漢書・張衡傳》卷五十九，語見頁1912。
〔註14〕《後漢書・張衡傳》卷五十九，語見頁1912。
〔註15〕《後漢書・張衡傳》卷五十九：「安帝雅聞衡善術學，公車特徵拜郎中，再遷為太史令。遂乃研覈陰陽，妙盡璇機之正，作渾天儀，著靈憲、筭罔論，言甚詳明」，語見頁1897～1898。《後漢書・順帝紀》陽嘉元年：「秋7月，史官始作候風地動銅儀。」注日：「時張衡為太史令，作之」，語見頁260。

貢以下，不得而聞，況後世淺儒，能通之乎！今諸巧慧小才伎數之
人，增益圖書，矯稱讖記，以欺惑貪邪，註誤人主，焉可不抑遠之
哉！臣譚伏聞陛下窮折方士黃白之術，甚爲明矣；而乃欲聽納讖記，
又何誤也！其事雖有時合，譬猶卜數隻偶之類。陛下宜垂明聽，發
聖意，屏群小之曲說，述五經之正義，略雷同之俗語，詳通人之雅
謀。……」帝省奏，愈不悦。〔註16〕

依桓譚疏中之意，其所謂讖記乃出自方士之手，而讖記所記之事與事後驗證
之結果，二者並非存在著必然之關係；若讖記所記與事後結果相吻合，則當
以巧合視之，不可謂讖記本身具有天道示意之作用，更不可以讖記所言以爲
施政方針。桓譚此疏不僅招惹光武帝不悦，其反對「讖」之堅定立場，亦險
些招致殺身之禍。〔註17〕光武帝於中元元年（A.D.56）欲以「讖」決定建靈
臺處，顯示光武帝對於「讖」之信任與高度興趣，桓譚對「讖」之否定態度
明顯與光武帝相齟齬，最後落得叩頭求饒，並除職爲六安郡丞始保住性命。

　　《後漢書・方術列傳》云：

漢自武帝頗好方術，天下懷協道藝之士，莫不負策抵掌，順風而屆
焉。後王莽矯用符命，及光武尤信讖言，士之赴趣時宜者，皆騁馳
穿鑿，爭談之也。故王梁、孫咸名應圖籙，越登槐鼎之任，鄭興、
賈逵以附同稱顯，桓譚、尹敏以乖忤淪敗，自是習爲內學，尚奇文，
貴異數，不乏於時矣。〔註18〕

所謂「上有所好，下必甚焉」，漢朝列代帝王對「讖」百般青睞是造成此一「以
讖決疑」思潮風起雲湧主因之一，而光武帝便是典型例子。建武十七年，《東
觀漢記》卷一載：

十七年，帝以日食，避正殿，讀圖讖，多御座廡下淺露中，風發疾
苦眩甚。〔註19〕

光武帝閱讀圖讖雖未必與日食有關，但他因爲讀圖讖而受風寒，足以見他對

〔註16〕《後漢書・桓譚傳》卷二十八上，語見頁 959～961。
〔註17〕《後漢書・桓譚傳》卷二十八上：「其後有詔會議靈臺所處，帝謂譚曰：「吾
　　　　欲以讖決之，何如？」譚默然良久，曰：「臣不讀讖。」帝問其故，譚復極言
　　　　讖之非經。帝大怒曰：「桓譚非聖無法，將下斬之。」譚叩頭流血，良久乃得
　　　　解。出爲六安郡丞，意忽忽不樂，道病卒，時年七十餘」，語見頁 961。
〔註18〕《後漢書・方術列傳》八十二上，語見頁 2705。
〔註19〕《東觀漢記》，《隋志》稱長水校尉劉珍等撰。大西洋圖書公司印行，中華古
　　　　籍叢刊（九），語見頁 11。

圖讖之重視。是以他在執政上舉凡：改正朔易服色、〔註20〕用人、〔註21〕以及赴泰山封禪等重大政事，〔註22〕大多以讖決疑，在兵馬倥傯期間猶不忘閱覽讖文，亦足見他醉心於其術，而遣侍御史與蘭臺令史上泰山刻石，更見他對讖文信仰之堅定。〔註23〕尤有甚者，光武帝於建武中元元年（56）十一月「宣佈圖讖於天下」，〔註24〕不啻欲將圖讖等同國憲視之。

反省光武帝並非愚闇妄信之徒，之所以相信讖言，實與其出身背景有密切關聯。光武草創之初，便有人以圖讖說服之。〔註25〕又據《後漢書‧光武

〔註20〕 《東觀漢記》卷一云：「自帝即位，按圖讖、推五運，漢爲火德；周蒼漢赤，木生火，赤代蒼；故帝都雒陽，制兆于城南七里，北郊四里，行夏之時。時以平旦，服色犧牲尚黑，明火德之運，常服徽幟尚赤，四時隨色，季夏黃色」，語見頁 7。

〔註21〕 例如光武帝以讖文任用孫咸爲大司馬，王梁爲大司空。《後漢書‧景丹傳》卷二十二云：「世祖即位，以讖文用平狄將軍孫咸行大司馬，眾咸不悅」，語見頁 773。《後漢書‧王梁傳》卷二十二云：「及即位，議選大司空，而赤伏符曰『王梁主衛作玄武』，帝以野王衛之所徙，玄武水神之名，司空水土之官也，於是擢拜梁爲大司空，封武強侯」，語見頁 774。

〔註22〕 《續漢書‧祭祀志》云：「三十二年正月，上齋，夜讀河圖會昌符曰：『赤劉之九，會命岱宗，不慎克用。何益於盛，誠善用之，姦僞不萌。』感此之，乃詔（梁）松復案索河雒讖文，言九世封禪事者。松等列奏，乃許焉」。

〔註23〕 《續漢書‧祭祀志》云：「遣侍御史與蘭臺令史將工先上山刻石曰：『維建武三十有二年 2 月，皇帝東巡狩，至于岱宗柴望秩於山川，班于群神，遂覲東后。從臣太尉憙、行司徒事特進高密侯禹等。漢賓二王之後在位，孔子之後襃成侯序在東后，蕃王十二咸來助祭。河圖赤伏符曰「劉秀發兵捕不道，四夷雲集龍鬥野，四七之際火爲主。」河圖會昌符曰「赤帝九世，巡省得中，治平則封，誠合帝道孔矩，則天文靈出，地祇瑞興。帝劉之九，會命岱宗，誠善用之，姦僞不萌，赤漢德興九世會昌巡岱，皆當天地扶九，崇經之常。漢大興之，道在九世之王。封于泰山，刻石著紀，禪于梁父，退省考五。」河圖合古篇曰「帝劉之秀，九名之世帝行德，封刻政。」河圖提劉子曰「九世之帝，方明聖，持衡拒，九州平，天下予。」雒書甄曜度曰「赤三德，昌九世，會修符，合帝際，勉刻封。」孝經鉤命決曰「予誰行，赤劉用帝，三建孝，九會修，專茲竭行封岱青。」河雒命后，經讖所傳，昔在帝堯，聰明密微，讓與舜庶，後裔握機。』……皇帝唯慎河圖、雒書正文，是月辛卯，柴，登封泰山。甲午，禪于梁陰」。

〔註24〕 《後漢書‧光武帝紀》卷一下：「是歲，初起明堂、靈臺、辟雍，及北郊兆域。宣布圖讖於天下」，語見頁 84。

〔註25〕 《後漢書‧光武帝紀》卷一上：「莽末，天下連歲災蝗，寇盜鋒起。地皇三年，南陽荒饑，諸家賓客多爲小盜。光武避吏新野，因賣穀於宛。宛人李通等以圖讖說光武云：『劉氏復起，李氏爲輔。』光武初不敢當，然獨念兄伯升素結輕客，必舉大事，且王莽敗亡已兆，天下方亂，遂與定謀，於是乃市兵弩。

帝紀》建武元年（25）云：

> 行至鄗，光武先在長安時同舍生彊華自關中奉赤伏符，曰：「劉秀發
> 兵捕不道，四夷雲集龍鬥野，四七之際火爲主」。群臣因復奏曰：「受
> 命之符，人應爲大，萬里合信，不議同情，周之白魚，曷足比焉？
> 今上無天子，海內淆亂，符瑞之應，昭然著聞，宜荅天神，以塞群
> 望。」光武於是命有司設壇場於鄗南千秋亭五成陌。〔註26〕

另外，《後漢書‧光武帝紀》又云：

> 讖記曰：「劉秀發兵捕不道，卯金修德爲天子。」秀猶固辭，至于再，
> 至于三。群下僉曰：「皇天大命，不可稽留。」敢不敬承。於是建元
> 爲建武，大赦天下，改鄗爲高邑。〔註27〕

光武即以此赤伏符受命而爲天子，豈有不信之理。至於東漢明帝、章帝、和
帝之政事，受讖記影響亦多，甚至和熹鄧皇后亦熟稔圖讖。

概言之，讖文在政治上與當時之帝王受命之思想息息相關，有時甚至是
帝王能否受命之憑證。此外，「讖」不僅可以檢證讖記所述與事後結果之是否
一致，更可以就讖記所言做爲日後行事之依據。故本以預測未來、占驗吉凶
之「讖」，便具有一種暗示性，暗示被指示者該以何種方式對應一切問題，其
目的不外爲趨吉避凶。然而，預言與暗示二者乃是相互矛盾：若「預言」本
身說法成立，則未來一切均無變化可言；若「暗示」可用，則未來一切亦無
定數可說，兩說無法同時成立，其理甚明。雖然當時不乏有識之士如桓譚、
張衡、以及後來王充之流，相繼提出反對「讖」之言論，但仍無法於一時改
變此一思潮；此一思潮，即是以「讖」之言以爲行事之圭臬，而此思潮對於
東漢之政治與經學所產生之影響至爲深遠。

第二節　釋　緯

相對於「讖」在兩漢之際政治與經學上活躍情況言，「緯」之出現顯然稍
晚許多。「緯」字形，甲骨文、金文皆闕；就字典意義而言，小篆《說文解字》
曰：「緯，織橫絲也。從糸韋聲」，「緯」形聲字。織布上之橫絲即「緯」之本

10月，與李通從弟軼等起於宛，時二十八」，語見頁2。
〔註26〕《後漢書‧光武帝紀》卷一上，語見頁21～22。
〔註27〕同上註，語見頁22。

－17－

義，而織布上之縱絲稱經，故橫之「緯」乃是相對於縱之經而言。《釋名・釋典藝》曰：「緯，圍也。反覆圍繞以成經也」，此書解「緯」與許慎所言並無差別，且二書均旨在闡明本字本義。即使在《廣雅・釋言》：「緯，橫也」，《漢書・五行志》集注：「東西為緯」，《後漢書・馮衍傳》注：「地東西為緯」等文獻上，「緯」亦指空間上之概念而已，尚未與緯書或者讖緯有任何瓜葛。就脈絡意義言，另一套解說「緯」則明顯與漢代天文之學有關。〔註28〕

《漢書・李尋傳》曰：

> 書云：「天聰明」，蓋言紫宮極樞，通位帝紀；太微四門，廣開大道；五經六緯，尊術顯士；翼張舒布，燭臨四海；少微處士，為比為輔；故次帝廷，女宮在後。〔註29〕

孟康注曰：「六緯，五經與樂緯也」，張晏則稱：「六緯，五經就孝經緯也」，顏師古則曰：「六緯者，五經之緯及樂緯也」，〔註30〕然考西漢之時尚無所謂「六緯」之書名，見〈李尋傳〉之上下文義，其「經緯」所指當為「紫宮」、「太微」、「翼張」、「少微」、「女宮」等星象，非指涉與西漢經學相對之緯書，更無意暗示東漢之讖緯內涵。〔註31〕

《文選・西京賦》張衡曰：「自我高祖之始入也，五緯相汁，以旅于東井」，〔註32〕《方言》曰：「汁，協也」，郭璞曰：「協，和也」，李善注：「五緯，五星也」；〔註33〕姑且不論「五緯」如何協和，「緯」字在當時可能是指行星名；李善又引《漢書》載「漢元年十月，五星聚于東井，沛公至灞上。」「此高祖受命之符」，緯星之變動又與天子受命有關。《文選・東方朔畫贊并序》夏侯孝若（A.D.243～291）曰：「自三墳五典，八索九丘。陰陽圖緯之學，百家眾流之論」，〔註34〕李善注：「圖，河圖也；緯，五緯也」，〔註35〕又《文選・三

〔註28〕「天文」一詞，概指天象，或是天空之現象。「天文學」內容可分二種：一指日月星辰之現象；一指地球大氣層內所發生之現象。中國自古即用「天文」以稱天象，如《淮南子・天文訓》、《漢書・天文志》等即是。

〔註29〕《漢書・李尋傳》，東漢・班固撰，唐・顏師古注，（北京：中華書局出版，1982年11月版），語見卷七十五，頁3179。

〔註30〕同上註，語見頁3179。

〔註31〕《前漢書補注》王先謙引清人姚鼐曰：「言天文當為人主所取法。此五經者，五經星也；六緯者，十二之相向為六故。人主當法之，以尊五行之術，顯十二州之士耳。與經書讖緯何涉哉」。

〔註32〕《文選》，語見頁38。

〔註33〕同上註。

〔註34〕同上註，語見頁668。

月三日曲水詩序》王元長（A.D.468～494）曰：「求中和而經處，揆景緯以裁基」，〔註 36〕李善注：「景，日也；緯，星也」；〔註 37〕據此，「緯」之爲言專有所指之行星殆無疑義。另外，在現存可考之「緯書」中，〔註 38〕亦有類似說法。

《河圖帝覽嬉》曰：

　　西方之星，其屬五十，其合八十五度，奎居西之中七度，經以聯之，緯以綜之。〔註 39〕

《易是類謀》曰：

　　候終以季月八日，考經緯用事之氣，不效立五德部之期，算其節以吹律，卜名以糾胥，必視熒惑所在，以知亡象所次失之，到逆災見亂相屠。〔註 40〕

《詩含神霧》曰：

　　五緯合，王更紀。〔註 41〕

《春秋命厤序》曰：

　　日月五緯俱起，牽牛四萬五千年，日月五緯一輪轉，天皇出焉，號曰防五。〔註 42〕

《春秋內事》曰：

　　天地開闢，五緯各在其方，至伏犧乃合，故以爲元。〔註 43〕

《論語摘衰聖》曰：

　　鳳有六像九包。六像者：一曰頭像天，二曰目像日，三曰背像月，四

〔註 35〕同上註。
〔註 36〕同上註，語見頁 651。
〔註 37〕同上註。
〔註 38〕本文所參引之緯書資料概以上海古籍出版社所編之《緯書集成》爲主。該書共收錄緯書輯本十三種：《易緯》、《説郛》、《古微書》、《緯書》、《七緯》、《諸經緯遺》、《七緯拾遺》、《詩緯集證》、《玉函山房輯佚書》、《緯捃》、《通緯》、《玉函山房輯佚書續編》、《緯書佚文輯錄》；以及有關資料五種：張惠言《易緯略義》、孫詒讓《札迻》卷一、姚振宗《隋書經籍志考證》卷九、朱彝尊《經義考》卷二六三至二六七、以及陳槃《讖緯書錄解題》。
〔註 39〕同上註。《緯書集成》中之《通緯》，清黃奭輯，語見頁 1588。
〔註 40〕同上註，語見頁 1685。
〔註 41〕同上註，語見頁 1730。
〔註 42〕同上註，語見頁 1979。
〔註 43〕同上註，語見頁 1982。

日翼像風，五曰足像地，六曰尾像緯。〔註44〕（宋均曰：緯，五緯也。）

從以上數則緯書佚文中，可以看出所謂「五緯」，其實即指五大行星：水（辰星）、火（熒惑）、金（太白）、木（歲星）、土（填星），〔註45〕《漢書·律曆志》且將日、月、斗三辰為三統，「三辰五星而相經緯」，五星之於三辰，乃居於「緯」之地位，故「緯」指稱特定之行星當然可以成立；然而，「緯」卻不等於「星」。值得注意者，以五大行星合稱為「五緯」，視五大行星之運行為宇宙變化之參考依據，漢代天文學之發展程度可以想見；另一方面，由對天體之觀測所引發出之宇宙觀，甚至引渡至人生哲學、政治制度、人倫社會之宇宙論，更是漢人思想一大特色。

「緯」字，王先謙（A.D.1842～1918）《釋名疏證補》引蘇輿曰：

緯之為書，比傅於經，輾轉牽合，以成其誼，今所傳《易緯》、《詩緯》諸書，可得其大概，故云反覆圍繞以成經。〔註46〕

劉熙在《釋名》中只是說明緯「反覆圍繞」之意，並無附經之說；而王先謙則不僅將「緯」比傅於經，更明確指出，「緯」是指書名如：《易緯》、《詩緯》之屬。然考《漢書》並無「緯書」之類，甚至到東漢初年尚未有如此稱謂。陳槃〈讖緯釋名〉考證稱：「『緯』之稱，大氐可能早推至于昭、宣帝之世」，〔註47〕又說：「『緯』之稱雖遠自西漢中世，然稱謂猶未固定也，故又有『經讖』之目」，〔註48〕其結論是：

按：方士化之儒生以「讖」附經，因名為「緯」。「經」「緯」相對之稱。今乃曰「經讖」，不曰「緯」，可知是時「緯」稱猶未甚著，故或以為「緯」，或以為「經讖」。即中興以後，「緯」之一名，猶未約定俗成，故章帝建初四年詔儒會白虎觀，講論經義，令班固撰集其書。班于諸讖緯或直稱其篇目，……或曰傳，……或曰說，……或曰讖，無稱「緯」者。蓋讖書之說，流傳既久。「緯」名後起，普遍使用，故非一朝一夕之效也。〔註49〕

〔註44〕同上註，語見頁 1986。

〔註45〕《漢書·律曆志》卷二十一上：「五星之合於五行，水合於辰星，火合於熒惑，金合於太白，木合於歲星，土合於填星。三辰五星而相經緯也」，語見頁 985。

〔註46〕王先謙，《釋名疏證補》，（臺北：商務印書館，民國 57 年），語見頁 307。

〔註47〕〈讖緯釋名〉該篇收錄於《史語所集刊》十一本，語見頁 307。

〔註48〕同上註。

〔註49〕同上註。

依陳槃之意，在班固撰集《白虎通》時，尚未有以「緯」名書之風氣，即使有緯書之實，亦無緯書之名；其主因乃在「緯」是「讖」之化身，作意在附經，而「緯」是「經」之對稱，故以「緯」行之。黃復山於〈「讖」「緯」異名同實考辨〉一文，更精確指出：「以現存文獻考之，賦予圖讖以『緯』名者，當以鄭玄爲始」，〔註50〕陳槃、黃復山二人所言，均以爲緯書與「讖」或圖讖只是「異名同實」，二者難分彼此；若有所辨，亦只是在歷史上名稱之出現有先後而已。且按下不論「緯」「讖」之同異，就史書之記載，東漢時期之「緯書」爲何，則須首先釐清。

《後漢書・蘇竟傳》曰：

　　夫孔丘祕經，爲漢赤制，玄包幽室，文隱事明。〔註51〕

李賢注曰：「祕經，幽祕之經，即緯書也，包藏也。言緯書玄祕藏於幽室，文雖微隱，事甚明驗」，〔註52〕李賢所注，言東漢時所稱之祕經，即後世所說之緯書，而對緯書內容之描述，尤切近於讖語性質。又《後漢書・方術列傳》曰：

　　後王莽矯用符命，及光武尤信讖言，……自是習爲內學，尚奇文，
　　貴異數，不乏於時矣。〔註53〕

注曰：「內學謂圖讖之書也。其事祕密，故稱內」，〔註54〕圖讖之書有內學之稱，但圖讖之書是否爲後世所稱之緯書，當可進一步討論。若後世所謂緯書者，與東漢時圖讖之書有關，則《後漢書》中所稱之內學可能是指涉緯書；若後世所謂緯書與東漢圖讖無涉，則李賢此注語當無關於本文所設定之「緯書」內容。因此，東漢光武帝所宣布之圖讖與後世所稱之緯書，內容所指究竟爲何，當先做一番比較。

《後漢書・方士列傳》曰：樊英「善風角，星算，河洛七緯，推步災異」，〔註55〕注之曰：

　　七緯者，《易》緯〈稽覽圖〉、〈乾鑿度〉、〈坤靈圖〉、〈通卦驗〉、〈是
　　類謀〉、〈辨終備〉也；《書》緯〈琁璣鈐〉、〈考靈曜〉、〈刑德放〉、〈帝

〔註50〕黃復山，〈「讖」「緯」異名同實考辨〉，該篇論文發表於民國84年5月輔仁大學《兩漢文學學術研討會論文集》，語見頁108。
〔註51〕《後漢書》卷三十上，語見頁1043。
〔註52〕同上註。
〔註53〕《後漢書》，語見頁2705。
〔註54〕同上註。
〔註55〕《後漢書》，語見頁2721。

命驗〉、〈運期授〉也;《詩》緯〈推度災〉、〈氾曆樞〉、〈含神霧〉也;《禮》緯〈含文嘉〉、〈稽命徵〉、〈斗威儀〉也;《樂》緯〈動聲儀〉、〈稽耀嘉〉、〈汁圖徵〉也;《孝經》緯〈援神契〉、〈鉤命決〉也;《春秋》緯〈演孔圖〉、〈元命包〉、〈文耀鉤〉、〈運斗樞〉、〈感精符〉、〈合誠圖〉、〈考異郵〉、〈保乾圖〉、〈漢含孳〉、〈佐助期〉、〈握誠圖〉、〈潛潭巴〉、〈說題辭〉也。〔註56〕

總計以上李賢所注,七緯共三十五篇。此說與《隋書・經籍志》稱「又有七經緯三十六篇,並云孔子所作」稍有出入,《隋書・經籍志》曰:

> 說者又云,孔子既敘六經,以明天人之道,知後世不能稽同其意,故別立緯及讖,以遺來世。其書出於前漢,有〈河圖〉九篇,〈洛書〉六篇,云自黃帝至周文王所受本文。又別有三十篇,云自初起至於孔子,九聖之所增演,以廣其意。又有「七經緯」三十六篇,並云孔子所作。并前合為八十一篇。而又有《尚書》,〈中侯〉、〈洛罪級〉、〈五行傳〉、《詩》,〈推度災〉、〈氾曆樞〉、〈含神務〉、《孝經》,〈勾命決〉、〈援神契〉、〈雜讖〉等書。〔註57〕

李賢所注與《隋志》所列,不僅在數量上不一致,同一篇名之分類亦多有出入,如:〈推度災〉、〈含神霧〉、〈氾曆樞〉、〈鉤命決〉、〈援神契〉等五篇,《隋志》稱在「七經緯」之外,而李賢所注則將以上五篇納入「七緯」之內,可見意見之分歧。〔註58〕細推李賢之注不知所從何本,未可全信;〔註59〕而《隋志》與《漢書》張衡所云:「河洛五九,六藝四九」之數若合:「河洛五九」即河圖九篇、洛書六篇、九聖之所增演三十篇;「六藝四九」即孔子所作「七經緯」三十六篇;此八十一篇「緯書」自當與圖讖關係密切。

〔註56〕同上註,語見頁 2721～2722。

〔註57〕《隋書・經籍志》卷三十二,(臺北:鼎文書局,民國 79 年 7 月六版),語見頁 941。

〔註58〕《緯學源流興廢考》清人蔣清翊著,其書卷上「題目」曰:「清翊按:《隋書志》云「七經緯」三十六篇,而《樊英傳》注只三十五篇。又:〈推度災〉、〈氾曆樞〉、〈含神務〉、〈勾命決〉、〈援神契〉五書,《隋志》不在三十六篇之列,與《樊英傳》注又不同」。

〔註59〕陳槃於〈讖緯釋名〉一文中,分析《隋志》與李賢注之差異時亦稱:「即此一端,可見所謂『讖』『緯』,去取之間,彼此漫無標準,各以己意為之。唯其如此,故賢注三十六緯之目,東拼西湊,無以充其數,故止於三十五篇也」,語見頁 313。

前言東漢光武帝「宣布圖讖於天下」，《後漢書‧張衡傳》曰：「河洛六藝，篇錄已定，后人皮傳，無所容篡」，李賢注之曰：「《衡集》上事云：『河洛五九，六藝四九』謂八十一篇也」，〔註60〕是知「河圖洛書」四十五篇與「六藝」三十六篇，即是以光武帝所定之圖讖爲底本。故張衡〈請禁絕圖讖疏〉中舉證曰：「至於王莽篡位，漢世大禍，八十篇何爲不戒，則知圖讖成於哀平之際也」，張衡言「八十篇」，蓋取其整數言。荀悅《申鑒‧俗嫌第三》亦曰：

> 世稱緯書，仲尼之作也。臣悅叔父故司空爽辨之，蓋發其僞也。有起于中興之前，終張之徒之作乎？或曰雜。曰：以己雜仲尼乎？以仲尼雜己乎？若彼者，以仲尼雜己而已。然則可謂八十一首，非仲尼之作矣。〔註61〕

此言亦以緯書爲圖讖之書八十一篇。黃復山《漢代《尚書》讖緯學述》考據得出結論言：

> 光武帝宣布圖讖八十一卷，其後明、章以下諸帝所極力倡導，迄至漢末鄭玄所注群緯，皆此八十一卷也。是以今日讖緯學者所引據含鄭玄注文之緯書輯本，亦即光武之官定圖讖也。〔註62〕

故就廣義之讖緯篇目而言，當以八十一篇爲主，而狹義之讖緯書目解題則以三十六篇爲準。此亦極可能是終東漢之世所流傳緯書篇目之全數。

緯書（指廣義之讖緯篇目）自晉以後即屢遭燔禁，〔註63〕《晉書‧石季龍載記上》曰：「禁郡國不得私學星讖，敢有犯者誅」，又《晉書‧符堅載記上》曰：「及王猛卒，堅置聽訟觀於未央之南，禁老莊圖讖之學」，《魏書‧高祖紀》曰：「太和九年春正月戊寅詔曰：『圖讖之與，起於三季，既非經國之典，徒爲邪所憑。自今圖讖祕緯，及名爲孔子閉房記者，一皆焚之，留者以大辟論』」，《隋書‧高祖紀》：「開皇十三年制，私家不得隱藏緯候圖讖」，大凡以上諸條，多以政治手段禁止圖讖之流傳，其對象也僅止於私人，讖緯思想及活動頓時喪失生存發展活力；至於官方祕藏書籍，亦因執政者反對，隨

〔註60〕《後漢書》，語見頁 1913。

〔註61〕《申鑒》，藝文印書館據四庫善本叢書子部影印，語見《申鑒‧卷第三》，頁 7～8。

〔註62〕《漢代《尚書》讖緯學述》，黃復山著，輔仁大學中文研究所博士論文，民國 85 年 6 月，語見頁 73。

〔註63〕有關禁止讖緯之大事，《讖緯論略》蒐集自漢至明，製成簡表，並標明朝代、禁讖緯者、主要內容、出處等項，頗爲方便參考，列表見該書頁 35。

時間流逝而逐漸散佚。《隋書・經籍志》爲圖讖緯書之遭後世帝王禁止，記載
這段經過：

> 至宋大明中，始禁圖讖，梁天監已後，又重其制。及高祖受禪，禁
> 之踰切。煬帝即位，乃發使四出，搜天下書籍與讖緯相涉者，皆焚
> 之，爲吏所糾者至死。自是無復其學，祕府之內，亦多散亡。〔註64〕

由於政治干涉，民間所流傳之讖緯圖籍不復存在，加以歷代禁絕，藏書幾經
戰亂，天災人禍不斷，這些圖書至宋代幾乎喪失殆盡，致使後學無法目睹緯
書原來面目。

　　由於前賢辛勤爬梳，又加清代輯佚之學風盛行，目前大致可考之讖緯圖
籍，斷簡殘篇雖寥寥可數，因利後學亦彌足珍貴。今將現存之篇目列表於下，
以便參考。立表凡例有八：

一、本表緯書篇目及全部內容，悉依上海古籍出版社《緯書集成》一書
　　爲範本。

二、本表緯書篇名，以清喬松年所輯之《緯捃》（捃通攟，下以捃代攟）
　　爲參考本。乃因此書以明孫㲄（㲄通瑴，下以㲄代瑴）所輯之《古
　　微書》爲底本，並「傍採博搜，訂訛正誤，較孫書精而資料多過書」；
　　而安居香山、中村璋八二人所輯《重修緯書集成》亦以此書爲底本；
　　且喬書所列之篇名最多，故從此書。

三、若其他輯本篇名有喬書所不載者，則另附加於下。且以表上最左爲
　　參考本。

四、本表以「★」號表示該輯本有此篇名。

五、若其他輯本篇名與喬書大同而小異者，則視內容而論。其辦法有二：
　　（1）若該書輯文與喬書所輯相同、或部分相似者，且依喬書所定，
　　並加註於表後；（2）若該書輯文與喬書所輯均不同者，則另附加篇
　　名於下。

六、若其他輯本篇名之字形與喬書僅古字、俗體字、或體字不同者，亦
　　依喬書字形，不另說明。

七、喬書中輯有「泛引」某讖緯圖籍者，乃收錄他書引用某讖緯圖籍而
　　未指明出於何篇者，皆歸於此項；本表篇名項目亦悉編列，唯附加
　　「泛引」二字，以示該項非指篇名。若其他輯本定有篇名之內容與

〔註64〕　《隋書》，語見頁941。

此項所收相仿者，則另列為一篇名，並加註於後，以示不遺。

八、其他輯本若有以附錄性質附諸於後者，則視其內容而定：如屬於類似「泛引」性質，歸至「泛引」類；若有實指其篇名，而喬書未列者，則另立一篇名，唯附加「附」字，以示其附錄性質。

篇名＼緯書輯本	易緯	說郛	古微書	緯書(1)	七緯	諸經緯遺	七緯拾遺	詩緯集證	玉函山房輯佚書	緯捃	通緯	玉函山房輯佚書續編	緯書佚文輯錄
（易類）													
易乾鑿度					★(2)		★			★	★(3)		★(4)
乾坤鑿度	★(5)									★			
易乾坤鑿度					★(6)						★(7)		
乾鑿度	★	★(8)			★						★		
坤鑿度	★				★						★		
周易乾鑿度	★												
易通卦驗	★	★	★	★	★	★	★			★	★(9)		★
易稽覽圖	★	★	★		★		★			★			
易是類謀	★		★(10)	★	★		★			★	★		★
易辨終備	★		★	★(11)	★					★			★
易中孚傳			★							★			
易天人應			★							★			
易通統圖							★			★	★		
易運期			★				★			★			
易內傳										★			
易萌氣樞			★	★			★			★	★		★
易內篇										★			
易傳太初篇										★			
泛引易緯			★				★			★	★		★
易緯乾元序制記	★		★	★							★		
易緯坤靈圖	★			★			★						
易川靈圖		★						★					
易坤靈圖			★								★	★	★
易河圖數			★										

易九厄讖		★						★		
易中備					★					
易讖					★					
易經備									★	
易緯禮觀書										★
易緯紀										★
易緯紀表										★
易緯決象										★
（尚書類）										
尚書考靈曜	★(12)	★	★(13)	★	★(14)	★	★		★	★
尚書帝命驗		★	★	★	★(15)	★	★	★	★	★
尚書璇璣鈐	★(16)	★	★	★(17)	★	★	★	★(18)		
尚書刑德放		★	★	★		★	★	★	★	
尚書運期授		★	★	★(19)		★	★	★		
尚書帝驗期		★				★				
尚書洪範記		★(20)				★				
泛引尚書緯			★	★		★	★			★
尚書帝命期	★									
尚書中候	★	★			★	★	★		★	★
尚書五行傳		★								
中候握河紀		★			★	★				
中候我應					★	★	★			
中候考河命		★			★	★				
中候雒予命		★(21)			★	★(22)	★			
中候雒師謀					★	★				
中候摘雒貳		★(23)			★(24)	★(25)	★			★(26)
中候儀明		★(27)			★(28)	★(29)	★			
中候敕省圖		★			★	★	★			
中候稷起		★			★	★	★			
中候準讖哲		★			★	★	★			
中候合符后					★	★	★			
中候運衡		★(30)			★	★	★			★
中候契握					★	★	★			
中候苗興					★	★	★			
赤雀命						★				
中候題期					★(31)	★				

中候立象							★(32)	★			
中候霸免							★	★			
中候覬期							★	★			
尚書中候雜篇											★
（詩類）											
詩含神霧	★	★	★	★	★		★	★	★	★	★
詩推度災		★	★	★			★	★	★	★	★
詩汎歷樞	★(33)	★	★(34)	★			★(35)	★(36)	★	★(37)	★
泛引詩緯			★	★			★		★	★	★
神含神霧	★(38)										
詩含文候			★								
詩紀歷圖					★(39)						
詩讖						★					
（春秋類）											
春秋演孔圖	★	★	★	★	★(40)		★	★	★	★	★
春秋元命包	★(41)	★	★(42)	★(43)	★(44)		★(45)	★	★(46)	★(47)	★
春秋文曜鉤	★	★(48)		★(49)	★		★	★	★(50)	★(51)	★
春秋運斗樞	★	★		★	★		★	★	★	★	★
春秋感精符	★	★		★	★		★	★	★	★	★
春秋合誠圖	★	★		★	★		★	★	★	★	
春秋考異郵		★		★			★	★	★		
春秋保乾圖		★		★			★	★	★	★	
春秋漢含孳	★(52)	★		★			★	★			
春秋佐助期	★	★		★	★		★	★	★	★	
春秋握誠圖		★		★			★	★			
春秋潛潭巴	★(53)	★		★	★		★	★	★	★	★
春秋說題辭	★(54)	★		★(55)	★		★	★	★	★	
春秋命歷序		★			★		★	★	★	★	
春秋內事		★			★		★	★			
春秋錄圖					★		★				
春秋錄運法							★				
春秋孔錄法					★		★	★			
春秋璇璣樞							★				
春秋揆命篇							★				
春秋河圖揆命篇					★		★				
春秋玉版							★		★(56)		

春秋瑞應傳								★			
泛引春秋緯			★	★					★	★	★
春秋緯	★(57)										
春秋考異	★(58)										
春秋符	★(59)										
春秋圖					★						
春秋少陽篇					★						
春秋讖					★						
春秋合讖圖										★(60)	
（禮類）											
禮含文嘉	★	★	★	★	★		★	★	★	★	★
禮稽命徵	★	★	★	★	★		★	★	★	★	★
禮斗威儀	★	★	★	★	★		★	★		★	★
泛引禮緯			★	★				★	★		★
禮元命包			★								
大戴禮逸					★						
（樂類）											
樂動聲儀		★	★	★			★	★		★	★
樂稽耀嘉	★	★	★	★	★		★	★			★
樂協圖徵		★(61)	★	★			★	★	★	★	★
泛引樂緯			★					★	★	★	★
（孝經類）											
孝經援神契	★	★		★	★		★	★	★	★	★
孝經中契		★				★	★	★			
孝經左契	★	★		★	★		★	★	★		
孝經右契	★	★		★	★		★	★	★		
孝經鉤命決	★	★(62)		★	★		★(63)	★	★	★(64)	★
孝經內事	★	★(65)		★	★		★(66)	★	★(67)		★
孝經河圖							★	★			
孝經中黃								★		★(68)	
孝經威嬉拒		★					★	★			
泛引孝經緯				★			★	★			★
孝經緯	★(69)										
孝經內記						★					
孝經雌雄圖						★		★		★	★
孝經古祕						★		★	★(70)		★

孝經讖					★		★			
孝經章句							★		★	★
孝經契									★	
（論語類）										
論語比考		★(71)			★(72)		★(73)	★	★(74)	
論語譔考		★			★(75)		★(76)	★	★(77)	
論語摘輔象		★			★		★	★	★	★
論語摘衰聖		★			★		★(78)	★		
論語素王受命讖					★		★	★	★	
論語崇爵讖					★		★	★	★	
論語糾滑讖					★		★	★	★(79)	
論語陰嬉讖		★			★		★	★	★	★
泛引論語讖					★		★	★	★	★
（河圖類）										
河圖括地象	★	★	★		★		★	★		★
河圖始開圖	★	★	★		★		★	★		★
河圖挺佐輔		★	★		★		★			
河圖稽耀鉤	★(80)	★(81)	★	★(82)	★(83)		★	★		
河圖帝覽禧		★(84)	★(85)		★(86)		★	★(87)		★(88)
河圖握矩起		★(89)	★(90)		★(91)		★			
河圖玉版		★(92)	★		★		★			
龍魚河圖	★	★			★		★	★		★
河圖合古篇			★				★	★		
河圖令占篇					★(93)		★			★
河圖赤伏符			★		★		★	★		
河圖闓苞受			★		★		★	★(94)		
河圖挺光篇(95)			★(96)		★(97)		★	★(98)		
河圖龍文			★		★		★			
河圖錄運法			★		★		★			★
河圖帝通紀		★	★		★		★	★		
河圖眞紀鉤		★	★		★		★	★(99)		★
河圖考鉤			★				★			
河圖秘徵		★	★(100)		★		★	★(101)		
河圖說徵							★	★		
河圖說徵祥							★			

河圖會昌符			★	★		★	★	★		
河圖稽命徵	★	★	★		★		★	★		★
河圖揆命篇							★			
河圖要元篇			★	★		★	★	★(102)		
河圖天靈							★	★		
河圖提劉篇			★	★(103)		★(104)	★	★(105)		
圖緯絳象							★			
河圖著命			★			★	★	★		
河圖皇參待				★(106)		★(107)	★	★(108)		
河圖帝視萌				★		★	★			
泛引河圖				★		★	★			★
河圖絳象			★	★				★		
河圖考靈耀			★	★(109)				★		
河圖帝系譜			★							
河圖八丈			★							
河圖聖洽			★							
河圖聖洽符						★		★		★
括地圖								★		
河圖讖								★		
河圖說命徵									★	
河圖龍帝紀										★
河圖龍表										★
河圖說徵示										★
河圖靈武帝篇										★
河圖玉英										★
河圖稽紀鉤										★
河圖表紀										★
（雜書類）										
雜書靈準聽		★(110)	★			★(111)	★	★(112)		★(113)
雜書甄曜度	★(114)	★(115)	★		★(116)	★(117)	★	★	★(118)	★
雜書摘六辟		★(119)	★(120)			★(121)	★	★		★
雜書寶號命			★(122)			★(123)	★			★

讖書說禾		★ （124）				★		
讖書錄運法	★ （125）					★		
讖書錄運期	★ （126）	★				★		
泛引讖書		★		★		★	★	★
孔子河洛讖	★			★				
讖書兵鈐		★						
讖書讖罪級				★			★	★
讖書說徵示				★				★
洛書兵鈐勢				★ （127）				★
附讖語				★				
附甄曜度讖							★	
洛書紀								★
洛書三光占								★
洛書斗中圖								★

註釋：

（1）《緯書》一名《集緯》，《緯書集成》採上海圖書館所藏寫本影印。本書分：河圖、讖書、易緯、尚書、詩緯、禮緯、樂緯、春秋緯等八類，各篇未再冠以類名名篇，本表視其所輯之內容比對《緯捃》，篇名從《緯捃》。

（2）《七緯》卷一〈易乾坤鑿度〉分〈乾鑿度〉與〈坤鑿度〉二篇，卷二又有〈易乾鑿度〉一篇，內容與〈乾鑿度〉不同。觀《七緯》〈易乾鑿度〉內容又與《緯捃》〈易乾鑿度〉也不同。觀其內容與《易緯》之〈周易乾鑿度〉相似，唯篇名之故，暫列於此。

（3）通緯》之〈易乾鑿度〉內容與《易緯》之〈周易乾鑿度〉相似，因篇名之故，暫列於此。

（4）《緯書佚文輯錄》作〈易緯乾鑿度〉。

（5）《易緯》將〈乾坤鑿度〉分為卷上〈乾鑿度〉與卷下〈坤鑿度〉二部分。復有〈周易乾鑿度〉上下二卷。觀卷上〈乾鑿度〉與〈周易乾鑿度〉二者內容亦不相同，《易緯》分二者獨立成篇。

（6）《七緯》卷一〈易乾坤鑿度〉分〈乾鑿度〉與〈坤鑿度〉二篇，內容與《易緯》〈乾坤鑿度〉相似，故《七緯》之〈易乾坤鑿度〉與《易緯》之〈乾坤鑿度〉二者異名而同實。

（7）《通緯》〈易乾坤鑿度〉分〈乾鑿度〉、〈坤鑿度〉二部，內容與《易緯》〈乾坤鑿度〉相似，二者異名而同實。

（8）《說郛》〈乾鑿度〉分上下二篇，內容與《易緯》〈乾坤鑿度〉上下二卷相似。二者異名而同實。

（9）《通緯》作〈易通卦驗玄圖〉。

（10）《古微書》是作筮。

（11）《緯書》辨作辯。

（12）《說郛》曜作耀。

（13）《緯書》曜作耀。

（14）《諸經緯遺》曜作耀。

（15）《諸經緯遺》驗作期。

（16）民國排印本涵芬樓《說郛》卷二本，又有〈尚書璇機鈐〉，所輯內容與《緯捃》
　　　相彷，唯璣作機。

（17）《七緯》璣作機。

（18）《通緯》璣作機。

（19）《緯書集成》目錄「運」寫簡體字。

（20）《古微書》有〈洪範緯〉緯文一則，內容與《緯捃》相似。

（21）《古微書》雒作洛。

（22）《玉函山房輯佚書》雒作洛。

（23）《古微書》貳作戒。又「中候雜篇」摘作摘。

（24）《七緯拾遺》雒作洛，貳作戒。

（25）《玉函山房輯佚書》摘雒貳作摘洛戒。

（26）《緯書佚文輯錄》貳作戒。

（27）《古微書》儀作義。

（28）《七緯拾遺》儀作義。

（29）《玉函山房輯佚書》儀作義。

（30）《古微書》衡作行。

（31）《七緯拾遺》有名無文。

（32）《七緯拾遺》有名無文。

（33）《說郛》汎作紀。

（34）《緯書》汎作紀。

（35）《詩緯集證》汎作汜。

（36）《玉函山房輯佚書》汎作汜。

（37）《玉函山房輯佚書續編》汎作汜。

（38）《說郛》卷二本〈神含神霧〉二則緯文，其中一則與《緯捃》〈詩含神霧〉相同，
　　　而另一則不見。

（39）《諸經緯遺》之〈詩紀歷圖〉與《緯捃》之〈詩汎歷樞〉緯文多有類似。唯篇名
　　　相去甚多，故另立一篇名。

（40）《諸經緯遺》演孔圖作孔演圖。

（41）《說郛》卷二本又有〈春秋元命苞〉。

（42）《緯書》包作苞。

（43）《七緯》包作苞。

（44）《諸經緯遺》包作苞。

（45）《玉函山房輯佚書》包作苞。

（46）《通緯》包作苞。

（47）《玉函山房輯佚書續編》包作苞。

（48）《古微書》曜作耀。

（49）《七緯》曜作耀。

（50）《通緯》曜作耀。

（51）《玉函山房輯佚書續編》曜作耀。

（52）《說郛》卷二本有〈春秋漢含〉緯文一則，文句近似《緯捃》〈春秋漢含孳〉所輯。

（53）《說郛》卷二本又有〈春秋潛澤巴〉，緯文二則均與《緯捃》之〈春秋潛潭巴〉近似。

（54）《說郛》卷二本又有〈春秋說題〉一篇，緯文二則皆見於《緯捃》〈春秋說題辭〉。

（55）《緯書集成》目錄辭作解。

（56）《玉函山房輯佚書續編》作〈春秋玉版讖〉。

（57）此項與《緯捃》「泛引春秋緯」內容近似。

（58）此篇只一則緯文，考《緯捃》之〈春秋考異郵〉亦不見此則。

（59）《說郛》卷二本只有一則緯文。

（60）《玉函山房輯佚書續編》之〈春秋合讖圖〉緯文一則，《緯捃》之〈春秋合誠圖〉已有收錄，應可歸入〈春秋合誠圖〉；唯《玉函山房輯佚書續編》亦有〈春秋緯合誠圖〉一篇而不與之合併，此似有意獨立成篇，今且另立一篇，以待查證。

（61）《緯書集成》目錄作〈樂葉圖徵〉，《古微書》版本作〈樂協圖徵〉，協是葉之俗體字。

（62）《古微書》決作訣。

（63）《玉函山房輯佚書》決作訣。

（64）《玉函山房輯佚書續編》決作訣。

（65）《古微書》作〈孝經內事圖〉。

（66）《玉函山房輯佚書》作〈孝經內事圖〉。

（67）《通緯》作〈孝經內記圖〉。

（68）《玉函山房輯佚書續編》作〈孝經中黃讖〉。

（69）《說郛》卷二本〈孝經緯〉二則緯文，只其中一則與《緯捃》「泛引孝經緯」類似，且未註明出處。

（70）《通緯》古作右。

（71）《古微書》作〈論語比考讖〉。

（72）《七緯拾遺》作〈論語比考讖〉。

（73）《玉函山房輯佚書》作〈論語比考讖〉。

（74）《通緯》作〈論語比考讖〉。

（75）《七緯拾遺》作〈論語撰考讖〉。

（76）《玉函山房輯佚書》作〈論語撰考讖〉。

（77）《通緯》作〈論語撰考讖〉。

（78）《玉函山房輯佚書》作〈論語摘衰聖承進讖〉。

（79）《通緯》糾作紀。

（80）《說郛》耀作燿。

（81）《古微書》耀作燿。

（82）《諸經緯遺》耀作燿。

（83）《七緯拾遺》耀作燿。

（84）《古微書》禧作嬉。

（85）《緯書》禧作嬉。

（86）《七緯拾遺》禧作嬉。

（87）《通緯》禧作嬉。

（88）《緯書佚文輯錄》禧作嬉。

（89）《古微書》起作記。

（90）《緯書》起作紀。

（91）《七緯拾遺》起作記。

（92）《古微書》版作板。

（93）《七緯拾遺》令作舍。

（94）《通緯》受作授。

（95）《緯書集成》目錄作〈河圖汴光篇〉，強恕堂刊本作〈河圖抃光篇〉，本表且從強
恕堂刊本。

（96）《緯書》抃作協。

（97）《七緯拾遺》抃作汁。

（98）《通緯》作〈河圖協光紀〉。

（99）《通緯》作〈河圖眞鉤〉。

（100）《緯書》作〈祕徵篇〉。

（101）《通緯》秘作祕。

（102）《通緯》作〈河圖要元篇〉。

（103）《緯書》無「篇」字。

（104）《七緯拾遺》篇作子。

（105）《通緯》作〈河圖提劉〉。

（106）《緯書》待作持。

（107）《七緯拾遺》待作持。

（108）《通緯》待作持。

（109）《緯書》耀作曜。

（110）《古微書》準作准。

（111）《七緯拾遺》雒作洛。

（112）《通緯》準作准。

（113）《緯書佚文輯錄》雒書皆作洛書。以下雒書類各篇不另說明。

（114）《說郛》雒作洛，曜作耀。

（115）《古微書》雒作洛。又《古微書》三十六卷〈甄燿度讖〉之內容與《緯捃》相似。

（116）《諸經緯遺》雒作洛，曜作耀。

（117）《七緯拾遺》雒作洛。

（118）《玉函山房輯佚書續編》雒作洛。

（119）《古微書》雒作洛。

（120）《緯書》六作亡。

（121）《七緯拾遺》雒作洛；六作王，《緯書集成》目錄作亡。

（122）《緯書》號作予。

（123）《七緯拾遺》雒作洛，號作予。

（124）《緯書》有名無文。

（125）《古微書》雒作洛。

（126）《古微書》作〈錄運期讖〉。

（127）《七緯拾遺》之〈洛書兵鈐勢〉緯文四則，與《緯書》之〈雒書兵鈐〉緯文一則，兩篇內容俱不相同，故另立一篇名。

東漢「緯書」篇目大要如上。〔註65〕

概言之：「緯」字本義是「織橫絲」，與「經」相對成一組空間概念，屬東西橫向；其後又指涉天文星象，用於專有所指之行星；在兩漢經學極盛時代，〔註66〕又有所謂「緯書」之說，時人混淆「緯」與「讖」之界限，將「緯」、「讖」兩者相提並論；待鄭玄（A.D.127～200）遍注儒家經典，始拈出「緯」名，時有「引經注緯」或「引緯注緯」之現象，〔註67〕提高「讖」之地位與價值，並與「經學」相抗衡；至此「緯」不僅可以「配經」，其內容之豐，亦足以成一門之學。至於「緯」與「讖」之區分為何，以及兩者如何結合成為一套有系統之思維模式，則有以下討論。

第三節　辨讖與緯

「讖」「緯」兩字之同異，若許慎所言不假，其本字本義當別有所指，兩

〔註65〕此外，日本學者安居香山與中村璋八在《緯書資料の輯佚書とその研究》第一章〈緯書資料研究における問題の所在〉亦對緯書篇名進行歸納，深具參考價值。（參考頁356～371）本文採行上海古籍出版社之《緯書集成》，乃因此書「不僅集『緯書』之大成，較日本安居香山、中村璋八所編《緯書集成》更為完備」，（《緯書集成》湯志鈞前言）且此版本有《緯書佚文輯錄》，附錄部分收入「有關緯書的校讎、解題資料五種，張惠言《易緯略義》、孫詒讓《札迻》皆據通行刊本影印或摘印，姚振宗《隋書經籍志考證》卷九、朱彝尊《經義考》卷二六三至二六七據通行本斷句重排，《讖緯書錄解題》係據陳槃在大陸時發表於《史語所集刊》上的文章重排」，（《緯書集成》例言）資料較為完備。唯日本《重修緯書集成》係第一次大規模有系統整理緯書資料，且其所引輯佚書亦有部分為大陸版本所無，故二書比併參照，當可收拾遺補闕之功。

〔註66〕清代皮錫瑞所著《經學歷史》一書中，稱：「經學自漢元、成至後漢，為極盛時代」，（臺北：藝文印書館，民國76年10月二版），語見頁98。

〔註67〕有關鄭玄「引經注緯」及「引緯注經」，可參閱呂凱《鄭玄之讖緯學》第二章第三、四節。

者互不隸屬：「讖」意味著「有徵驗之書」，而「緯」則指「織橫絲」。然而許慎之解，亦僅就本字發生做根源性之解釋，並未對其字之歷史流變再做探究；因此，許慎所言，只能作用於理解「讖」「緯」兩字之旁證，不足以說明「讖」「緯」兩字在東漢時之歷史詮釋，故欲探討「讖」「緯」兩字在東漢時之樣貌，則必訴諸當代之文獻史料。然而若依上述考察，「讖」「緯」兩字在東漢時所分別代表之意義，自當有相異之分別義與相同之合成義兩說，由於當時並未對此提出明確界定，後世學者爭論兩者同異問題，立論焦點不同，形成涇渭明顯之派別。

　　引發論辯「讖」「緯」之同異問題，可溯及《隋書·經籍志》。其曰：

　　說者又云，孔子既敘六經，以明天人之道，知後世不能稽同其意，故別立緯及讖，以遺來世。其書出於前漢，有河圖九篇，洛書六篇，云自黃帝至周文王所受本文。又別有三十篇，云自初起至於孔子，九聖之所增演，以廣其意。又有七經緯三十六篇，並云孔子所作，并前合爲八十一篇。

《隋志》所云，其書八十一篇乃指河洛圖書四十五篇與「七經緯」三十六篇之合，若以廣義言讖緯篇目，當指總合八十一篇，然而「別立緯及讖」，以「緯」名書者，卻只有三十六篇「七經緯」，觀《隋志》之言，雖未指明「讖」「緯」有何差別，卻似乎有意分出彼此不同；且「七經緯」之稱，在東漢時則稱爲「七緯」（見《後漢書·方士列傳》），以「緯」名書乃專指「七經緯」應無疑議。明胡應麟（A.D.1551～1602）《四部正訛》對此做進一步說明：

　　世率以『讖』『緯』並稱。二書雖相表裡，而實不同。『緯』之名所以配『經』，故自《六經》、《語》、《孝》而外，無復別出；《河圖》、《洛書》等緯皆《易》也。讖之依附《六經》者，但《論語》有讖八卷，餘不概見。以爲僅此一種；偶閱《隋書·經籍志注》，附見十餘家，乃知凡讖皆託古聖賢以名其書，與緯體制迥別。蓋其說尤誕妄，故隋禁之後永絕，類書亦無從援引，而唐宋諸藏書家絕口不談。

〔註68〕

此說不僅將河圖洛書等緯書納入《易》類緯書，並且明確界定「讖」與「緯」之異，兩者不僅體制迥別，且「緯」所以配經，而「讖」之說誕妄，兩書雖

〔註68〕《四部正訛》，明·胡應麟著，該文收錄於《少室山房筆叢》，（臺北：世界書局，讀書箚記叢刊第二集第十二冊，民國52年4月初版），語見頁389。

－36－

相表裡，其實質內容卻不容混同。胡應麟雖然劃分讖緯界限，但是未能解釋為何足以配經之「緯」，會遭受如「讖」之禁絕相同待遇？此外，明孫珏在《古微書》〈尚書中候〉加按語指稱：

> 謹按《隋志》河洛七經緯合八十一篇，又有〈尚書中候洛罪級〉、〈五行傳〉雜讖等書，則中候屬讖不屬緯矣。其說云，孔子求尚書，以其十八篇為中候，以故，漢世之學，緯候並稱。考《梁志》八卷，隋惟五卷，今所見寥寥數則耳。〔註69〕

孫珏所言，雖未就「讖」「緯」之分合做明確性之宣示，但從其對〈中候〉等篇目內容之判準，可以知道其「讖」「緯」有別之立場。此後阮元（A.D.1764～1849）為《七緯》作序時，綜合《隋志》與孫珏之論調，曰：

> 讖緯之興，始於哀平之世，終於大業，洎摩宋鄭兩家為之作注，而緯與經迺相雜而不越。然異學爭鳴，七緯之外復有候、有圖，最下而及於讖，而經訓愈漓。不知緯自為緯，讖自為讖，不得以讖病緯也。自賈公彥《周官疏》造為漢時禁緯之說，後儒不察，并為一譚，以為古人緯讖同諱，此謬論也。今以《隋書·經籍志》證之，云：『孔子既敘六經，以明天人之道，知後世不能稽同其意，故別立緯及讖。』『及』者，遂事之辭也。觀下文，『王莽好符命，光武以圖讖興，遂盛行於世。』則讖者特緯之流弊也，讖緯之別，此一證也。……否則朱氏彝尊所引謝書及漢人碑碣稱：姚浚則尤明圖緯祕奧、姜肱則兼明星緯、郭泰則探綜圖緯、李休則又精群緯、袁良則親執經緯、楊震則明河雒緯度、祝穆則七典並立，該洞七典、唐扶則綜緯河雒、劉熊則敦五經之緯圖、楊著則窮七道之奧、曹全則甄及讖緯、蔡湛則少耽七典、武梁則兼通河雒、張表則該覽群緯、丁魴則兼究祕緯、李翊則通經綜緯；不曰讖而曰緯，則緯之醇固異於讖之駁也。使其有禁奚習者之多乎？此又不待智者而決矣。〔註70〕

阮元首先分判「緯」專指「七緯」而言，而所謂「候」、「圖」以下，皆屬「讖」之範疇，序中洋洋灑灑列舉四證說明漢世「讖」「緯」不相雜，並援引朱彝尊蒐《後漢書》及漢代碑碣石文，稱漢世緯學者十有六家，皆曰「緯」而不稱「讖」，而其主因則在於「緯醇而讖駁」。其後李文敏為《緯捃》作序時，其

〔註69〕《緯書集成》，語見頁163。
〔註70〕《緯書集成》，語見頁773。

說法要皆不脫阮元範圍，〔註71〕不過，李文敏在其序中闡述「緯」之特質，差可以為參考，其曰：

> 夫緯配經而出，經闡其理，緯繹其象；經陳其常，緯究其變。古者緯學存，而三古洪纖之度、五氣休咎之徵，皆能見微知著，占驗省愆，及覆圍繞，以輔經術，其功非尠淺也。〔註72〕

釋李文敏說「緯」，乃源自其「尊經」思想；因「經」闡述人事常理，而「緯」具有配經之作用，能見微知著，故其地位當非「讖」所能比擬。無獨有偶，同為《緯捃》作序之任道鎔，亦有如斯看法：

> 緯學之立，實始周世，其後由緯、有候、有圖，遂以有讖。宋大明以後，禁止圖讖；逮梁迄隋，重申其制，而緯遂絕。然緯自緯，讖自讖；讖者，緯之流極，言治者不當以讖病緯，讀書者不可以讖比緯也。〔註73〕

任道鎔不僅認同孫玨說法，將「緯」與「讖」劃清界限，並且將「緯」發生時代提前至周世，藉以提高「緯學」之價值與神聖性。至清末以前，批判「讖」「緯」有別之立場最為鮮明，而且影響力最大者，則莫過於《四庫全書》（A.D.1772～1782）。《四庫全書・總目》卷六易類六，加案語曰：

> 案：儒者多稱讖緯，其實讖自讖，緯自緯，非一類也。讖者，詭為隱語，預決吉凶，《史記・秦本紀》稱盧生奏錄圖書之語，是其始也。緯者，經之支流，衍及旁義，《史記・自序》引《易》，失之毫釐，差以千里；《漢書・蓋寬饒傳》引《易》，五帝官天下，三王家天下，注者均以為易緯之文也。蓋秦漢以來，去聖日遠，儒者推闡論說，各自成書，與經原不相比附，如伏生《尚書大傳》、董仲舒《春秋陰陽》，核其文體，即是緯書，特以顯有主名，故不能託諸孔子；其他私相撰述，漸雜以術數之言，既不知作者為誰，因附會以神其說，迨彌傳彌失，又益以妖妄之詞，遂與讖合而為一。然班固稱聖人作

〔註71〕《緯書集成》，李文敏《緯捃》序曰：「《隋書・經籍志》云：『孔子既敘六經，以明天人之道，後世不能稽同其意，故別立緯及讖。』楊侃謂緯書為祕經，圖讖為內學，緯讖之分若涇渭。後儒不察，渾而一之，遂因讖以病緯。賈公彥《周官疏》造為漢時，禁緯之說而緯亡，緯亡而古學絕。秀水朱氏彝尊引《後漢書》及漢人碑碣，偁緯學者十有六家，則漢時未嘗禁緯，有明徵矣」，語見頁1403。

〔註72〕同上註。

〔註73〕同上註，語見頁1404。

經，賢者緯之；楊侃稱緯書之類謂之祕經，圖讖之類謂之內學，河
洛之書謂之靈篇；胡應麟亦謂，讖緯二書雖相表裡，而實不同。則
緯與讖別，前人固已分析之，後人連類而讖，非其實也。右《乾鑿
度》等七書，皆易緯之文，與圖讖之熒惑民志、悖理傷教者不同，
以其無可附麗，故著錄於易類之末焉。〔註74〕

《四庫全書・總目》主張一出，後續論及「讖」「緯」同異問題時，如前所述者：阮元、《七緯・總敘》、任道鎔、劉秉璋等，〔註75〕多雷同其「讖」「緯」有別之判準，此一主張，大有截斷眾流之勢。而蔣清翊在《緯學源流興廢考》卷中〈師承〉中，更明白指出：

清翊曰：平子言「河洛六藝，篇錄已定，後人皮傳，無所容篡。」
又言：「律歷、卦候、九宮、風角、數有微效，世莫肯學。」則緯與
讖在東漢原不相混。〔註76〕

蔣黻（A.D.1866～1911）後加按語云：「黻按：平子疏中但言圖讖之非，無一語病緯者；而上云衡以圖緯虛妄，蓋史之失詞耳，當云衡以圖讖虛妄，方與疏意相合」，蔣清翊以《後漢書・張衡傳》之言，斷定張衡所反對者為圖讖，而非緯候，故在東漢之世，當有「讖」「緯」之別。賀凌虛在〈讖對秦漢政治的影響〉一文中言：

可見『讖』、『圖』、『書』、『緯』四者原來是各有不同。
這主要由於緯大抵也在東漢時即愈傳愈變質，其後更多妖妄神祕之
詞，與當時的讖無多大分別，不過歸根究底兩者本質仍有所不同。

〔註77〕

此論差可做為此一派說法之現代結論。

　　概言之，認定「讖」「緯」為兩事者，大多以《隋志》所載為鵠的，其主要考量因素不外有二：其一，「緯醇讖駁」，「緯」書之出，源自配經，其內容具有與經籍相當之神聖性；而「讖」文僅是附經而行，內容滲雜誕妄怪異邪

〔註74〕《四庫全書・總目》經部卷六，易類六，語見頁166～167。
〔註75〕劉秉璋序《緯捃》時稱：「《隋志》言：『孔子既敘六經，以明天人之道，知後世不能稽同其意，故別立緯及讖。』緯以輔經，讖則雜之荒誕，後世遂為禁」。
〔註76〕《緯學源流興廢考》蔣清翊著，日本研文出版據蔣氏雙唐碑館刊本景印，語見卷中頁12。
〔註77〕賀凌虛，〈讖對秦漢政治的影響〉，收錄於《社會科學論叢》第三十七輯，民國78年3月30日出版，以上兩段引文見頁3。

說，與經不相比附，自是不足爲訓，亦不可與「緯」等同視之。其二，「體制迴別」，所見篇名即顯不同，且「緯」書乃賢者所成，除《論語讖》之外，「七經緯」、及《河圖》《洛書》皆是緯書；而「讖」不知作者是誰，託聖賢以名，只爲附會以神其說，是以「讖自讖，緯自緯」，後人不宜溷爲一事。不論是內容上「緯醇讖駁」，或者是形式上「體制迴別」，就其分判觀點言，實多只在以「緯」所以配經之立場著眼，以爲「經」既是人世之常理，「緯」緣「經」而起，自當亦有神聖不容質疑之地位；而「讖」之來源不明，所論又是「詭爲隱語，預決吉凶」方術言語，遂是「緯」與「讖」有優劣、主從之分，兩者自是天壤有別。

至於另一派說法，則認爲「讖」「緯」同爲一事，兩者異名而同實。清代徐養原（A.D.1758～1825）作〈緯候不起于哀平辨〉如是分析：

> 按劉熙曰：緯，圍也，反覆圍繞以成經也。圖，度也，盡其品度也。讖者，纖也，其義纖微也。此三者，同實異名，然亦微有分別。蓋緯之名，所以配經，故自「六經」、《論語》、《孝經》而外，無復別出，《河圖》、《洛書》等緯，皆易也，若讖之依附六經者，惟《論語》有讖八卷，餘皆別自爲書，與緯體制迴別。〔註78〕

徐養原以爲，除《論語》有「讖」外，名以配經者，如「緯」、「圖」、「讖」三者，同實而異名，皆是緯書；惟別自爲書之「讖」另有所指，〔註79〕與「緯」體制迴別者，微有分別。徐養原以「緯」而統三名，姜忠奎《緯史論微》則擴大論及「符」、「籙」、「期」、「度」、「驗」、「徵」、「契」、「儀」、「象」：

> 緯，共名也；圖、讖、符、籙皆別名。猶《易》、《書》、《詩》、《禮》之統稱爲經也。今緯書名候者有〈尚書中候〉。名讖者有〈易九厄讖〉、〈論語比考讖〉及〈河洛讖〉等。名符者有〈春秋感精符〉、〈中候合符后〉、〈河圖赤伏符〉等。名圖者有〈易稽覽圖〉、〈春秋演孔圖〉、〈孝經內事圖〉等。名籙者有〈春秋錄運法〉、〈雒書錄運法〉等。又有稱期如〈春秋佐助期〉，稱度如〈詩推度災〉，顧其名則候之類

〔註78〕〈緯候不起于哀平辨〉，徐養原著，收錄於阮元編訂《詁經精舍文集》卷十二，臺灣商務印書館叢書集成簡編，語見頁346～347。

〔註79〕同上註，徐養原曰：「以《隋・經籍志》考之，〈孔老讖〉十二卷、〈老子河洛讖〉一卷、〈尹公讖〉四卷、〈劉向讖〉一卷、〈雜讖書〉二十九卷、又有〈堯戒舜禹〉一卷、〈孔子王明鏡〉一卷、〈郭文金記〉一卷、〈王子年歌〉一卷、〈嵩山道士歌〉一卷，皆讖之類也」，語見頁347。

也。稱驗如〈尚書帝命驗〉，稱應如〈易天應人〉，顧其名則讖之類
也。稱徵如〈禮稽命徵〉，稱契如〈孝經援神契〉，顧其名則符之類
也。稱儀如〈樂動聲儀〉，稱象如〈論語摘輔象〉，顧其名則錄圖之
類也。觀其所載，皆以明天人感召之微，物理玄祕之徵，此疆彼界，
無由畫分也。〔註80〕

姜忠奎併「期」、「度」爲「候」；併「驗」、「應」爲「讖」；併「徵」、「契」
爲「符」；併「儀」、「象」爲「錄圖」；就「明天人感召之微，物理玄祕之徵」
內容而言，「讖」、「符」、「圖」、「錄」者，皆爲別名，「緯」則其共名也。王
鳴盛（A.D.1722～1797）《蛾術編‧讖緯》亦稱：「緯書者，經之緯也，亦稱讖」，
〔註81〕俞正燮（A.D.1775～1840）《癸巳類稿》卷十四〈緯書論〉且云：「緯
故在讖，讖，舊名也」，〔註82〕俞氏並稱：

讖緯記古事古訓，而無折衷。其始名讖者，《說文》云：「驗也。」
謂記其已驗，《繫傳》云：「爲將來之驗。」非也。其名緯者，以經
名定之，通考古事，知緯是古史書。〔註83〕

俞氏視「緯」是古史書，亦是「讖」之新名，「讖」「緯」兩者一前一後，只
是出現時間不同而已，兩者同實而異名。顧頡剛（A.D.1893～1980）《漢代學
術史略》亦認爲，「讖」與「緯」兩者在內容上無差別，只是在時間上名稱有
所不同：

讖緯的著作，他們說是孔子編成了六經之後，深恐經文深奧，將來
的人不能洞悉他的意思，所以別立緯和讖，講說得通俗一點；又說
有許多是黃帝、文王等九個聖人傳下來的。讖是豫言。緯是對經而
立的：經是直的絲，緯是橫的絲，所以緯是解經的書，是演經義的
書，自《六經》以及《孝經》都有緯。這兩種在名稱上好像不同，
其實內容並沒有什麼大分別。實在說來，不過讖是先起之名，緯是
後起的罷了。〔註84〕

〔註80〕　本文直接引述陳槃〈讖緯釋名〉，頁300。
〔註81〕　《蛾術編》王鳴盛著，（臺北：信誼書局印行，民國65年7月初版），語見頁118。
〔註82〕　《癸巳類稿》俞正燮著，（臺北：世界書局印行，民國49年11月初版），語見頁542。
〔註83〕　同上註。
〔註84〕　《漢代學術史略》顧頡剛著，收錄於《民國叢書》第二編第五冊，上海書局據濟東印書社1948年版影印，語見頁186～187。

儘管顧頡剛同意「讖」「緯」兩者同實而異名，但仍然承認「讖」「緯」有先後之別，並且相信，「讖」「緯」所以有先後之別，其關鍵乃在於形式上之變化：

> 所以我們可以說：《七略》不錄讖緯，沒有別的原因，只因那時尚沒有這種東西，這種東西是在向、歆父子校書之後纔出現的，這種東西是王莽時的種種圖書符命激起來的。零碎的讖固然早已有了，但其具有緯的形式，以書籍的體制發表之的，決不能早於王莽柄政的時代。〔註85〕

顧頡剛以為，先起之「讖」乃不具書籍形式，而是零碎之讖語，待到《隋志》收錄前，便已是以書籍體制而發表之。故「讖」「緯」兩者內容雖然無別，但在體制上仍可分出彼此。由此而言，顧頡剛與徐養原論點頗有相似之處。陳槃承其師顧頡剛之說，進一步論證「讖」「緯」其實質一也：

> 所謂「讖」「符」以至「候」「緯」之屬，無不自騶書變化而出。騶衍之書，以驗為第一義，故由此而依託之書如「符」「錄」「圖」「書」「候」之屬，亦曰「驗」書，旋又轉為「讖」書。讖亦驗也。時君尊經，始有「緯」書，用是為阿諛苟合之工具。由「讖」至「緯」，不過形式上一轉變，從而標新名目。其實質則「讖」「緯」一也。〔註86〕

「讖」自戰國騶衍時代即有，至漢武帝後，因時勢所趨，方士化之儒生便移「讖」作「緯」，「讖」「緯」兩者，同為託經，純駁無別，故或以為「讖」，或以為「緯」，同實而異名。陳槃稱「讖」「符」「錄」「圖」「書」「候」「緯」一元論：

> 今按「讖」、「緯」、「圖」、「候」、「符」、「書」、「錄」，雖稱謂不同，其實止是讖緯；而「緯」復出於「讖」。故「讖」、「緯」、「圖」、「候」、「符」、「書」、「錄」，七名者，其於漢人，通稱互文，不嫌也。蓋從其占驗言之則曰「讖」；從其附經言之則曰「緯」；從「河圖」及諸書之有文有圖言之則曰「圖」，曰「緯」，曰「錄」；從其占候之術言之則曰「候」，從其為瑞應言之則曰「符」；同實異名，何拘之有？
>
> 〔註87〕

〔註85〕 同上註，語見頁188～189。
〔註86〕 〈讖緯釋名〉陳槃著，收錄於《史語所集刊》第一一本，語見頁302。
〔註87〕 〈讖緯命名及其相關之諸問題〉陳槃著，收錄於《史語所集刊》第二一本，

　　陳槃主張一出，無與爭鋒，後學服膺其立論者眾矣。呂凱《鄭玄之讖緯學》即贊之曰：「讖與緯互辭，圖、候、符、書、錄異名，然而讖緯不異，而圖、候、符、書、錄，復與讖緯爲一。眾名雖殊，固爲一事，稽之書史，檢之緯書，則昭然可見。而陳槃先生於其所著『讖緯命名及其相關之諸問題』中，舉證尤爲精詳，足可永杜讖緯非一論者之口」；〔註88〕殷善培在《讖緯中的宇宙秩序》一書中，討論「讖緯的名義、起源與內容」時也以陳槃研究成果做結；〔註89〕另外，王令樾《緯學探原》論及「緯之名義」時，亦云：「今人陳槃先生『讖緯命名及其相關之諸問題』云：……案：陳說循緯之實際，通諸名而爲一，是亦通人之見，治緯學者，固當作此圓觀」。〔註90〕

語見頁 24。

〔註88〕《鄭玄之讖緯學》，語見頁109，呂凱於此書第一章第四節「讖緯之異同」，所論皆引陳說。

〔註89〕《讖緯中的宇宙秩序》殷善培著，淡江大學中國文學研究所碩士論文，民國80年6月。該論文於第二章「讖緯學的基本問題」第一節「讖緯的名義、起源與內容」分析讖緯名義時，即接受陳槃之結論。不過作者於後附加說明，以陳槃論讖緯起源，只能算是通俗信仰，並不算是讖緯，作者最後折衷，讖緯作品係依安居香山與中村璋八所定，「則讖緯當以漢代爲斷」，只是仍採讖緯名稱，而捨「緯書」不用，參見頁13～18。

〔註90〕《緯學探原》，語見頁8。唯王令樾雖以陳槃之說爲「圓觀」，但在第二章第一節「名義總論」卻提出另一套迴別於陳槃觀點，說：「緯之共名緣於經書而設立，因爲其性相不同，於是有類名之分，類名有四：緯、候、圖、讖。而緯爲類名之首，因緯的內容與經有關，其意義較高，故取以配經，而名之爲緯，而且就以緯之類名，統攝四類而成共名（無涉於讖緯之先後關係）。其他三類亦牽附緯義，傅會於經，并入緯中。實際上名既有別，義亦有殊，品質亦有高卑之判，故研究緯學，首須依循類名，依其義爲準據，再分析其異同，抉發其特性，而後參伍比觀，方可得其褒要」，（語見頁5）王氏以「緯」爲共名，統攝「候」、「圖」、「讖」，乃因「緯」是緣經而立，內容與經有關，其意義較其他三者爲高；又「緯所以爲四類之首，而有配經的美稱」，（語見頁6）且此三類亦牽附緯義，傅會於經，故并入「緯」中；並強調：「實際上名既有別，義亦有殊，品質亦有高卑之判」，然按陳槃論斷：「讖、緯、圖、候、符、書、錄，雖稱謂不同，其實止是讖緯」；「同實異名，何拘之有」，既是同實異名，何來意義高下之別？豈有品質高卑之判？王氏立論在先，又贊成陳槃於後，兩者所言互爲齟齬，卻兼併一說，不知王氏意向爲何？若以陳槃立場言，則當未必苟同王氏所論。陳槃於〈讖緯釋名〉一文中，批判徐養原之〈緯候不起於哀平辨〉言：「徐云緯候與讖同實異名，是也。以主經與否分讖緯，又非也」，（語見頁299）此言當可代表陳槃對王氏見解之判斷。此外，王氏辯稱「其他三類亦牽附緯義，并入緯中」；陳槃則稱「緯復出於讖」，並堅持反對以「緯」爲共名。陳槃分析姜忠奎之〈緯史論微〉曰：「姜云：『圖』『讖』『符』『錄』皆一書之別名，亦是也。但以『緯』爲共名，則未審」，（語見頁300）若陳槃

當論辨「讖」「緯」之同異者，由早期贊成「讖」「緯」異名當有異實，過渡至現代「讖」「緯」異名而同實後，所爭論之癥結仍未獲得圓滿解答。分析東漢時期「讖」「緯」之同異問題，可從二方面思考：以發生意義而言，《史記》載「秦讖」、「趙讖」之語，雖不可遽然以此斷言秦趙之世便有讖語，但卻可反應於西漢初年，讖語已然形成。且如《淮南子・說山訓》曰：「六畜生多耳目者，不詳，讖書著之」，〔註91〕亦可將讖書之出現時間提前至西漢武帝以前。而「緯」之形成，乃源於武帝從董仲舒議後，儒家經典大昌，漢儒為趨炎附勢、要世取資，便巧構形式，「始正式將讖語融入經義，並作為解經之依據」，〔註92〕而有緯書，故以發生意義而言，「讖」「緯」異名當有異實。以內容意義而言，「讖」雖在西漢以前便有，內容不外占卜吉凶之策書；而漢儒依「七經」而作之「七經緯」雖一本諸「讖」，緯文大要不離讖語，然觀東漢「緯書」八十一篇，篇名多依傍經書，而內容尚且包羅天地人事義理，姑且不論其內容是否合理，就其所論及專門之學，卻絕非「占卜吉凶」之「讖」字可以掩蓋。故以內容而言，「讖」「緯」異名亦當有異實。唯「讖」「緯」兩字，在東漢時已經混淆彼此界限，兩者在東漢時，似乎已經形成一套思維方式而不可分割。若指稱以「讖」為主，以「緯」為從者，似乎忽略了「讖」在東漢時之內在變化，亦抹殺了「緯」在東漢時之時代意義；但指稱以「緯」為醇，以「讖」為駁者，同樣是不明「讖」「緯」間之歷史淵源；故若欲討論東漢之讖緯思想者，自當求其合成義。

第四節　釋讖緯

「讖」「緯」兩名在東漢時相互指稱之現象頗為普遍，王鳴盛《蛾術編》云：「緯者，經之緯也。亦稱讖」，俞正燮《癸巳類稿》云：「緯固在讖。讖，舊名也」，陳槃〈讖緯命名及其相關之諸問題〉一文中，〔註93〕第二部分「讖緯互辭考」舉證歷歷，辨之尤詳；〔註94〕是以「讖」「緯」兩者之於讖緯思想

所言不假，則王氏豈不「反子為母」？且王氏將「讖緯之先後關係」之歷史發展避而不談（王氏稱「無涉於讖緯之先後關係」），亦恐有昧於史實之虞。
〔註91〕《淮南子》，漢劉安著，中華書局據武進莊氏本校刊，語見卷十六，頁7。
〔註92〕《漢代《尚書》讖緯學述》，語見頁79。
〔註93〕陳槃所著〈讖緯命名及其相關之諸問題〉收錄在《史語所集刊》第二一本。
〔註94〕同上註，參考頁34。

概念中，在東漢時代，並無嚴格之區分；並且相互依存、相互支援之現象乃
不爭之事實。唯須特別釐清者：「讖」「緯」兩詞在稱謂上之互通，概肇始於
鄭玄之世，於此之前，多只是觀念上之混淆所致；至少，東漢章帝建初四年，
班固所撰集之《白虎通》時，仍未直稱圖讖爲緯書者。鍾肇鵬之《讖緯論略》
中亦贊同陳槃所論，並詳列八證以共襄盛舉。〔註95〕唯鍾氏所舉之八證，仍
有商榷之餘。其證一言：

> 〈後漢書‧方術‧樊英傳〉說樊英「善風角、星算、河洛、七緯。」
> 李賢注舉《易》、《書》、《詩》、《禮》、《樂》、《春秋》、《孝經》緯爲
> 說。〈隋書‧經籍志〉云：「《七經緯》三十六篇，並云孔子所作。」
> 鄭玄注〈周易‧乾鑿度〉云：「言孔子特應此而作讖三十六卷。」〈後
> 漢書‧張純傳〉則云：「乃案《七經讖》。」可見《七經緯》即《七
> 經讖》。《七經緯》36篇即《七經讖》36卷，讖緯互稱不別，其證一。
>
> 〔註96〕

《後漢書》所謂「七緯」者，並不能以後世李賢所注、或者《隋志》所云，
證明東漢時代有「讖」「緯」兩詞互稱之實；〔註97〕同理，《後漢書‧張純傳》
稱「七經讖」，鄭玄注稱「讖三十六卷」，《隋志》雖謂《七經緯》三十六篇，
同樣無法證明在東漢之際「《七經緯》即《七經讖》。《七經緯》36篇即《七經
讖》36卷」。其證二言：

> 〈後漢書‧張衡傳〉張衡上疏說：「《春秋讖》云：『共工理水。』凡
> 讖皆云黃帝伐蚩尤，而《詩讖》獨以爲蚩尤敗。然後堯受命。〈春秋‧
> 元命包〉中明公輸班與墨翟，事見戰國，非春秋時也。……往者侍

〔註95〕《讖緯論略》：「漢代的讖緯是儒學宗教神學化的產物。在漢人的著述中所謂
『經讖』、『圖讖』實際上都包括緯書，而『讖』、『緯』也往往互稱，並無區
別，今舉八證以明之」，語見頁9。
〔註96〕同上註。
〔註97〕陳槃於〈讖緯命名及其相關之諸問題〉一文中，亦舉此例言：「按張衡云六藝
之篇三十有六，鄭云孔子作三十六讖，當然是一事。《隋志》以下，以三十六
篇爲『七緯』非讖之說，實無據。〈樊英傳〉雖云『七緯』，其實，『七緯』未
嘗不可稱『七讖』，〈張純傳〉曰：『迺案「七經讖」。』」固然《隋志》無據證
成三十六篇之『七緯』在東漢時非讖，此說可以成立。而〈樊英傳〉中所云
「七緯」亦只是獨證，《後漢書》作者是否受後世影響將「七讖」作「七緯」，
亦未可知。鍾肇鵬《讖緯論略》卻以《隋志》之分判爲準，說明凡是《隋志》
所稱之「緯書」，而《後漢書》中所引用爲讖者，皆是東漢「讖」「緯」互稱
之證明。

中貫達摘讖互異三十餘事，諸言讖者皆不能說。至於王莽篡位，八十篇何爲不戒，則知圖讖成於哀平之際也。……宜收藏圖讖，一禁絕之。」所謂 80 篇即指《河圖》、《洛書》45 篇，加《七經緯》36篇，共 81 篇，舉成數故曰「八十篇」。張衡說的《春秋讖》《詩讖》，繼言貫達摘讖互異三十餘事並舉讖緯總篇目數，又云「諸言讖者」。81 篇包括《七經緯》，所舉〈春秋・元命包〉亦是緯書，而總稱爲「圖讖」，緯讖不別，其證二。〔註98〕

張衡所說之「八十篇」明指爲「圖讖」，並無如《隋志》所稱「七經緯」；且〈春秋・元命包〉在八十篇之中，張衡引舉爲「讖」或「圖讖」並無不當，鍾氏何以稱張衡所謂之「八十篇」是「緯書」？鍾氏於文中並未說明。又其三、四、五、六、七以上諸證亦與其證二犯相同謬誤。〔註99〕其證八言：

〈三國志・魏書・文帝記〉裴松之《獻帝傳》載太史丞許芝條奏魏代漢見於讖緯，引〈春秋・漢含孳〉、〈春秋・玉版讖〉、〈春秋・佐助期〉、〈孝經・中黃讖〉等，末云：「此魏王之姓諱，著見圖讖。」〈漢含孳〉、〈佐助期〉都是《春秋讖》與〈玉版讖〉、〈中黃讖〉並列，同稱「圖讖」，是漢魏儒者讖緯不別，其證八。〔註100〕

〔註98〕《讖緯論略》，語見頁 9。

〔註99〕其證三言：「〈東觀漢記・明帝記〉說：『詔曰：〈尚書・璇璣鈐〉曰：「有帝漢出德洽，作樂名予。」其改郊廟曰大予樂。樂官曰大予樂官，以應圖讖。』〈尚書・璇璣鈐〉乃是緯書，亦稱「圖讖」，其證三」；（語見頁 10）其證四言：「〈續漢書・律曆志中〉載蔡邕《曆數議》曰：『〈元命包〉〈乾鑿度〉皆以開闢至獲麟二百七十六萬歲及《命曆序》積獲麟至漢，……漢元年歲在乙未，上至獲麟則歲在庚申，推此以上，上及開闢則不在庚申，讖雖無文，其數見（現）存。』〈乾鑿度〉是《易緯》，〈元命包〉《命曆序》是《春秋緯》，都稱爲讖，其證四」；其證五言：「〈易緯・乾鑿度〉卷下：『欲所案《合誠》。』鄭玄注：『此人心之合誠，《春秋讖》卷名也。』案《春秋合誠圖》乃緯書，而鄭玄說是《春秋讖》，此讖緯互稱無別，其證五。」其證六言：「《鄭志》：『張逸問《禮》注曰：《書說》者，何書也？答曰《尚書緯》也。當爲注時在文綱中，嫌引秘書，故諸所牽圖讖，皆謂之「說」。』（〈禮記・檀弓下〉疏引）是以《尚書緯》爲圖讖，其證六」；其證七言：「東漢明帝元和二年（西元85年）下詔言制禮作樂，引用《河圖》、〈尚書・璇璣鈐〉、《帝命驗》之文。後二年詔曹褒定禮『褒既受命，乃次序禮事，依准舊典，雜以《五經》讖記之文，撰次天子至於庶人，冠婚吉凶終始制度，以爲百五十篇。』（〈後漢書・曹褒傳〉）案〈尚書・璇璣鈐〉《帝命驗》均屬《尚書緯》而並稱《五經》讖記，是讖緯不別，其證七」。（語見頁 11）

〔註100〕同上註。

鍾氏此證將「讖」「緯」互稱之時代擴大至魏代，不僅模糊其所謂「漢人著述」之範圍，仍無助於證成所謂漢代「讖」「緯」互稱之事實，更令人對其所謂「讖」「緯」之義界產生質疑：究竟鍾氏所謂「讖」「緯」者，為漢代之「讖」「緯」，或者魏代之「讖」「緯」，或者漢魏之「讖」「緯」？綜觀鍾氏所舉證八事，皆犯了「以今律古」之謬誤。如上述所論，始分「讖」「緯」為兩者，乃自《隋志》起，而鍾氏卻引《隋志》所分之「緯書」者為據，以證明漢代時人有「讖」「緯」互稱之事，顯然無法證成。

　　然而，即使勉強接受「讖」「緯」兩詞有互稱之事實，仍然不能就此斷言「讖」「緯」兩詞在當時即是「異名同實」；〔註101〕如上所述，不論就歷史發展、或是兩者所指涉之重心言，「讖」「緯」均有所區分。故儘管陳槃堅持認為「由『讖』至『緯』，不過形式上一轉變，從而標新名目。其實質則『讖』『緯』一也」，〔註102〕亦不得不承認「從其占驗言之則曰讖；從其附經言之則曰緯」。〔註103〕從「循名責實」之觀點而言，讖緯乃一複合詞，故所謂讖緯者，顯然不能以單一之「讖」，或者單一之「緯」試圖含括讖緯全部，更不是簡單以「讖」「緯」兩者之總合稱之。以「讖」為共名者，是忽略讖在東漢時之發展流變；以「緯」為共名者，則是不明緯之本質為「讖」；而單純以「讖」「緯」相加以為讖緯者，則不僅無法含蓋其他諸如「符」、「錄」、「圖」、「書」、「候」等與「讖」相同質性之屬，更忽略了讖緯思想在東漢時之歷史意義。如前所述，以「緯」名圖讖始於鄭玄，不過漢儒將經、讖互為比傅之事得早於此，鄭玄以「緯」名圖讖，乃是將讖在漢代演化過程彰顯出來；因此，黃復山言：

　　　　自王莽藉符命篡位，光武以讖語中興，乃詔儒臣校定圖讖，除纂輯前世之《河圖》、《洛書》與眾多讖語外，更擷取《公羊春秋》、《春秋繁露》、《尚書大傳》、《韓詩外傳》等儒家經籍以為比傅，三十載後乃宣布圖讖八十一篇於天下，定為官本，斯學乃勃然興盛。〔註104〕

〔註101〕殷善培在《讖緯思想研究》論文中亦言：「讖緯名義從圖緯到圖讖，再從圖讖到圖緯、經緯，最後互辭混稱，這一名義變化現象在漢代思想史上是具有重要意義的，不宜以混稱無別來權為解說」。政治大學中文研究所博士論文，民國85年6月，語見頁40。
〔註102〕〈讖緯釋名〉，語見頁302。
〔註103〕〈讖緯命名及其相關之諸問題〉，語見頁24。
〔註104〕《漢代《尚書》讖緯學述》，語見頁77。

黃氏所言，即是本文「讖緯」寓意之所在，而所謂「讖」「緯」之合成義亦即在此。

讖緯在東漢做爲一種思想模式，《史記‧荀卿列傳》中有關騶衍學說之描述，差可概括其思想之規模：

> 騶衍睹有國者益淫侈，不能尚德，若大雅整之於身，施及黎庶矣。乃深觀陰陽消息而作怪迁之變，終始、大聖之篇十餘萬言。其語閎大不經，必先驗小物，推而大之，至於無垠。先序今以上至黃帝，學者所共術，大並世盛衰，因載其禨祥度制，推而遠之，至天地未生，窈冥不可考而原也。先列中國名山大川，通谷禽獸，水土所殖，物類所珍，因而推之，及海外人之所不能睹。稱引天地剖判以來，五德轉移，治各有宜，而符應若茲。以爲儒者所謂中國者，於天下乃八十一分居其一分耳。中國名曰赤縣神州。赤縣神州內自有九州，禹之序九州是也，不得爲州數。中國外如赤縣神州者九，乃所謂九州也。於是有裨海環之，人民禽獸莫能相通者，如一區中者，乃爲一州。如此者九，乃有大瀛海環其外，天地之際焉。其術皆此類也。然要其歸，必止乎仁義節儉，君臣上下六親之施始也濫耳。王公大人初見其術，懼然顧化，其後不能行之。〔註105〕

可見讖緯思想所論述之內容範圍相當廣泛。陳槃於〈讖緯溯原上〉一文中言：「如〈孟荀列傳〉所述騶書內容，則與吾人現在所見之讖緯，並無二致，謂史公所述即爲整部讖緯之大綱扼要，未嘗不可」。〔註106〕唯須說明者，史公此項描述，僅是就戰國騶衍之學術而言，其主旨雖與「讖」早期原貌相近，卻無法含蓋漢代始有之「緯」部分，故此說亦無法完全代表讖緯思想整體面貌，至少，此說尚未觸及讖緯與「經學」之關係。推想陳槃此說，雖與其所謂讖緯義界相符，但此說正凸顯出陳槃一向所宣稱「讖」「緯」兩者「異名同實」之主張，仍有「掛萬漏一」之嫌。誠如顧頡剛在《秦漢的方士與儒生》一書中所說，讖緯的內容，「有釋經的、有講天文的、有講曆法的、有講神靈的、有講地理的、有講史事的、有講文字的、有講典章制度的」，綜而言之，讖緯在東漢是一種思考宇宙圖式之建構、詮釋政治權力之合理性、規範人倫社會秩序、以及安排客觀知識等諸問題之思想體系。

〔註105〕《史記‧荀卿列傳》卷七十四，語見頁2344。
〔註106〕此篇收錄於《史語所集刊》一一本，語見頁318。

第五節　論讖緯之起源

　　論究事物之起源，原是一種思考歷史之活動，其目的乃在尋求該事物之「歷史事實」，〔註107〕此一「歷史事實」包含四個性質：「客觀的自己存在的歷史事實」、「歷史事實之過去性」、「歷史事實之唯一無二性」、「歷史事實之絕對性」，〔註108〕故所謂「歷史事實」者，便不容他人隨自己主觀意識而改變其眞。然而，如何去揭露此一「歷史事實」而不涉及個人主觀意識，顯然是困難重重，所謂「歷史事實」，亦可能只是一個理想。但是，儘管「歷史事實」可能只是一個不太可能呈現之理想，仍然是「爲一般歷史家之所持，一般常識所共持之歷史事實觀」，〔註109〕此一「史實觀」之存在，亦是所有討論有關歷史問題之前提與共識，否則，所有討論將無法展開。

　　論究事物之起源另一個問題，在於對該事物之義界爲何。同一事物之「符號樣型」（symbol form），〔註110〕往往因爲個人見解不同，依此所得之答案便大異其趣。關於讖緯思想之起源問題，亦是如此。因歷來學者對於讖緯有不同義界，致使各家說法紛歧，莫衷一是，自東漢以迄至今，仍難有公斷；唯各家立論皆有所本，各照隅隙，亦有所取。今依各家所言按時代先後申論之。

（一）源自太古

　　劉師培（A.D.1884～1919）《左庵外集》言：

> 後世論讖緯者，或謂溯源於孔子，或謂創始於哀平，吾謂讖緯之言，
> 起於太古，然以經淆緯，始於西京，以緯儷經，基於東漢。〔註111〕

〔註107〕唐君毅所著之《中華人文與當今世界》一書中解釋：「總而言之，即所謂歷史事實，不外關於人物時地之事。此一切事實，通常是被認爲是客觀的自己存在的。」（臺北：臺灣學生書局，民國77年11月全集初版），語見上冊頁124。

〔註108〕同上註。唐君毅稱：「至于所謂一客觀的自己存在的歷史事實，在一歷史家之初步反省，則除此客觀的自己存在之第一性質外，尚可兼具下列之第二性質；即歷史事實之爲客觀自己存在，乃在一已成的過去世界中之某一時間之地域中，自己存在的，此可稱爲歷史事實之過去性。又緣此第二性質而有第三性質，即一歷史事實，皆是一在特定時間地域之唯一無二或單獨的事實，此可稱爲歷史事實之唯一無二性。再緣此而具第四性質，即任何自己存在唯一無二而單獨的歷史事實，其本然之眞相是如何，便絕對是如何，並非相對於後人之解釋之爲如何而如何。我們後人亦只能就其爲如何之絕對的本然的眞相，而求加以了解，加以記述，此可稱爲歷史事實之絕對性」，語見上冊，頁125。

〔註109〕同上註。

〔註110〕此處所謂「符號樣型」乃指以筆劃綴合之文字符號。

〔註111〕語見《左庵外集》卷三〈讖緯論〉。

劉氏將讖緯起源推向太古，至西漢有「以經淆緯」，至東漢才有「以緯儷經」，劉氏並以「緯」代讖緯，其意旨在提高「緯」之學術地位；且其所謂太古者，不知何所指？又《國學發微》中言：

> 降及東漢，讖緯勃興。考後漢〈張衡傳〉，謂讖緯始於哀平；然考《隋書·經籍志》，則西漢之世，緯學盛昌，非始於哀平之際。蓋銅符金匱，萌於周秦，秦俗信巫，雜糅神鬼，公孫枝之受冊書，陳寶之祀野雞，胡亥之亡秦祚，孰非圖錄之微言乎！周秦以還，圖錄遺文，漸與儒道二家相雜，入道家者爲符錄，入儒家者爲讖緯，董劉大儒，競言災異，實爲讖緯之濫觴。哀平之間，讖學日熾，而王莽、公孫述之徒，亦稱引符命，惑世誣民。及光武以符錄受命，而用人行政，悉惟讖緯之是從。由是以讖緯爲祕經，頒爲功令，稍加貶斥，即伏非聖無法之誅。故一二陋儒，援飾經文，雜糅讖緯，獻媚工諛，雖何、鄭之倫，且沉溺其中而莫返。是則東漢之學術，乃緯學昌盛之時代也。〔註112〕

按劉氏稱周秦時代之銅符金匱乃圖錄之微言遺文，至周秦以還與儒家相雜成讖緯，自是周秦圖錄遺文與西漢、東漢昌盛之緯學有別，如果將周秦之圖錄遺文等同兩漢緯學視之，並不恰當；故劉氏以此稱讖緯起於太古，勉強只能說是「讖」之起源論。劉氏稱「西漢之世，緯學盛昌」，「董劉大儒，競言災異，實爲讖緯之濫觴」，「哀平之間，讖學日熾」，又說「東漢之學術，乃緯學昌盛之時代也」，顯然是將「緯學」、讖緯、「讖學」一視同仁，不分彼此；既說西漢緯學盛昌在前，又言東漢學術緯學昌盛在後，兩漢緯學異實而同名，無所區別其中變化。劉氏以廣義之讖緯義含論讖緯之起源，偏重於「讖」之探索，乃忽略「緯」緣「讖」而有之發展過程，其所謂讖緯者，仍只是「讖」而已。

（二）源自古史

俞正燮《癸巳類稿·書開元占經目錄後》言：

> 嘗論古緯書爲馮相，保章從太史所記靈臺候簿，故曰緯候，讖候。
>
> 〔註113〕

《癸巳類稿·緯書論》言：

〔註112〕《國學發微》，劉師培著，（臺北：國民出版社，民國48年12月初版），語見頁14～16。

〔註113〕《癸巳類稿》，清俞正燮著，（臺北：世界書局，民國54年4月再版），語見卷十四頁544。

緯者，古史書也。通記天地人，蓋靈臺所候簿。古之藏書在史氏，稽之天文，察之地理，知七政、五步、十二次之度；五方剛柔習尚，山川險阻，明堂四門，延訪得窮荒之跡；合之三皇五帝外史之學，太史、小史、馮相、保章、內史、外史、御史、官爲聯，明堂、太廟、靈臺、辟雍、觀臺、頯宮、地相接；其中書、皆史也。史者，鄭注周禮云：日官也，而記事焉。聖人以人合天，故古爲天，稽古爲同天。商頌玄鳥以帝爲古帝，周書周祝解云：天爲古，地爲久。古者、天部之所掌也。公羊疏云：「問曰：六藝論言：六藝者圖所生也。春秋言，依百二十國史何？答曰：王者依圖書行事，史官錄其行事，言出圖書，豈相妨奪。」其答非也。百二十國史，仍是圖書。古太史書雜處，取易於河圖，則河圖餘九篇；取洪範於洛書，則洛書餘六篇；漢人依經錄出者，易有飛候，書有五行，詩有五際，皆史氏之舊。孔子定六經，其餘文在太史者，後人目之爲緯，則百二十國史皆緯也。〔註114〕

然則緯宜傳乎？緯如後世靈臺候，省寺案牘，先儒所采以輔證經義者，皆淳古之文，他或不逮也。然則讖亦宜傳乎？緯故在讖，讖舊名也。詩生民、正義異義引禮讖云：唐五廟。禮檀弓正義引鄭志云：書說，尚書緯也。作注時在文網，諸牽圖讖，皆謂之說。意林桓譚云：讖出河圖洛書。桓頗不以讖緯爲是。而書有本義，讖緯記古事古義，而無折衷。其始名讖者，說文云：驗也。謂記其已驗。繫傳云爲將來之驗，非也。其名緯者，以經名定之。通考古事，知緯是古史書，故爲論質之好學深思者，毋尚耳食，致失聽也。〔註115〕

俞氏視「緯」爲靈臺候簿之古史書，百二十國史亦「緯」之屬；河圖洛書既是記天人之事，亦當是「緯」書一部分。而「讖」爲「緯」之過渡舊名，「緯」書既統古史，亦當統「讖」，故論讖緯源起當以古史時代算。此論陳槃以爲：「讖緯之爲讖緯，古思想之淵海也。於古思想與讖緯之間爲承先啓後之爲者，則驪衍其人也。故讖緯之內容，並不限於易卜與夫靈臺候望之術。」〔註116〕陳氏所論甚是。唯陳氏所言驪衍爲古思想與讖緯之間之承先啓後者，並以此爲讖緯之緣起一事，則有待進一步觀察。

〔註114〕同上註，語見卷十四〈緯書論〉，頁540。
〔註115〕同上註，語見頁542。
〔註116〕〈讖緯溯原上〉，語見頁334。

（三）源自河圖洛書

明胡應麟（A.D.1551～1602）《經籍會通》言：「讖緯之說，蓋起於河圖、洛書」，[註117] 孫瑴《古微書》言：

> 賁居子曰：讖緯之興，其生於「河出圖」一語乎。自前漢世有河圖九篇，洛書六篇，云「自黃帝至周文王所受文」，又別三十篇云「初起於孔子，九聖增益以演其意」，蓋七緯之祖本也。[註118]

清蔣清翊《緯學原流興廢考》卷上言：「圖書實群緯先河，故首河洛」，[註119] 以上三位所言，均視河圖洛書為讖緯之源。所謂「河圖」者，依孔安國傳解釋：「河圖，八卦，伏羲王天下，龍馬出河，遂則其文以畫八卦，謂之河圖」，〈漢書‧五行志〉亦稱：「《易》曰：『天垂象，見吉凶，聖人象之；河出圖，雒出書，聖人則之。』劉歆以為虙羲氏繼天而王，受河圖，則而畫之，八卦是也」，[註120] 顏師古注：「放效河圖而畫八卦也」，[註121] 概言之：「河圖」在漢代或可能是指易之八卦。〈繫辭傳‧上〉云：「是故天生神物，聖人則之；天地變化，聖人效之；天垂象，見吉凶，聖人象之；河出圖，洛出書，聖人則之」，[註122] 可以說，河圖洛書者只是符瑞徵候，非有如後世圖籍形式與內容，故不得以此說明讖緯之起源，因為此論只是將讖緯之起源向上推，以乞求其讖緯之神聖性而已；且孫瑴與蔣清翊論述偏重於「緯」部分，亦無法全面含蓋讖緯。至於如劉勰《文心雕龍‧正緯》所言：「榮河溫洛，是孕圖緯」，則並非說明讖緯出自河圖洛書，相對而言，其說適與張衡所辨之「讖書」與「圖讖」不同之立場一致。所謂：「夫神道闡幽，天命微顯，馬龍出而大易興，神龜見而洪範耀。故繫辭稱『河出圖，洛出書，聖人則之』，斯之謂也。但世夐文隱，好生矯誕，真雖存矣，偽亦憑焉」，[註123] 劉勰並舉例桓譚、尹敏、張衡、荀悅四人，在東漢之際揭發當時讖緯乃時人所偽作，反對讖緯之立場至為明確，豈有相信讖緯出自古代河圖洛書之理。[註124]

[註117] 《經籍會通》，收錄於《少室山房筆叢》，語見頁 386。
[註118] 《緯書集成》，語見頁 351。
[註119] 《緯學原流興廢考》，語見卷上〈河洛〉頁 1。
[註120] 《書漢‧五行志》，語見頁 1315。
[註121] 同上註。
[註122] 據《易程傳》加印朱熹《周易本義》本之〈繫辭傳上〉，（臺北：文津出版社，民國 79 年 10 月二刷），語見頁 600～601。
[註123] 《文心雕龍》。語見頁 49。
[註124] 鍾肇鵬《讖緯論略》書中則斷取此言，認為劉勰是贊成讖緯原於古代「河圖」

（四）源自周代

任道鎔〈緯捃序〉言：

> 緯學之立，實始周世，其後由緯有候、有圖，遂以有讖。宋大明以
> 後，禁止圖讖，逮梁迄隋，重申其制，而緯遂絕。〔註125〕

任氏謂緯學始於周世，並言有「緯」而後有「讖」，顯然顛倒時序；又其言「緯
自緯，讖自讖」「不可以讖比緯」之尊「緯」立場，與東漢之讖緯事實不符。
汪繼培〈緯候不起于哀平辨〉言：

> 緯候之書，周季蓋已有之。讖言赤龍感女媼劉季興，劉秀發兵捕不
> 道，以及當塗典午莫不事合符節，智神著蔡。然而亡秦者胡，盧生
> 奏其錄；亡秦必楚，南公述其言；秦楚之際，祕文疊顯，其證一也。
> 漢書儒林傳稱：孟喜得易家候陰陽災變書；隸釋譙敏碑稱：故國師
> 譙贛，深明典奧讖錄圖緯，能精微天意，傳道於京生。明是讖緯之
> 書，宣元諸儒，並已傳習，其證二也。孔演圖曰：詩含五際六情。
> 汎歷樞云：午亥之際爲革命，卯酉之際爲改正。漢書言翼奉治齊詩
> 事元帝。乃云：易有陰陽，詩有五際，春秋有災異。公羊傳何休注
> 云：所見謂昭、定、哀，所聞謂文、宣、成、襄，所傳聞謂隱、桓、
> 莊、閔、僖。疏謂本春秋緯文，而董子繁露實用其說。其證三也。
> 失之毫釐，差以千里，見易緯通卦驗，而禮記經解載之。天道無親，
> 常與善人，後書郎顯傳稱爲易曰，而史記伯夷傳用之。有一道：大
> 足以守天下，中足以守國家，小足以守其身，說苑亦稱易曰，而韓
> 詩外傳引之。凡斯逸文，類本易緯，其證四也。宣帝時，王褒作九
> 懷，其株昭篇云神章靈篇。王逸注以爲河圖洛書讖緯文。成帝時，
> 李尋說王根之五經六緯。孟康注以六緯爲五經與樂緯。張晏注以爲
> 五經就孝經。本文義隱，注爲闡達，其證五也。漢初求遺書，讖緯
> 不入中祕，故劉向七略，不著於錄。而民間誦習，歷可案驗。〔註126〕

按汪氏之證一：所言均係後世附會，《史記》雖載，仍不足爲證。其證二：《經
義考》說「緯」言：「讖緯之書，相傳始於西漢哀、平之際，小黃門譙敏碑稱

「洛書」，參見該書頁 12。
〔註125〕《緯書集成》，語見下冊頁 1404。
〔註126〕〈緯候不起于哀平辨〉汪繼培著，收錄於《詁經精舍文集》卷十二，語見頁
348～349。

其先故國師焦贛〔延壽〕深明典奧讖錄圖緯，能精微天意，傳道與京君明，〔房〕，則讖緯遠本於譙氏，京氏也」，陳槃謂：「贛既深明『圖緯』，然則『圖緯』之稱，蓋早在昭、宣之世，至遲亦當在元帝時」，〔註127〕其說讖緯源頭只本於焦贛、京房（B.C.77～37），雖遲在昭、宣、元之世，仍無法證明讖緯與周世有何關連。其證三：《漢書》成於班固之手，何休（A.D.129～182）注《公羊傳》與董仲舒（B.C.179？～B.C.104？）著《春秋繁露》，三者皆在漢代，與周世何關？且讖緯造作於當時，或竊取三者之文，亦未可知。其證四與證五：〈易緯通卦驗〉言：「故正其本而萬物理，失之毫釐，差以千里」，〔註128〕《禮記‧經解》：「易曰：君子慎始，差若毫厘，繆以千里」，考「失之毫釐，差以千里」一句，早在漢世之前，即被廣泛引用，徐養原〈緯候不起于哀平辨〉就此有如是批評：

> 易書春秋言災異者多，故緯書亦多；詩禮樂言災異者少，故緯書亦少。既比附經義，必勦襲古語，然後能取信於人也。禮記經解引：君子慎始，差若豪（毫）釐，繆以千里。祇稱易曰，不稱緯曰，而通卦驗有之。……此乃緯書襲用古語，非古人預知緯書而引之也。
> 〔註129〕

可見汪氏論證犯上本末倒置之疵。以下引證亦同上理，暫不贅述。

（五）源自孔子

金鶚〈緯候不起于哀平辨〉言：

> 緯候之書，說者皆謂起於哀平之世，非也。緯候所言多近理，可以翼經，本古聖遺書；而後人以怪誕之說纂入其中，遂令人不可信耳。其醇者蓋始於孔氏，故康成以爲孔子所作；其駁者亦起於周末戰國之時。何以知之？秦始皇時已明亡秦者胡之讖，則讖緯由來久矣。……故知其始於孔氏也。隨（隋）書經籍志云：說者謂孔子既敘六經，知後世不能稽同其意，故別立緯及讖以遺來世。其書出於前漢，書洪範孔疏，緯候之書不知誰作。通人討覈，謂僞起哀平，雖復前漢之末，始有此書，以前學者必相傳此說。然則謂緯候起哀平，孔沖遠亦不以爲然矣。吾得斷之曰：緯候創始於孔氏，增纂於

〔註127〕〈讖緯釋名〉，語見頁307。
〔註128〕引《緯書集成》之《易緯》，語見頁64。
〔註129〕《詁經精舍文集》卷十二，語見頁347～348。

戰國，盛行於哀平。〔註130〕

金氏舉證與汪繼培所列相當，姑不再論。唯金氏又稱緯候所言近理，可以翼經，「讖」乃後人加以怪誕邪說而成；其緯候為醇始於孔子，「讖」為駁者起於戰國。金氏以醇駁分判「讖」「緯」，本已失當；其宗經思想又將緯候依附孔子，以為讖緯起於斯人，則是不明讖緯在東漢之特質。故其所論讖緯起於孔子，當屬無效。

（六）源自孔子七十弟子

錢大昕（A.D.1728～1804）《潛研堂文集》卷九言：

> 緯候多孔氏七十子之遺言，後來方士采取，又以誕妄之說附益之，光武應符讖以興，故其書大行於東漢。後儒惡其妄，并其言之醇者一概屏之，未免不分皁白矣。〔註131〕

王鳴盛《蛾術編》亦稱：

> 蓋其說盛于王莽，是以書正義云：秦焚書後，群言競出，緯文鄙近，不出聖人，通人攻正，謂起哀平。據此則似緯書，概不足信矣。然如周易乾鑿，實夫子之微言，鄭康成注特為精確，欲通易者，舍此無由。凡若此等，必非哀平閒人所能偽造，當出七十子之徒，漢初脫秦火之厄而復出者也。光武尤加敬信，故東漢以緯為內學。〔註132〕

錢王二氏所說，其尊孔立場一致，且以醇駁變化分判緯文東漢前後不同，皆不著讖緯鵠的；其論述內容多屬臆測，無由證成讖緯起於七十弟子。李富孫〈緯候不起于哀平辨〉言：「七緯儷經而行，多孔氏七十子之遺言」，〔註133〕亦只是聊備一格。

（七）源自五經

《文獻通考‧經籍考》引胡寅言：

> 緯書原本於五經而失之者也。

> 緯書，原於易之推往以知來。周家卜世得三十，卜年得八百，此知

〔註130〕《詁經精舍文集》卷十二，語見頁 350～352。

〔註131〕《潛研堂文集》，清錢大昕撰。收錄於《潛研堂集》，（上海：上海古籍出版社，1989 年 11 月第 1 次印刷），語見卷六答問六〈七經緯不載于漢藝文志〉，頁 136。

〔註132〕《蛾術編》，語見頁 118～119。

〔註133〕《詁經精舍文集》卷十二，語見頁 352。

來之的也。易道既隱，卜筮者溺於考測，必欲奇中，故分流別派，其說寖廣，要之各有以也。……緯書原於五經而失之者也，而尤索於鬼神之理，幽明之故。

胡氏以五經爲緯書之原，「緯」是「經之支流，衍及旁義」，且欲以《易》之卜筮特性含括「讖」「詭爲隱語，預決吉凶」之實，看似兩面俱到。讖緯之緣起，固然與經學有關，特別是以儒家典籍爲中心之「五經」，唯讖緯之本質在「讖」，後因「緯」之加入，始形成東漢時之樣態，故依時間順序言，儒家經籍對讖緯發生影響在乃兩漢之際，胡氏所謂「五經」時代，過於浮泛。且胡氏以「緯書」替代讖緯，其主張自是環繞儒家經籍而論，並未得讖緯之精髓，故其所論起源亦未中肯。

（八）源自秦人

顧炎武（A.D.1613～1682）《日知錄》三十一〈圖讖〉言：

史記趙世家，扁鵲言秦穆公寤而述上帝之言，公孫支書而藏之。秦讖於是出矣。秦本紀，燕人盧生使入海，還以鬼神事，因奏錄圖書曰，亡秦者胡也。然則讖記之興，實始於秦人，而盛於西漢之末也。

〔註134〕

《史記》中稱「秦讖」者，如前所述，只是古代卜筮占夢、預卜吉凶之屬，只可視爲讖記之兆，若視爲讖緯則不可。陳槃〈讖緯溯原上〉就此辨之言：「顧炎武氏推而上之，據〈趙世家〉有『秦讖』之言，以爲讖之興，實始於此。〔日知錄三十圖讖〕蓋又不然」，「趙世家此文，亦猶左傳豫言並著應驗之類，無疑爲好事者所增飾。抑或由於家譜世錄故意渲染，亦有可能。不可信《左傳》當時確有此等記錄，謂趙世家之所謂『秦讖』與趙簡之讖爲當時事實，亦可笑」。〔註135〕

（九）源自戰國騶衍及其燕齊海上之方士

顧頡剛〈五德終始說下的政治和歷史〉稱「讖緯是導源於騶衍一派的思想」，〔註136〕陳槃〈讖緯溯原上〉進一步言：

〔註134〕《原抄本日知錄》，顧炎武著。黃侃、張繼校勘，（臺中：臺中市河北同鄉會印行。民國47年4月出版），語見頁865～866。
〔註135〕〈讖緯溯源上〉，語見頁332～333。
〔註136〕〈五德終始說下的政治和歷史〉一文，收錄在《古史辨》第五冊，（臺北：藍燈文化事業公司，民國76年11月初版），語見頁419。

　　　所謂讖緯，槩以爲當溯原於騶衍及其燕齊海上之方士。〔註137〕

據《史記・封禪書》載：「騶衍以陰陽主運顯於諸侯，而燕齊海上之方士傳其
術不能通，然則怪迂阿諛苟合之徒自此興，不可勝數也」，〔註138〕故陳槃便將
讖緯之起源歸於以騶衍爲首之燕齊海上方士。陳氏並稱：「如〈孟荀列傳〉所
述騶書內容，則與吾人現在所見之讖緯，並無二致，謂史公所述即爲整部讖
緯之大綱扼要，未嘗不可」，〔註139〕陳槃所以將讖緯之起源導向戰國時之騶
衍，乃與其一貫主張「讖」「緯」兩者「異名同實」立場有關。陳氏以爲《史
記》對於騶衍之記載，秦漢之讖記與騶衍一派有關，而漢代之「讖」「緯」兩
者「異名同實」，依此推論讖緯起源，便是「當溯原於騶衍及其齊海上之方士」。
然而顧頡剛亦曾經說過：「《七略》不錄讖緯，沒有別的原因，只因那時尚沒
有這種東西，這種東西是在向、歆父子校書之後纔出現的，這種東西是王莽
時的種種圖書符命激起來的。零碎的讖固然早已有了，但其具有緯的形式，
以書籍的體制發表之的，決不能早於王莽柄政的時代」，〔註140〕如果說東漢時
之讖緯不同於秦與西漢初之「讖記」，則陳氏之推論便有待商榷。事實上，如
前所論，「讖」「緯」兩者，固然同質性者多而異質性者少，然而所謂「讖」
與讖緯仍然有所區隔；特別是東漢光武帝建武中元元年所頒布之「宣布圖讖
於天下」一事，更突顯出讖緯在東漢之時代意義，而東漢之讖緯自是不可與
西漢初以上之所謂「讖記」者同日而語。因陳氏對讖緯所下之定義，與本文
論述內容齟齬，故其推論讖緯起源，自是無法認同。

（十）源自哀、平之際

　　此一說法論讖緯起源年代最晚，卻是最早出現。《後漢書、張衡傳》載張
衡疏中言：

　　　　立言於前，有徵於後，故智者貴焉，謂之讖書。讖書始出，蓋知之
　　　　者寡。自漢取秦，用兵力戰，功成業遂，可謂大事，當此之時，莫
　　　　或稱讖。若夏侯勝、眭孟之徒，以道術立名，其所述著，無讖一言。
　　　　劉向父子領校秘書，閱定九流，亦無讖錄。成哀之後，乃始聞之。……
　　　　往者侍中賈逵摘讖互異三十餘事，諸言讖者皆不能說。至於王莽簒

〔註137〕同上註，語見頁317。
〔註138〕《史記》，語見頁1369。
〔註139〕〈五德終始說下的政治和歷史〉，語見頁318。
〔註140〕《漢代學術史略》顧頡剛著，語見第十九章〈讖緯的造作〉頁188～189。

位，漢世大禍，八十篇何爲不戒？則知圖讖成於哀平之際也。〔註141〕

按張衡之語，東漢「八十篇」之「圖讖」，成於西漢末哀平之際，並非說明一切「讖」是成於哀平之世，而是反對「八十篇」之「圖讖」以聖人之法、聖人之言自居，其所欲揭露者，乃在指陳虛僞之徒以此要世取資。陳槃卻依此認爲：「張衡之言，不爲無因，然而未得其實。蓋當時讖書，皆祕內府，宣帝時，霍山移寫祕書，至於坐罪。見者蓋寡，故張氏云耳。然其流傳之跡，固有可考者，即如錄圖書，始皇本紀以爲燕方士所奏，校以封禪書及今所傳之讖緯內容，原流本末，既歷歷不爽，知史公於此等處並非妄作，則秦漢之際，既有讖書矣。此其一」，〔註142〕陳槃言「讖書」在哀平之前，固然不假；然而以爲張衡將「讖」之起源定於哀平，則曲解其意矣。如前所辨，張衡於該疏前即言：「立言於前，有徵於後，故知者貴焉，謂之讖書，讖書始出，蓋知之者寡」，此即是肯定「讖書」之立場，「讖書」不同於「八十篇」之「圖讖」；張衡所謂「圖讖」者，即是虛僞之徒假借聖人「讖書」名義，行「要世取資」之實，故張衡所言之「讖書」與「圖讖」不容相混。〔註143〕誠如陳槃所述，「讖」之流行，秦漢已有；至東漢時擴大其影響力，尤其光武帝「宣布圖讖於天下」時，勢力足以與經學匹敵，張衡生於讖緯方熾之時，當不致昧於歷史事實，誤以爲哀平之世始見「讖」。因爲，如果只言「讖」，此源頭當然早在秦漢之前；但是若言漢儒「增益圖書，矯稱讖記」之「圖讖」，則張衡所言亦是其來有自。故陳槃批判張衡之論述，又回到一個根本性問題——因爲彼此對讖緯之界定不同，致使對讖緯之起源看法亦不相近。

閻若璩《尚書古文疏證》卷七亦贊同張衡觀點：「案或問緯起哀平，子以爲始成帝何也？余曰：張衡言『成哀之後，乃始聞之。』初亦不省所謂。讀班書〈李尋傳〉成帝延中，尋說王根曰：『五經六緯，尊術顯士。』則知成帝朝已有緯名，衡言不妄。衡又言『王莽篡位，漢世大禍，八十篇何爲不戒，則知圖讖成於哀平之際也。』見尤洞然」。

〔註141〕《後漢書·張衡列傳》卷五十九，語見頁1912。

〔註142〕〈讖緯溯原上〉。陳槃於其後並列舉三證，以說明西漢之時便有所謂「讖書」，以此反駁張衡「圖讖成於哀平之際」之言論，參考頁330～331。

〔註143〕殷善培《讖緯思想研究》分析漢代讖緯名義之分化時言：「讖緯名義從圖緯到圖讖，再從圖讖到圖緯、經緯，最後互辭混稱，這一名義變化現象在漢代思想史上是具有重要意義的，不宜以混稱無別來權爲解說」。政治大學中文研究所博士論文，民國85年6月，語見頁40。

劉勰《文心雕龍‧正緯》言：

> 原夫圖籙之見，乃昊天休命，事以瑞聖，義非配經。故河不出圖，夫
> 子有歎，如或可造，無勞喟然。昔康王河圖，陳於東序；故知前世符
> 命，歷代寶傳，仲尼所撰，序錄而已。於是伎數之士，附以詭術，或
> 說陰陽，或序災異，若鳥鳴似語，蟲葉成字，篇條滋蔓，必假孔氏；
> 通儒討覈，謂起哀平，東序秘寶，朱紫亂矣。至於光武之世，篤信斯
> 術。風化所靡，學者比肩，沛獻集緯以通經，曹褒撰讖以定禮，乖道
> 謬典，亦已甚矣。是以桓譚疾其虛偽，尹敏戲其深瑕（浮假），張衡
> 發其僻謬，苟悅明其詭誕：四賢博練，論之精矣。〔註144〕

劉勰言，圖籙是「昊天休命，事以瑞聖」，其原本便具有獨立之神聖性，其本
義不在「配經」；「河出圖，洛出書，聖人則之，斯之謂也」，聖人所作，亦是
依「河圖」「洛書」之理而定之文辭，亦只是圖籙之序錄而已；至於哀平時伎
數之士說圖讖，不外以陰陽災異之詭術附會，並以此矯稱孔子所作；是以孔
子前之圖籙與哀平後之圖讖不可溷為一談。姑不論劉勰心目中之「道」為何，
劉勰一則肯定圖籙本身具有「先驗的神理」，〔註145〕而此「先驗的神理」唯聖
人能體認之，唯聖人能以文辭制定之；「六經」業已彪炳，《孝》、《論》本是
昭晰，何須緯、候、鉤、讖稠疊葳蕤，且按經驗緯，可見八十一篇託於孔子
之文，皆為偽作。〔註146〕劉勰從經書與讖緯之內容比較中指出，圖讖雖未必
晚於東漢，唯緯文之出現，乃伎數之士附會經學而起，故若以此論，則讖緯
起源當在哀平之際。

其實，張衡與劉勰二人，將讖緯之起源限定在西漢末哀平之際（B.C.6～
A.D.5）十一年之間，雖不免有其侷限，然亦有其洞見。後世學者在此一問題上，

〔註144〕《文心雕龍》，語見頁49～50。
〔註145〕《文心雕龍》，周振甫於前言部分論述，劉勰之「道」有三種說法：「一是客
　　　　觀規律，是講物的；二是神理，是講心的；三是既是客觀規律，又是神理，
　　　　是心物二元論」，而「《河圖》、《洛書》是神理造成的」，「這個道就是先驗的
　　　　神理、人文之元，是客觀觀念論」，語見頁29～31。
〔註146〕《文心雕龍‧正緯》：「夫六經彪炳，而緯候稠疊；孝論昭晰，而鉤讖葳蕤。
　　　　按經驗緯，其偽有四：蓋緯之成經，其猶織綜，絲麻不雜，布帛乃成；今經
　　　　正緯奇，倍摘千里，其偽一矣。經顯，聖訓也；緯隱，神教也。聖訓宜廣，
　　　　神教宜約；而今緯多於經，神理更繁，其偽二矣。有命自天，乃稱符讖，而
　　　　八十一篇皆託於孔子；則是堯造綠圖，昌制丹書，其偽三矣。商周以前，圖
　　　　籙頻見，春秋之末，群經方備；先緯後經，體乖織綜，其偽四矣。偽既倍摘，
　　　　則義異自明，經足訓矣，緯何豫焉」，語見頁49。

見解雖與二人相似，皆肯定讖緯起源於斯，但採取比較寬鬆之說法，而不敢斷然將起源時間限定於此。如唐代孔穎達（A.D.574～648）《詩譜序疏》言：「讖緯皆漢世所作」，五代徐鍇（A.D.920～974）《說文繫傳通釋》言：「圖讖之興，興於兩漢」，宋代鄭樵（A.D.1104～1162）《通志·藝文略一》言：「讖緯之學起於前漢，及王莽好符命，光武以圖讖興，遂盛行於世」，鍾肇鵬《讖緯論略》則言：「讖緯中包含一些古代神話傳說及經師解經之說。要是相信讖緯托於孔子是真的，自然可以得出讖緯為孔子及七十子遺說的結論；要是相信那些神話傳說，當然可以把讖緯提到上古；要是以其中多言陰陽五行、天人感應，自然可追索到戰國的鄒衍；要是以其中有經師遺說，自然可以把讖緯推到西漢經師，甚至秦以前先師之說」，〔註147〕並稱：「我的結論是讖緯出於漢代」，〔註148〕「讖語附會儒學，與經義掛鉤，正是迎合時尚。因之方士們就把揣摩時勢的讖語與經學結合起來，這就是漢代讖緯真正的起源」，〔註149〕鍾氏所言甚是。唯此論與其對讖緯之界定有矛盾之處。鍾氏在論「讖」「緯」定義時，便從陳槃所言，稱：「可見不論從漢魏人對讖緯的理解來說，或者就讖緯的實質來看，讖與緯只是異名同實」，〔註150〕若鍾氏認為「讖」「緯」只是異名同實，則此兩者應無彼此可分，依此論讖緯起源，亦只是論「讖」之起，而鍾氏言「讖書就是古代卜筮占夢之類預卜吉凶的迷信策書」，則讖緯起源勢不只遲至漢代；若鍾氏堅信：讖緯起源於漢代方士揣摩時勢，把讖語與經學結合而成，才是讖緯之起源，則鍾氏勢必承認：讖緯不等於「讖」，「讖」「緯」兩者非「異名同實」。須知，讖緯之所以不同於「讖」，乃在「讖」經由漢代方士造作以及儒生推波助瀾下所形成之模樣，僅一「讖」字，勢必無法涵蓋讖緯全部。王禕《青岩叢錄》「論緯書」言：「大抵緯書之說，以謂孔子既敘六經以明天人之道，知後世不能稽同其意，故別立緯讖以遺來世。其書出於漢哀平之世，蓋夏賀良之徒為之，以為有經則有緯，故曰緯書」，〔註151〕此說正指出讖緯之核心意義：緯書出於如夏賀良等方士之手，作意乃在以「讖」之實質，賦與疏解經義之功能，期使讖文與經學發生繫聯，從而取得經學主導下之附庸地位；從此「讖」不僅只是「詭為隱語，

〔註147〕《讖緯論略》，語見頁21。

〔註148〕同上註。

〔註149〕同上註，語見頁24。

〔註150〕《讖緯論略》，語見頁11。

〔註151〕《青巖叢錄》，王禕撰，收錄於《百部叢書集成》，藝文印書館印行，語見頁18。

預決吉凶」之預言，並且能以此融入經學體系中，形成一套可以解釋儒家經籍，同時又是自成體系之思維模式，而這套思維模式，便是影響東漢一代頗為深遠之讖緯思想。

讖緯做為一時代之思潮，其內容複雜且具多面，建構其思想，或探究其起源，當然可以有各種不同觀點詮釋，發掘讖緯本身更為豐富之思想內涵。本文僅以正名之觀念，論述東漢時期有關讖緯思想之梗概，作意旨在區分「讖」「緯」間之同異，以及兩者之分別義與合成義，並以此合成義之義界，推論讖緯之源起。

誠如顧頡剛所言，零碎之「讖」固然早已出現，但是具有「緯」之書籍體制之形式者，決不能早於王莽柄政時期。討論「讖」「緯」之別，若單憑形式上之不同而推論兩者間有所差別，自是無法使人信服；然若分別討論「讖」「緯」兩字之意涵，「讖」偏重於「其義纖微而有效驗之符命之書」，「緯」在東漢前表示空間之概念，以及與當時天文學上之星象有關，至東漢時才有所謂「緯書」之意指出現；因此，「讖」「緯」兩者在意義上有相當顯著之區分，自不當以「異名同實」模糊兩者之屬性。然而以「讖」「緯」兩者在東漢時混為一事上看，「讖」「緯」已經合流成為一套讖緯思想，這套模式不是單純「讖」「緯」相加而已。以廣義言之，「讖」、「緯」、「圖」、「候」、「符」、「書」、「錄」之屬，皆是讖緯內容；以狹義言之，讖緯只能限定在漢代儒生與方士合作而成之「緯書」內容，及其依此「緯書」所可能建構之思想體系。若依此論，探索讖緯之起源，自當不能以廣義之讖緯為義界，一則「讖」「緯」來源不一，探原多端，治絲益棼；再者以「讖」代讖緯，不僅忽略讖緯之思想核心，同時也無法顯示讖緯對應於東漢所具有之時代意義。因此，討論讖緯之起源，應以狹義之讖緯為義界，而依此推論讖緯之起源，當可定位在西漢末哀平之際。

第三章　經學發展之脈絡

　　「經」字，《說文》曰：「織從絲也」，與「緯」字成一組相對概念，《廣雅‧釋詁一》曰：「常也」，由此引申爲一種尊稱，一種常道與常法。先秦以「經」名書或者篇章，儒家以外，如《墨子》有〈經上〉、〈經下〉、〈經說上〉、〈經說下〉，而《韓非子》卷五之內外諸〈儲說〉文體，以「經爲綱要，傳爲解說」，故以「經」名書，非儒家之專用。漢世所謂「五經」者，與先秦儒家所重之「六藝」有直接關係，甚至可以說，漢代所謂「經學」，不啻是先秦「六藝」之發展與延伸；而東漢章帝詔書明言「《五經》章句煩多，議欲減省」「講議《五經》同異」之要求，始有《白虎通》之產生，故《白虎通》之存在不僅是先秦「六藝」之遺緒，更是漢代經學發展上，特別是集今文學之大成者。〔註1〕因此，爲探究《白虎通》在漢代經學之歷史意義，則需從先秦「六藝」轉化爲漢代「五經」開始討論，繼之以武帝「獨尊儒術」之政策，設置「五經」博士學官，影響師法家法章句之學興起，及今古文經之爭，匯歸至諸儒論議「五經」之同異，辯論之門大開，最終以詔開經學會議所得，穴結於《白虎通》一書。易言之：本章即試圖通過了解漢代經學之發展，探討《白虎通》與漢代經學之關係；並且依漢儒解經之精神，分析漢儒解經之學術性格，進而由漢代經學之演進，尋求《白虎通》讖緯思想之來源。

〔註1〕　《經學歷史》，皮錫瑞言：「章帝大會諸儒於白虎觀，考詳同異，連月迺罷；親臨稱制，如石渠故事；顧命史臣，著爲《通義》；……《白虎通議》猶存四卷，集今學之大成。十四博士所傳，賴此一書稍窺崖略」，語見頁117，而考《白虎通》之文本，亦多有今文學家之語。

第一節 「六藝」與「五經」

「六藝」在孔子之前，不僅是周室史官所典掌之書籍，更是周代貴族們人生教育之基本教材。《周禮·保氏》云：

> 保氏掌諫王惡，而養國子以道，乃教之六藝：一曰五禮，二曰六樂，三曰五射，四曰五馭，五曰六書，六曰九數。〔註2〕

此即是周代保氏以「六藝」復以「六儀」〔註3〕教養貴族；又《周禮·大司徒》云：

> 以鄉三物教萬民而賓興之，一曰六德：知、仁、聖、義、忠、和，二曰六行：孝、友、睦、姻、任、恤，三曰六藝：禮、樂、射、御、書、數。〔註4〕

大司徒以三事教「大夫舉其賢者、能者」之「萬民」〔註5〕，而此三事之一「六藝」，亦指「禮樂射御書數」；《禮記·少儀》云：「士依於德，游於藝」，〔註6〕鄭玄注：「藝，六藝也。一曰五禮，二曰六樂，三曰五射，四曰五御，五曰六書，六曰九數」，〔註7〕由此可知，「六藝」在周代是教育特定對象之教學課目，非僅書籍而已，亦非儒者所專有。以「六藝」專稱「六經」(《詩》《書》《禮》《樂》《易》《春秋》) 乃在周公之際轉折。此一轉折，章學誠 (A.D.1738～1801)論述：

> 三代之衰，治教既分，夫子生於東周，有德無位，懼先聖王法積道備，至於成周，無以續且繼者而至於淪失也，於是取周公之典章，所以體天人之撰而存治化之跡者，獨與其徒，相與申而明之。此六藝之所以雖失官守，而猶賴有師教也。然夫子之時，猶不名經也。〔註8〕

周公「制禮作樂」之功，當可視爲「六藝」轉爲經學之源起，〔註9〕然仍不

〔註2〕《十三經注疏·周禮》卷十四，語見頁212。

〔註3〕同上註，「六儀」者：「一曰祭祀之容、二曰賓客之容、三曰朝廷之容、四曰喪紀之容、五曰軍旅之容、六曰車馬之容」。

〔註4〕《十三經注疏·周禮》卷十，語見頁160。

〔註5〕同上註。鄭玄注曰：「民三事教成鄉，大夫舉其賢者、能者，以飲酒之禮賓客之」，賈公彥疏：「司徒主六鄉，故以鄉中三事教鄉內之萬民也」。

〔註6〕《十三經注疏·禮記》卷三十五，語見頁630。

〔註7〕同上註。

〔註8〕《文史通義校注》，語見頁93。

〔註9〕徐復觀《中國經學史的基礎》一書「先秦經學的形成」文中以爲，「《詩》《書》

可以此視「六藝」爲經書，勢必待孔子重整「六藝」，且以此教育施之於民間，而儒家之流特尊「六藝」而翼奉爲經典，始可言經學。《禮記‧經解》云：

> 孔子曰：「入其國，其教可知也。其爲人也，溫柔敦厚，《詩》教也；疏通知遠，《書》教也；廣博易良，《樂》教也；絜靜精微，《易》教也；恭儉莊敬，《禮》教也；屬辭比事，《春秋》教也。」〔註10〕

故皮錫瑞（A.D.1850～1908）《經學歷史》稱：「經學開闢時代，斷自孔子刪定《六經》爲始。孔子以前，不得有經」，〔註11〕「故必以經爲孔子作，始可以言經學；必知孔子作經以教萬世之旨，始可以言經學」，〔註12〕經學與孔子之關係密切，自然不言而喻；然而皮氏視孔子爲「萬世師表」，「六經」爲「萬世教科書」，宣稱孔子所定可做萬世之旨，則切近漢代今文學家之立場。暫且不論孔子是否或者如何刪定「六經」，在孔子之時，尙未以《六經》稱「六藝」，或者以「六藝」代「六經」，甚至「六經不言經」。馬宗霍《中國經學史》分析言：

> 經者，載籍之共名，非六藝所得專；六藝者，群聖相因之書，非孔子所得專。然自孔子以六藝爲教，從事刪定，于中國言六藝者，咸折衷於孔氏。自六藝有所折衷，于是學者載籍雖博，必考信於六藝。蓋六藝專經之稱，自此始也。〔註13〕

馬氏以爲，「經書」專稱于「六藝」之轉折，乃始於孔子從事刪定「六藝」並以此爲教，始可以「經」稱「六藝」。

首先以「經」稱儒家典籍者，當推荀子。《荀子‧勸學》云：「學惡乎始？惡乎終？曰：其數則始乎誦經力終乎讀禮」，楊倞注：「經，謂《詩》《書》。禮，謂典禮之屬」，然尙未以「六藝」名「六經」。〔註14〕至於稍早於荀子之

《禮》皆由史官所纂輯，保管。周公時代，距纂輯成書的時代尙早；《易》尙停留在純占筮的階段，且當時似乎尙未流行；《春秋》指的是孔子所修的，不是就周春秋魯春秋而言。所以就整個經學史說，周公尤其是周室之史，可以說是發端的『先河』」，語見頁3。
〔註10〕《十三經注疏‧禮記》卷五十，語見頁845。
〔註11〕《經學歷史》，語見頁1。
〔註12〕《經學歷史》，語見頁11。
〔註13〕馬宗霍，《中國經學史》，（臺北：臺灣商務印書館，民國75年2月臺七版），語見頁1。
〔註14〕《荀子‧勸學》篇云：「故《書》者，政事之紀也。《詩》者，中聲之所止也。

《莊子‧天下》卻言：「《詩》以道志，《書》以道事，《禮》以道行，《樂》以道和，《易》以道陰陽，《春秋》以道名分」，〔註15〕《莊子‧天運》曰：「孔子謂老聃曰：『丘治《詩》《書》《禮》《樂》《易》《春秋》六經，自以爲久矣，孰知其故矣』」，〔註16〕《莊子》二語不但實指「六經」書名，並稱「六經」爲孔子所治，甚爲可疑，尚有待查證。〔註17〕然而，不論是「六藝」，或者是「六經」，在孔子之前，甚至在漢代之前，皆不能化歸成某一家之專屬，當然亦不可視爲儒家典籍。故章學誠《文史通義》開宗明義言：「六經皆史也。古人不著書，古人未嘗離事而言理，六經皆先王之政典也」，〔註18〕它可以說是周代文化部分縮影，是整個民族賡續纍積之成果，無法將其特質歸爲具有某家傾向，其屬性是中性；更可以說，「六藝」或者「六經」，是先秦諸子百家之共同資產，並非如後代所言專屬於以孔子爲首之儒家典籍。

將《詩》《書》《禮》《樂》《易》《春秋》六者視爲「六藝」，到西漢《史記》以後才逐次實現，而且至少在《史記》之時，尚未以此六者視爲「六經」。

《禮》者，法之大分，類之綱紀也，故學至乎《禮》而止矣，夫是之謂道德之極。《禮》之敬文也，《樂》之中和也，《詩》、《書》之博也，《春秋》之微也，在天地之間者畢矣。」〈儒效〉篇云：「聖人也者，道之管也。天下之道管是矣，百王之道一是。故《詩》、《書》、《禮》、《樂》歸是矣。《詩》言是，其志也；《書》言是，其事也；《禮》言是，其行也；《樂》言是，其和也；《春秋》言是，其微也。……天下之道畢是矣。」荀子所謂「經」者，乃指《詩》《書》《禮》《樂》《春秋》而已，獨闕《易》書。

〔註15〕 《中國經學史的基礎》，徐復觀以爲此句係讀者旁注插入，語見頁 41。

〔註16〕 同上註。徐復觀對此篇言：「按此篇屢言三皇五帝；三皇一詞，始見於《史記‧秦始皇本紀》，至緯書出而始大爲流行，則此篇成篇的年代，當與〈天道篇〉略同，亦不足爲經學史徵信的材料」，語見頁 42。按《莊子‧天道》：「孔子西藏書於周室，……往見老聃，而老聃不許，於是繙十二經以說」，唐‧陸德明《經典釋文》曰：「說者云：《詩》、《書》、《禮》、《樂》、《易》、《春秋》，又加《六緯》，合爲十二經也。一說云：《易》上、下經並十翼，爲十二。又一云：《春秋》十二公經也」，後二說皆牽合附會之語；而前一說言《六緯》之名，反而證明《莊子》此語應在漢代以後。

〔註17〕 《莊子》此二語，日人本田成之《中國經學史》提出質疑：「莊周其年代大抵與孟子是同時的人。這樣，倘若《六經》在莊子時，已完全了的話，那何以孟子只說《詩》《書》《春秋》，荀子亦僅以《詩》《書》《春秋》說作誦經，而未曾使用《六經》底名稱，這是不可思議的」並且假設莊子〈天運〉、〈天下〉二篇對於《六經》之說明，是出於後漢人之手。（臺北：廣文書局，民國 79 年 7 月再版），語見頁 6～7。

〔註18〕 章學誠，《文史通義校注》，葉瑛校注，（臺北：里仁書局，民國 73 年 9 月），語見頁 1。

《史記‧孔子世家》云：

> ⋯⋯是以魯自大夫以下皆僭離於正道。故孔子不仕，退而修詩書禮樂，弟子彌眾，至自遠方，莫不受業焉。〔註19〕

> 孔子之時，周室微而禮樂廢，《詩》《書》缺。追述三代之禮，序《書》傳，上紀唐虞之際，下至秦繆，編次其事。曰：「夏禮吾能言之，杞不足徵也。殷禮吾能言之，宋不足徵也。足，則吾能徵之矣。」觀殷夏所損益，曰：「後雖百世可知也，以一文一質。周監二代，郁郁乎文哉。吾從周。」故《書》傳、《禮》記自孔氏。孔子語魯太師：「樂其可知也。始作翕如，縱之純如，皦如，繹如也，以成。」「吾自衛反魯，然後樂正，雅頌各得其所。」古者《詩》三千餘篇，及至孔子，去其重，取可施於禮義。上采契后稷，中述殷周之盛，至幽厲之缺，始於衽席，故曰「〈關雎〉之亂以為風始，〈鹿鳴〉為小雅始，〈文王〉為大雅始，〈清廟〉為頌始」。三百五篇孔子皆弦歌之，以求合韶武雅頌之音。禮樂自此可得而述，以備王道，成六藝。孔子晚而喜《易》，序〈彖〉、〈繫〉、〈象〉、〈說卦〉、〈文言〉。讀《易》，韋編三絕。曰：「假我數年，若是，我於《易》則彬彬矣。」孔子以詩書禮樂教，弟子蓋三千焉，身通六藝者七十有二人。如顏濁鄒之徒，頗受業者甚眾。〔註20〕

觀《史記》所言，固然認為《詩》《書》《禮》《樂》《易》《春秋》為「六藝」，皮錫瑞便依此文認定《六經》刪定於孔子之手；〔註21〕然而《史記》書中描述孔子教授所及，僅是《詩》《書》《禮》《樂》而已，尚未有以《易》與《春秋》教，《史記》所云適與《禮記‧王制》記載相同；〔註22〕《文獻通考》卷百七十四〈經籍考〉云：

〔註19〕《史記‧孔子世家》卷四十七，語見頁 1914。

〔註20〕《史記‧孔子世家》卷四十七，語見頁 1935～1938。

〔註21〕《經學歷史》。皮氏言：「刪定《六經》之旨，見於《史記》。〈孔子世家〉云：⋯⋯據此，則孔子刪定《六經》，《書》與《禮》相通，《詩》與《樂》相通，而《禮》、《樂》又相通。《詩》、《書》、《禮》、《樂》教弟子三千，而通六藝止七十二人；則孔門設教，猶樂正四術之遺，而《易》、《春秋》非高足弟子莫能通矣」，語見頁 29～30。

〔註22〕《十三經注疏‧禮記》：「樂正崇四術，立四教，順先王《詩》《書》《禮》《樂》以造士。春、秋教以《禮》、《樂》，冬夏教以《詩》、《書》」，語見卷十三，頁 256。

樂正崇四術以訓士，則先王之《詩》、《書》、《禮》、《樂》，其設教固已久。《易》雖用於卜筮，而精微之理非初學所可語；《春秋》雖公其記載，而策書亦非民庶所得盡窺。故《易象》、《春秋》，韓宣子適魯始得見之。則諸國之教未必盡備六者。蓋自夫子刪定讚繫筆削之餘，而後傳習滋廣，經術流行。〔註23〕

故張心澂《偽書通考》引李鏡池語：「可見孔子未以易教人。孔子以「六經」教弟子，恐西漢時始有此說」，〔註24〕亦不無根據。姑不論孔子當時是否以「六經」教授弟子，《史記》將「六經」稱爲王道所備之「六藝」，無非藉以提高「六經」地位，並稱孔子刪定「六經」之功，其所透顯之意義，適可反映出漢代尊孔崇儒之態度。此外，由「經學」一詞在文獻中以《漢書》爲最早看，〔註25〕亦可說明以孔子爲首之儒家在漢代學術環境之地位；而在政策上提倡「獨尊儒術」，〔註26〕更是將儒家視爲「六藝」唯一合法之代言人。後來讖緯學說所謂「七經緯」，即是以此儒家之經典爲參照對象，而孔子則被讖緯學說崇奉爲無所不知之「神聖」預言家，〔註27〕經書變成孔子爲漢世而制作，緯書亦是聖人所作，作用則在補助經書之不足，凡此現象，乃是漢代一片「獨尊儒術」聲浪之具體反映。

〔註23〕 《文獻通考》，洪浩培影印，（臺北：新興書局，民國52年10月新一版），語見頁1502。

〔註24〕 張心澂，《偽書通考》，（香港：友聯出版社），語見上冊，頁97。

〔註25〕 「經學」一詞，《漢書·兒寬傳》云武帝時：「及湯爲御史大夫，以寬爲掾，舉侍御史。見上，語經學。上說之，從問《尚書》一篇。擢爲中大夫，遷左內史」，語見頁2629。

〔註26〕 學界慣稱武帝專立《五經》而罷諸子傳記博士之政策爲「獨尊儒術」，邱秀春於《漢代學官制度與儒家典籍的發展》提出反駁。邱氏言：「學者每喜稱誦漢武帝『獨尊儒術』，考其因爲：一，學者不察，以訛傳訛：……即以爲武帝獨尊儒術，不知其以利祿誘士，實有其政治目的及窄化、統一學術之用心，形似尊儒，事實不然。二、訴諸權威，以證明其來有自：……三、武帝『獨尊儒術』的形象非常成功：然而武帝僅采儒術文飾之而已，並非獨尊儒術。學者明乎此，實不宜再謂武帝『獨尊儒術』。」以邱氏所持論點，皆不外乎探究武帝置《五經》之心態與目的，然武帝專立《五經》而罷諸子傳記博士，史有記載，不容抹減，學界慣稱亦僅著眼於此一史實，當可成立；至於武帝對待儒生，或者以何種心態利用儒術，則未置可否。淡江大學中文研究所碩士論文，民國84年6月，語見頁78。

〔註27〕 有關讖緯中之孔子地位與形象，容稍後述及。亦可參考鍾肇鵬《讖緯論略》第四章「讖緯中的孔子及其弟子」，頁103～120。

第二節　「獨尊儒術」立「五經」博士

　　西漢董仲舒（B.C.179？～B.C.104？）正是此一「獨尊儒術」潮流中最具
代表性與關鍵性人物。《漢書・董仲舒傳》載：

> 《春秋》大一統者，天地之常經，古今之通誼也。今師異道，人異論，
> 百家殊方，指意不同，是以上亡以持一統；法制數變，下不知所守。
> 臣愚以爲諸不在六藝之科、孔子之術者，皆絕其道，勿使並進。邪辟
> 之說滅息，然後統紀可一，而法度可明，民知所從矣。〔註28〕

董仲舒《春秋》「大一統」之觀念，在「天人三策」中建議武帝，爲使綱紀統
一、法度可明、民知其所從，當以「六藝之科」、「孔子之術」爲中心思想，
並杜絕其他學說，以達「大一統」之政治目的。武帝在建元五年（136B.C.）
「置《五經》博士」〔註29〕，此舉是否爲回應董仲舒所提，禁絕「六藝之科、
孔子之術」以外學說，是一個問題。從兩者發生之時間先後看，武帝置「五
經」博士與董氏對策似無因果關係；〔註30〕然《漢書・董仲舒傳》卻云：

> 自武帝初立，魏其、武安侯爲相而隆儒矣。及仲舒對冊，推明孔氏，
> 抑黜百家。立學校之官，州郡舉茂材孝廉，皆自仲舒發之。〔註31〕

班固將武帝「抑黜百家、立學校之官」推爲董氏對策之功，顯然是溢美董氏
之辭，並非實情。〔註32〕若依上述推論無誤，武帝置「五經」博士在前，董
氏對策在後，則董氏之賢良對策，對於漢代儒術並無開創之功。於此，徐復

〔註28〕《漢書》，語見頁 2523。
〔註29〕《漢書・武帝紀》，語見頁 159。
〔註30〕武帝置《五經》博士在建元五年，而董氏做賢良對策，據《漢書・武帝紀》
　　　　載（元光元年）：「5 月，詔賢良曰：『……賢良明於古王今王事之體，受策察
　　　　問，咸以書對，著之於篇，朕親覽焉。』於是董仲舒、公孫弘出焉。」（語見
　　　　頁 160～161）；又《漢書・董仲舒傳》載：「武帝即位，舉賢良文學之士前後
　　　　百數，而仲舒以賢良對策焉」，（語見頁 2495），董氏所作對策當在元光元年
　　　　（134B.C.）5 月之後，王先謙《漢書補注》考證董氏對策亦在此時，由此推
　　　　論，武帝置《五經》博士與董氏對策似無因果關係。
〔註31〕《漢書》，語見頁 2525。
〔註32〕劉汝霖考此事言：「即按本文而言，明誌於魏其武安侯爲相之後，則至早亦當
　　　　在建元六年 6 月之後。且『臨政願治，七十餘載。』之文，亦須於建元五年
　　　　之後方合。《禮樂志》又言仲舒對策之後『是時上方征討四夷，銳志武功，不
　　　　暇留意禮文之事。』則仲舒之言，蓋未嘗見用，更足證明本傳所言爲歸美之
　　　　辭矣」，《漢晉學術編年》，（上海：上海書店據商務印書館 1935 年版影印），
　　　　語見頁 21。

觀（A.D.1903～1982）有不同見解：「〈武帝紀〉將仲舒〈對策〉，繫於元光元年（B.C.134），即在立五經博士之後二年，若如此，則仲舒在〈對策〉中『皆絕其道，勿使並進』之言，即是勿使習諸子百家之言的學者，得與儒者並進而爲博士之言，爲無的放矢。因爲既已立五經博士，即是已經不使習諸子百家之言者得以並進。所以王先謙在〈武帝紀〉『於是董仲舒、公孫弘等出焉』下謂：「『仲舒對策，實在建元元年（前一四○），無可疑者』，這是正確的。改變有長久歷史的雜學博士爲五經博士，是一件大事；仲舒〈對策〉後四年始見實行，這是合於情理的」，〔註33〕不論董氏〈對策〉是否在武帝立「五經」博士之前，董氏於西漢儒學雖未必有開創之功，卻仍有推波助瀾之效，甚至儼然爲一代儒家宗師。〔註34〕事實上，在董氏之前，以魏其、武安、趙綰、王臧爲首者，便積極倡導儒術。

《史記‧魏其武安侯列傳》載，〔註35〕魏其等人隆推儒術，且欲以儒術設明堂，以禮爲服制，此舉無異挑戰漢初盛行之黃老無爲之言，亦無可避免觸怒性好黃老道家之竇太后，故四人下場難以善終。〔註36〕竇太后在世之時，儒學未能抬頭，有意提倡儒學者，甚至武帝欲罷絀黃老、刑名之言，仍須等時機。《史記‧儒林列傳》記載：「及今上即位，趙綰、王臧之屬明儒學，而上亦鄉之，於是招方正賢良文學之士。……及竇太后崩，武安侯田蚡爲丞相，絀黃老、刑名百家之言，延文學儒者數百人，而公孫弘以《春秋》白衣爲天

〔註33〕《中國經學史的基礎》，語見頁 74～75。

〔註34〕《漢書‧董仲舒傳》引劉歆之贊曰：「仲舒遭漢承滅學之後，六經離析，下帷發憤，潛心大業，令後學者有所統壹，爲群儒首」，語見頁 2526。

〔註35〕《史記‧魏其武安侯列傳》：「魏其、武安俱好儒術，推轂趙綰爲御史大夫，王臧爲郎中令。迎魯申公，欲設明堂，令列侯就國，除關，以禮爲服制，以興太平。舉適諸竇宗室毋節行者，除其屬籍籍。時諸外家爲列侯，列侯多尚公主，皆不欲就國，以毀日至竇太后。太后好黃老之言，而魏其、武安、趙綰、王臧等務推儒術，貶道家言，是以竇太后滋不說魏其等。及建元二年，御史大夫趙綰請無奏事東宮。竇太后大怒，乃罷逐趙綰、王臧等，而免丞相、太尉，以柏至侯許昌爲丞相，武彊侯莊青翟爲御史大夫。魏其、武安由此以侯家居」，語見卷一百七，頁 2843。

〔註36〕《漢書‧武帝紀》建元二年載：「御史大夫趙綰坐請毋奏事太皇太后，及郎中令王臧皆下獄，自殺。丞相嬰、太尉蚡免」，（語見頁 157）趙綰、王臧下獄自殺與魏其、武安免官，固然由於「請毋奏事太皇太后」事件而來，但是與其四人之推動儒術身分有密切關聯，東漢之應劭注此事曰：「禮，婦人不豫政事，時帝已自躬省萬機。王臧儒者，欲立明堂辟雍。太后素好黃老術，非薄《五經》。因欲絕奏事太后，太后怒，故殺之」。

子三公，封以平津侯。天下之學士靡然鄉風矣」，〔註37〕可見，儒家經術在漢初階段，與黃老之術有過一番爭鬥，甚至武帝「獨尊儒術」政策，仍需等到竇太后風燭殘年之後。若說董氏「獨尊儒術」之動機，在以《春秋》大一統中求天地之常經、古今之通誼者；則武帝立「五經」博士之用心在以統一當時學術。「博士」學官之編制，影響漢代經學尤其深遠。

「博士」一詞，做為官名之用可上溯至秦代。《漢書・百官公卿表》載：

> 奉常，秦官，掌宗廟禮儀，有丞。景帝中六年更名太常。屬官有太樂、太祝、太宰、太史、太卜、太醫六令丞，又均官、都水兩長丞，又諸廟寢園食官令長丞，有廱太宰、太祝令丞，五時各一尉。又博士及諸陵縣皆屬焉。景帝中六年更名太祝為祠祀，武帝太初元年更曰廟祀，初置太卜。博士，秦官，掌通古今，秩比六百石，員多至數十人。武帝建元五年初置《五經》博士，宣帝黃龍元年稍增員十二人。元帝永光元年分諸陵邑屬三輔。王莽改太常曰秩宗。〔註38〕

秦代稱奉常一職，景帝中（元）六年改名為太常，至王莽又改太常為秩宗，其職掌宗廟禮儀，為司儀禮之官。漢代之博士一職，即是太常屬官之一，故又有禮官之稱。秦時之博士官，雖有定額，但與儒家經學尚無必然關係。《史記・秦始皇本紀》載：

> 始皇置酒咸陽宮，博士七十人前為壽。……丞相李斯曰：「……臣請史官非秦記皆燒之。非博士官所職，天下敢有藏《詩》、《書》、百家語者，悉詣守、尉雜燒之。有敢偶語《詩》《書》者棄世。」〔註39〕

是時博士官所職，含括《詩》、《書》及百家之語；即使渡河、〔註40〕占夢等雜術，〔註41〕秦始皇亦過問博士，可知博士得須兼通諸子、詩賦、術數、方

〔註37〕《史記・儒林列傳》卷一百二十一，語見頁3118。
〔註38〕《漢書・百官公卿表》卷十九上，語見頁726。
〔註39〕《史記・秦始皇本紀》卷六，語見頁254～255。
〔註40〕《史記・秦始皇本紀》載：「始皇還，過彭城，齋戒禱祠，欲出周鼎泗水。使千人沒水求之，弗得。乃西南渡淮水，之衡山、南郡。浮江，至湘山祠。逢大風，幾不得渡。上問博士曰：『湘君何神？』博士對曰：『聞之，堯女，舜之妻，而葬此。』於是始皇大怒，使刑徒三千人皆伐湘山樹，赭其山。上自南郡由武關歸」，語見卷六，頁248。
〔註41〕《史記・秦始皇本紀》載：「始皇夢與海戰，如人狀。問占夢，博士曰：『水神不可見，以大魚蛟龍為候。今上禱祠備謹，而有此惡神，當除去，而善神可致』」，語見卷六，頁263。

技等雜學，尚無專經之職。《漢書‧成帝紀》載陽朔二年（B.C.23）之詔，曰：

> 古之立太學，將以傳先王之業，流化於天下也。儒林之官，四海淵
> 原，宜皆明於古今，溫故知新，通達國體，故謂之博士。否則學者
> 無述焉，爲下所輕，非所以尊道德也。

博士者，在太學之內傳先王之業，且能明於古今，溫故知新，通達國體始可稱之。博士官有專經之職，自文帝始。

《後漢書‧翟酺傳》載酺上言：「孝文皇帝始置一經博士」，〔註42〕李賢注曰：「武帝建元五年始置《五經》博士，文帝之時未遑庠序之事，酺之此言，不知何據」，〔註43〕考之史料，則知文帝所置博士不僅專經，諸子傳記皆置博士也。《漢書‧楚元王傳》載劉歆移書太常博士責讓之，曰：

> 漢興，去聖帝明王遐遠，仲尼之道又絕，法度無所因襲。時獨有一
> 叔孫通略定禮儀，天下唯有《易》卜，未有它書。至孝惠之世，乃
> 除挾書之律，然公卿大臣絳、灌之屬咸介冑武夫，莫以爲意。至孝
> 文皇帝，始使掌故朝錯從伏生受《尚書》。《尚書》初出于屋壁，朽
> 折散絕，今其書見在，時師傳讀而已。《詩》始萌牙。天下眾書往往
> 頗出，皆諸子傳說，猶廣立於學官，爲置博士。〔註44〕

劉歆言自惠帝除挾書令後，文帝時《尚書》《詩》及諸子傳記皆已立於學官，並置博士，且諸子百家兼有博士之職，非僅儒生而已；而趙岐《孟子題辭》亦稱：「孝文皇帝欲廣游學之路，《論語》、《孝經》、《孟子》、《爾雅》皆置博士」，文景倡導學術，非僅經學，不論經、子，皆使博士講學，博士未有專責；《論語》等書乃是諸博士共同講授，非以此書立博士官銜，故文景之世博士，尚未有專經之職。是時博士仍屬雜學，「五經」仍未獨佔博士學官。

武帝建元五年「置《五經》博士」，乃是罷諸傳記博士，獨立「五經」。班固《漢書》贊曰：

> 漢承百王之弊，高祖撥亂反正，文景務在農民，至于稽古禮文之事，
> 猶多闕焉。孝武初立，卓然罷黜百家，表章《六經》。遂疇咨海內，
> 舉其俊茂，與之立功。興太學，修郊祀，改正朔，定曆數，協音律，
> 作詩樂，建封禮，禮百神，紹周後，號令文章，煥焉可述。後嗣得

〔註42〕《後漢書‧翟酺傳》卷四十八，語見頁1606。
〔註43〕同上註。
〔註44〕《漢書‧楚元王傳》卷三十六，語見頁1968～1969。

遵洪業，而有三代之風。如武帝之雄材大略，不改文景之恭儉以濟
斯民，雖《詩》《書》所稱何有加焉！〔註45〕

顏師古注曰：「百家，謂諸子雜說，違背六經」，「《六經》，謂《易》、《詩》、《書》、
《春秋》、《禮》、《樂》也」，〔註46〕武帝與文、景二世所立博士最大不同，在
於武帝使博士各掌其經，各掌其職，此亦是博士有專責之始，亦是武帝賦與
經書法定權威地位，從而鞏固博士官與經學不可分隔之關係。所謂《五經》
者，《漢書・儒林傳》贊曰：「自武帝立《五經》博士，……初，《書》唯有歐
陽，《禮》后，《易》楊，《春秋》公羊而已」，再加上文帝時所立之《詩》博
士，便是武帝所立之「五經博士」。〔註47〕此後，《五經》便成爲法定之典籍，
並依此設立博士學官，而其他不在「五經」內之諸子學說皆遭罷黜，同時，
儒家專利於博士一職；而博士職權亦由「通古今」轉爲「作經師」。

　　武帝在位之時，博士官於《詩》有齊、魯、韓三家，《書》有歐陽，《禮》
有后氏，《易》有楊氏，《春秋》有公羊，共有七博士。其後西漢歷任帝王多
有增益，《漢書・儒林傳》載：

> 至孝宣世，復立大、小夏候《尚書》，大、小戴《禮》，施、孟、梁
> 丘《易》，穀梁《春秋》。至元帝世，復立京氏《易》。平帝時，又立
> 左氏《春秋》、毛《詩》、逸《禮》、古文《尚書》，所以周羅遺失，
> 兼而存之，是在其中。〔註48〕

於《易》，宣帝時立施、孟、梁丘三家之學，皆出自楊氏，至元帝時，復立京氏
學；於《書》，歐陽氏傳大小夏侯，至宣帝時，大小夏侯別立學官，至平帝時，
又立《古文尙書》；於《詩》，平帝時，別立《毛詩》；於《禮》，宣帝時，立大、
小戴之學，皆出自后氏，至平帝時，又立《逸禮》；於《春秋》，至宣帝時，復
立穀梁。合計武帝有「五經」七博士，宣帝有十二博士，元帝有十三博士，至
東漢光武帝時，便增至十四位之多。〔註49〕《後漢書・百官志》載：

> 博士祭酒一人，六百石。本僕射，中興轉爲祭酒。博士十四人，比

〔註45〕《漢書・武帝紀》卷六，語見頁 212。

〔註46〕同上註，語見頁 212。

〔註47〕徐復觀在《中國經學史的基礎》書中言：「所以《儒林傳贊》言武帝立博士僅
稱時『《書》唯有歐陽，《禮》后，《易》楊，《春秋》公羊而已』，未曾提到《詩》。
因爲《詩》」早於文帝時立了。」語見頁 73。

〔註48〕《漢書・儒林傳》卷八十八，語見頁 3621。

〔註49〕有關東漢五經十四博士，請參考劉汝霖《漢晉學術編年》上冊卷四，頁 21～
22。

六百石。本注曰：《易》四，施、孟、梁丘、京氏。《尚書》三，歐
陽、大小夏侯氏。《詩》三，魯、齊、韓氏。《禮》二，大小戴氏。《春
秋》二，公羊嚴、顏氏。〔註50〕

西漢不僅博士官銜陸續增立，連博士弟子員額亦隨之增置，太學規模自然相
對擴大。

太學乃以傳授知識、研究經書爲主要內容之天下最高學府，是漢代以後
數百年間選拔人才體系之一。博士教授任職於太學，眾博士之上設首席博士，
稱僕射，至東漢改稱爲博士祭酒；而太學內之學生稱做博士弟子，至東漢改
爲太學生或諸生。武帝立「五經」博士後，博士便成爲掌理學術與負責教授
學生之官員，同時，博士官亦是非儒生莫屬。元朔五年（B.C.124），《史記・
儒林列傳》載公孫弘建言曰：

> 古者政教未洽，不備其禮，請因舊官而興焉。爲博士官置弟子五十
> 人，復其身。太常擇民年十八已上，儀狀端正者，補博士弟子。郡
> 國縣道邑有好文學，敬長上，肅政教，順鄉里，出入不悖所聞者，
> 令相長丞上屬所二千石。二千石謹察可者，常與計偕，詣太常，得
> 受業如弟子。一歲皆輒試，能通一藝以上，補文學掌故缺；其高弟
> 可以爲郎中者，太常籍奏。即有秀才異等，輒以名聞。其不事學若
> 下材及不能通一藝，輒罷之，而請諸不稱者罰。……制曰：「可。」
> 自此以來，則公卿大夫士吏斌斌多文學之士矣。〔註51〕

《漢書・儒林傳》亦有載此建言。〔註52〕公孫弘以布衣治《春秋》而爲丞相
兼學官，不僅蔚爲天下學士榜樣，且建言武帝爲博士官設弟子員獲准後，更
使博士之途成爲天下學士追名逐利之徑，後世帝王亦在此基礎之上，增加博
士弟子員額。《漢書・儒林傳》補述這段過程：

> 昭帝時舉賢良文學，增博士弟子員滿百人，宣帝末增倍之。元帝好
> 儒，能通一經者皆復。數年，以用度不足，更爲設員千人，郡國置
> 《五經》百石卒史。成帝末，或言孔子布衣養徒三千人，今天子太
> 學弟子少，於是增弟子員三千人。歲餘，復如故。平帝時王莽秉政，
> 增元士之子得受業如弟子，勿以爲員，歲課甲科四十人爲郎中，乙

〔註50〕 《後漢書・百官二》志二十五，語見頁 3572。
〔註51〕 《史記・儒林列傳》卷一百二十一，語見頁 3119～3120。
〔註52〕 《漢書・儒林傳》卷八十八，語見頁 3594。

科二十人爲太子舍人，丙科四十人補文學掌故云。〔註53〕

太學開辦後，博士官成爲天下之宗師，地位益尊，《漢書‧成帝紀》詔曰：「古之立太學，將以傳先王之業，流化於天下也。儒林之官，四海淵原，宜皆明於古今，溫故知新，通達國體，故謂之博士。否則學者無述焉，爲下所輕，非所以尊道德也」，是以配以博士頭銜者，不僅有德性，更需有明古今、通達國體者始能稱之。

武帝之時「開弟子員，設科射策」，以利祿勸誘儒生，「博士藉儒而爲業，儒因博士而得官」，然當時只有五經之名，未有各家之學；至經學博士官秩卑而職尊，附以其弟子員額之增衍，儒生爲祿利所趨，一經解說有百萬言，激越出解經有門戶派別之分，祿利愈豐，解經愈多；解經愈繁，博士學位愈增，因此兩者互爲因果循環，促成西漢經學師法與家法興起。

第三節　師法、家法與章句之學

約略言之，西漢經學大體以孔子之七十弟子以來之口傳所得，並以當時流行之隸書著於竹簡，爲有別於後起之古文經，故以今文經稱之。由於今文經須藉助口傳祕訣，竹簡難得，若非從師學，則無法寫錄；又因經義難明，非循師法，無以自得，因此在西漢形成一種重視師法與家法傳統之體系。所謂師法與家法，皮錫瑞以爲：

> 前漢重師法，後漢重家法。先有師法，而後能成一家之言。師法者，
> 溯其源；家法者，衍其流也。〔註54〕

馬宗霍順從皮氏言：「或謂前漢多言師法，而後漢多言家法，師法家法，名可互施，然學必先有所師，而後能成一家之言，若論其審，則師法者溯其源，家法者衍其流，其間蓋微有不同。（章帝建初四年詔曰，漢承暴秦，褒顯儒術，建立《五經》，爲置博士，其後學者雖曰承師，亦別名家。案此即師法與家法不同之證。）今以《漢書‧儒林傳》證之，凡言某經有某氏之學者，大抵皆指師法；凡言某家有某氏之學者，大抵皆指家法」，〔註55〕《漢書‧儒林傳》載胡毋生：

〔註53〕同上註，語見頁 3596。
〔註54〕《經學歷史》，語見頁 139。
〔註55〕《中國經學史》，馬宗霍著。語見第六篇「兩漢之經學」，頁 38～39。

（胡毋生）弟子遂之者，蘭陵褚大，東平嬴公，廣川段仲，溫呂步

舒，大至丞相長史，唯嬴公守學，不失師法。〔註56〕

意指嬴公遵守胡毋生所傳，不失其師胡氏之學，故曰「不失師法」；又如《後
漢書・章帝紀》所載：「其後學者精進，雖曰承師，亦別名家」，李賢注曰：「言
雖承一師之業，其後觸類而長，更爲章句，則別爲一家之學」，〔註57〕林慶彰
（A.D.1948～）分析言：

> 章句既是當時經師的一種解經方式，此種詮釋方式是由創立學派的
> 經師所傳，凡是受學於此一學派的經生，代代皆應以此種解經方式
> 爲典範。此種典範，即稱爲「師法」或「家法」。……是知遵守師法
> 應是個大原則，如果有經師能觸類旁通，另外完成章句的，即可成
> 爲一家之學。這家的章句，就是他們的家法。〔註58〕

所謂師法乃以下對上而言，而家法者乃由上對下以說，其間容有相互指稱而
難以區分者，故所謂師法家法，乃異名而同實，皆可謂之師法，皆是章句之
學。《漢書・儒林傳》載，張山拊之弟子所學云：「（張）無故善修章句，爲廣
陵太傅，守小夏侯說文。（秦）恭增師法至百萬言，爲城陽內史」，〔註59〕意
指秦恭增加老師張無故之章句至百萬言，其所增加部分，或可稱爲家法，稱
爲章句亦無不可。《漢書》載孟喜之際遇，「博士缺，眾人薦喜。上聞喜改師
法，遂不用喜」，〔註60〕博士在當時乃學術祭酒，孟喜因不循師法章句，隨意
修改，致使喜喪失得博士機會，師法深具權威性可見一斑，故韓養民說：「所
謂師法、家法，簡單地說就是傳經者必須嚴守老師的經說，不得任意更改，
不能參雜異說。若不遵家法、師法，立即會被取消博士資格」。〔註61〕

章句之興，蓋祿利之途使然。〔註62〕因爲武帝以博士官勸誘儒生，「博士
專守一經乃至經中的一傳，如《公羊傳》、《穀梁傳》，知識活動範圍既狹，又須

〔註56〕《漢書・儒林傳》卷八十八，語見頁3616。
〔註57〕《後漢書・章帝紀》卷三，語見頁138。
〔註58〕林慶彰，〈兩漢章句之學重探〉，見《中國經學史論文選集》，（臺北：文史哲
　　　　出版，民國81年10月初版），語見頁288。
〔註59〕《漢書・儒林傳》卷八十八，語見頁3605。
〔註60〕同上註，語見頁3599。
〔註61〕韓養民，《秦漢文化史》，（臺北：里仁書局，民國75年10月廿日），語見頁31。
〔註62〕班固於《漢書・儒林傳》贊曰：「自武帝立《五經》博士，開弟子員，設科射
　　　　策，勸以官祿，訖於元始，百有餘年，傳業者寖盛，支葉蕃滋，一經說至百
　　　　餘萬言，大師眾至千餘人，蓋祿利之路然也」，語見頁3620～3621。

展轉相傳，以教授弟子，於是在故訓、傳說之外，又興起章句之學」，〔註63〕徐復觀並以爲：「可能萌於設置博士弟子之前，但興盛顯著於設置博士弟子員之後，先有博士的章句，然後由此影響，才有一般儒生的章句。由師法與章句之不可分，所以也可以證明師法觀念是起於設置博士弟子員之後」；〔註64〕從經學發展歷史看，漢代師法之興起，固然緣於博士學官利祿之途所趨，但就經學內在發皇而言，章句之學無異是起擴大與深化作用，同時亦提供陰陽五行與天人感應學說滲入漢代經學之契機。

　　武帝設立「五經」博士官，作意在以「儒術」一統天下學術，進而培養一批御用學官，掌握並控制學術思想潮流。章句之學擴大對「五經」詮釋範圍，同時引發討論「五經」之高度，儒生或爲實現儒家理想，或爲利祿所趨，大多投效於經學博士官門下，傳業者經師所授，行有餘力，又自行增衍老師章句，獨立一家之學，師生孳乳，支葉繁茂；學官員額設立，有增無減，益使儒生畢生鑽研於斯，漢代學術便籠罩在這一片敷衍經義之氛圍中。換言之，博士官之設置刺激經學發達，經學發達引發學術討論日盛，討論結果導致學術分歧，傳業者「專守一經乃至經中一傳」，或師法章句墨守成規，或敷衍經義別開生面，博士一源而學生十流，促進後繼在位者增設博士官銜滿足學術需求。漢代經學便在執政者有意操縱下發展，學官制度產生章句之學，章句之學引發學術討論，學術討論迫使博士官數增加，而博士官數增加吸引更多儒生投入這場利祿之爭，漢代經學便在如此循環下蓬勃發展。縱觀「五經」在西漢傳授概況，便可知其端倪。〔註65〕

第四節　今古文之爭

　　左右漢代經學發展另一重要議題是今古文經之爭。今、古文乃相對性概念，今文之名緣古文而有，在古文經尚未提出討論時，並無所謂今文經之名。

〔註63〕《中國經學史的基礎》，語見頁79。
〔註64〕《中國經學史的基礎》，語見頁98。
〔註65〕有關西漢五經及五經博士傳授概況，請參考劉汝霖《漢晉學術編年》上冊，卷一「《周易》傳授表」，頁5～6；「《尚書》傳授表」，頁7～8；「《禮經》傳授表」，頁21；「《左氏春秋》傳授表」，頁22～23；「《魯詩》傳授表」，頁36；「《穀梁氏春秋》傳授表」，頁37；「《公羊氏春秋》傳授表」，頁65～66；「《齊詩》傳授表」，頁79；「《韓詩》傳授表」，頁80；「《古文尚書》傳授表」，頁84；與卷之二「五經傳授表」，頁7～8。

如前所述，今文經乃西漢初期由耆老口授傳經，後生以當時流行之隸書寫定而成，解讀今文經著重老師口傳，故產生漢代維護師法與家法之解經傳統；又經學博士官之設置，確立該學官權威地位，且增設弟子員額，誘導儒生終身投入經學，無異是提供儒生獲取高官厚祿之捷徑，然而自武帝以下，所立經學博士多屬今文家，古文經學相對受到壓制，不論就學術立場或是權利分配，皆引起古文經學者強力反彈，導至漢代所謂今古文之爭。

　　縱觀武帝所立之經學博士，傳《詩》自轅固生是齊人，而「諸齊以《詩》顯貴，皆固之弟子也」，〔註66〕傳《尚書》自濟南伏生，傳至張生與歐陽生，三者皆齊人；傳《易》自田何，傳至楊何，二者亦皆是齊人；傳《春秋》自公羊壽是齊人，「公羊氏乃齊學也」；〔註67〕「五經」中唯傳《禮》來自魯，有別於其他，但武帝所立之《禮》博士爲后蒼所傳，后蒼亦是齊人，「五經」博士學官泰半屬齊人天下；換言之，西漢初期今文學家無異是先秦齊學派之轉型。尤其是《春秋公羊傳》，董仲舒「少治《春秋》，孝景時爲博士」，〔註68〕與公孫弘「以治《春秋》爲丞相封侯，天下學士靡然鄉風」，〔註69〕皆是治其傳而得武帝賞識，特別是董仲舒使公羊氏之齊學大興。《漢書・儒林傳》：

> 武帝時，江公與董仲舒並。仲舒通《五經》，能持論，善屬文。江公
> 吶於口，上使與仲舒議，不如仲舒。而丞相公孫弘本爲公羊學，比
> 輯其議，卒用董生。於是上因尊《公羊》家，詔太子受《公羊春秋》，
> 由是《公羊》大興。〔註70〕

《公羊傳》因董仲舒宣傳深獲武帝青睞而獨步「五經」，地位至爲崇高，公羊學不僅可視爲今文學家之代表，亦可以概括爲齊學派獨步當時經學之表徵。至宣帝時代，「《穀梁》之學大盛」，始挑戰《公羊傳》之權威地位。

　　《公羊傳》與《穀梁傳》之對壘其來有自。武帝時已有董仲舒與受《穀梁春秋》之瑕丘江公辯論，最後董仲舒因能持論、善屬文，以《公羊》經義使江公屈服，由是《公羊》之學大興。此後，公羊家與穀梁家仍爭議不休，至宣帝甘露元年（B.C.53），乃下詔諸儒議殿中平《公羊》、《穀梁》之異同。《漢書・儒林傳》載甘露元年：

〔註66〕《漢書・儒林傳》卷八十八，語見頁 3612。
〔註67〕同上註，語見頁 3618。
〔註68〕《漢書・董仲舒傳》卷五十六，語見頁 2495。
〔註69〕《漢書・儒林傳》卷八十八，語見頁 3593。
〔註70〕同上註，語見頁 3617。

乃召《五經》名儒太子太傅蕭望之等大議殿中，平《公羊》、《穀梁》
同異，各以經處是非。時《公羊》家多不見從，願請內侍郎許廣，
使者亦並內《穀梁》家中郎王亥，各五人，議三十餘事。望之等十
一人各以經誼對，多從《穀梁》。由是《穀梁》之學大盛。慶、姓皆
爲博士。〔註71〕

文中雖未言明《公羊》家、《穀梁》家爲何，不過兩家衝突升高至需要帝王出
面調停，顯見其爭執之激烈，而這場議論雖然使代表魯學之《穀梁》大興，
但仍未能撼動以《公羊》家爲首之今文學地位。甚至二年後繼續爲此所詔開
之「石渠閣會議」，且立《穀梁春秋》博士，亦未能取代《公羊春秋》之地位，
西漢經學仍然是齊學之天下。依《漢書・宣帝紀》所載甘露三年（B.C.51）：

詔諸儒講《五經》同異，太子太傅蕭望之等平奏其議，上親稱制臨決
焉。乃立梁丘《易》、大小夏侯《尚書》、穀梁《春秋》博士。〔註72〕

據《漢書・儒林傳》中可考當時出席者，《詩》家有韋玄成（韋賢之子，瑕丘江
公及許生之弟子）、博士張長安（事博士王式）、薛廣德（事王式）；《書》家博
士歐陽地餘（歐陽高之孫）、博士林尊（歐陽高弟子）、譯官令周堪（事夏侯勝）、
博士張山拊（事夏侯建）、謁者假倉（張山拊弟子）；《易》家博士施讎（從田王
孫受業）、黃門郎梁丘臨（梁丘賀之子，爲施讎門生）；《禮》家戴聖（后蒼弟子）、
太子舍人聞人通漢（后蒼弟子）；《公羊》家博士嚴彭祖（事眭孟）、侍郎申輓、
伊推、宋顯、許廣；《穀梁》家議郎尹更始（事蔡千秋）、及待詔劉向、周慶、
丁姓、中郎王亥、蕭望之等二十二人中，齊學家佔十四席，仍是優勢。〔註73〕
故以齊學爲主軸思想之今文經學，在學術上取得權威，在政治上獲得利益，享
盡各種優勢，反觀古文經學所遭受之漠視與壓制，無怪乎古文經學者要大力反
撲。從這場《公羊》、《穀梁》兩家爭論中可以體會，做爲法定權威之博士學官，
其地位相當穩固，既使天子詔開會議得立《穀梁》學官，《公羊》博士仍然不減
權利，而由此一角度省察今古文之爭，更可深入了解箇中實質意義。

今古文之爭，導源於劉向之子劉歆。雖說古文經在漢代之初既已陸續問
世，並有傳本，唯束之秘府，未得立博士，亦未編入學官之列。西漢末成帝

〔註71〕同上註，語見頁3618。
〔註72〕《漢書・宣帝紀》卷八，語見頁272。
〔註73〕以上所述與會者名單，悉參考韓養民《秦漢文化史》（頁34），及章權才《兩
　　　　漢經學史》（頁109～110）兩書綜合而得，尚待考證。

綏和二年（B.C.7），劉向卒，同年劉歆領校秘書，至哀帝建平元年（B.C.6），因劉歆受詔領校秘書，卒父前業，發見以大篆寫成之古文經籍，遂請求朝廷復立古文經博士，引發學術界一連串激烈爭辯，史稱今古文之爭。今古文之爭自劉歆開始發難，至白虎觀經學會議止，至少有三場較具規模之論辯。

《漢書‧楚元王傳》載：

> 歆及向始皆治《易》，宣帝時，詔向受《穀梁春秋》，十餘年，大明習。及歆校秘書，見古文《春秋左氏傳》，歆大好之。……歆以為左丘明好惡與人同，親夫子，而公羊、穀梁在七十子後，傳聞之與親見之，其詳略不同。歆數以難向，向不能非問也，然猶自持其《穀梁》義。及歆親近，欲建立《左氏春秋》及《毛詩》、《逸禮》、《古文尚書》皆列於學官。哀帝令歆與《五經》博士講論其義，諸博士或不肯對。〔註74〕

劉歆因領秘書職務，期間偶見許多以別於漢隸之古文寫成之經傳，並欲將古文經傳《左氏春秋》、《毛詩》、《逸禮》、《古文尚書》推薦於博士學官之上，哀帝令劉歆與諸經學博士討論，遭諸博士反對，於是劉歆寫〈移讓太常博士書〉。書中除申明古文經傳來歷：《逸禮》三十九與《書》十六篇皆魯恭王壞孔子宅而得，至孔安國獻之，因遭巫蠱之難而未及施行，《左氏春秋》等古書，亦皆是藏於秘府，伏而未發；並痛陳諸博士「猶欲保殘守缺，挾恐見破之私意，而無從善服義之公心，或懷妒嫉，不考情實，雷同相從，隨聲是非。」〔註75〕「專己守殘，黨同門，妒道眞，違明詔，失聖意，以陷於文史之議」，〔註76〕劉歆此書問世，古文經傳雖仍未得立，卻引發一連串不同效應：首先光祿大夫龔勝自責罷官；大司空師丹則大怒，斥劉歆「改亂舊章，非毀先帝所立」，〔註77〕於是劉歆忤執政大臣，為諸儒所謗，最後為保性命，只得請求補河內太守，以此結束今古文之爭第一回合。

今古文之爭第二回合前，古文經傳曾有一度嶄露頭角。西漢末平帝元始五年（A.D.5），王莽輔政，平帝死前，封劉歆、王惲等為列侯，並「徵天下通知逸經、古記、天文、曆數、鍾律、小學、《史篇》、方術、《本草》、及以《五經》、

〔註74〕《漢書‧楚元王傳》卷三十六，語見頁1967。
〔註75〕同上註，語見頁1970。
〔註76〕同上註，語見頁1971。
〔註77〕同上註，語見頁1972。

《論語》、《孝經》、《爾雅》教授者」，〔註78〕爲「罔羅遺失，兼而存之」，又立《左氏春秋》、《毛詩》、《逸禮》、《古文尚書》於學官，古文經終於得到短暫流傳。然至東漢光武帝執政，所列「五經」十四博士皆今文經，〔註79〕而《左氏春秋》、《毛詩》、《逸禮》、《古文尚書》諸古文經同遭廢除，流落民間。

　　古文經第二次反撲在東漢光武時。建武初，尚書令韓歆上疏欲立《費氏易》、《左氏春秋》博士學官，光武帝下詔公卿、大夫、博士會議於雲臺。博士范升對光武帝曰：「《左氏》不祖孔子，而出於丘明，師徒相傳，又無其人，且非先帝所存，無因得立」，〔註80〕崇孔子抑左氏之今文學家論調鮮明，極力反對爲古文經《左氏》立博士，退而奏曰：

> 近有司請置《京氏易》博士，群下執事，莫能據正。《京氏》既立，《費氏》怨望，《左氏春秋》復以比類，亦希置立。《京》、《費》已行，次復《高氏》，《春秋》之家，又有《騶》、《夾》。如令《左氏》、《費氏》得置博士，《高氏》、《騶》、《夾》，《五經》奇異，並復求立，各有所執，乖戾分爭。從之則失道，不從則失人，將恐陛下必有猒倦之聽。〔註81〕

范升以爲《左氏》淺末，非《五經》之本，徒增爭執，立《左氏》博士官當非政務之急。陳元則反唇譏范升是：「前後相違，皆斷截小文，媟黷微辭，以年數小差，掇爲巨謬，遺脫纖微，指爲大尤，抉瑕摘釁，掩其弘美，所謂『小辯破言，小言破道』者也」，〔註82〕指責之聲如此嚴厲，可以體會當時論辯氣氛是何等激烈。陳元以爲：丘明孤學少與，《左氏》親受於孔子，而《公羊》、《穀梁》傳聞於後世，天子宜詔立《左氏》博詢眾言，以示不專。陳元並以西漢武帝雖好《公羊》，而衛太子獨好《穀梁》，宣帝開石渠閣而興《穀梁》，至今與《公羊》並存爲例，言先帝各有所立，不必其相因襲，建立《左氏》可以「解釋先聖之積結，洮汰學者之累惑」，與先帝所立不相妨礙。光武帝見陳元奏書，又下詔論議，范、陳二人相辯難凡十餘次。結果，光武帝以立《左

〔註78〕　《漢書・平帝紀》卷十二，語見頁359。
〔註79〕　有關東漢五經十四博士，請參考《漢晉學術編年》上冊卷四「十四博士表」，頁21～22；今文經傳授概況，請參考裴普賢《經學概述》之「今文經傳授系統表」，（臺北：開明書局，民國58年3月初版），參考頁214～221，古文經則參考頁222～223。
〔註80〕　《後漢書・范升傳》卷三十六，語見頁1228。
〔註81〕　《後漢書・范升傳》卷三十六，語見頁1228。
〔註82〕　《後漢書・陳元傳》卷三十六，語見頁1231。

氏》、陳元為博士第一結束這場紛爭，古文家獲得一次勝利。只是諸儒論議依舊讙譁，數度至廷上抗爭，《左氏》乃廢，古文家努力又告白費。

第三次古今文之爭由賈逵發難。章帝建初元年（A.D.76），賈逵受詔入白虎觀、雲臺講學，賈逵以「《左氏》義深於君父，《公羊》多任於權變」之大義長於其他二傳為說，深獲章帝喜愛，其具條奏之曰：

> 臣以永平中上言《左氏》與圖讖合者，先帝不遺芻蕘，省納臣言，寫其傳詁，藏之秘書。……至光武皇帝，奮獨見之明，興立《左氏》、《穀梁》，會二家先師不曉圖讖，故令中道而廢。凡所以存先王之道者，要在安上理民也。今《左氏》崇君父，卑臣子，彊幹弱枝，勸善戒惡，至明至切，至直至順。且三代異物，損益隨時，故先帝博觀異家，各有所採。《易》有施、孟，復之梁丘，《尚書》歐陽，復有大小夏侯，今三傳之異亦猶是也。又《五經》家皆無以證圖讖明劉氏為堯後者，而《左氏》獨有明文。《五經》家皆言顓頊代黃帝，而堯不得為火德。《左氏》以為少昊代黃帝，即圖讖所謂帝宣也。如令堯不得為火，則漢不得為赤。其所發明，補益實多。〔註83〕

觀賈逵論《左氏》大義長於《公羊》、《穀梁》二傳大要有二：其一，《左氏》所載與圖讖合，證明漢劉為堯後，其所闡發，可以補益《五經》；其二，《左氏》「崇君父，卑臣子，彊幹弱枝，勸善戒惡」，適合帝王統治國家之要求。《後漢書》並載賈逵：「數為帝言《古文尚書》與經傳《爾雅》詁訓相應，詔令撰大小夏侯《尚書》古文同異。逵集為三卷，帝善之。復令撰《齊》、《魯》、《韓詩》與《毛詩》異同。并作《周官解故》」，清楚說明賈逵受章帝器重程度，與其自身對經傳所做貢獻。不過，賈逵欲立《左氏》博士之願望，受到少習《公羊春秋》之李育博士杯葛。李育作《難左氏義》四十一事，陳述《左氏》雖樂文采，然不得聖人深意，多引圖讖而不據理體，賈、李二人之衝突，於建初四年（A.D.79）對簿白虎觀上，李育「以《公羊》義難賈逵，往返皆有理證」，〔註84〕古文經欲立於學官之事，又宣布失敗。

賈逵欲為古文經立博士官之願望，雖然落空，不過卻影響經學史上二件大事：其一：是古文經學普遍受到重視。建初八年（A.D.83）章帝詔曰：

> 《五經》剖判，去聖彌遠，章句遺辭，乖疑難正，恐先師微言將遂

〔註83〕 《後漢書・賈逵傳》卷三十六，語見頁 1237。
〔註84〕 《後漢書・儒林列傳》卷七十九下，語見頁 2582。

廢絕，非所以重稽古，求道眞也。其令群儒選高才生，受學《左氏》、
《穀梁春秋》、《古文尚書》、《毛詩》，以扶微學，廣異義焉。〔註85〕

《後漢書·儒林列傳》亦載：

建初中，大會諸儒於白虎觀，考詳同異，……又詔高才生受《古文
尚書》、《毛詩》、《穀梁》、《左氏春秋》，雖不立學官，然皆擢高第爲
講郎，給事近署，所以網羅遺逸，博存眾家。〔註86〕

古文經學雖未得立於學官，至少得到帝王片面肯定，同時朝廷也安排另一種
升遷管道，提供古文學家安身立命之處，賈逵本身便是此一舉措之最大受惠
者。〔註87〕賈逵以《左氏》明漢爲堯後，深獲章帝賞識；又因對古文經傳所
做貢獻，遷爲衛士令；建初八年，賈逵更因章帝下詔高才生受《左氏》、《穀
梁春秋》、《古文尚書》、《毛詩》，四經遂行於世，所受之高才生「皆拜逵所選
弟子及門生爲千乘王國郎，朝夕受業黃門署，學者皆欣欣羨慕焉」，〔註88〕賈
逵個人不僅名利雙收，古文經學地位至此亦稍獲提升。

其二：此次今古文之爭影響漢代經學者，便是接間促成白虎觀經學會議
之詔開。章帝詔開白虎觀會議並非純粹只爲解決今古文問題，從漢代經學發
展歷程看，以天子名義所詔開之經學會議，泰半與不同經傳對《五經》詮釋
之代表性、博士學官之增設、以及由師法、家法所引伸出之章句之學有關，
古今文問題正突顯出上述問題之嚴重性。

第五節　經學會議

先秦諸子百家爭鳴局面，至漢代武帝從董仲舒議「獨尊儒術」後，學術
內容落在「五經」中，學術對話同樣是環繞著以儒家爲主之經籍，討論內容
無非是儒家典籍詮釋代表性之爭；其初，以董仲舒《公羊傳》起始，從而演
變爲大規模之學術會議。如前所述，自漢武帝立「五經」博士以來，經學論
辯中，引起最大爭端之經傳，莫過於《春秋公羊》，及其與《穀梁》間之論辯；

〔註85〕《後漢書·章帝紀》卷三，語見頁145。
〔註86〕《後漢書·儒林列傳》卷七十九上，語見頁2546。
〔註87〕《後漢書·賈逵列傳》：「鄭、賈之學，行乎數百年，遂爲諸儒宗，亦徒有以
　　　　爲爾。桓譚以不善識流亡，鄭興以遜辭僅免，賈逵能附會文致，最差貴顯」，
　　　　語見卷三十六，頁1241。
〔註88〕《後漢書·賈逵列傳》卷三十六，語見頁1239。

而較大規模之學術會議，特別是由天子下詔且「稱制臨決」者，當推西漢宣帝時之「石渠閣會議」與東漢章帝時之「白虎觀會議」。

錢穆（A.D.1895～1990）分析「石渠閣會議」詔開之由，言：「自漢武帝置五經博士，說經爲利祿之途，於是說經者日眾，說經者日眾，而經說益詳密，而經之異說亦益歧。經之異說益歧，乃不得不謀整齊以歸一是。於是有宣帝石渠會諸儒論五經異同之舉。其不能歸一是者，乃於一經分數家，各立博士。其意實欲永爲定制，使此後說經者限於此諸家，勿再生歧也」，〔註89〕而直接促成「石渠閣會議」之詔開，乃導源於《公羊》、《穀梁》二家之辯論。前言述及武帝時，董仲舒持《公羊》論學於江公，武帝因尊《公羊》家，召衛太子受《公羊春秋》，《公羊》由是大興，然猶未列於學官。《漢書·儒林傳》續載：

> 太子既通，復私問《穀梁》而善之。其後浸微，唯魯榮廣王孫、皓星公二人受焉。廣盡能傳其《詩》、《春秋》，高材捷敏，與《公羊》大師眭孟等論，數困之，故好學者頗復受《穀梁》。〔註90〕

衛太子雖受詔學《公羊》，仍不忘《穀梁》。宣帝即位之前，《穀梁》家榮廣等人即與《公羊》大師眭孟展開論辯，學者猶能接納《穀梁》，並使《穀梁》稍盛，即使宣帝即位後，亦支持《穀梁》：

> 宣帝即位，聞衛太子好《穀梁春秋》，以問丞相韋賢、長信少府夏侯勝及侍中樂陵侯史高，皆魯人也，言穀梁子本魯學，公羊氏乃齊學也，宜興《穀梁》。時千秋爲郎，召見，與《公羊》家並説，上善《穀梁》說，擢千秋爲諫大夫給事中，後有過，左遷平陵令。復求能爲《穀梁》者，莫及千秋。上愍其學且絕，乃以千秋爲郎中户將，選郎十人從受。汝南尹更始翁君本自事千秋，能說矣，會千秋病死，徵江公孫爲博士。劉向以故諫大夫通達待詔，受《穀梁》，欲令助之。江博士復死，乃徵周慶、丁姓待詔保宮，使卒授十人。自元康中始講，至甘露元年，積十餘歲，皆明習。〔註91〕

榮廣與眭孟論辯《穀梁》與《公羊》，突顯出學派與地域間之關係，有所謂魯學與齊學之區別，且學派間已發展爲集團化之趨勢，後來又衍生出今古文問

〔註89〕錢穆，《兩漢經學今古文平議》，（臺北：東大圖書公司，民國60年8月初版，78年11月臺三版），語見「兩漢博士家法考」，頁195。

〔註90〕《漢書·儒林傳》卷八十八，語見頁3617。

〔註91〕《漢書·儒林傳》卷八十八，語見頁3618。

題。總之，這場論學延續至宣帝時仍不得解，甘露元年（B.C.53）宣帝便詔「五經」諸儒議於殿中，主要議題即是平《公羊》與《穀梁》之異同。

> 乃召《五經》名儒太子太傅蕭望之等大議殿中，平《公羊》、《穀梁》
> 同異，各以經處是非。……望之等十一人各以經誼對，多從《穀梁》。
> 由是《穀梁》之學大盛。〔註92〕

這場論學《穀梁》家獲得勝利，越二年，終得立於學官。宣帝甘露三年（B.C.51）《漢書·宣帝紀》載：

> 詔諸儒講《五經》同異，太子太傅蕭望之等平奏其議，上親稱制臨決
> 焉。乃立梁丘《易》、大小夏侯《尚書》、《穀梁春秋》博士。〔註93〕

史稱「石渠閣會議」於焉產生。其會議結果，使武帝時原本「《書》唯有歐陽，《禮》后，《易》楊，《春秋》公羊而已」，附加《詩》有齊、魯、韓三家，《五經》七博士之局面，增加爲《五經》十二博士；且其由天子下詔開會之模式，爲後世樹立典範。唯須注意，甘露元年召名儒於殿中議《公羊》、《穀梁》同異，與甘露三年詔諸儒講「五經」同異於石渠閣，二者並非一時之事；後人多以將二者混爲一說，並不恰當。〔註94〕前者因論《公羊》、《穀梁》同異而有，或許因此產生學者平議諸經之興趣，並依此產生論學之模式；後者乃論「五經」同異，非僅辯《公羊》、《穀梁》同異而已，二者容或有因果關係，然非一時之事，《漢書》具載，其理甚明。

　　若說東漢章帝詔開白虎觀經學會議，是「石渠閣會議」影響下之產物；則《白虎通》一書，便是漢代經學會議之具體成果。

第六節　《白虎通》與漢代經學

　　皮錫瑞稱東漢是經學極盛時代，〔註95〕東漢光武帝與明帝推波助瀾是爲主因。《後漢書·儒林傳》載：

> 昔王莽、更始之際，天下大亂，禮樂分崩，典文殘落。及光武中興，
> 愛好經術，未及下車，而先訪儒雅，採求闕文，補綴漏逸。先是四
> 方學士多懷挾圖書，遁逃林藪。自是莫不抱負墳策，雲會京師，范

〔註92〕同上註。
〔註93〕《漢書·宣帝紀》卷八，語見頁272。
〔註94〕例如章權才《兩漢經學史》即將此二事視爲同一。參考頁109，
〔註95〕《經學歷史》：「經學自漢元、成至後漢，爲極盛時代」，語見頁98。

升、陳元、鄭興、杜林、衛宏、劉昆、桓榮之徒，繼踵而集。於是
立《五經》博士，各以家法教授，《易》有施、孟、梁丘、京氏，《尚
書》歐陽、大小夏侯，《詩》齊、魯、韓，《禮》大小戴，《春秋》嚴、
顏，凡十四博士，太常差次總領焉。建武五年，乃修起太學，稽式
古典，籩豆干戚之容，備之於列，服方領習矩步者，委它乎其中。
中元元年，初建三雍。

明帝即位，親行其禮。天子始冠通天，衣日月，備法物之駕，盛清
道之儀，坐明堂而朝群后，登靈臺以望雲物，袒割辟雍之上，尊養
三老五更。饗射禮畢，帝正坐自講，諸儒執經問難於前，冠帶縉紳
之人，圜橋車而觀聽者蓋億萬計。其後復爲功臣子孫、四姓末屬別
立校，搜選高能以受其業，自期門羽林之士，悉令通《孝經》章句，
匈奴亦遣子入學。濟濟乎，洋洋乎，盛於永平矣。〔註96〕

光武帝喜好經學，所立「五經」十四博士皆西漢以來之今文學家，無疑鞏固
今文學在東漢初之地位；尤其是中元元年（A.D.56）「初建三雍」，即明堂、靈
臺、辟雍，並「宣布圖讖於天下」，強化經學與圖讖間之關繫。明帝則在光武
之後，行明堂辟雍之禮，冠通天冠，著古禮服，自講經書，並與諸儒相問難，
觀聽者以億萬計，盛況空前；自武帝「獨尊儒術」後，以天子名義倡導經學
並身體力行者，莫此爲甚。

前言章帝時，賈逵奏：「《左氏》義深於君父」、「《左氏》與圖讖合者」，
至光武皇帝時，會二家先師，不曉圖讖，故令中道而廢，「又《五經》家皆無
證圖讖明劉氏爲堯後者，而《左氏》獨有明文」，欲請章帝立《左氏春秋》。
以治《公羊》後拜爲博士之李育，作〈難《左氏》義〉四十一事，便指謫《左
氏》「多引圖讖，不據理體」。章帝善賈逵之說，雖未使《左氏》立於學官，
但仍詔逵入講北宮白虎觀及南宮雲臺。而李育與賈逵間之論難，至章帝於建
初四年（A.D.79），「詔諸儒會白虎觀議《五經》同異」後，李育以《公羊》議
難賈逵，所論皆有理據，號稱「通儒」，二人爭辯始獲暫時解決。

章帝所以詔開「白虎觀會議」，不僅只在解決李賈間古今文之爭；章句
之學引發學者反感才是主因。《後漢書》載楊終上疏章帝云：「宣帝博徵群儒，
論定《五經》於石渠閣。方今天下少事，學者得成其業，而章句之徒，破壞

〔註96〕 《後漢書‧儒林傳》卷七十九上，以上二段引文見頁 2545～2546。

大體。宜如石渠故事，永爲後世則」，〔註97〕《後漢書》又附言：「於是詔諸儒於白虎觀論考同異焉」，章帝是否回應楊終上疏所求而詔開此會，尚待考證；不過，楊終反對章句之徒破壞大體、嚮往石渠故事之態度，倒是可以適度反映當時學術流風。此外《後漢書》論魏應：「時會京師諸儒於白虎觀，講論《五經》同異，使應專掌難問，侍中淳于恭奏之，帝親臨稱制，如石渠故事」，〔註98〕可見「白虎觀會議」是延襲「石渠閣會議」而來，其目的欲解決由章句之學所衍生出之流弊，論「五經」同異，乃爲定諸多經說「歸於一是」。

建初四年《後漢書·章帝紀》載：

> 詔曰：「蓋三代導人，教學爲本。漢承暴秦，褒顯儒術，建立《五經》，爲置博士。其後學者精進，雖曰承師，亦別名家。孝宣皇帝以爲去聖久遠，學不厭博，故遂立大、小夏侯《尚書》，後又立京氏《易》。至建武中，復置顏氏、嚴氏《春秋》，大、小戴《禮》博士。此皆所以扶進微學，尊廣道藝也。中元元年詔書，《五經》章句煩多，議欲減省。至永平元年，長水校尉儵奏言，先帝大業，當以時施行。欲使諸儒共正經義，頗令學者得以自助。孔子曰：『學之不講，是吾憂也。』又曰：『博學而篤志，切問而近思，仁在其中矣。』於戲，其勉之哉！」於是下太常，將、大夫、博士、議郎、及諸生、諸儒會白虎觀，講議《五經》同異，使五官中郎將魏應承制問，侍中淳于恭奏，帝親稱制臨決，如孝宣甘露石渠故事，作白虎議奏。〔註99〕

章帝詔書中提及「中元元年（56）詔書」，是否指武帝「宣布圖讖於天下」一事，亦未可知；唯可以確定者，此會議之詔開，乃緣於當時章句「五經」者衆，思欲減省，同時可以方便學者自助，目的在效法西漢孝宣帝甘露三年之「石渠閣會議」，待樊儵奏言適時出現，水到自然渠成，便有「白虎觀會議」一事；而《白虎通》便是諸儒會白虎觀講議「五經」同異之結果。

《白虎通》在漢代經學發展之意義，誠如李威熊所言：「這種集思廣益的學術討論，一來可以反映當時的經學概況，二來可藉著彼此的切磋，以開拓學術

〔註97〕《後漢書·楊終列傳》卷四十八，語見頁1599。
〔註98〕《後漢書·儒林列傳》卷七十九下，語見頁2571。
〔註99〕《後漢書·章帝紀》卷三，語見頁138。

研究的視野。再者，這種客觀的討論方式，也是解決問題的好方法。所以這二次的經議，對後世的學術研究有很大的啓示」，〔註 100〕推究《白虎通》之以所產生，及其內在讖緯思想，從漢代經學發展歷程中，可以尋求部分線索；同時，亦可從漢代經學發展脈絡中，尋求有關《白虎通》讖緯思想之根柢。

　　從地域學派言，《漢書・儒林傳》所載：「穀梁子本魯學，公羊氏乃齊學也」，是史書上最早記載漢代學術有齊、魯學派之分；事實上，不僅《春秋》有齊、魯之分，「五經」亦皆有可說：《易》本齊人田何所傳，而魯人孟喜又傳孟氏學；《書》是濟南伏生所治，而魯人孔安國亦得而治之；齊《詩》本轅固生所傳，又有浮邱伯傳魯《詩》；《禮》本魯學，而齊人孟卿傳之最著；是謂漢代經學若不出於魯，則必出於齊可也。至於何謂魯學，又何爲齊學？胡適《中國中古思想史長編》稱：「魯學即儒學，齊學即黃老之學，又叫作道家」，周紹賢（A.D.1907～）《漢代哲學》亦指：「孔子收徒設教，以弘揚儒學，及至戰國，乃成一大學派，……是爲儒家，儒家之發祥地爲魯，亦可稱爲『魯學』」，〔註 101〕「道家之學，源於齊國，故黃老之學起自齊國，而由道家所衍出之陰陽家，亦起自齊國，由陰陽家所衍出之神仙家，亦起自齊國，故道家（黃老）、陰陽家、神仙家，其初之主要人物，皆爲齊人，此有史可考者，故曰齊學即道家之學」。〔註 102〕若以此論比對，則可以發現一個極爲有趣現象：漢代經學自武帝「不在六藝之科、孔子之術者皆絕其道」崇孔子而黜百家後，理應是以孔子爲首之魯學獨尊局面才是；然而觀當時「五經」之中，除《禮》以外，皆是傳自齊學，尤其以《公羊》爲首之齊學大興。此一矛盾癥結，溯至漢初，竇太后好道家黃老之言，遂罷逐趙綰、王臧，便是齊學專擅之時；至武帝立「五經」博士，乃是尊「六藝」，而非特尊儒術，錢穆《兩漢經學今古文平議》中言：「漢武罷斥百家，表章六藝，夫而後博士所掌，重爲古者王官之舊，所以隆稽古考文之美，此荀卿所謂法先王，然孟子博士遂見廢黜，亦不得遽謂之即是尊崇儒術也。蓋當時之尊六藝，乃以其爲古之王官而尊，非以其爲晚出之儒書而尊」，〔註 103〕得此一說明便可以理解，武帝以後，漢儒學術以孔子

〔註 100〕李威熊，《中國經學發展史論》，（臺北：文史哲出版社，民國 77 年 2 月初版），語見上冊，頁 138。

〔註 101〕周紹賢，《漢代哲學》，（臺北：臺灣中華書局，民國 72 年 2 月初版），語見頁 9。

〔註 102〕同上註。語見頁 11～12。

〔註 103〕《兩漢經學今古文平議》，語見頁 182。

為素王，獨立於百家之上，只是當時之「六藝」多傳於儒生罷了，故武帝雖立「五經」博士，魯學並未獨占博士學官，而齊學亦並未就此銷聲匿跡，相反，齊學延續初漢盛勢，與魯學較勁，甚至喧賓奪主，凌駕於魯學之上，躍居專攬博士學官地位。漢代經學便在魯、齊二學相迭起伏間開展。

論漢代魯、齊學與古今文之關係密切，而此二者之關係與特色，大抵言之：「魯學多古文家說，較為拘謹，頗守典章制度，如魯申公為《詩》訓詁，言之有據，疑者則付諸闕如；齊學則多今文家說，於經義多參雜陰陽讖緯，作自由之發揮，如論《詩》有五際六情，言《春秋》有三科九旨等」，〔註104〕當然，此一分判只是概括性質，不可依此遽然二分魯齊涇渭；不過，齊學影響漢代經學所及，特別是引入讖緯思想部分，《白虎通》中有關讖緯思想是最直接之證據。

錢穆言：「故漢之經學，自申公魯詩穀梁而外；惟高堂生傳禮亦魯學。其他如伏生尚書，如齊韓詩，如公羊春秋，及諸家言易，大抵皆出齊學，莫勿以陰陽災異推論時事，所謂通經致用是也」，〔註105〕如前所述，漢代經學，夏侯始昌傳齊《詩》，「始昌明於陰陽，先言柏梁臺災日，至期日果災」，〔註106〕可知夏侯始昌傳齊《詩》，卻以明陰陽、言災異聞名，而後傳至翼奉，「而奉惇學不仕，好律曆陰陽之占」；〔註107〕傳《書》大小夏侯，大夏侯「勝少孤，好學，從始昌受《尚書》、《洪範五行傳》，說災異」，〔註108〕再傳弟子李尋「獨好《洪範》災異，又學天文月令陰陽」；〔註109〕《易》有施、孟、梁丘、京四家，「喜好自稱譽，得《易》家候陰陽災變書，詐言師田生且死時枕喜，獨傳喜，諸儒以此耀之」，〔註110〕京房「以明災異得幸」，〔註111〕又「其說長於災變，分六十四卦，更直日用事，以風雨寒溫為候，各有占驗」；〔註112〕《禮》雖傳自魯學，王夢鷗（A.D.1906～）〈《禮記》思想體系試探〉則分析《禮記》言：「其他

〔註104〕《先秦齊學考》，林麗娥著，政治大學中文研究所博士論文，民國77年6月，語見頁587。
〔註105〕《兩漢經學今古文平議》，語見頁199～200。
〔註106〕《漢書‧兩夏侯傳》卷七十五，語見頁3154。
〔註107〕《漢書‧翼奉傳》卷七十五，語見頁3167。
〔註108〕《漢書‧兩夏侯傳》卷七十五，語見頁3155。
〔註109〕《漢書‧李尋傳》卷七十五，語見頁3179。
〔註110〕《漢書‧儒林傳》卷八十八，語見頁3599。
〔註111〕同上註。語見頁3601。
〔註112〕《漢書‧京房傳》卷七十五，語見頁3160。

解釋，見於緯書以及《白虎通·婚嫁篇》者，無不以天時陰陽爲昏禮之重要意
義」，《春秋》公羊家董仲舒「以《春秋》災異之變推陰陽所以錯行，故求雨，
閉諸陽，縱諸陰，其止雨反是；行之一國，未嘗不得所欲」，〔註 113〕其〈賢良
對策〉中言：「《春秋》之中，視前世已行之事，以觀天人相與之際，甚可畏也。
國家將有失道之敗，而天乃先出災害以譴告之，不知自省，又出怪異以警懼之，
尚不知變，而傷敗乃至」，〔註 114〕諸如此類，皆是漢世經學，尤其是立於學官
之傳經學者，其說莫不以齊學中之陰陽五行爲據，故韓養民稱：「東漢時齊學派
仍然占據優勢，齊學的特點，不僅僅是傳經者多爲齊人，而且往往以陰陽五行
災異之說附合經義，多怪誕之談。所以齊學實際上就是今文學派」，〔註 115〕而
殷善培更直接指出：「讖緯思維就是齊學思維」。〔註 116〕王成章《漢代齊魯之學
研究》中，分析齊學對漢代經學之影響言：

> 齊學於《易》，即衍爲災祥變異、飛伏遁甲之《易》，於《書》與《春
> 秋》，即衍爲孔子爲素王改制，再衍爲董仲舒等人陰陽五行、玉杯繁
> 露之《春秋》，再進而有《詩緯》、《書緯》、《易緯》、如〈乾鑿度〉
> 〈是類謀〉之學，又再進而至宣、元以後，東漢之初，而盛圖讖之
> 學，而陰陽五行之學，且籠罩於一切學術之上。

如果說齊學影響漢代經學最爲深遠是陰陽五行與災祥變異者，則可以更進一
步稱：齊學中影響漢代經學陰陽五行與災祥變異者，是以齊人鄒衍爲首之齊
學中之陰陽學派。〔註 117〕陳槃堅持以爲讖緯思想之起源於「鄒衍及其燕齊海
上之方士」，其著眼點亦在於此，只是齊學中固然有陰陽災異之思想成分，卻
無法完全涵蓋讖緯思想，前已論及，不再贅述。

　　陰陽災異與讖緯在思想本質上有其淵源，李威熊稱：「兩漢讖緯也可以
說是陰陽五行學說的另一種表現方式」，〔註 118〕徐平章則分：「蓋西漢儒學

〔註 113〕《漢書·董仲舒傳》，語見頁 2524。
〔註 114〕同上註。語見頁 2498
〔註 115〕《秦漢文化史》，語見頁 34。
〔註 116〕殷善培言：「……與今文經學關係密切的諸緯，更確切地應當說是與今文經學
　　　　之齊學關係密切，春秋緯……，伏生爲齊學除禮制改革興於地域學風已泯的
　　　　西漢中期以後，所以禮緯地域特色不顯外，其他均與齊學有關，所以可以説
　　　　讖緯思維就是齊學思維」。《讖緯思想研究》，語見頁 129。
〔註 117〕《先秦齊學考》分先秦齊學之主要學派有：黃老、法家、陰陽、縱橫、兵家、
　　　　應用等六學派。而陰陽學派則以鄒衍、管子爲首。
〔註 118〕《中國經學發展史論》，語見頁 146。

言災異多據春秋，尙書而混於方士陰陽五行之說；東漢言災異則多本讖緯。二者固因時代相異致生逕庭，然仍有共通之處，即皆欲達通經致用之效也」，〔註119〕漢代經學之發展，導引齊學中之陰陽五行學說興盛，再緣於陰陽五行說影響當時一切學術，致使本以論經書同異之《白虎通》，讖緯思想瀰漫於其中。

　　《隋書・經籍志》謂「七經緯」，其內容實是讖緯學說之綱要，而「七經緯」之名，且又與漢代之經學發展關係密切。緯書之起，源於儒家經書，儒家經書之興，又得力於博士學官之設立；然而章帝爲褒顯儒術所設之《五經》博士，無論是博士學官之頭銜，或者是經書之總稱，皆只有「五經」之名，並無「七經」之說，且《白虎通・五經》亦稱：「五經何？謂：《易》、《尚書》、《詩》、《禮》、《春秋》也」，故「七經緯」之名縱使是源自儒家經書，然與當時情況不符。究其原由，乃是當時只有「五經」之名，卻有「七經」之實之故。《白虎通・五經》曰：

> 孔子所以定五經者何？以爲孔子居周之末世，王道陵遲，禮樂廢壞，強陵弱，眾暴寡，天子不敢誅，方伯不敢伐，閔道德之不行，故周流應聘，冀行其道德，自衛反魯，自知不用，故追定五經，以行其道。（卷九〈五經〉528）

《白虎通》既從今文學家見解，以爲《易》、《書》、《詩》、《禮》、《春秋》乃孔子所定，故稱此五書爲「五經」；而《孝經》是聖人所作，故亦得稱「經」。其曰：

> 已作春秋，復作孝經何？於孝經何？夫孝者，自天子下至庶人，上下通孝經者。（卷九〈五經〉529）

《孝經・援神契》云：「天子孝曰就，諸侯孝曰度，卿大夫孝曰譽，士孝曰究，庶人孝曰畜」，〔註120〕《孝經》者乃「孔子爲曾子陳孝道也」，〔註121〕所以明天子至於庶人之孝，是其上下通也。邢昺校定《孝經》序亦言：「夫孝經者，孔子之所述作也。……故孝經緯曰：孔子云『欲觀我褒貶諸侯之志在春秋，崇人倫之行在孝經』。是知孝經雖居六籍之外，乃與春秋爲表矣」，〔註122〕《孝

〔註119〕徐平章，《荀子與兩漢儒學》，（臺北：文津出版社，民國77年2月出版），語見頁93。

〔註120〕《緯書集成》，語見頁1505。

〔註121〕《漢書・藝文志》卷三十，語見頁1719。

〔註122〕《十三經注疏・孝經》，語見頁3。

經》乃聖人所，雖不在六籍之中，亦得視爲經常之典。至於《論語》雖非聖人所作，然由聖人弟子所載，亦得視同聖人之語。《白虎通》曰：

> 夫制作禮樂仁之本，聖人道德已備，弟子所以復記論語何？見夫子遭事異變，出之號令足法。（卷九〈五經〉530）

《漢書·藝文志》曰：「《論語》者，孔子應答弟子時人及弟子相與言而接聞於夫子之語也」，〔註123〕故《論語》乃述聖人之語，由仲弓、子游、子夏等弟子所撰，亦得視同聖人之作。《白虎通》既明「五經」，又繼之以《孝經》《論語》於後，顯示對後兩者之尊崇，其地位當爲「五經」之驥尾。漢儒將經典視爲孔子所作，亦可說明在今文學普遍影響下，仍保持「神聖性作者觀」；〔註124〕因此，孔子成爲眞理源頭之神聖性作者，而其經書——特別是《春秋》則成爲爲漢制法之經典，漢代經學便在今文學家之鼓催下，加重其神聖性與預言性，其後讖緯學說並引兩書而成「七經緯」，實又是漢儒將經學讖緯化之一明證。

《白虎通》並引《禮·經解》曰：

> 溫柔寬厚，《詩》教也；疏通知遠，《書》教也；廣博易良，《樂》教也；潔靜精微，《易》教也；恭儉莊敬，《禮》教也；屬詞比事，《春秋》教也。（卷九〈五經〉532）

《白虎通》稱此謂之「五經之教」。此中又出現另一問題，前言「五經」是《易》、《書》、《詩》、《禮》、《春秋》；繼之又引《禮·經解》言《易》、《書》、《詩》、《樂》、《禮》、《春秋》等「六經」疏解爲「五經之教」，書中明顯前後不一。此乃因爲《樂經》在當時已經失傳，而漢代所立「五經」博士亦無《樂經》，《漢書》載《樂經》乃在王莽時奏立；揚雄作〈劇秦美新〉亦有「制成六經」之語，〔註125〕蔡邕作〈郭有道碑文〉亦云：「遂考覽六經，探綜圖緯」，〔註126〕李善注：「六

〔註123〕《漢書·藝文志》卷三十，語見頁 1717。

〔註124〕所謂「神聖性作者觀」，係出於龔鵬程《文化符號學》一書，其意指中國上古《詩》《書》時代之文藝觀念，認爲「不但創作者是神聖的，其作品也有神聖性。人必須接受這一眞理的讖言，並設法去理解它、實現它」，書中並論及漢儒解經之學術性格，言：「在今文經學的普遍影響下，漢儒解經，仍保持神聖性作者觀，自居於述者的地位。但將經典視爲孔子這一位作者所作的態度，亦已畀予作品一所有權的觀念。這一觀念，運用到六經以外的作品上者，便很自然地也把那些作品視爲某一賢聖所作」，語見頁 27。

〔註125〕《文選》卷四十八，語見頁 681。

〔註126〕《文選》卷五十八，語見頁 801。

經，五經及樂經也。圖，河圖也。緯，六經及孝經皆有緯也」，〔註127〕故所謂
「五經」乃指《易》、《書》、《詩》、《禮》、《春秋》，加上《樂經》則成「六經」，
《白虎通》所以如此，並非有意製造矛盾，只爲兼存兩說，以達到大會共正經
義，「罔羅遺失，兼而存之」之要求。

　　事實上，漢世魯、齊二學無論是傳經、治經，乃至於注解經書，雖互有
爭執，但從另一角度觀察，亦未嘗不可將此一爭執視爲一種溝通與融和之過
程。如果說漢代魯學以古文爲重，齊學以今文爲代表，則東漢章帝出面詔開
之「白虎觀會議」，其目的便是爲調和此二種學派間之紛爭；若說「白虎觀會
議」標榜建立「五經」博士，乃爲褒顯儒術，是正面爲保存魯學而努力，則
《白虎通》中容有讖緯思想，便是扶進微學、尊廣道藝，使齊學中之讖緯思
想正式進入經學殿堂。換言之，無論是以魯、齊學派所引發之學術風氣不同、
或者是因今古文字不同所產生之疑義、或者是因博士學官所帶來之權利爭
奪，詔開經學會議，便有「罔羅遺失，兼而存之」整合學派疑義與兼容並蓄
之目的。夏長樸《兩漢儒學研究》言：

> 　　根據清人陳立的《白虎通疏證》的分目，可以發現《白虎通》一書的
> 一些特殊意義：（一）這部書達到了宣帝以來統一經說的目的。自武
> 帝立五經博士後，經說的分歧造成了學術上的許多問題，在這部書
> 中，至少把今文家的經說統一了，可以說這部書是兩漢今文經說的結
> 晶。（二）就政治及社會的眼光而言，《白虎通》是漢代經說架構起來
> 的一部具有法典性質的著作。……從這些大綱及分目（參疏證細目）
> 看來，上自天文，下至地理；陰陽五行災異，及政治社會的制度，教
> 育學術的定規，鉅細靡遺，無所不包，是一部粗具規模的組織法，也
> 是自天子以至於庶人，立身行世的根本。就這一點而言，這部書的出
> 現，象徵著漢帝國成立以來，定思想於一尊的目標實現。〔註128〕

由此一觀點而言，《白虎通》之作用具有多重性：不僅可以擺平因爲博士官所
引發之爭奪，同時可以將不同思想融於一爐，更可以爲執政者設計一套眾所
公認之法典。如此，則《白虎通》本是爲講論「五經」同異之經學會議紀錄，
文中卻夾帶讖緯思想之始末，亦可做如是觀。故莊述祖感歎《白虎通》是「傳

〔註127〕同上註。
〔註128〕夏長樸，《兩漢儒學研究》，（臺北：臺灣大學文史叢刊之四十八，民國67年
　　　　2月初版），語見頁36。

以讖記，援緯證經，自光武以赤伏符即位，其後靈台郊祀，皆以讖決之，風尚所趨然也。故是書論郊祀、社稷、靈台、明堂、封禪，悉隱括緯候，兼綜圖書，附世主之好，以緄道真，違失六藝之本」。〔註129〕

　　《白虎通》讖緯思想受漢代經學之影響，及其兩者間之緊密關係，亦可由文本統計中，顯示其意義。就《白虎通》中引用經書與讖緯次數而言，侯外廬在《中國思想通史》卷二稱：「如果把《白虎通義》的文句和散引於各書中的讖緯文句對照，各篇都是一樣的，百分之九十的內容出於讖緯」，〔註130〕黃復山反駁侯外廬之言並非實情，並依輔大研究生周志煌之估算統計得引經凡五二五條、引緯三十九條；〔註131〕鍾肇鵬《讖緯論略》則保守估算《白虎通》明顯稱引讖緯者達二十餘處；〔註132〕唐兆君《《白虎通》禮制思想研究》則統計《白虎通》中徵引緯之次數計有三十處；〔註133〕綜合各家所計，無一相同，或許各家所引判別條例不一所致。依本文所得，《白虎通》引讖緯處計有三十一條，與唐兆君所計數量相近。（不含〈王度記〉四則）〔註134〕為徵公信，列表如下：

《白虎通》引讖緯條文：

卷　數	篇　名	引讖緯篇名	引　　　文
卷　一	〈爵〉	援神契曰	天覆地載，謂之天子，上法斗極。（P6）
		鉤命決曰	天子爵稱也。（P6）
		中侯曰	天子臣放勛。（P8）
		含文嘉曰	殷爵三等，周爵五等，各有宜也。（P11）
		中侯曰	廢考，立發為太子。（P39）
卷　二	〈號〉	鉤命決曰	三皇步，五帝趨；三王馳，五伯鶩。（P56）
卷　三	〈社稷〉	援神契曰	仲春祈穀，仲秋獲禾，報社祭稷。（P100）
卷　四	〈五行〉	元命苞曰	土無位而道在，故大一不與化，人主不任部職。（P201）
卷　五	〈誅伐〉	孝經讖曰	夏至陰氣始動，冬至陽氣始萌。（P260）
		春秋讖曰	戰者延改也。（P265）

〔註129〕《珍藝宦文鈔》卷五〈白虎通義考序〉，莊述祖著。
〔註130〕侯外廬，《中國思想通史》，北京人民出版社，語見第二卷，頁229。
〔註131〕〈「讖」「緯」異名同實考辨〉，參考頁93～94。
〔註132〕《讖緯論略》，參考該書頁150。
〔註133〕《《白虎通》禮制思想研究》，參考頁32。
〔註134〕《四庫全書總目》論《白虎通》曰：「又有〈王度記〉、〈三正記〉、〈別名記〉、〈親屬記〉，則《禮》之逸篇」，語見頁2355。

卷　五	〈諫諍〉	援神契曰	三諫待放，復三年，盡惓惓也。所以言放者，臣爲君諱，若言有罪，放之也；所諫事已行者，遂去不留；凡待放者，冀君用其言耳；事已行，災咎將至，無爲留之。（P272）
	〈鄉射〉	含文嘉曰	天子射熊，諸侯射麋，大夫射虎豹，士射鹿豕。（P288）
卷　六	〈辟雍〉	論語讖曰	五帝立師，三王制之。（P303）
	〈災變〉	援神契曰	行有點缺，氣逆干天，情感變出，以戒人也。（P318）
		春秋潛潭巴曰	災之言傷也，隨事而誅；異之言怪也，先發感動之也。（P319）
		樂稽耀嘉曰	禹將受位，天意大變，迅風靡木，雷雨晝冥。（P320）
卷　七	〈攷黜〉	樂稽耀嘉曰	顏回向三教，變虞夏何如？曰：教者所以追補敗政、靡弊、滴濁，謂之治也。舜之承堯，無爲易也。（P438）
卷　八	〈三綱六紀〉	含文嘉曰	君爲臣綱，父爲子綱，夫爲妻綱。又曰：敬諸父兄，六紀道行，諸舅有義，族人有序，昆弟有親，師長有尊，朋友有舊。（P442）
	〈性情〉	鉤命決曰	情生于陰，欲以時念也；性生于陽，以就理也。陽氣者仁，陰氣者貪，故情有利欲，性有仁也。（P451）
		樂動聲儀曰	官有六府，人有五藏。（P453）
		元命苞曰	目者肝之使，肝者木之精，蒼龍之位也。鼻者肺之使，肺者金之精，制割立斷。耳者心之候，心者火之精，上爲張星。陰者腎之寫，腎者水之精，上爲虛尾。口者脾之門戶，脾者土之精，上爲北斗，主變化者也。（P457）
		刑德放曰	堯知命表稷契賜姓子姬，皋陶典刑不表姓，言天任德遠刑。（P481）
卷　九	〈天地〉	乾鑿度云	太初者，氣之始也；太始者，形之始也；太素者，質之始也。（陽唱陰和，男行女隨也。）（P501）
	〈日月〉	含文嘉曰	計日月右行也。（P503）
		刑德放曰	日月東行。（P503）
		感精符曰	三綱之義，日爲君，月爲臣也。（P504）
		援神契曰	月三日而成魄，三月而成時。（P505）
		讖曰	閏者，陽之餘。（P509）
卷十一	〈崩薨〉	禮稽命徵曰	天子舟車殯。（P651）
		含文嘉曰	天子墳高三仞，樹以松；諸侯半之，樹以柏；大夫八尺，樹以欒；士四尺，樹以槐；庶人無墳，樹以楊柳。（P661）
卷十二	〈郊祀〉	易乾鑿度云	三王之郊一，用夏正也。（P663）

註一：本表所列：卷數、篇名（含緯書篇名）、引文，均悉採陳立《白虎通疏證》。引
　　　文後所附頁數，悉採廣文書局版本。
註二：〈王度記〉各緯書均未列，《四庫全書‧總目》稱乃禮之逸篇；查《三禮》亦未
　　　列。

　　若本文所列無誤，《白虎通》所引讖緯有三十一則如上。鍾肇鵬說有二十
餘處比較準確，而侯外廬所言《白虎通》「百分之九十內容爲讖緯」，的確屬
誇大之辭，其說無法成立；然而以侯氏之造詣，按理不應有如此明顯誤差。
查《白虎通》中所引而未標書名出處者，至少亦有上百則引文與讖緯有關，
只是《白虎通》未明讖緯出處而已，若由此一角度看，則侯氏之言可以得到
理解；不過，理解是一事，證據是一事，誠如黃復山反駁侯氏所言：「若謂《白
虎通》實多引讖說而不名，故經讖差距當不如若是之大；則吾人亦可依同理
駁曰：未引書名之解經說辭，當爲傳統習見者，適足可視爲漢代經學章句之
通識也」，〔註135〕以黃氏之言，則可以再進一言：由漢代解經說辭中混雜著經
學與讖緯不分之情況言，東漢讖緯之學確實可以與經學相提並論；至若光武
帝「宣布圖讖於天下」，章句之學繁冗而遭減定，博士們「倚席不講」，無形
中升高讖緯之地位；又帝王所重讖緯爲「內學」，經學反倒成「外學」；彼此
消長表現於《白虎通》中，除有明言引某某處外，凡所引或出於經書、或出
於讖緯，皆有可說，由此亦可見讖緯於東漢時之學術，足以與經學並駕齊驅，
甚至經緯不分，因此，崔述《考信錄》言：「漢自成、哀以後，讖緯之學方盛，
說經之儒多采以註經。……大抵漢儒之說，本於七緯者不下三之一」，〔註136〕
此亦說明讖緯學說對東漢經學發展上之影響。

　　就文本中引用經書與讖緯之先後秩序而言，鍾肇鵬稱：「在《白虎通義》
引證經典，凡有經有緯的，往往是先引讖緯，後引經書」，〔註137〕事實卻未必
全然如此。考《白虎通》對一問題之釋述，有引讖緯而無經書者；如卷一〈爵〉：

　　　爵所以稱天子何？王者，父天母地，爲天之子也。故〈援神契〉曰：
　　　天覆地載，謂之天子，上法斗極。〈鉤命決〉曰：天子爵稱也。（卷
　　　一〈爵〉6）

或有引經書而未引讖緯，此例甚多；如卷一〈爵〉：

　　　王者太子亦稱士何？舉從下升，以爲人無生得貴者，莫不由士起。

〔註135〕〈「讖」「緯」異名同實考辨〉，語見頁93。
〔註136〕《考信錄》，（臺北：世界書局），語見〈考信錄提要〉，頁10。
〔註137〕《讖緯論略》，語見頁151。

是以舜時稱爲天子，必先試于士。《禮・士冠經》：曰：天子之元子，
士也。((卷一〈爵〉28)

若對同一問題，凡同時有引讖緯與經書者，先引緯後續經者，有：

何以知帝亦稱天子？以法天下也。〈中候〉曰：天子臣放勳。《書》
亡逸篇曰：厥兆天子爵。(卷一〈爵〉8)

爵有五等，……〈含文嘉〉曰：殷爵三等，周爵五等，各有宜也。〈王
制〉曰：王者之制，祿爵凡五等，謂公、侯、伯、子、男也。此據
周制也。《春秋傳》曰：……(卷一〈爵〉10)

冬至所以休兵不舉事，閉關，商旅不行何？……故〈孝經讖〉曰：
夏至陰氣始動，冬至陽氣始萌。《易》曰：先王以至日閉關，商旅不
行。(卷五〈誅伐〉259)

諸侯之臣，諍不從得去何？以屈尊申卑，孤惡君也。……〈援神契〉
曰：三諫待放，復三年，盡惓惓也。……《易》曰：介如石，不終
日，貞吉。《論語》曰：三日不朝，孔子行。(卷五〈諫諍〉270)

〈含文嘉〉曰：天子射熊，諸侯射麋，大夫射虎豹，士射鹿豕。……
故《禮》射祝曰：嗟爾不寧侯，爾不朝于王所，故亢而射爾。(卷五
〈鄉射〉288)

計有五例；而先引經後續緯者，有：

或曰：天子之子稱太子。《尚書傳》曰：太子發升王舟。〈中候〉曰：
廢考，立發爲太子。(卷一〈爵〉39)

戰者何謂也？《尚書大傳》曰：戰者，憚警之也。〈春秋讖〉曰：戰
者，延改也。(卷五〈誅伐〉265)

古者所以年十五入學何？……故〈曲禮〉曰：十年曰幼學。《論語》
曰：吾十有五而志於學，三十而立。……〈論語讖〉曰：五帝立師，
三王制之。(卷六〈辟雍〉302)

封樹者，可以爲識。故〈檀弓〉曰：古也墓而不墳，今邱也。……
〈含文嘉〉曰：天子墳高三仞，……(卷十一〈崩薨〉661)

計有四例。由此可知，《白虎通》凡有引讖緯與經書部分，或有以讖緯先，或
有以經書先，兩種秩序分配頗爲平均。以讖緯與經書在數量之比例看，讖緯
並未因數量少而遭忽略，且在有限少數佔一席之地，更顯示出《白虎通》中

之讖緯思想之地位。

　　錢穆言：「漢人通經本以致用，所謂以儒術緣飾吏治，而其議論則率本於陰陽及春秋」，〔註138〕《白虎通》一書中，適可以證成錢氏之見解。《白虎通》率皆本於《春秋》，而其體例，尤以《公羊》為標準。《公羊》全書率多以問答形式推演，例如：《春秋》魯隱公元年載「春王正月」四字，〔註139〕「春王正月」是前提，而《公羊》所論，旨在闡發《春秋》中所蘊含之「微言大義」則為其傳注。《公羊》以即問即答方式論述《春秋》，固然是由於其書傳注性質所決定，然其發凡起例，乃為《白虎通》所沿用。例如：

　　　　天子者，爵稱也。爵所以稱天子何？王者，父天母地，為天之子也。

　　　　故〈援神契〉曰：天覆地載，謂之天子，上法斗極。〈鉤命決〉曰：

　　　　天子爵稱也。（卷一〈爵〉5～10）

所謂「天子者，爵稱也」是前提，其後則以問答形式論證此一前提，問答內容或是參引經書，或是援用讖緯，無非為闡發此一前提而來，因此，《白虎通》之文本可以簡略劃分為三個部分：前提、論證與結論。《白虎通》之由來即是緣於「講論五經同異」，其目的則在統一經說，故其前提部分是定於一說之結果，因此，其前提部分亦可視為「結論」，而最後結論部分，或引經書，或引讖緯，無非是在重申此一前提具有傳統性與神聖性；然而其引用經緯之結論，似又成為前面結論部分之前提。如所舉上例，「天子者，爵稱也」既是前提，同時也是結論；而後引〈援神契〉、〈鉤命決〉亦旨在重申此一前提具有經書緯文之證成，說明此一前提具有「真理」價值。而介於前提與結論中間之論證形式，「爵所以稱天子何？王者，父天母地，為天之子也」，即是論證此一前提與結論之必然性說明；因此，由其問答形式之論證過程中，最能表現出《白虎通》之內在思想理路。《白虎通》盡其可能闡述當時所有名物制度，以為人文制度之典範，其中大量取用「自問自答」行文方式，成為《白虎通》一書之「訓義」公式；〔註140〕羅肇錦說《白虎通》為當時制度名號做不同解

〔註138〕《兩漢經學今古文平議》，語見頁 200。

〔註139〕《十三經注疏・公羊傳》：「元年者何？君之始年也。春者何？歲之始也。王者孰謂？謂文王也。曷為先言王而後言正月？王正月也。何言乎王正月？大一統也。公何以不言即位」，語見頁 8～10。

〔註140〕羅肇錦，〈讖緯思想與訓詁符號──以白虎通為例〉稱：「在『理則學』上，一般『定義』的寫法是用『謂詞』（predicate）去規定事物的特徵，並劃定其類界，也就是說確定一個概念的內涵，使其意義能簡單的明確的表達出來。但《白虎通》的訓詁符號，通常只是『語義的定義』，而沒有寫出『實質的定

釋，全書係採用「緯書」之符號系統，〔註141〕其特徵有六項：用「訓義」不用「定義」、用「偶然」不用「必然」、重「實用」不重「眞理」、重「象徵」不重「標誌」、聲訓的比附、迷信的神話等。〔註142〕而在《白虎通》所引經書或者讖緯以爲定奪，兩者在作用與價值上乃不分軒輊，更見讖緯思想在《白虎通》之地位，實與儒家經籍不相上下。《白虎通》與《公羊》相仿，全書絕大部分以此問答形式論述，顯見《白虎通》全書精神乃在追隨《春秋公羊》；而《白虎通》在形式上仿傚《公羊》又透露出另一項用意，即《春秋》之經文乃是《公羊》之前提，故有經典之地位，而《白虎通》引用經書讖緯答問前提，則無異是將所論之前提，視同經典，其文具有顛撲不破之價值，其神聖性近似聖人經典，無怪乎有人視《白虎通》是東漢之國憲。正因爲《白虎通》具有國憲作用，而其吏治作用又必以《春秋》爲鵠的，《白虎通》所以引述讖緯思想，其目的仍是著眼於政治之考量。

除此之外，《白虎通》雖是講論「五經」同異，卻不以「五經」爲最高指導原則，反而是將儒家「五經」納入陰陽五行之中，使「五經」陰陽五行化，進而成爲接引讖緯思想之橋樑，此亦是齊學中之今文家傑作。《白虎通》曰：

> 經所以有五何？經，常也，有五常之道，故曰五經。《樂》仁，《書》義，《禮》禮，《易》智，《詩》信也。人有五性懷五常，不能自成，是以聖人象天五常之道而明之，以教人成其德也。（卷九〈五經〉531）

因人有「五常」之性，謂仁、義、禮、智、信，故「五經」之所以有五，乃是聖人象天，明五常之道，以五經教人成德，故「五經」所以有五，非是偶然之數，而是聖人體察天道而來。《白虎通》不唯將「五經」納入陰陽五行系統，甚且企圖以陰陽五行籠罩天地萬物，此便是經學陰陽五行化之結果。

從漢代經學發展之脈絡觀察，《白虎通》是漢代經學發展下之產物，而《白虎通》讖緯思想，則是漢代經學思想演化過程中之變形；無論就形式與內容，《白虎通》讖緯思想乃是漢代經學思想不可分割之一部分。漢代經學

義』，或者勉強屬於『實質定義』卻不周延，結果弄得繁瑣不明，這種訓詁符號的法則，頂多只能算爲『訓義』，不能稱爲『定義』」。臺北師院學報，第三期，民國79年6月，語見頁98。
〔註141〕〈讖緯思想與訓詁符號——以白虎通爲例〉：「《白虎通》基本上是採用『緯書』的符號系統，來替當時的制度名號做不同的解釋，而且喜歡把解釋符號與宇宙、政治、社會、道德緊緊的結合在一起，以期達到帝王一統的目標」，語見頁97。
〔註142〕同上註，請參考頁97～104。

不僅促成《白虎通》，同時亦提供《白虎通》讖緯思想形成與發展之場域，而《白虎通》讖緯思想所蘊含之陰陽五行與天人感應等先秦齊學思想，亦是漢代經今文學家之精心構設。以下便從陰陽五行、天人感應、政治一統與自然科學等面向，尋求《白虎通》讖緯思想之理論。

第四章　陰陽五行學說之流衍

　　梁啓超（A.D.1873～1929）在〈陰陽五行說之來歷〉一文中，開宗明義宣示：「陰陽五行說，爲二千年來迷信之大本營」，〔註1〕李漢三《先秦兩漢之陰陽五行學說》一書中則言：「兩漢經學，無論今文學派，或古文學派，無一不受陰陽五行說的影響」，〔註2〕屈萬里爲李書作序稱：「二千多年以來，我國的政治、學術，乃至於民間習俗，幾乎都受到了陰陽五行之說的影響。受影響最重的，雖然莫過於漢代；但到了二十世紀科學昌明的今天，我國民間的許多習俗，依然還受著它的支配。其勢力之大，幾乎可以和儒家的學說，分庭抗禮」。〔註3〕誠如上以三位所言，陰陽五行學說影響中國文化至爲深遠，特別是漢代之政治、學術，以及其它各種文化活動，較其他朝代所受影響尤其嚴重；故本章以陰陽五行學說爲觀察對象，探討陰陽五行學說在漢代時之面貌，進而分析陰陽五行學說對《白虎通》讖緯思想之影響。本章論述首先釋名「陰陽」、「五行」，以及兩者合流而爲「陰陽五行學說」之淵源，次以演繹漢代陰陽五行學說之理論架構，最後以此理論比較《白虎通》中所引讖緯條文之陰陽五行成分，以明《白虎通》讖緯思想中陰陽五行說之特質。

第一節　釋陰陽

　　「陰」、「陽」二字本義，《說文》曰：

〔註1〕梁啓超，〈陰陽五行說之來歷〉，收錄於顧頡剛所編之《古史辨》第五冊，（上海：上海書局民國叢書第四編，據樸社 1935 年版影印），語見頁 343。

〔註2〕李漢三，《先秦兩漢之陰陽五行學說》，（臺北：維新書局，民國 70 年 4 月再版），語見頁 343。

〔註3〕同上註，語見頁 1。

陰，闇也；水之南，山之北也；從𨸏会聲。

黔，雲覆日也；從雲今聲。会，古文黔省。

陽，高明也；從𨸏昜聲。

昜，開也；從日，一，勿。一曰飛揚；一曰長也；一曰彊眾貌。

「陰」「陽」皆形聲字。據梁啓超〈陰陽五行說之來歷〉所考，「陰」字本義為雲覆日，引申為凡覆蔽之義。覆蔽必闇，又引申為闇義。背日之地必闇，城市多倚北向日，又引伸為背、裡、北方之義。「陽」字本義則是日出之義，日出地上而建旗，氣象發揚。後引申為以表日之光彩，故稱日稱太陽。日出則暖，又引申為和暖之氣為陽氣。向日乃見陽光，故又引申為正面、表面、或南方之義。徐復觀在此更進一步解：「『陰陽』二字，是由会昜二字孳乳出來的。雖然陰陽二字行而会昜二字廢。但以一切有關陰陽觀的演變，都是與日光有密切關的会昜二字之原義引申演變而出，大概是沒有問題的」。〔註4〕在《詩經》中，「陰」、「陽」二字大多分開使用，皆就表示天氣狀況；只有在〈大雅・公劉〉「相只陰陽」，亦只是指山之北與山之南，亦皆表現出「陰」、「陽」二字之本義，或者引申義而已；即使在《春秋》中，仍然沿用「陰」、「陽」之本字本義，或者引申義。〔註5〕

周紹賢在《漢代哲學》書中指出：「陰陽二字，本為解釋事物之代名詞，如男為陽，女為陰、日為陽，月為陰，晝為陽、夜為陰，前為陽，後為陰，煖為陽，冷為陰，剛為陽，柔為陰，整箇宇宙，可以陰陽二字括之」，〔註6〕以「陰陽」二字概括整個宇宙一切相對待之事物，此乃理上之可能；不過，如此概括能力到什麼時候發展完成，甚至成為一種學說，則必須有所說明。周氏以為：「陰陽本為事物相對之名詞，高下、顯隱、強弱、有無、事物相對，在草昧時期，人類即有此感覺，由感覺而生理想，……此自原始人類，即有

〔註4〕《中國人性論史》，語見該書「附錄二：陰陽五行及其有關文獻的研究」，頁511。

〔註5〕《中國人性論史》，徐復觀就《詩經》與《春秋》中使用「陰」、「陽」時，進一步指出：「《詩經》時代，雖已進一步以氣候言陰陽，但陰陽僅表示氣候變化中的一種現象，或氣候所給予於人的感覺，如寒暖之類，其本身依然不是一種獨立的實物的存在。《春秋》時代，則演變而為天所發生的六種氣體中的兩種氣體，則其本身已成為實物性的存在。因此，它便開始發生更多的作用、影響」，語見頁514。

〔註6〕周紹賢，《漢代哲學》，（臺北：臺灣中華書局，民國72年2月初版），語見頁39。

此感覺，有此理想，由簡單之觀感而進入複雜之觀感，由淺近之理想而進入幽深之理想。及至黃帝時，陰陽已成為說理之名詞」，〔註 7〕觀周氏之言，純然一派主觀理想。雖然周氏是據《史記・歷書》所謂「黃帝考定星歷，建立五行，起消息，正閏餘」之言，然徐復觀則早已推翻此一傅會之說；〔註 8〕如果論述所有學說之起源皆可依主觀理想推論，則任何一種學說無一不可推溯至黃帝時代，甚至人類草昧時期，據此所得結論，無甚意義。

「陰陽」二字連屬成一辭，表示無形無象之兩種對待之性質者，據李漢三研究所得，古籍中有關陰陽說者，《詩》、《書》、《易》、《春秋》、《儀禮》、《論語》、《墨經》、《孟子》、《孫子》、《吳子》、《司馬法》等皆無；至易傳〈十翼〉始以「陰陽」說《易》，故陰陽說發端於戰國中期之末。〔註 9〕李氏考證所以得此結論，乃緣於對「陰陽」一辭之界定有其見解，只是尚未明言而已。若就李氏所得，考《易傳》傳文，〈彖傳〉：

　　　　內陽而外陰，內健而外順。(〈彖傳・泰卦〉)

　　　　內陰而外陽，內柔而外剛。(〈彖傳・否卦〉)

〈象傳〉：

　　　　潛龍勿用，陽在下也。(〈象傳・乾初九〉)

　　　　履霜堅冰，陰始凝也。(〈象傳・坤初六〉)

〈文言傳〉：

　　　　潛龍勿用，陽氣潛藏。(〈文言傳・乾〉)

　　　　陰雖有美含之，以從王事，弗敢成也；地道也，妻道也，臣道也，

　　　　地道无成而代有終也。(〈文言傳・乾〉)

〈繫辭傳〉：

　　　　一陰一陽之謂道。(〈繫辭傳・上〉)

　　　　陰陽不測之謂神。(〈繫辭傳・上〉)

　　　　陰陽之義配日月。(〈繫辭傳・上〉)

　　　　陽卦多陰，陰卦多陽；其故何也？陽卦奇，陰卦耦。其德行何也？

　　　　陽一君而二民，君子之道也；陰二君而一民，小人之道也。(〈繫辭

〔註 7〕　《漢代哲學》，語見頁 39。

〔註 8〕　《中國人性論史》，參考其書附錄二，頁 518。

〔註 9〕　《先秦兩漢之陰陽五行學說》，參考頁 1～10。

傳‧下〉）

　　子曰：乾坤其易之門邪？乾，陽物也；坤，陰物也。陰陽合德，而
　　剛柔有體；以體天地之撰，以通神明之德。（〈繫辭傳‧下〉）

前二傳單就陰陽各指內外、下上、順健、柔剛相對之性質；至〈文言傳〉則將
陰陽比附到宇宙、人事；至〈繫辭傳〉時，更將陰陽解說成一套宇宙、人生、
政治等抽象之哲學；專就此言，則其所謂陰陽說者，乃是以陰陽之觀念，對宇
宙、人生、政治等作合理且有系統之解釋。孫廣德（A.D.1929～）更宣稱，陰
陽說之觀念，至《易傳》時已經發展完成。〔註10〕姑且不論有關《易傳》之作
者是否為孔子，；年代問題，至〈繫辭傳〉為止，學界看法大約不致晚於戰國
末葉。不過，〈易傳〉是否可以視為陰陽說之來源，則有不同看法。梁啓超就〈繫
辭傳〉諸傳文稱：「蓋孔子之哲學謂宇宙間有兩種力，（如電氣之有正負），相對
待，相摩盪，斯為萬有之緣起。此兩種力難於表示，故以種種對待名詞形容之，
如剛柔，動靜，消息，屈伸，往來，進退，翕闢等皆是；而陰陽亦其一也。就
中言陰陽者，遠不如言剛柔，消息，往來者之多。與其謂『易以道陰陽』，毋寧
謂《易》以道剛柔消息也。要之陰陽兩字不過孔子『兩元哲學』之一種符號；
而其所用符號又不止一種。其中並不含有何等神祕意味，與矯誣之數更去相遠。
故謂後世之陰陽說導源於孔子，吾亦未敢承」。〔註11〕梁氏之言可從另一角度思
考：在《易傳》中，以陰陽二字代表兩種相對待之事物，乃是當時所慣用之詞，
並非傳中所賦予之特殊意義，或者陰陽之說始於此；若將此約定俗成慣用之詞
視為後世陰陽說之起源，則不免牽強附會，故梁氏未敢承。以陰陽做為宇宙間
二種相反而復相成之二種基本元素，並且以此理解說明天地萬物之生成變化之
根源法則，此一學說之源頭，至少可以溯及戰國之陰陽家。

　　《史記‧太史公自序》論六家之要指曰：

　　嘗竊觀陰陽之術，大祥而眾忌諱，使人拘而多畏；然其序四時之大
　　順，不可失也。〔註12〕

　　夫陰陽四時、八位、十二度、二十四節各有教令，順之者昌，逆之
　　者不死則亡，未必然也，故曰「使人拘而多畏」。夫春生夏長，秋收

〔註10〕孫廣德，《先秦兩漢陰陽五行說的政治思想》，（臺北：臺灣商務印書館，民國
　　　　82年6月初版），其說參閱該書第一章第一節「陰陽五行說的來歷」。
〔註11〕〈陰陽五行說之來歷〉，語見頁349。
〔註12〕《史記‧太史公自序》卷百三十，語見頁3289。

冬藏，此天道之大經也，弗順則無以爲天下綱紀，故曰「四時之大
順，不可失也」。〔註13〕

《漢書・藝文志》則曰：

> 陰陽家者流，蓋出於羲和之官，敬順昊天，歷象日月星辰，敬授民
> 時，此其所長也。及拘者爲之，則牽於禁忌，泥於小數，舍人事而
> 任鬼神。〔註14〕

考《尚書・堯典》曰：「乃命羲和，欽若昊天，厤象日月星辰，教授民時」，
由此可知，陰陽家當與羲和之官有關，但若以此視陰陽家出於羲和之官，則
未免過切。《史記》中說陰陽家職在「序四時之大順」、「春生夏長，秋收冬藏」、
「天道之大經」，可知其所職在觀測天象，並以此知識教民順時作息，此職與
天文、曆法及氣象專業有關；另一方面，陰陽家把天地之象比附爲「氣」之
運行，進而造成陰陽相摩盪，物類可相感，天人可相通之說，遂將「氣」視
爲崇奉對象。騶衍在《漢書・藝文志》中被列爲陰陽家，書中所載陰陽家典
籍多已散失，包括〈騶子〉四十九篇、〈騶子終始〉五十六篇，而有關騶衍學
說則散見於《史記》，《史記》中稱騶衍「乃深觀陰陽消息而作迂怪之變，終
始大聖之篇十餘萬言」，並稱騶衍「稱引天地剖判以來，五德轉移，治各有宜，
而符應若茲」，同書〈封禪書〉又載：「齊威、宣之時，騶子之徒論著終始五
德之運，及秦帝齊人奏之」；〔註15〕值得注意者，司馬談論陰陽家時，尚未有
「五行」成分，而《史記》論騶衍陰陽之說，則已有「五德」之說，故欲論
騶衍學說，勢必先明何謂「五行」。

第二節　釋五行

所謂「五行」者，徐復觀以爲：

> 一般所說的五行，是構成萬物的五種基本原素，有同於印度佛教之
> 所謂四大。但對五行觀念的運用，卻主要是放在由這五種元素的相
> 互關係，即所謂相生相勝的相互關係上面，以說明政治、社會、人
> 生、自然各方面現象的變化。〔註16〕

〔註13〕同上註，語見頁 3290。
〔註14〕《漢書・藝文志》卷三十，語見頁 1734。
〔註15〕《史記・封禪書》卷二十八，語見頁 1368。
〔註16〕《中國人性論史》，語見頁 519。

若以徐氏對「五行」一辭之界說，則儘管「五行」一辭最早出現於《尚書・甘誓》及〈洪範〉二篇，乃未能將《尚書》視爲五行說之來源。《尚書・甘誓》曰：「予誓告汝，有扈氏威侮五行，怠棄三正」，〔註17〕孔穎達疏：「五行之德，王者相承所取法」，〔註18〕此處所謂「五行」，乃指五種王者應行之道，不同於後世所謂「五行」。而《尚書・洪範》曰：

> 箕子乃言曰：我聞在昔，鯀堙洪水，汨陳其五行。
>
> 一五行：一曰水，二曰火，三曰木，四曰金，五曰土。水曰潤下，火曰炎上，木曰曲直，金曰從革。土爰稼穡，潤下作鹹，炎上作苦，曲直作酸，從革作辛，稼穡作甘。〔註19〕

以上所引「五行」，乃是將日常所見五種物質合稱，並說明此五種物質之屬性及其功用，徐復觀稱是「社會生活所必須的五種實用資材」，此處所言「五行」，仍未涉及哲理與術數意義，《左傳》所謂「天生五材，民並用之」，概指此類。劉節在〈洪範疏證〉一文，則持相反意見，劉氏認爲此處之「五行兼五味而言，與《呂覽十二紀》，《禮記・月令》，《淮南子・時則訓》之說適合」；〔註20〕此外，劉氏並舉〈洪範〉內文：

> 初一曰五行；次二曰敬用五事；次三曰農用八政；次四曰協用五紀；次五曰建用皇極；次六曰乂用三德；次七曰明用稽疑；次八曰念用庶徵；次九曰嚮用五福；威用六極。
>
> 二五事：一曰貌；二曰言；三曰視；四曰聽；五曰思。貌曰恭；言曰從；視曰明；聽曰聰；思曰容。恭作肅；從作乂；明作晢；聰作謀；容作聖。

以及《尚書》其他經文，其總結認爲，〈洪範〉一篇出現戰國末期，且其中所載之五行說，即是鄒衍一派之學說。徐復觀反駁劉氏所論是「混亂牽傅，無一說可以成立」，〔註21〕堅持認爲：「把〈洪範〉的五行與鄒衍的五行相附會，如後所說，並非始於鄒衍自己，而是西漢迂愚之儒所完成的；後世對〈洪範〉的解釋，蓋無不受此影響」；〔註22〕至於《漢書》有所謂「則乾坤之陰陽，效

〔註17〕《尚書・甘誓》卷七，語見頁98。
〔註18〕同上註。
〔註19〕《尚書・洪範》卷十二，語見頁169。
〔註20〕〈洪範疏證〉，劉節著，收錄於《古史辨》第五冊，語見頁391。
〔註21〕《中國人性論史》，語見頁538。
〔註22〕同上註，語見頁552。

〈洪範〉之咎徵」，引述〈洪範〉說五行，且漢代有《洪範五行傳》，〈洪範〉
與「五行」發生緊密關聯，亦如徐氏所言，則可能是漢人附會之說有關。本
文不擬在此討論有關〈洪範〉出現年代，不過，劉、徐二氏之爭辯，倒是凸
顯出另一文獻所引發有關五行說之來源問題。

在《荀子‧非十二子》中，亦有提及「五行」：

　　　案往舊造說，謂之五行，甚僻違而無類，幽隱而無說，閉約而無解。
　　　案飾其辭而祇敬之曰：此其先君子之言也。子思唱之，孟軻和之，
　　　世俗之溝猶瞀儒嚾嚾然不知其所非也，遂受而傳之，以爲仲尼、子
　　　游爲茲厚於後世；是則子思、孟軻之罪也。

唐人楊倞注曰：「案前古之事而自造其說，謂之五行。五行，五常，……仁、
義、禮、智、信是也」，若依楊倞所注，則荀子豈不是反對仁義禮智信？況且
儒學在當時乃屬「顯學」，若孟子之仁義禮智信，譏爲僻違無類、幽隱無說、
閉約無解則則是無的放矢。章太炎駁楊說：「五常之義舊矣；雖子思始唱之亦
無損，荀卿何譏焉」？其理由便在此。以子思及孟子所言，並無沾染五行說
氣息，梁啓超以爲此處之「五行」，可以斷言「決非如後世之五行說」；然觀
荀子所非，若「五行」只是五類不同物質之陳述，則荀子又所非爲何？

顧頡剛對上述問題以爲：一、騶衍爲儒家；二、孟子與騶衍皆鄒人；三、
騶衍是齊彩色之儒家，把儒家之仁義加上齊國之怪誕，遂造成一新學派；四、
後人傳訛，以爲騶衍新學說爲孟子之說，因以騶衍之五行說成孟子之五行；
五、因孟子受業於子思，遂將孟子之五行說成子思之五行；故《荀子‧十二
子》所非之子思、孟子，即是騶衍之傳誤，而五行說當即騶衍所造。〔註 23〕
只就《史記》所載，騶衍之傳附於〈孟子荀卿列傳〉之中合爲一傳；又傳中
稱騶學所歸「必止乎仁義節儉，君臣上下六親之施」，說騶衍是儒家成員之一
並不爲過，故顧氏推論荀子所非實指騶衍所傳之五行說，亦不無可能。騶衍
雖可以視爲儒家一員，但是其學說則是有別於儒家思想，甚至是從儒家中分
出，而自創陰陽五行品牌。至於騶衍學說目的是「睹有國者益淫侈，不能尚
德」而思救世，或者是「著書言治亂之事，以干世主」，則留以下討論。徐復
觀對此一問題看法與顧氏見解並無太大差異，不過，徐氏反對將五行說源自
於騶衍。徐氏認爲五行說：是指以五種元素之相生相勝之相互關係，「以說明

〔註23〕〈五德終始說下的政治和歷史〉，顧頡剛著，本文收錄於《古史辨》第五冊，
　　　　請參考「五行說的起源」一節，頁 404～410。

－107－

政治、社會、人生、自然各方面現象的變化」，因此，「不僅〈洪範〉中未曾以五行配五事；即在鄒衍的五行新說已經流行的戰國末期乃至秦，也還未以五行配五事」，〔註24〕而以五行配五事，是西漢初期「迂愚之儒」所完成之事。徐氏有此論斷，乃源於他對五行說之界定不同，自有一番道理；不過，徐氏此一論述，並無損於鄒衍對五行之「案住舊造說」，即按照傳統「五行」一辭而造就新學說之實，故鄒衍對於五行說仍居有重要關鍵地位，應無庸置疑。後世所謂陰陽說、五行說、或者是陰陽五行說，亦無不受其影響，故欲了解漢代陰陽五行學說，應從鄒衍談起。

第三節　釋陰陽五行

　　陰陽與五行之說，在鄒衍之前仍是各自獨立、自成系統。至鄒衍時，陰陽之術在序四時之大順，陰陽、四時、八位、十二度、二十四節，各有教令，而其所長在敬順昊天，歷象日月星辰，並依此授于民時，以陰陽消息做為天道運行之法則。而「五行」本是指人生日用之五種資材，後來發展為解釋自然事物與現象，進而以此建構人世間之變化法則；至鄒衍時，則發展成五德終始之說，提供另一解釋歷史更替為必然現象之歷史觀。故在此之前，陰陽自陰陽，五行自五行，兩者純然是兩套理解事物之詮釋方式。司馬談論六家之要旨中，所指者陰陽、儒、墨、名、法、道德而已，且置陰陽家於首位，所述陰陽之術，並未述及五行；《漢書‧藝文志》載劉歆之〈諸子略〉，〔註25〕儒、道、陰陽、法、名、墨、縱橫、雜、農、小說等諸子十家，所列陰陽家亦未有五行之名，其後有列五行三十一家，可見《漢書》並未將陰陽、五行二者混為一家；或者說，至少在班固看法上，二家學說可以自成一家而互不隸屬。因此，是否陰陽家如鄺芷人所說「天文者、曆法（譜）者及五行者皆為陰陽家」，〔註26〕陰陽家實已

〔註24〕　《中國人性論史》，語見頁 551。

〔註25〕　《漢書‧藝文志》卷三十載：「至成帝時，以書頗散亡，使謁者陳農求遺書於天下。詔光祿大夫劉向校經傳諸子詩賦，……每一書已，向輒條其篇目，撮其指意，錄而奏之。會向卒，哀帝復使向子侍中奉車都尉歆卒父業。歆於是總群書而奏其《七略》，故有〈輯略〉，有〈六藝略〉，有〈諸子略〉，有〈詩賦略〉，有〈兵書略〉，有〈術數略〉，有〈方技略〉」，語見頁 1701，學界普遍認為，這是中國目錄學之開端。

〔註26〕　鄺芷人，《陰陽五行及其體系》，書中論陰陽家與術數之關係時言：「第一可能情形是：……第三可能情形是：天文者、曆法（譜）者及五行者皆為陰陽家。

包含了五行說，逕行省略五行之名？抑或是陰陽說與五行說始終涇渭分明？因此，若欲說明所謂「陰陽五行」者，應注意其界定。

　　梁啟超〈陰陽五行說之來歷〉言，陰陽與五行二詞在戰國以前其義甚平淡，且此二事從未併爲一談；造成「陰陽五行說」，「其始蓋起於燕齊方士；而其建設之，傳播之，宜負罪責者三人焉：曰鄒衍，曰董仲舒，曰劉向」，梁氏將「陰陽五行說」建設與傳播之事，指向鄒衍。然而騶衍書皆不可見，可見者，只是《史記》、《文選注》、《漢書》等零碎傳記而已。王夢鷗在《鄒衍遺說考》緒言部分較梁氏更明確指出：「從這學派的分歧來看，我們的結論卻與梁啟超相反：因爲他說陰陽五行說創始於燕齊的方士，而鄒衍是其負責者之一；而我們則以爲：把原有的陰陽說加入五行說中起消息作用的，是創自鄒衍；並由他傳與燕齊海上之方士」，〔註27〕又云：「我們認爲鄒衍之最大的創說，是把古已有之『陰陽』與『五行』兩種觀念合而爲一，使它成爲宇宙諸現象的原動力。根據這原動力，在他一生至少寫過兩部書，一是小型的，五行之一年一周的終始；一是大型的，五行之從天地割（剖）判以來一朝一代的終始。前者是王居明堂而行的時令，後者是受命而帝的制度。前者在『陰陽消息』的原理上注意其『相繼生』的一面，後者則注重其『相代勝』的一面」，〔註28〕李漢三引《史記·孟子荀卿列傳》中論述騶衍部分，推論亦以爲：

　　　　史遷對鄒衍之學，介紹頗詳，似曾讀其書者。謂衍觀「陰陽消息」而著書，則其學自當本始於陰陽說。謂衍稱引「天地剖判以來，五德轉移，治各有宜，而符應若茲」，則其學，又顯然滲入五行無常勝說（以五行說歷代帝王德）。觀其治學，於歷史，申今以衡；於地理，由近以喻遠，純委諸驗小測大之類推法，亦無非陰陽五行方物之故技。觀其說史，專及歷代大體盛衰，機祥度制，則疑爲左傳占測術之引申。

　　　　凡此即可見鄒衍之學，蓋鎔鑄陰陽五行兩說於一爐者。〔註29〕

李氏引《史記》稱，騶衍因「深觀陰陽消息」故其學「自當本始於陰陽說」；

　　　　我們以爲第三種情形的可能性最大，這當然只限於戰國至漢初這段時期而言，以後的天文家就很少再被稱作陰陽家了」，（臺北：文津出版社，民國81年12月初版），語見頁42。

〔註27〕王夢鷗，《鄒衍遺說考》，（臺北：臺灣商務印書館，民國55年1月臺初版），語見頁15。

〔註28〕同上註，語見頁56。

〔註29〕《先秦兩漢之陰陽五行學說》，語見頁51～52。

又因騶衍「稱引天地剖判以來，五德轉移，治各有宜，而符應若茲」故其學「又顯然滲入五行無常勝說」。以上所論，皆有理據；但是，若說騶衍之學是「鎔鑄陰陽五行說於一爐者」，恐怕言之過急。若說騶衍是「鎔鑄陰陽五行說於一爐者」，理應說明其鎔鑄後之理論，否則，至少需有證據證明騶衍果然有此意向；然而，據其所舉《史記》、《漢志》、《文選》、《呂氏春秋》之例，皆只就五行所論之五德終始之言，仍不見所謂「陰陽五行」者；其後李氏欲證明騶衍將陰陽五行合一，所舉三事，理由極爲薄弱，亦難以爲訓。〔註30〕然而同李氏之說者不乏其人，孫廣德即以爲，將陰陽五行合起來造成一種新說之人便是騶衍，其結論是：「第一、鄒衍既是談陰陽又談五行，是把陰陽五行合流了。第二、他把陰陽用作怪迂之變，又拿五行相勝解說朝代更替，是他有所創造。第三、他有不少的著作，是他的說法不是零碎片斷，而是相當有系統的學說。這些，在他之前都沒有人做過，所以我們說把陰陽五行合起來造成一種新說的人是鄒衍」，〔註31〕觀孫氏所舉理由，除《史記‧孟子荀卿列傳》外，另有〈封禪書〉言：

> 自齊威王時，鄒子之徒，論終始五德之運，及秦帝，而齊人奏之，
> 始皇採用之。

《淮南子‧齊俗訓》高誘註引《鄒子》云：

〔註30〕同上註。李氏論騶衍將陰陽五行合一舉三例：其一、李氏稱鄒衍有言：「春取榆柳之火，夏取棗杏之火，季夏取桑柘之火，秋取柞楢之火。冬取槐檀之火」此言乃鄭注《周禮‧夏官司爟》引騶子之言，尚不知鄭言從何所引？既使後續何晏《集解》、皇侃《義疏》所論亦僅止於五德終始說；況且賈公彥疏曰：「故各引其一言，春取榆柳之等舊師，皆以爲取五方之色同，故用之。今按棗杏雖赤，榆柳不青，槐檀不黑，其義未聞。」然李氏更擴大引申之：「此顯以『季夏』當夏秋之際，爲兩分四時之所在，而以土寄王之。此兩分法，以春夏爲陽，以秋冬屬陰，則固爲陰陽說所長，而爲五行說所短。茲合一運用之，所有缺欠，不已可補救，而較爲圓融乎？」不知李氏所言爲何？其二、李氏引《白虎通》論五行篇，「此五行二陽三陰之說，雖爲後起，然自其演進之跡觀之，亦知鄒衍原即合陰陽五行於一爐也」，若暫依李氏所考，騶衍之新陰陽五行說在西曆前270年左右，而《白虎通》在西曆79年後，兩者相距近三百五十年，有何理由證明《白虎通》之說是「鄒衍之學爲陰陽與五行之結合尤明」？其三、李氏稱騶衍論五行之德次，以土爲先；並舉《史記‧秦始皇本紀》稱土以先爲貴，土於五行之中地位最高；李氏此例，仍難以看出騶衍如何將陰陽與五行結合爲一？故李氏所舉三事，其實只是一事，且其一事又引述東漢鄭玄引騶衍一句，故其所持理據並不充分，參考該書頁55～56。

〔註31〕《先秦兩漢陰陽五行說的政治思想》，語見頁32。

五德之次，從所不勝，故虞土，夏木，殷金，周火。

《文選・魏都賦》李善註引《七略》云：

> 鄒子終始五德，從所不勝，土德後，木德繼之，金德次之，水德次之，火德次之。

又有《漢書・藝文志・陰陽家》載有「《鄒子》四十九篇」，班註謂：「名衍，齊人……」，另「《鄒子終始》五十六篇」，顏師古謂：「亦鄒衍所說」；〔註32〕除《史記》之外，高誘與李善之註，所及僅在五德；《漢書・藝文志》所載亦只有書名篇數，如何證明鄒衍「將陰陽五行合起來造成一種新說」？況且《史記》亦不能證明鄒衍「把陰陽五行合起來造成一種新說」。而林麗娥則更乾脆說：「考陰陽家者，本應稱爲『陰陽五行家』，其創爲學派，蓋起於鄒衍的合古陰陽、五行說爲一開始」，其所持理由是其師王夢鷗之說。〔註33〕可以說，自梁啓超宣布鄒衍是合陰陽與五行二事爲一談之作俑者後，學界普遍支持此一論調，並在此概念下積極尋求更有效之證據。然究其實，引發「陰陽五行說」始於鄒衍之諸多揣測，當以《史記・孟子荀卿列傳》所云，易於引人遐思。按司馬遷稱鄒衍「乃深觀陰陽消息而作怪迂之變，終始、大聖之篇十餘萬言」，又說其「稱引天地剖判以來，五德轉移，治各有宜，而符應若茲」，鄒衍或許兼修陰陽與五行二學，然而鄒衍是否將陰陽、五行合爲一說，史書中尚未述及。此一問題，誠如徐復觀所言：「但就現在可以看到的材料看，鄒衍是不是把五德運轉，與陰陽消息，組成一個系統；亦即是他是不是把五行視爲由陰陽二氣所分化而出，因而把五行也融入到四時中去，並不明瞭；而且我認爲其可能性甚小。因爲在他，是以陰陽消息爲天道運行的法則；以五德終始爲歷史運行的法則；所以在《史記》中提到時，總是分作兩事」；〔註34〕至若〈封禪書〉、《文選注》、《漢書》皆只單就鄒衍之陰陽，或者五行講，並未言明鄒衍治陰陽與五行於一說，且成一家之言。學界雖自梁氏後皆贊同「陰陽五行說」始於鄒衍，然而卻沒有對鄒衍之「陰陽五行說」之理論架構提出說明，或者交代鄒衍是如何將此二者鎔爲一爐？即使王夢鷗書中所論，證據多是鄒衍之後學所傳，或者後世學者附會穿鑿之言，無一屬直接證據，

〔註32〕同上註。參考該書第一章第一節，頁31～32。

〔註33〕《先秦齊學考》，參考該書頁345～346。

〔註34〕徐復觀，《兩漢思想史》，（臺北：臺灣學生書局，民國65年6月初版，82年9月初版第五次印刷），語見卷二〈呂氏春秋及其對漢代學術與政治的影響〉一節，頁11。

難以置信。換言之：將「陰陽五行說」之始作俑者歸於騶衍，固然有此一可能性，然礙於史料不足徵，當以保守為宜；至少以上學者所提之證據仍不夠充分，此說仍有待商榷，不宜就此妄下斷語。

第四節　漢代陰陽五行學說之理論架構

所謂「陰陽五行」者，端看界定而論。若是以為「陰陽」加上「五行」，即是「陰陽五行」，則所謂「陰陽五行」者，不過是廣義之「陰陽五行」，質言之：只要涉及「陰陽」或「五行」，皆可謂之曰「陰陽五行」。若此，則騶衍學說當然是「陰陽五行」學說。然而若將「陰陽五行」視為一個有機系統，意即「陰陽五行」是一獨立而完整之思維模式，則必須將「陰陽」、「五行」視為不可分割之一部分，且兩者不僅不相排斥，且能相輔相成構成一套系統，如此方可稱為「陰陽五行」說，則此「陰陽五行」者，乃是狹義之「陰陽五行」。以表圖說明之：

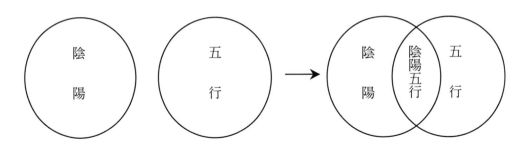

在騶衍之前，甚至在騶衍之時，陰陽說與五行說互不隸屬，是二個獨立存在之學說系統；其後至漢儒將二者綰合為一，始成一套二者可以單獨以行，又可互有補足說明之有機系統，故此二者之交集處，便是指狹義之「陰陽五行」學說，其餘在交集處外之學說，當可以廣義之「陰陽五行」學說視之，而廣義之學說亦包括狹義在內。若此，則騶衍之學說顯然無法滿足此一條件。順梁氏所指，董仲舒乃「始作俑者」第二人，「陰陽五行」在西漢形成完整系統，並且發生實際效用者，董氏當仁不讓。

在董仲舒之前，對陰陽五行學說發展起決定性作用者，當以《呂氏春秋》為最大宗。騶衍學說在入漢之前已經失傳，而其所謂陰陽五行說，只能依靠零星記載拼湊而成，故不免流於主觀作用決定；莫說騶衍有具體陰陽五行說

之理論，即使是《呂氏春秋》，仍然未必能把陰陽與五行組織成一套系統。然而在《呂氏春秋》中，論述具有嚴密之思想體系，尤其是對於陰陽與五行說之描述，條理分明，對於後世之陰陽五行說，產生重大影響。〔註35〕

　　徐復觀以爲：「凡稱陰陽而又牽連到五行的文獻，幾乎可以斷定都是《呂氏春秋》以後的文獻」，〔註36〕《呂氏春秋》雖有大量論述陰陽及五行，書中並努力嘗試將陰陽與五行組織在一起，不過仍可以看出，陰陽與五行仍停留於各自表述階段，兩者組織結合程度，尚未嚴密成熟。有關陰陽說法，可見於〈大樂篇〉：

　　　　太一出兩儀，兩儀出陰陽。陰陽變化，一上一下，合而成章。〔註37〕

又〈知分篇〉曰：

　　　　陰陽者，造乎天而成者也。天固有衰嗛廢伏，有盛盈蚡息；人亦有
　　　　困窮屈匱，有充實達遂；此皆天之容，物理也，而不得不然之數也。
　　〔註38〕

依此可見《呂氏春秋》之宇宙觀：陰陽於太一中生出，而陰陽二氣於一上一下即一消一息之間生出天地萬物，並且作用於天地萬物之中；因爲陰陽運行有其一定之理，故有四季不同變化，四季變化正顯示出陰陽消息之結果，故帝王之施政，必須配合四季變化即陰陽運行而有所調整。例如〈孟春紀〉曰：

　　　　〔四〕是月也，天氣下降，地氣上騰，天地合同，草木繁動。王布
　　　　農事：命田舍東郊，……〔註39〕

高誘註：「是月也，泰卦用事，乾下坤上，天地合同」，天氣指陽，地氣屬陰，

〔註35〕《史記‧呂不韋列傳》載：「呂不韋乃使其客飲飲著所聞，集論以爲八覽、六論、十二紀，二十餘萬言。以爲備天地萬物古今之事，號曰《呂氏春秋》」，（語見卷八十五，頁2510）《漢書‧藝文志》列《呂氏春秋》二十六篇爲雜家，乃「秦相呂不韋輯智略士作」，可知其書非一人所成。《漢書‧藝文志》又謂：「雜家者流，蓋出於議官。兼儒、墨，合名、法，知國體之有此，見王治之無不貫，此其所長也。及盪者爲之，則漫羨而無所歸心」，（語見卷三十，頁1742）撰著動機或曰「以秦之疆羞不如」，不過附庸風雅，炫世鈞名；然觀其文兼採各家，所論不宗一家之言，其書或有統一學術思想、或有「將欲爲一代興王之典禮」，亦未可知。
〔註36〕《中國人性論史》，語見頁575。
〔註37〕《新譯呂氏春秋》，朱永嘉，蕭木注譯，（臺北：三民書局，民國84年8月初版），語見卷五，頁209。
〔註38〕同上註，語見卷二十，頁1222。
〔註39〕同上註，語見卷一，頁11。

天地合同即是陰陽調合，適合萬物生長，故曰草木繁生；帝王應趁此時大布農事，順天地合成之道以利生產。又如〈季春紀〉曰：

> 是月也，生氣方盛，陽氣發泄，生者畢出，萌者盡達，不可以內。
> 天子布德行惠，命有司，發倉廩，賜貧窮，振乏絕，開府庫，出幣
> 帛，周天下。勉諸侯，聘名士，禮賢者。〔註40〕

〈仲夏紀〉曰：

> 〔四〕是月也，日長至。陰陽爭，死生分。君子齋戒，……退嗜慾，
> 定心氣。百官靜，事無刑，以定晏陰之所成。〔註41〕

〈孟冬紀〉曰：

> 〔三〕是月也，天子始裘。命有司曰：「天氣上騰，地氣下降，天地
> 不通，閉而成冬。」命百官，謹蓋藏。〔註42〕

〈仲冬紀〉曰：

> 〔三〕是月也，日短至。陰陽爭，諸生蕩。君子齋戒，……禁嗜慾，
> 安形性，事欲靜，以待陰陽之所定。〔註43〕

四季氣候不同乃是陰陽二氣互有爭勝之結果，又帝王種種措施，莫不以季節變化爲原則，季節變化又是陰陽作用之結果，故所謂施政原則，乃是循陰陽分合變化而來。《呂氏春秋》其他篇章，如卷六〈音律篇〉對陰陽消息之說份量亦多，然大多以陰陽解釋氣候，以氣候定農事作息，偶而旁及律法，暫不贅述。

相對於陰陽之論述，五行說，或其所引伸之五德終始說在《呂氏春秋》之份量顯然著墨更多。《呂氏春秋》一季分三紀：孟、仲、季，四季有十二紀，故十二季是把一年分成十二等分；然四季爲配合五行，故在〈季夏紀〉之末，另立一章安插「中央土」，〔註44〕所謂：

> 中央土：其日戊己。其帝黃帝。其神后土。其蟲倮。其音宮。律中

〔註40〕同上註，語見卷三，頁105。

〔註41〕同上註，語見卷五，頁205。

〔註42〕同上註，語見卷十，頁451。

〔註43〕同上註，語見卷十一，頁504。

〔註44〕《新譯呂氏春秋》分析此書安插「中央土」於〈季夏紀〉之末另立一章，言：「此篇第五章，實爲又一篇月令，即所謂『中央土』。按陰陽五行說，五行、五方與四時相配，勢必缺少一季，致使五行中的『土』、五方中的『中央』，無所歸屬。爲了彌合這個空缺，《管子》把『中央土』安插在夏秋之間，本書則於〈季夏紀〉之末另立一章」，語見頁249

　　黃鐘之宮。其數五。其味甘。其臭香。其祀中霤。祭先心。〔註45〕

根據〈十二紀〉所記，有：

　　以時（春、夏、中央、秋、冬）、方（東、南、中、西、北）配五行（木、火、土、金、水）。

　　以天干分五類（甲乙、丙丁、戊己、庚辛、壬癸）配五行。

　　以五方帝（大皞、炎帝、黃帝、少皞、顓頊）、神（句芒、祝融、后土、蓐收、玄冥）配五行。

　　以蟲（鱗、羽、倮、毛、介）配五行。

　　以五音（角、徵、宮、商、羽）配五行。

　　以數字（八、七、五、九、六）配五行。

　　以味（酸、苦、甘、辛、鹹）、臭（羶、焦、香、腥、朽）配五行。

　　以祀（戶、灶、中霤、門、行）配五行。

　　以臟（脾、肺、心、肝、腎）配五行。

　　以禾（麥、菽、稷、麻、黍）、畜（羊、雞、牛、犬、彘）配五行。

　　以器皿（疏以達、高以觕、圓以揜、廉以深、宏以弇）配五行。

　　以色（青、赤、黃、白、黑）配五行。

今以圖表展現之：

五　行	木	火	土	金	水
五　時	春	夏	中央	秋	冬
五　方	東	南	中	西	北
天　干	甲乙	丙丁	戊己	庚辛	壬癸
五　帝	大皞	炎帝	黃帝	少皞	顓頊
五　神	句芒	祝融	后土	蓐收	玄冥
五　靈	鱗	羽	倮	毛	介
五　音	角	徵	宮	商	羽
數　字	八	七	五	九	六
五　味	酸	苦	甘	辛	鹹
五　臭	羶	焦	香	腥	朽
五　祀	戶	灶	中霤	門	行

〔註45〕同上註，語見卷六，頁257。

五　臟	脾	肺	心	肝	腎
五　禾	麥	菽	稷	麻	黍
五　畜	羊	雞	牛	犬	彘
器　皿	疏以達	高以牺	圓以捣	廉以深	宏以奓
五　色	青	赤	黃	白	黑

除此之外，並有以政教配合五行，所言不外是禁忌與警惕之詞；例如〈孟春紀〉曰：

> 〔四〕是月也，天氣下降，地氣上騰，天地和同，草木繁動。王命布農事：命田舍東郊，皆修封疆，審端徑術，善相丘陵阪險原隰，土地所宜，五穀所殖，以教道民，必躬親之。田事既飭，先定準直，農乃不惑。〔註46〕

凡此十二紀皆有以五行配合相對之政令。由此觀之，《呂氏春秋》將所有之人事地物皆分爲五類，而以五類分別部居於五行之下，使一切人事安排得到合理解釋。不過，《呂氏春秋》欲以四時之數分配於五行之下，明顯有其困難；其解決之法，乃在季夏之月之末增加「中央土」，以符合五行之數之要求，故每於人事行政上自相淆亂而無以釋疑。〔註47〕

《呂氏春秋》不僅將五行說用於時令，並且以五行相勝之理造就其「五德終始說」，以此解釋朝代更替之由，做爲帝王受命代與之歷史規律。《呂氏春秋》〈應同篇〉（原作「名類」）曰：

> 凡帝王者之將興也，天必先見祥乎下民。黃帝之時，天先見大螾大螻，黃帝曰「土氣勝」，土氣勝，故其色尚黃，其事則土。及禹之時，天先見草木秋冬不殺，禹曰「木氣勝」，木氣勝，故其色尚青，其事則木。及湯之時，天先見金刃生於水，湯曰「金氣勝」，金氣勝，故其色尚白，其事則金。及文王之時，天先見火，赤鳥銜丹書集于周

〔註46〕同上註，語見卷一，頁 11～12。

〔註47〕例如：田鳳台於《呂氏春秋探微》書中指出，《呂氏春秋》以五行配四時乃牽強附會之詞，其列舉因在夏秋之際加入「中央土」所產生之淆亂現象言：「然此中央之土，如居季夏之月，以居處論，天子本居明堂右側，此則又云天子居太廟太室。以器用服食論，天子本乘朱輅、駕赤駠、衣赤衣、服赤玉，此則又云：天子乘大輅、駕黃駠、戴黃旂、衣黃衣、服黃玉。原食菽與雞，其器高以牺。此又云：食稷與牛，其器圓以捣，實係自形淆亂」，（臺北：臺灣學生書局，民國75年3月初版），語見頁183。

社，文王曰「火氣勝」，火氣勝，故其色尚赤，其事則火。代火者必
將水，天且先見水氣勝，水氣勝，故其色尚黑，其事則水。水氣至
而不知，數備，將徒於土。〔註48〕

帝系之終始，配合五行相勝之理，以土爲首，次木，金，火，水；凡一朝受
命於天，必配以一德，因五行無常勝，五行輪替，周而復始，朝代更換亦如
是，故帝王隨其五德之盛衰而興亡；黃帝因土氣盛而起，亦因木氣盛而衰；
如此至水氣盛，若不知數備，則土氣復起。以圖表示之：

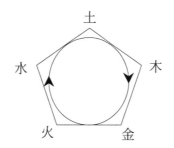

《呂氏春秋》此說，影響後世頗爲深遠，直接受其影響者，便是秦始皇得此
而重用之；〔註49〕《漢書・郊祀志》曰：「齊人鄒子之徒論著終始五德之運，
始皇采用」，可見《呂氏春秋》之五德終始說有若干部分繼承騶衍學說；不過，
若以此認定秦始直接採取騶衍之說則未必然，而當以始皇「通過合著《呂氏
春秋》的呂氏門客而採用其說」爲宜。〔註50〕《呂氏春秋》五德終始說雖未
必屬首創，但憑其組織嚴密之構思，奠定後世推演帝王遞嬗之原則，五德終
始成爲詮釋政權興替史歷循環論之基型；只是五德終始之秩序，隨後世應世
帝王需要而時有更動矣。

　　陰陽五行說所以在漢代儼然成爲一門顯學，董仲舒居功厥偉。誠如梁啓
超所指責「造此邪說以惑世誣民」，其建設之，傳播之罪責，董氏需承擔三分
之一。對此一傳承，徐復觀言：「受〈十二紀〉影響最大者當爲董仲舒。他繼

〔註48〕《新譯呂氏春秋》，語見卷十三，頁616。
〔註49〕《史記・秦始皇本紀》卷六：「始皇推終始五德之傳，以爲周得火德，秦代周
　　　　德，從所不勝。方今水德之始，改年始，朝賀皆自10月朔。衣服旄旌節旗皆
　　　　上黑。數以六爲紀，符、法冠皆六寸，而輿六尺，六尺爲步，乘六馬。更名
　　　　河曰德水，以爲水德之始。剛毅戾深，事皆決於法，刻削毋仁恩和義，然後
　　　　合五德之數」，語見頁237～238。
〔註50〕《兩漢思想史》卷二，語見頁8。

承了〈十二紀紀首〉陰陽五行的觀念，並作了極煩瑣地發展。此觀於《春秋繁露》一書而可見。……要了解漢代學術的特性，便不能不了解董仲舒思想的特性及其在兩漢中所佔的重要地位。而董仲舒思想的特性，可以說是全是〈十二紀紀首〉發展出來的」。〔註51〕董氏對傳統陰陽五行不僅有所承繼，且更進一步將其系統化、理論化，並以此學說實施於政治之上，使陰陽五行學說不僅止於學術上討論，更深切影響天下人倫日用，徐復觀亦認為：「陰陽五行思想，在西漢形成了更完整的格架，因而發生了更大的影響，應當是出初董仲舒」，〔註52〕相對於董氏「天人合一」學說，陰陽五行雖只是佔其整體思想部分；然其發展之陰陽五行說，卻是其「天人合一」思想之理論基礎，兩者不可稍離。

　　《漢書‧董仲舒傳》曰：「董仲舒，廣川人也。少治《春秋》，孝景時為博士。下帷講誦，弟子傳以久次相授業，或莫見其面。蓋三年不窺園，其精如此」，又〈五行志〉稱：「漢興，承秦滅學之後，景、武之世，董仲舒治《公羊春秋》，始推陰陽，為儒者宗」，其學術地位與及其學術性格可見一斑。有關董仲舒學說，概見於《春秋繁露》與〈天人三策〉；其中陰陽五行思想，多見於前者。關於論述陰陽者，有《春秋繁露》卷十一〈陰陽位〉第四十七、卷十二〈陰陽終始〉第四十八與〈陰陽義〉第四十九等篇。董氏以為「陰陽」者：

> 陽氣始出東北而南行，就其位也，西轉而北入，藏其休也；陰氣始
> 出東南而北行，亦就其位也，西轉而南入，屏其伏也。是故陽以南
> 方為位，以北方為休；陰以北方為位，以南方為伏。陽至其位，而
> 大暑熱；陰至其位，而大寒凍；陽至其休，而入化於地；陰至其伏，
> 而避德於。是故夏出長於上，冬入化於下者，陽也；夏入守虛地於
> 下，冬出守虛位於上者，陰也。〔註53〕

文章內容所謂陰陽乃指相對性概念，概指月與日，夜與畫，寒與暑和四時流序之變化而言，純粹以自然環境變化概括為二部，而以陰陽兩字統攝一切大自然生成變化，此種解說，與傳統之說並無特出之處；不過，董氏之陰陽說

〔註51〕同上註，語見「《呂氏春秋》及其對漢代學術與政治的影響」一節，頁58。
〔註52〕《中國人性論史》，語見頁578。
〔註53〕賴炎元註譯，《春秋繁露今註今譯》，（臺北：臺灣商務印書館，民國73年5月初版，76年4月二版），語見卷十二，頁305～306。

部分，涉及其天人合一之思想。

> 天道大數，相反之物也，不得俱出，陰陽是也。春出陽而入陰，秋
> 出陰而入陽，夏右陽而左陰，冬右陰而左陽：陰出則陽入，陽出則
> 陰入，陰右則陽左，陰館則陽右，是故春俱南，秋俱北，而不同道；
> 夏交於前，冬交於後，而不同理；並行而不相亂，澆滑而各持分，
> 此之謂天之意。〔註54〕

> 天地之常，一陰一陽，陽者，天之德也，陰者，天之刑也，跡陰陽
> 終歲之行，以觀天之所親而任，成天之功，猶謂之空，空者之實也，
> 故清溧之於歲也，若酸鹹之於味也，僅有而已矣，聖人之治，亦從
> 而然；天之少陰用於功，太陰用於空，人之少陰用於嚴，而太陰用
> 於喪，喪亦空，空亦喪也。是故天之道以三時成生，以一時喪死，
> 死之者，謂百物枯落也，喪之者，謂陰氣悲也。天亦有喜怒之氣，
> 哀樂之心，與人相副，以類合之，天人一也。〔註55〕

傳統觀念中，陰陽亦是一種相對性概念，是對於同一事物，或者同一事物之
變化中，比較所得不同約分為二，而以陰陽兩字統稱相對性質，其中並無好
惡輕重之分，《易·繫辭傳》所謂「一陰一陽之謂道」便是此理。但是董氏旨
趣乃在政治與人事，且欲將政治理論建基於宇宙論之下，於是進一步將陰陽
說成天之有意志之表現，以此確立政策之合法性。董氏以陰象徵天之刑，以
陰表現其惡；以陽象徵天之德，以陽表現其善；陰陽二氣皆是天道運行之表
現；因天有陰陽二氣施於大地，人亦由天生地長，故人亦有善惡之心，皆是
出於天之意志決定。因此，人當以天之意志為標準，效法天之法則，故於政
治上亦有刑德之分，與其刑德存在必要。然而董氏所崇終在儒家任德不任刑，
自是不能德刑並重，董氏以此告戒人主「莫明於在身之與天同者而用之，使
喜怒必當義而，如寒暑之必當其時乃發也，使德之厚於刑也，如陽之多於陰
也」，〔註56〕〈天道無二〉又曰：「天之任陽不任陰，好德不好刑，如是。故
陽出而前，陰出而後，尊德而卑刑之心見矣」，〔註57〕董氏強調，天雖有陰陽，
然多行陽氣；人主雖有刑德，必要多行德政。故董氏雖將刑德比附為陰陽，

〔註54〕 同上註，語見卷十二，頁311。
〔註55〕 《春秋繁露今註今譯》，語見卷十二，頁309。
〔註56〕 同上註，語見頁310。
〔註57〕 同上註，語見頁314。

卻是將四時化爲三時春、夏、多是成生之陽，與一時多爲喪死之陰，明顯與其政治主張相互呼應有關。不過，此說並非指陰陽分別代表善與惡創自於董氏，在《易‧繫辭傳》中便有：「陽一君而二民，君子之道也；陰二君而一民，小人之道也」，此句已將陰陽賦與分判道德高下之義；然則，以陰陽判爲刑與德，並且依此發展出一套完整學說，則非董仲舒莫屬矣。

董氏釋「五行」曰：

> 天有五行：一曰木，二曰火，三曰土，四曰金，五曰水。木，五行之始也，水，五行之終也，土，五行之中也，此其天次之序也。木生火，火生土，土生金，金生水，水生木，此其父子也。木居左，金居右，火居前，水居後，土居中央，此其父子之序，相受而布。是故木受水而火受木，土受火，金受土，水受金也。諸授之者，皆其父也；受之者，皆其子也；常因其父，以使其子，天之道也。是故木已生而火養之，金已死而水藏之，火樂木而養以陽，水剋金而喪以陰，土之事火竭其忠。故五行者，乃孝子忠臣之行也。五行之爲言也，猶五行歟？是故以得辭也。〔註58〕

五行所指及其順序木、火、土、金、水，皆與《呂氏春秋》同；由木生火，由火生土，由土生金，由金生水，由水再生木。董氏五行相生之說，亦可見於〈五行相生〉。合而言之，因五行間有生受關係，生者爲父，受者爲子，生受、父子皆不過是相對而論，故五行皆可以爲父，可以爲子，皆可生，亦可受，概言之，五行間是一種循環關係，董氏稱此秩序是「天次之序」，是屬於自然運行之規則，是外在客觀事物自然呈現之結果。然而董氏卻依此自然秩序類比於人際倫常，並以人道需要符合天道之規律，換言之，人倫秩序必需以自然秩序爲準則。準此而言，子受父生，故子要孝父；君生臣受，故臣需忠君。再進一步說，五行生受之秩序，是人倫秩序之模範，五行所以得名，乃是做爲五種人倫行爲準則之意。賴炎元便以爲董氏之五行相生之說，是「體現出人類的倫常——君臣、父子的關係，闡發人類道德的根源」，〔註59〕不唯如此，董氏此一五行相生推論人倫秩序，其著眼處，更是在爲其天人合一思想尋求一套理論結構基礎。

董氏有五行相生之說，亦有五行相勝之言。〈五行相生〉言：「行者，行

〔註58〕《春秋繁露今註今譯》卷十一，語見頁 286～287。
〔註59〕同上註，語見頁 12。

也，其行不同，故謂之五行。五行者，五官也，比相生而間相勝也」，〔註60〕所謂「比相生」，指鄰近兩行相生關係；「間相勝」者，指間隔之兩行相互克制之意，如金勝木，水勝火，木勝土，火勝金，土勝水等。見諸〈五行相勝〉篇，不外以五行類比於五官：木者司農，火者司馬，土者君之官，（其相司營）金者司徒，水者司寇；董氏五行相勝之說，主要在安置官職之權分之制，由此更可看出，董氏之五行說，乃是藉五行之概念以達到宣傳治政之目的；或曰，董氏之官職編制源於五行學說亦未嘗不可，兩者皆有可說。董氏之五行相生與五行相勝之說，可由圖表示之：

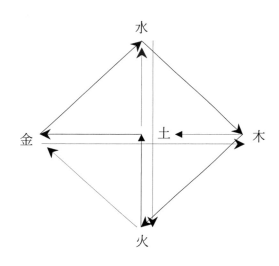

此圖示結構，實直線表示兩行之相生關係，虛直線則是表示間隔之兩行之相勝關係。此圖大底與《呂氏春秋》之五德終始說秩序不同；《呂氏春秋》強調五行相勝之說，故其順序只是單向循環；而董氏五行之說，兼具相生與相勝，不僅可以相生，且可以相勝。至於五行相勝之說，可以推溯騶衍；而五行相生之說，是否創自董仲舒，則不能確定。凌曙註《春秋繁露・五行相生》時，引《博物志》稱：「自古帝王五運之次有二說，鄒衍以五行相勝爲義，劉向則以相生爲義，漢魏共尊劉說」，〔註61〕若依據《漢書》所載，則董氏之說應在劉向之前。

　　陰陽與五行之統合，在《呂氏春秋》〈十二紀紀首〉中，以四時爲中心，

〔註60〕同上註，語見頁334。
〔註61〕凌曙註，《春秋繁露註》，世界書局據《皇清經解續編》影印，語見頁302。

將陰陽五行搭配成一套初具間架之體系；董氏之陰陽五行學說，乃承續此一系統，發展成更為緊密之結構，而以天道，或者天志統攝一切陰陽五行。董氏之天道觀念，固然與其天人合一思想息息相關，然而天道觀念之所以能夠成立，則是建基於陰陽五行學說。〈天道無二〉曰：

> 天之常道，相反之物也，不得兩起，故謂之一；一而不二者，天之行也。陰與陽，相反之物也，故或出或入，或右或左，春俱南，秋俱北，夏交於前，冬交於後，並行而不同路，交會而各代理，此其文與！〔註62〕

天之道與天之行，只是一而不二，陰與陽之出入左右，乃陰與陽之運行方向不同，雖相反而不兩起，並行而不同路，皆只是天之道行而已。所以有四時變化，乃陰陽兩者不同方向所造就之盛衰情形而成，並無所謂「獨陰」或「獨陽」之情形存在，可以單獨存在者，唯天道而已矣。〈天辨在人〉曰：

> 如金木水火各奉其主，以從陰陽，相與一力而并功，其實非獨陰陽也，然而陰陽因之以起，助其所主。故少陽因木而起，助春之生也；太陽因火而起，助夏之養也；少陰因金而起，助秋之成也；太陰因水而起，助冬之藏也。〔註63〕

陰陽兩氣之運行路徑相反，故有「當令」之說。當陰氣運行至其「當令」之位，即北方之位時，則天氣便冷；反之，陽氣運行至南方之位時，則天氣便熱。陰陽二氣如此相反運行，故有四時之分；又如此周而復始運行，董氏便視其為天道運行之規律。然則只有陰陽之運行並不能造成氣候，必需與五行配合始能奏效。董氏以為，金木水火等四行本已各據一方，後與陰陽所成之結果搭配，形成一種氣候，四行便有四時：少陽合木為春，太陽合火為夏，少陰合金為秋，太陰合水為冬。〈五行相生〉曰：

> 天地之氣，合而為一，分為陰陽，判為四時，列為五行。

董氏以「一」統攝天地之氣，一分為二，成陰陽二氣，陰陽二氣運行而成四時，陰陽二氣所列為五行，由此看出董氏之宇宙觀；若單論五行，則可以有相生與相勝之循環論；然而若欲以五行與四時合論，則四時與五行在數量上無法配合，董氏對此問題解決之法，乃將土行獨立出來，而以木對春，以火對夏，以金對秋，以水對冬，如此便可使五行與四時相提並論。〈五行對〉曰：

〔註62〕《春秋繁露今註今譯》卷十二，語見頁314。
〔註63〕《春秋繁露今註今譯》卷十一，語見頁302。

「土者，火之子也，五行莫貴於土，土之於四時，無所命者，不與火分功名；木名春，火名夏，金名秋，水名冬，忠臣之義，孝子之行取之土；土者，五行最貴者也，其義不可以加矣」，〔註64〕〈五行之義〉曰：「土居中央，爲之天潤，土者，天之股肱也，其德茂美，不可名以一時之事，故五行而四時者，土兼之也，金木水火雖各職，不因土，方不立，若酸鹹辛苦之不因甘肥不能成味也。甘者，五味之本也，土者，五行之主也，五行之主土氣也，猶五味之有甘肥也，不得不成」，董氏將土行位階提高至帝王之上，一方面使五行可以配合四時，另一方面，則將帝王之位獨立於五官之上，彰顯帝王之尊貴。若就此論，董氏無異將帝王之位主觀化，加深帝王權威之絕對化；但是若以五行觀念論，則土行仍受於火，剋於木。於此，不得不注意董氏此番設計之用心。

今就董氏將陰陽與五行相配之理以圖表示之：〔註65〕

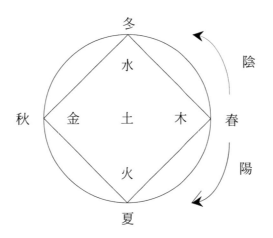

〔註64〕同上註，語見頁279。

〔註65〕唯須說明，董氏之五行秩序與方位，若以現代觀念展示，有稍許疑點必要澄清：〈五行相生〉中說「東方者木，南方者火，中央者土，西方者金，北方者水」，又〈天辨在人〉曰：「春居東方，秋居西方，夏居空右，冬居空左，夏居空下，冬居空上」，上圖所示自可成立；但，〈五行之義〉曰：「木居左，金居右，火居前，水居後，土居中央」，則木左金右與東木西金顛倒。然究其實，董氏所論乃是指相對性方位，若以客觀對象而言，則木在東，金在西；反之，以主觀立場而論，則木在土之左，金在土之右，兩造所說，分別代表論述者之立場不同而已，非董氏之分配有矛盾之處。

第五節　《白虎通》之陰陽五行理論基礎

　　李威熊在《中國經學發展史論》分析東漢經學時稱:「兩漢讖緯也可說是陰陽五行學說的另一種表現方式」,〔註66〕王存臻、嚴春友合著之《宇宙全息統一論》亦言:「到漢代,陰陽五行說和官方的神祕主義結合,成了讖緯學說的組成部分」;〔註67〕從另一角度看,陰陽五行說提供讖緯思想之理論基礎,而讖緯思想則是陰陽五行理論之實踐。《白虎通》中有關陰陽五行論述之基調,大要不脫《呂氏春秋》與董仲舒思想樊籬。

　　《白虎通·天地》曰:

> 始起先有太初,然後有太始,形兆既成,名曰太素。混沌相連,視之不見,聽之不聞,然後判清濁。既分精曜出布,庶物施生。精者為三光,號者為五行。五行生情性,情性生汁中,汁中生神明,神明生道德,道德生文章。故〈乾鑿度〉云:太初者,氣之始也;太始者,形之始也;太素者,質之始也。陽唱陰和,男行女隨也。(卷九〈天地〉500〜501)

《白虎通》此段引〈乾鑿度〉為證,且論述宇宙生成過程亦與之同調,〈乾鑿度〉曰:

> 夫有形生於無形,乾坤安從生?故曰:有太易、有太初、有太始、有太素也。太易者,未見也;太初者,氣之始也;太始者,形之始也;太素者,質之始也。氣、形、質具而未離,故曰渾淪。渾淪者,言萬物相渾成而未相離,視之不見,聽之不聞,循之不得,故曰易也。〔註68〕

《白虎通》所論宇宙之成形,除〈乾鑿度〉以「太易」為宇宙未見之始外,其餘皆與〈乾鑿度〉同。這段文字乃是對宇宙圖式之明說:宇宙先有太初,後有太始,形成名太素,太素施生庶物,號為五行,後由五行生情性、文章等。人類對於客觀事物之理解,大概是由粗轉精,從簡入深,設想天地形成之初只是混沌一片,造物之初只有一「氣」,由此一「氣」中不斷生化,而有三光、五行,因此,不論天地萬物如何多樣,一樣如何多變化,萬流歸宗結

〔註66〕《中國經學發展史論》,語見頁146。

〔註67〕王存臻、嚴春友著,《宇宙全息統一論》,(山東:山東人民出版社,1988年3月第一版,1992年3月第三次印刷),語見頁2。

〔註68〕《緯書集成》,語見頁787。

果，只是如天地形成之初之一「氣」而已，故天地萬物本爲一體。此一體之「氣」，可以再化分爲二「氣」，此二「氣」便是陰與陽；若將陰陽二「氣」再化分，則有木、火、土、金、水等五行；故綜而言之，《白虎通》中之所謂陰陽，或者所謂五行，皆可以視爲分析萬物萬事之理之系統。其中論及陰陽五行，乃指宇宙之氣、形、質形成後之陰陽二氣，及其二氣運行結果所產生之五種物質形式。

所謂五行，《白虎通》曰：

> 五行者，何謂也？謂金、木、水、火、土也。言行者，欲言爲天行氣之義也。地之承天，猶妻之事夫，臣之事君也，其位卑，卑者親視事，故自同於一行，尊於天也。《尚書》曰：「一曰水，二曰火，三曰木，四曰金，五曰土。」水位在北方，北方者，陰氣在黃泉之下，任養萬物。水之爲言淮也，養物平均有淮則也。木在東方，東方者，陽氣始動，萬物始生。木之爲言觸也，陽氣動躍，觸地而出也。火在南方，南方者，陽在上，萬物垂枝。火之爲言委隨也，言萬物布施；火之爲言化也，陽氣用事，萬物變化也。金在西方，西方者，陰始起，萬物禁止；金之爲言禁也。土在中央，中央者土，土主吐含萬物；土之爲言吐也。何以知東方生？〈樂記〉曰：「春生，夏長，秋收，冬藏。」土所以不名者，地，土之別名也，比於五行最尊，故不自居部職也。〈元命苞〉曰：「土無位而道在，故大一不與化，人主不任部職。」（卷四〈五行〉198～201）

此段又引〈元命苞〉爲說，[註69] 土雖爲五行之一，然土居中央無位而道在，不與四時同化；土亦象徵人主於爵稱之中最尊，故不自居部職。《白虎通》以陰陽盛衰說明五行與陰陽之關係，其說亦可見於讖緯〈春秋元命苞〉：

> 水之爲言演也，陰化淖濡，流施潛行也。故其字，兩人交一以中出者爲水，兩人譬男女，言陰陽交物以一起也。

> 木者，陽精生于陰，故水者木之母也。木之爲言觸也，氣動躍也，其立字八推十爲木，八者陰，合十者陽數。

> 火之爲言委隨也，故其立字，人散二者爲火也。

〔註69〕《緯捃》引〈春秋元命苞〉與《白虎通》所引有差異，曰：「土無位而道在，故太一不興化，人主不任部」，語見頁1452。

土之爲言吐也，子成父道，吐精氣以輔也。陽立於三故成土，其立
字十從一爲土。〔註70〕

讖緯論述陰陽與五行之關係，大致皆與《白虎通》一致，但偏向於以「說文解字」方式說明五行之立字原理與陰陽關係；而《白虎通》基本上，亦是採取「緯書」之符號系統，爲當時制度名號做不同解釋。〔註71〕《白虎通》所謂五行，乃指金、木、水、火、土，與其對應之四時，以春對木，以夏對火，以秋對金，以冬對水，而土則居中央，於五行之中最尊，且不與四時對，此乃是自《呂氏春秋》而來；不論就內容所指，或者五行與四時之相配，《白虎通》對五行之說明，全然承襲董仲舒以後之舊學說；不過，《白虎通》對於陰陽二氣運行於五行方位情形，與董仲舒稍異。《白虎通》之五行，乃是藉陰陽二氣之運行而存在，意即五行是陰陽二氣所運行而成，故宇宙可以理解爲陰陽二氣所成，亦可以說是由五行所成，陰陽與五行，皆可以視爲分析萬物之二種不同系體；然若以優先順序言，則陰陽勢在五行之前。例如，陰氣在北方黃泉之下，任養萬物，故北方爲水；又陽氣在東方始動，萬物始生，故東方爲木；南方則陽在上，陽氣用事，萬物垂枝，故南方曰火；西方則陰氣始起，萬物禁止，故西方曰金。

《白虎通》引陰陽尊卑之理做爲人倫政治君臣、夫妻關係之常模，具有政治倫理之作用；其後引〈元命苞〉之語，亦是從董仲舒五行之義，〔註72〕更說明《白虎通》企圖以陰陽五行學說做爲政治理論之架構。

《白虎通》以「氣」統理天地萬事萬物，復以陰陽五行分析歸納爲陰陽兩類或者五行五類。若以「一」言之，則天地萬事萬物生成變化之理，皆出於一「氣」；若以「多」言之，則又可分爲兩類：其一，可分爲陰陽兩類；其二，可分爲五行五類；而此兩類分法，可以分別獨立，更可以合併解釋，陰陽與五行之關係是既分工又合作。如上所言，五行之「言行者，欲言爲天行

〔註70〕 以上四則引文具見於〈春秋元命苞〉，語見《緯書集成》，頁1455。

〔註71〕 〈讖緯思想與訓詁符號——以白虎通爲例〉言：「《白虎通》基本上是採用『緯書』的符號系統，來替當時的制度名號做不的解釋，而且喜歡把解釋符號與宇宙、政治、社會、道德緊緊的結合在一起，以期達到帝王一統的目標」，語見頁97。

〔註72〕 《春秋繁露・五行之義》：「土居中央，爲之天潤，土者，天之股肱也，其德茂美，不可名以一時之事，故五行而四時者，土兼之也。……是故聖人之行，莫貴於忠，土德之謂也。人官之大者，不名所職，相其是矣；天官之大者，不名所生，土是矣」，語見頁287。

氣之義也」，因爲五行運行之結果，產生四時，而四時所以有差異變化，乃是出於陰陽盛衰變化之理。

> 少陽見於寅，寅者，演也。律中太蔟，律之言率，所以率氣令生也。
> （卷四〈五行〉207～208）

〈春秋元命苞〉亦曰：「律之爲言率也，所以率氣令達也」，〔註73〕宋均注之曰「率猶導也」，所以四時少陽爲春，太陽爲夏，少陰爲秋，太陰爲冬，皆是「氣」所導致生達之故，亦是陰陽消息變化所致。除此之外，尚有進一步說明，〈五行〉篇論「五行之性」曰：

> 五行之性，或上或下何？火者，陽也尊，故上；水者，陽也卑，故下；木者少陽；金者少陰，有中和之性，故可曲直從革；土者最大，苞含物，將生者出，將歸者入，不嫌清濁爲萬物。《尚書》曰：「水曰潤下，火曰炎上，木曰曲直，金曰從革，土爰稼穡。」五行所以二陽三陰何？尊者配天，金、木、水、火，陰陽自偶。（卷四〈五行〉202～203）

此處將五行與陰陽之關係分判爲：火是陽之尊，木者少陽，火、木二者屬陽；水者陽之卑（在此理解爲陰），金者少陰，水、金二者屬陰；在〈五行〉篇又論陰陽盛衰，便將火歸爲太陽，水歸爲太陰，土則未封屬性。讖緯以爲火爲陽之精，〔註74〕或將火視爲只有陽而無陰之成分；然而《白虎通》則以爲火、木、水、金四者並非只是單陰，或者是單陽，而是以陰與陽之成分多寡論定，「五行各自有陰陽」，〔註75〕故謂「陰陽自偶」，如此始能符合陰陽分化爲五行，而五行各含有陰陽之理論。唯《白虎通》所謂「二陽三陰」者頗令人費解，若金木水火分屬二陰二陽，則所剩一陰，自當落在土上，然而上文曰，土行乃「所以不名時者，地，土之別名也，比於五行最尊，故不自居職也」，此處稱「尊者配天」者，自當指土行，而其餘四行則陰陽自偶，難道《白虎通》將土行視爲陰氣？此說不無疑問。

五行之屬性，無論是陰或是陽，皆是在陰陽二氣偶合後之產物，故《白虎通》之五行，可以視爲氣之運行而存在之五種形式，若以此五種形式論萬物之理，則萬物皆可以五行分析之。《白虎通》論五行之性，可以當做抽象之

〔註73〕《緯書集成》，語見頁1447。
〔註74〕《緯書集成》，〈春秋感精符〉曰：「火者，陽之精也」，語見頁207。
〔註75〕《白虎通疏證》，〈五行〉篇論「五行更王相生相勝變化之義」，語見頁225。

形式理解，在論五味、五臭、五方時，木火土金水五行，又可以現實之實物理解之，其曰：

> 水味所以鹹何？是其性也，所以北方鹹者，萬物鹹與，所以堅之也，猶五味得鹹乃堅也。木味所以酸何？東方萬物之生也，酸者以達生也，猶五味得酸乃達也。火味所以苦何？南方主長養，苦者，所以長養也，猶五味須苦可以養也。金味所以辛何？西方煞傷成物，辛所以煞傷之也，猶五味得辛乃委煞也。土味所以甘何？中央者，中和也，故甘，猶五味以甘爲主也。《尚書》曰：「潤下作鹹，炎上作苦，曲直作酸，從革作辛，稼穡作甘。」（卷四〈五行〉203～205）

此以五味論五行：水味屬鹹，在北；木味屬酸，在東；火味屬苦，在南；金味屬辛，在西；土味屬甘，在中央。又曰：

> 北方其臭朽者，北方水，萬物所幽藏也，又水者受垢濁，故其臭腐朽也。東方木也，萬物新出地中，故其臭羶。南方者火也，盛陽承動，故其臭焦。西方者金也，萬物成熟始復諾，故其臭腥。中央者土也，土養，故其臭香也。〈月令〉曰：「東方其臭羶，南方其臭焦，中央其臭香，西方其臭腥，北方其臭朽。」（卷四〈五行〉205～206）

此說乃以五臭論五行：水臭腐朽；木臭羶；火臭焦；金臭腥；土臭香。又，與其相對應之方位，名稱亦有相對意義：

> 所以名之爲東方者，動方也，萬物始動生也；南方者，任養之方，萬物懷任也；西方者，遷方也，萬物遷落也；北方者，伏方也，萬物伏藏也。（卷四〈五行〉206～207）

《白虎通》根據陰陽五行理論所推演之分析法，不僅可以五種抽象形式套用在味、臭、方位，也可以運用於人體生理與精神之分析，甚至其他抽象思維以及人事關係等，皆可以五行分判之，亦可以五行相互對應。

《白虎通》有關以五行分判各類事物，且其五種分類可相應於五行者，於文本之中，有：五行之性、五方、五味、五臭、四時、其日、五色、五音、五帝、五神、五精、五祀及祭祀所用牲、五臟、五性、五官、五嶽、五星宿與《五經》。今製簡表如下：

《白虎通》五行分類表

五　　行	木	火	土	金	水
五行之性	少陽	太陽	最大	少陰	太陰
五　　方	東	南	中央	西	北
五　　味	酸	苦	甘	辛	鹹
五　　臭	羶	焦	香	腥	朽
四　　時	春	夏	六月〔註76〕	秋	冬
其　　日	甲乙	丙丁	戊己	庚辛	壬癸
五　　色	青	赤	黃〔註77〕	白	黑〔註78〕
五　　音	角	徵	宮	商	羽
五　　帝	太皞	炎帝	黃帝	少皞	顓頊
五　　神	句芒	祝融	后土	蓐收	元冥
五　　精	青龍	朱鳥	鳳皇〔註79〕	白虎	元武
五　　祀	戶	灶	中霤	門	井
祭祀所用牲	羊	雞	豚	犬	豕
五臟〔註80〕	肝	心	脾	肺	腎
五　　性	仁	禮	信	義	智
五　　官	目	耳	口	鼻	竅
五　　嶽	岱宗	衡山	嵩山	華山	恆山
五　星　宿	蒼龍之位	上爲張星	上爲北斗	上爲昴畢〔註81〕	上爲虛尾
五　　經	《樂》	《禮》	《詩》	《書》	《易》

〔註76〕《白虎通疏證》卷二〈五祀〉曰：「6月祭中霤，中霤者，象土在中央也，6月亦土王也」，語見頁96。

〔註77〕《白虎通疏證》卷八〈性情〉曰：「脾所以信何？……故脾象土色黃也」，語見頁457。

〔註78〕陳立《白虎通疏證》疑文本脫「其色黑」三字，語見頁215。

〔註79〕《白虎通疏證》引子華子北宮問篇曰：「脾之精爲土，其神爲鳳皇」，語見頁458。

〔註80〕《白虎通》卷二〈五祀〉論「祭五祀順五行」，對所祀與所祭對象，與五行所對之五臟不同，其曰：「故月令：春言其祀戶，祭先脾；夏言其祀灶，祭先肺；秋言其祀門，祭先肝；冬言其祀井，祭先腎；中央言其祀中霤，祭先心」，語見頁96。

〔註81〕《白虎通疏證》卷八〈性情〉曰：「鼻者，肺之使；肺者，金之精，制割立斷。」陳立疏證曰：「此『制割立斷』當爲『上爲昴畢』之誤」，語見頁458。

上表所提有關五官、五臟及五星宿，即直接引自讖緯〈元命苞〉：

〈元命苞〉曰：目者肝之使，肝者木之精，蒼龍之位也。鼻者肺之使，肺者金之精，制割立斷。耳者心之候，心者火之精，上爲張星。陰者腎之寫，腎者水之精，上爲虛尾。口者脾之門戶，脾者土之精，上爲北斗，主變化者也。（卷八〈性情〉457）〔註82〕

除此之外，考之讖緯，亦有以類似五行配六府五藏之說，且其理論完足，媲美《白虎通》。如〈樂動聲儀〉曰：

官有六府，人有五藏。五藏者何也？謂肝、心、肺、腎、脾也。肝之爲言干也，肺之爲言賁也，情動得序。心之爲言任也，任於恩也。腎之爲言寫也，以竅寫也。脾之爲言併也，所以積精稟氣也。五藏：肝仁、肺義、心禮、腎智、脾信也。肝所以仁者何？肝，木之精也，仁者好生，東方者陽也，萬物始生，故肝象木，色青而有枝葉。目爲之候何？目能出淚，而不能內物，木亦能出枝葉，不能有所內也。肺所以義者何？肺者金之精，義者斷決，西方亦金，成萬物也，故肺象金，色白也。鼻爲之候何？鼻出入氣，高而有竅，山亦有金石累積，亦有孔穴，出雲布雨，以潤天下，雨則雲消，鼻能出納氣也。心所以爲禮何？心、火之精也，南方尊陰在上，卑陰在下，禮有尊卑，故心象火，色赤而銳也，人有道尊，天本在上，故心下就也。耳爲之候何？耳能遍內外，別音語，火照有似於禮，上下分明。腎所以爲智？腎者水之精，智者進而止，無所疑惑，水亦進而不惑，北方水，故腎色黑，水陰，故腎雙。竅爲之候何？竅能瀉水，亦能流濡。脾所以信何？脾者土之精，土尚任養萬物，爲之象，生物無所私，信之至也，故脾象土，色黃也。口爲之候何？口能啖嘗，舌能知味，亦能出音樂，吐滋液。〔註83〕

其論五形與五臟六府之配置，與《白虎通》所言如出一轍。

至於《白虎通》其餘事物分配五行而未有明引讖緯者，亦有讖緯與《白虎通》文本相對應。如《白虎通》論五味：

水味所以鹹何？是其性也，所以北方鹹者，萬物鹹與，所以堅之也，猶五味得鹹乃堅也。

〔註82〕《緯捃》尾作危，語見頁1451。
〔註83〕《緯書集成》，語見頁1495。

〈春秋元命苞〉則曰：「鹹者鎌鎌清也，至寒之氣，使其清而鹹」；〔註84〕

　　　木味所酸何？東方萬物之生也，酸者以達生也，猶五味得酸乃達也。

〈春秋元命苞〉則曰：「酸之言端也，氣始生焞（焉），心自端也」；

　　　火味所以苦何？南方主長養，苦者所以長養也，猶五味須苦可以養也。

〈春秋元命苞〉則曰：「苦者勤苦，乃能養也」；

　　　金味所以辛何？西方煞傷成物，辛所以煞傷之也，猶五味得辛乃委煞也。

〈春秋元命苞〉則曰：「陰害故辛殺義，故辛刺，陰氣使其然也」；

　　　土味所以甘何？中央者，中和也，故甘，猶五味以甘為主也。

〈春秋元命苞〉則曰：「甘者食常，言安其味也，甘味為五味之主，猶土之和成於四行也」。《白虎通》與讖緯所載，其意甚近；尤其是讖緯論土味甘時，更與《白虎通》所引之〈元命苞〉曰：「土無位而道在，故大一不與化，人主不任部職」，具有異曲同工之妙。

　　《白虎通》以陰陽五行分析天地萬事萬物，實繼承《呂氏春秋》與董仲舒之陰陽五行理論而來，而較之後二者，《白虎通》更具有系統化與完整性，此亦是顯示出陰陽五行學說已經進入成熟階段，而其思想不惟整個讖緯思想之基調，亦是《白虎通》讖緯思想所蘊含。《白虎通》論述陰陽五行，不時援用讖緯思想證明其說法來源，可見讖緯思想在當時非常活躍；同時，《白虎通》對陰陽五行之論述，側重在學說結論與其結論之施於人倫日用，固然是在漢代「通經致用」風氣使然，同時也是陰陽五行思想發展至成熟階段之表現。復由於讖緯思想與陰陽五行學說之同質性高，陰陽五行學說之蓬勃發展，不僅間接提供讖緯思想部分學理基礎，同時藉由讖緯思想，陰陽五行擴大詮釋範圍，伸入邈冥不可測之神學境域，二者似已有融合之趨勢，無怪乎有人將讖緯思想視為陰陽五行學說之另一種展現方式。

　　《白虎通》論宇宙生成過程，天地萬物皆由氣而生，故天地萬物皆有陰陽五行之性，此乃是構成漢代「氣化宇宙論」重要論式；《白虎通》讖緯思想將天地萬物附會於陰陽五行，實已將天地萬物陰陽五行化，故無論以上所舉，皆是陰陽五行之產物。舉「人性」為例。《白虎通》曰：

　　　性情者，何謂也？性者陽之施，情者陰之化也，人稟陰陽氣而生，

故內懷五性六情。情者靜也，性者生也，此人所稟六氣以生者也。

故〈鉤命決〉曰：「情生于陰，欲以時念也；性生于陽，以就理也。

陽氣者仁，陰氣者貪，故情有利欲，性有仁也。」（卷八〈性情〉451）

《白虎通》引陰陽五行論理說明人之有仁貪之性情，乃承董仲舒之人性論而來。〈春秋元命苞〉曰：「陰陽之性以一起，人副天道，故生一子」，〔註85〕顯示讖緯亦承董仲舒「人副天數」而來，而人性之初亦因陰陽而起。人因稟陰陽之氣而生，故生而有陰陽之氣；而陽氣生仁，陰氣生貪，人內懷五性六情，有仁貪之性情，皆是陰陽二氣所致。《白虎通》引〈鉤命決〉曰：「情生于陰，欲以時念也；性生于陽，以就理也」；〈孝經援神契〉亦曰：「性生於陽以理執，情生於陰以繫念」，〔註86〕以陽屬性說明仁與理，以陰屬情說明貪與欲，使傳統人性善惡問題暫時獲得安置。至於性分有五，情分有六，仍與陰陽五行有關，《白虎通》曰：

性所以五，情所以六何？人本含六律五行之氣而生，故內有五藏六府，此情性之所由出入也。〈樂動聲儀〉曰：「官有六府，人有五藏。」

（卷八〈性情〉453）

〈春秋元命苞〉曰：「律之爲言率也，所以率氣令達也」，故凡六律、五行、陰陽皆是氣運行之結果。（五行配六府五藏之說，可參考上述《白虎通·性情》及讖緯〈樂動聲儀〉）《白虎通》此說合於董仲舒對人性之理解，但仍未必是《白虎通》終極關懷之處，更重要者，《白虎通》乃是藉由說明性情之由來，以證明天地萬物皆生於陰陽五行，更退一步說，乃是出於氣運行之所致，天地乃是一個氣化之宇宙。

至於五行相生與相勝問題，《白虎通》所論偏向具體實物。相生者：

五行所以更王何？以其轉相生，故有終始也。木生火，火生土，土生金，金生水。（卷四〈五行〉222～223）

五行相生之序，與董仲舒同；若合四時而言，亦有摻雜「當令」之說：

水生木。是以木王，火相，土死，金囚，水休，王所勝者死囚，故王者休。（卷四〈五行〉222～223）

〈春秋運斗樞〉亦有類似說法：

四時王者休，王所勝者死，相所勝者囚。假令春之三月木王，水生

〔註85〕《緯書集成》，語見頁1451。

〔註86〕《緯書集成》，語見頁1503。

木，水休；木勝土，土死；木王，火相，王所生者相，相所勝者囚，

火勝金，春三月，金囚。〔註87〕

例如：木當令之時，便以木主宰當時之節氣，故木爲王，而次之火爲相，土爲死，金爲囚，水爲休；根據此一循環推知，若一行當令爲王之時，則次一行便是相，再者爲死，爲囚，爲休；五行運行產生五種狀態，五行在不同節氣便有不同狀態，如此循環流轉，便有轉相生、有終始，五行便可隨時而更王。

　　當令之說其中亦含有五行相勝之意含，相勝者，《白虎通》也稱相害，同篇曰：

五行所以相害者，天地之性，眾勝寡，故水勝火也；精勝堅，故火

勝金；剛勝柔，故金勝木；專勝散，故木勝土；實勝虛，故土勝水

也。（卷四〈五行〉224～225）

《白虎通》言五行相勝之序亦與董仲舒同。五行各有相勝，五行皆然；而五行間所勝之理，則各有不同。分別而言，水所以勝火，乃因眾勝寡之故；火所以勝金，乃因精勝堅之故；金所以勝木，乃因剛勝柔之故；木所以勝土，乃因專勝散之故；土所以勝水，乃因實勝虛之故。五行相生、相勝之理，蘊含著不同質性間之生剋原理，從各種相生與相勝之中，尋求各種物質間之變化法則，進而歸納出物質變化之原理；同時，《白虎通》五行間之生勝關係，也可以比附於人事，從而使人事關係得到合理解釋以及理論依據。以此觀點而言，《白虎通》論五行生勝之旨趣，不似騶衍以來之「五德終始說」，以五行之生勝論朝代之更替；《白虎通》乃是轉向以五行生勝之理落實於人倫日用之中。

　　《白虎通》以陰陽五行學說爲基礎，對不同事物進行分類，慣以五種性質概括之，此五種性質，可以是抽象之形式，亦可以是具象實物之特性，不同性質之事物，五行皆可與相對應；意即，五行之質性已經含括所有物質之特性，天地萬物皆可以五行分析之，皆可以五行概括之，天地萬物之生成流轉，不過是五行之運行之結果而已，而五行之運行，最後亦不過是陰陽二氣之變化所致；歸根究底，宇宙間一切現象變化，只是陰陽五行作用而已。從《白虎通》可以看出，陰陽、五行既是萬物之本原，也是各種自然現象變化發展之根源，天地萬物與千變萬化之自然現象，皆是陰陽、五行之排列組合；

〔註87〕同上註，語見頁201。

陰陽五行便是構成各種層次與各種現象之主要構成元素。《白虎通》陰陽五行理論基型，今以圖表示之：

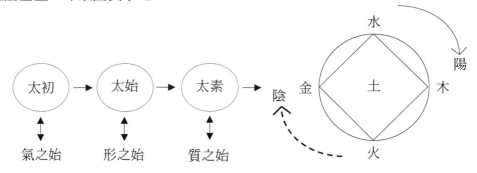

除了以上所列，不同事物分類與五行相對外，即使是無法與五行相對應，以五做為事物分類之準則，仍是處處可見，如：卷三〈禮樂〉言帝嚳樂曰「五英」，「五英」者，「能調和五聲，以養萬物，調其英華也」；四夷之北方為「五狄」；卷五〈諫諍〉言人懷五常，故有「五諫」：諷諫、順諫、闚諫、指諫、陷諫；卷六〈封禪〉言「五緯」順軌，《漢書・天文志》謂：東方歲星、南方熒惑、西方太白、北方辰星、中央塡星，「五星不失行，則年穀豐昌」。〔註88〕卷六〈巡狩〉謂「五歲巡狩」：「三歲一閏，天道小備；五歲再閏，天道大備；故五年一巡守」，卷七〈王者不臣〉有「五暫不臣」，謂祭尸、授受之師、將帥用兵、三老、五更；有「五不名」：先王老臣、貴賢者、盛德之士、諸父、諸兄不名；卷八〈瑞贄〉有「五瑞」，謂：珪、璧、琮、璜、璋；卷八〈性情〉又將仁、義、禮、智、信，歸為「五氣」；卷八〈宗族〉有論「五宗」；卷九〈姓名〉言人含「五常」而生；卷九〈日月〉言：「日月五星右行」；卷九〈五刑〉言「刑所以五何？法五行也」，「五刑」者，謂：「『大辟』法水之滅火；『宮』者法土之壅水；『臏』者法金之刻木；『劓』者法木之穿土；『墨』者法火之勝金」；卷十〈嫁娶〉有「五不娶」：亂家之子、逆家之子、世有刑人、惡疾、喪婦長子不娶。凡此所舉，皆可見《白虎通》之陰陽五行思想深入人心。

《白虎通》所論有關陰陽五行者，大多引述讖緯條文，亦有未標明出處，而實引其他讖緯條文者，皆可視為《白虎通》所含之讖緯思想即包含陰陽五行觀念，而陰陽五行思想融入讖緯之中，變成讖緯思想重要因素之一；同時，《白虎通》中引述讖緯之陰陽五行觀念，並引經書證成陰陽五行思想，使陰

〔註88〕《漢書・天文志》卷二十六，語見頁1287。

陽五行思想進入經書之中而成經書所蘊含之思想。漢代儒學陰陽五行化雖未
必始於讖緯興起之際，然而《白虎通》同時引經書與讖緯說明陰陽五行觀念，
似可說明讖緯乃經書與陰陽五行之交集處；而讖緯所述陰陽五行觀念，適可
做為溝通經書與陰陽五行之仲介傳媒。以陰陽五行解釋宇宙，或許不是漢人
所始創；然而編織陰陽五行學説，並且將它擴大至天地萬物以及天人之際，
則非漢人莫屬。誠如徐復觀所言：「若以陰陽五行，純作宇宙論的說明，這是
一種『前科學性』的說明，在知識上，有其進步的意義。但以此來作為宗教
的構造，乃至以此作為道德的根據，則不僅為先秦思想所無」，〔註89〕任繼愈
編《中國哲學發展史・秦漢》論《白虎通》之宗教神學，稱《白虎通》神學
體系中，陰陽五行有三層不同含義：第一是自然含義；第二是神學含義；第
三是社會倫理含義；而以神學之含義最重要。〔註90〕不論是《呂氏春秋》，或
者是董仲舒以降，甚至東漢《白虎通》，其中所涉及之陰陽五行學説，事實上，
其目的不僅止於建構一套能夠解釋宇宙之理論，它固然亦包含自然科學之精
神；然而，陰陽五行學説更重要之任務，乃在構設一幅宇宙圖式，為其道德
所依附之權威尋求最後之根源，為漢代「天人合一」思維模式提供一套更為
全面之理論基礎。

〔註89〕《中國人性論史》，語見頁 583。
〔註90〕 任繼愈主編，《中國哲學發展史・秦漢》，（北京：北京人民出版社，1982 年 2
　　　　月第 1 版），參考頁 500～501。

第五章　天人感應思維之模式

　　皮錫瑞言：「漢有一種天人之學而齊學尤盛。《伏傳》五行，《齊詩》五際，《公羊春秋》多言災異，皆齊學也」，〔註1〕熊公哲在《孔學發微》一書中亦稱：「漢世有一種天人之學，謂之齊學。伏傳五行，齊詩五際，春秋、公羊災異，皆齊學也。此說經家所謂齊學，以傳其學者皆齊人也。區區所謂齊學者，非此之謂也，特就學術源流言之：齊、魯治異道，教異義，蓋自周公、太公詒厥之謀然矣」，〔註2〕齊學影響漢代所及，不僅是經今文學，陰陽五行之說及天人感應之思想，皆與齊學有關。前已述及，齊學在漢代經學發展過程，扮演極重要之角色，漢儒將齊學導入儒家典籍，最明顯者，莫過於陰陽五行學說。依勞思光所言，漢儒所以受陰陽五行學說之支配，乃源於先秦儒學本身獨缺一宇宙論，及秦火之後獨盛《易經》，說《易》者如孟喜之徒，多用陰陽災變之說，故陰陽五行之觀念，首先通過《易經》而侵入儒學。〔註2〕從另一角度思考，正因為漢代欲建立一套可大可久之宇宙觀，所以引進陰陽五行來表述此一現象世界；而孟喜之徒所以引陰陽五行說《易》，正反映出漢儒嘗試運用儒家典籍解釋宇宙之可能。暫且不論漢儒是否因為引進陰陽五行學說致使先秦儒學之心性本義失落，建立一套天人感應、與天人合一之宇宙觀，顯然較吸引漢人之興趣。勞氏並稱：「陰陽五行之說侵入儒學，尚有另一重要通路，此即所謂『讖緯』」，〔註3〕無論是漢代經學，陰陽五行或者讖緯，皆可

〔註1〕　《經學歷史》，語見頁103～104。
〔註2〕　熊公哲，《孔學發微》，（臺北：正中書局，民國74年1月臺初版），語見卷下，頁111。
〔註2〕　《新編中國哲學史》（二），參考頁13～14。
〔註3〕　同上註，語見頁16。

以視爲漢儒建構其宇宙觀之材料，而漢人心目中之宇宙論，便是以「天人合一」爲理想典型，其中天人感應中所含機祥災異之說，便透露出此一訊息。本章即以「天人關係」問題爲重心，探討中國思想史上天人關係之發展，舖陳天人思想歷程，其目的：一則爲尋求《白虎通》讖緯思想中天人感應之來源，再者可以與《白虎通》天人感應之天人思想做一比較，凸顯出《白虎通》之時代意義。

第一節　先秦「天人感應」之說

唐君毅以爲：

> 「天人合一」是中國哲學上的中心觀念──這一觀念直接支配中國
> 哲學之發展，間接支配中國之一切社會政治文化的理想──所以在
> 中國哲學上一直流行著，天人合德，天人不二，天人無間，天人相
> 與，天人一貫，天人合策，天人之際，天人不相勝，天人一氣的話。

〔註4〕

天與人之關係無疑是中國思想史上之中心問題。天人關係相對於中國思想文化，可由對「天」不同之理解，形成不同型態之天人之學，復由不同型態之天人之學，推導出不同學派之思維模式，不同學派之思維模式作用於社會之中，便有多樣之文化內涵，而中國文化與社會之核心問題亦即由此而開展。

「天」之字典義，馮友蘭在其《中國哲學史》中，歸納天有五義：一曰物質之天、二曰主宰之天、三曰運命之天、四曰自然之天、五曰義理之天；〔註5〕相對於「人」而言，「天」之意涵，大概不出馮氏所述；但是在各義之中所舉各

〔註4〕 唐君毅，〈如何了解中國哲學上天人合一之根本觀念〉，該篇論文收錄於《中西哲學思想之比較論文集》，（臺北：臺灣學生書局，民國77年7月），語見頁128。

〔註5〕 馮友蘭《中國哲學史》言：「在中國文字中，所謂天有五義。曰物質之天，即與地相對之天。曰主宰之天，即所皇天上帝，有人格的天地。曰運命之天，乃指人生中吾人所無奈何者，如《孟子》所謂：「若夫成功，則天也」之天是也。曰自然之天，乃指自然之運行，如《荀子·天運》篇所說之天是也。曰義理之天，乃謂宇宙之最高原理，如《中庸》所說「天命之謂性」之天是也。《詩》《書》《左傳》《國語》中所謂之天，除物質之天外，似皆指主宰之天。《論語》中孔子所說之天，亦皆主宰之天也」，（臺北：臺灣商務印書館，民國33年4月增訂初版，83年5月臺一版第二次印刷），語見第一篇第三章「孔子以前及其同時之宗教的哲學的思想」，頁55。

家之言，並非特指各家之中只有該義而已。在中國哲學中，論述天人關係及其各家分類，依方東美（A.D.1899～1977）區分「天人和諧關係」，則有先秦家、漢後儒學三代共六種：﹝註6﹞而金忠烈以爲「天人合一論」有五種，﹝註7﹞對應於「天」之意涵，先秦思想可粗分：儒家偏重「義理之天」，附有運命之義；道家亦重「義理之天」，附有自然之義；墨家偏重「主宰之天」；荀子偏重「自然之天」，附有義理之義；而以董仲舒爲代表之漢代儒學，則是以「主宰之天」爲思想主軸。不過，歸結以上二家之說，所論皆只是儒家之思想，並未將「原始思想」納入討論類型之一，其原因或許是「原始思想」不得以一家之言視之，或是不合「天人合一」之條件，然皆不妨本文對天人關係做歷史源流之探討。

　　「天人感應」之「天」，大概可以歸納爲「主宰之天」，而所謂「天人感應」，乃指天與人之間存在著某種溝通彼此意見之橋樑，天之變易必會導引人之連鎖反應，相反亦同；而在感應過程中，天與人存在著程度相同或相似之感應能力，彼此洞悉對方，亦能影響對方。不過，先秦「天人感應」之說，則是偏重於天意一面，以天之意志爲準則，凡人所有舉措必須依循天之意志與規律，人若順天意則興，反之則亡；雖說天人相互感應，然若按感應優先秩序言，則是以天意爲先，人感應於後。天意藉種種符號使人感應其旨，人受天意符號啓示後，以種種方式回應天意，最終達到天意要求；天意得人間回應，判斷結果後，再次將降命於人世。根據此一論證，祇少隱含二重意義：一、天人乃是相互對立，且又相互聯係；二、天人間之感應呈現一種循環效應。以圖示之：

﹝註6﹞方東美著，馮滬祥譯，《中國人的人生觀》先秦家、漢後儒學三代共六種：一、原始儒家：人類參贊化育，決化宇宙生命，共同創進不已。二、道家：環繞道樞，促使自然平衡，各適所適，冥同大道而臻和諧。三、墨子：人與宇宙在兼愛下和諧無間。四、漢儒：天人合一或人與自然合一之縮型說。五、宋儒：人與宇宙對「天理」之一致認。六、清儒：在自然力量相反相成，協然中律下之和諧。（臺北：幼獅文化事業，民國69年出版），參考頁91～97。

﹝註7﹞金忠烈，《天人和諧論——中國先哲有關天人學說之研究》分析「天人合一論」有五種：一、人稟天性，故要復見天心——天人合德而一貫。此項指先秦儒家：孔子、孟子、《中庸》、《易經》所示之「天人合德」思想。二、人稟天功，故要合天治物——天人分二而合一。此項指荀子「天人分二」而至「天生人成」之思想。三、人類天象，故要副應天情——天人相感而合第。此項指漢代董仲舒之「天人感應」之思想。四、性即理，故要窮理盡性——天人同體而無間。此項指宋明理學之「天人無間」之思想。五、器爲實有，故要即事以窮理——天人相參以共同。此項指清初王船山、戴東原等人「天人相參」之思想。台北・中國文化學院三民主義研究所博士論文，民國63年，參考頁110～134。

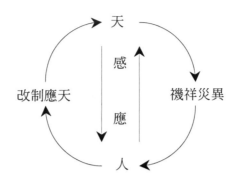

　　唐君毅稱：「中國哲學以天人合一或天人不二之旨為宗。其言心、言性、言情、言欲、言意、言志，皆所以言人，而恆歸源於天」，〔註8〕天人感應之說，追溯先民社會思潮，可就當時對「天」之概念觀察其梗概。約略言之，在殷周君權神授之時，「天」乃是至上神之代稱。《尚書·酒誥》云：

　　惟天降命，肇我民惟元祀。天降威，我民用大亂喪德，亦罔非酒惟

　　行。〔註9〕

　　弗惟德馨香祀，登聞於天，誕惟民怨。庶群自酒，腥聞在上，故天

　　降喪于殷。周愛于殷，惟逸。天非虐，惟民自速辜。〔註10〕

上文所言，人之所有言行舉止，莫不以「天」為命是從，此即所謂「天命」；下文意指殷商所以滅亡，不惟君王作惡引發民怨，終遭「天」遺棄。可見《尚書》將「天」視為「人格天」，且以此「人格天」作為政權更替之主宰力量。《詩經·小雅·十月之交》則有：「下民之孽，匪降自天，噂沓背憎，職競由人」，〔註11〕語中對「天」之意，亦頗近似《尚書》；勞思光稱：「《書經》中亦常有此種『人格天』觀念，作為政權興廢之主宰。就所用詞語而論，《書》中說及『人格天』時，仍用『天』字；《詩經》中則常用『帝』字以稱此種主宰意義之天」，〔註12〕勞氏並將此觀念劃歸為原始宗教信仰一類；又說：「此種『人格天』觀念，原屬早期社會之普遍信仰，不足代表古代中國思想之特

〔註 8〕唐君毅，《唐君毅全集》，（臺北：臺灣學生書局，民國 75 年 9 月全集校訂版），語見卷十二《中國哲學原論·導論篇》，頁 520。

〔註 9〕《十三經注疏·尚書》第十二，語見頁 207。

〔註10〕同上註，語見頁 210。

〔註11〕《十三經注疏·詩經》卷第十二—二，語見頁 409。

〔註12〕《新編中國哲學史》（一），語見頁 91。

色。而且此一觀念本身之理論意義甚少，只算是古代習俗之部分。但因習俗之遺留每每歷時甚久，故日後中國思想界之言宇宙論及神祕主義者，常取此種古代信仰數持其說。由此，『人格天』觀念，對後世中國思想確有某種『發生意義』之關聯」，〔註13〕故在《詩》《書》時代，純然是對大自然環境所產生之敬畏之心，所謂「天人感應」之說並未發展開來，但是具有啓發爲天人感應之內在關聯。陳柱《公羊家哲學・災異說》言：

> 《詩》《書》所載，固甚正矣。然舜入大麓，烈風雷雨弗迷，堯以爲聖。周公居東，則天大雷電以風，禾盡偃，大木斯拔，見于金縢。《詩》曰：「正月繁霜，我心憂傷，民之訛言，亦孔之將。」又曰：「十月之交，朔日辛卯，日有食之，亦孔之醜，彼月而微，此日而微，今此下民，亦孔之哀。」此災異之說之見於經者也。然古人因災異以戒懼修省，其用意亦甚善。故古代既有其事，古經即不削其文而已。未嘗以經說災異之感應也。〔註14〕

陳柱此說，可以做爲勞思光上述說法之補充。先民時代固然亦有所謂災異之誌，古代或有其事，然所述並未多見，且古人以此戒懼修省，尚未嘗以災異論天人感應之事。唐君毅在此一問題上，看法則比較切進而細緻，其論先秦天命思想之發展時，言中國古代天命觀有三義，以爲《詩》《書》中之言天命第二義：「天命之降於人，後於其修德」，此義可名之爲「天命與人德之互相回應義」。〔註15〕順此，中國後來所發展之宗教、道德與政治思想，無不重視對天之祈禱，人之受天命，則當更敬厥德。姑且不論《詩》《書》時代是否已有天命與人德互相回應之義，唯可以注意者，此項以災異做爲戒懼修省之思維，仍可以視爲是日後引發以災異爲溝通天人感應之開端。以下略分六點說明先秦「天人感應」學說之型態。

一、先秦儒家道德型天人合一論

　　從代表孔子思想之《論語》中，很難確認孔子具有漢儒所謂降命受命之說，

〔註13〕同上註，語見頁92。
〔註14〕陳柱，《公羊家哲學》，（臺北：力行書局，民國59年），語見頁224〜225。
〔註15〕《中國哲學原論・導論篇》。其論「第一義使中國古代之天或上帝，成爲非私眷愛於一民族之一君或一人者，而天或上帝乃爲無所不在之天或上帝。」此義可名之曰「天命之周遍義」；「第三義人修德而求永命，及天命不已之思想」，此義可名之曰「天命之不已義」，參考頁521〜528。

不過，孔子自云「五十而知天命」，《論語・季氏》亦云：「君子有三畏：畏天命，畏大人，畏聖人之言」，〈先進〉篇云：「噫！天喪予！天喪予」，〈八佾〉篇云：「獲罪於天，無所禱也」，仍可以看出孔子受天命靡常觀念之影響，此可以視爲原始思想之殘留，馮友蘭稱《論語》中之孔子所言之天「亦皆主宰之天」，只能從此處理解。然唐君毅解釋孔子這段思想歷程言：「蓋由於孔子之周遊天下，屢感道之不行，方悟道之行與不行，皆爲其所當承擔順受，而由堪敬畏之天命以來者。此則大異於前之天命思想，亦不止於直下行心之所安之教者也」，〔註16〕孔子雖謂「畏天命」，保留古老人格神之觀念，但此同時，孔子亦有將傳統之觀念轉化爲生命內部所發揮之道德精神，因此，孔子所言「天命」，仍與《詩》《書》所言之原始觀念有別。《詩》《書》言天命，多指人之所當行之天敘天秩之典常彝倫，而孔子教弟子以仁，大多指生活之行事規儀，且要求人能反求諸己，以行心之所安，牟宗三（A.D.1909～1995）言：「孔子一生做的就是踐仁的工夫，孔子的生命直是踐仁的生命，仁是一切德性所從出，是眞正生命的代表」；〔註17〕一言以蔽之，孔子之教即是踐仁之工夫。〈陽貨〉篇云：「天何言哉，四時行焉，百物生焉，天何言哉」，又歎「逝者如斯夫，不舍晝夜」，正可以說明孔子所言天命已大不同於原始天命思想，孔子強調「天行健，君子以自強不息」，人於此一充滿生機蓬勃之天體中，更應以道德創造不息之生命意義，《中庸》謂「天命之謂性」與「惟天下至誠，爲能盡其性；能盡其性，則能盡人之性；能盡人之性，則能盡物之性；能盡物之性，則可以贊天地之化育；可以贊天地之化育，則可以與天地參」，〔註18〕徐復觀稱此「正是既肯定而又同時擺脫的表現」，「人性是由天所命，這是對天的肯定；性乃在人的生命之中，道由率性而來，道直接出於性，這實際是對天的擺脫」，〔註19〕亦正可以做爲孔子天人思想之寫照。

〔註16〕 《中國哲學原論・導論篇》，語見頁535。

〔註17〕 牟宗三，《中國哲學的特質》，（臺北：臺灣學生書局，民國52年6月初版，79年10月再版七刷），語見頁71。

〔註18〕 牟宗三以爲，中國正宗儒家對於性的規定，可分二路：一是《中庸》、《易傳》所代表之一路，其中心在「天命之謂性」一語；二是孟子所代表之一路，其中心思想爲「仁義內在」，即心說性。《中庸》、《易傳》是從天命、天道下貫而言，牟氏稱爲「宇宙論的進路」，與孟子異路，但是它終結可與孟子之終結會合。牟氏言「中國儒家正宗爲孔孟，故此中國思想大傳統的中心落在主體性的重視，亦因此中國學術思想可大約地稱爲『心性之學』」，參考《中國哲學的特質》第七、八、九講，故本文論先秦儒家，以孔孟爲主。

〔註19〕 《兩漢思想史》卷二，語見頁76。

孔子之教不止在直指心之所安，且在周文之精神上開發出自覺基礎，從而奠定儒家心性主體自覺之宏規。

私淑孔子之後，孟子對「天」之觀念，在《孟子》書不同語脈中，當有不同之意含，〔註20〕並非只侷限於馮友蘭所謂「人生中吾人所無奈何者」之「運命之天」。從孟子對「性」之理解，可以窺探其天人之學。《孟子・盡心・一》曰：「盡其心者，知其性也；知其性，則知天矣。存其心，養其性，所以事天也」，唐君毅分析此文言：「孟子言盡心知性則知天，存心養性即事天，乃直下於吾人之自己之心性上知天。由自己之心性，所以可知天者，則以人為天之所生，心性即天之所以與我。今盡天之所以與我，而為我所固有之心性，以知天，則其知天正為最直接者。天以此心性與我，我即存之養之以事天，則其事天正為最直接者」，〔註21〕若就此言天，則切近於「義理之天」，孟子之天乃關連於人之心性自覺，與原始天命思想不同，自不可混為一談。而對「命」之理解，孟子亦有部分承《詩》《書》及孔子以來之傳統觀念，〈萬章〉曰：「舜禹益相去久遠，其子之賢不肖，皆天也，非人之所能為也。莫之為而為者，天也，莫之致而至者，命也」，又曰：「孔子進以禮，退以，得之不得，曰有命」，孟子固然有運命之意，乃孟子深刻體會，對於客觀條件之變化多樣，人於實際之中無法全然掌握，這些無法掌握之客觀因素，孟子以「命」稱之；不過，這些皆不妨孟子「心性之學」。〈盡心・下〉說得清楚，〔註22〕口、目、耳、鼻、四肢之生理欲求，乃是天命所成，「君子不謂性也」；聖人之於天道所成之仁、義、禮、智，乃「命也，有性焉，君子不謂命也」。勞思光總結孟子思想稱：「孟子之思想，以心性論為中心，落至政治生活上，乃形成其政治思想。宇宙論問題及形上學問題、皆非孟子留意所在」，「另一面，孟子之心性論，全建之在『主體性』觀念上，無論其論證強弱如何，處處皆可以離開『形上天』之假定而獨立。則『天』觀念在

〔註20〕例如薛保綸於《孟子哲學》書中，分析孟子對天之觀念有：一、天為至高無上的神明；二、天為人類萬物的造物者；三、天統御萬物；四、天賞善罰惡。（臺北：輔仁大學出版社，民國65年初版，74年12月再版），參考頁32～35。
〔註21〕《中國哲學原論・導論篇》，語見頁544。
〔註22〕《孟子・盡心・下》曰：「口之於味也，目之於色也，耳之於聲也，鼻之於臭也，四肢之於安佚也，性也，有命焉；君子不謂性也。仁之於父子也，義之於君臣也，禮之於賓主也，智之於賢者也，聖人之於天道也，命也，有性焉；君子不謂命也」。

孟子思想中并無重要地位，似亦無疑」，〔註23〕由此亦可知，以孔孟思想爲代表之儒家學說，雖有若干說法與原始思想相似，但皆不可據此論定儒家有「天人感應」之說，先秦儒學強調「我之所以自命之一切，即天之所以命我之一切，皆無非正命，而天命即由我而立矣」，〔註24〕「更無漢儒如緯書、白虎通義、何休、王充、趙岐所謂正命（生而善與福祿兼備之命）、隨命（隨善惡而報之）、遭命（行善遇凶）之分」；〔註25〕反之，孟子心性之學直接表現出儒家之道德意識，「一方面爲儒家成德之教提供了人性論上的可能依據，另一方面也爲儒家『天道性命相貫通』的形上信仰，建之了一套『即內在而超越』的理解形態」，〔註26〕綜合孔孟之說，先秦儒家天人之學可以「道德型天人合一論」名之。

二、先秦道家形上型之天人合一論〔註27〕

《老子》一書五千言，文約而旨遠，克就老子之天道觀論，第二十五章言：「人法地、地法天、天法道、道法自然」，人由法地，至法天，法道，法自然，即人最終在法自然，而非僅止於法天；不過，老子雖一再描述「道」之創生宇宙萬物過程看，仍不同於傳統「天」之觀念。說「在老子的天道論裡，『道』是宇宙萬物的本體，地位相當於傳統觀念中的『天』，〔註28〕這種說法並不正確，老子以「道」做爲「存在界價值秩序的基礎，而不能擬同於西方形上學的第一因、無限實體、或自然規律」，〔註29〕而「天」尤需法「道」，豈可將老子之「道」與傳統觀念之「天」相提並論？第五章云：「天地不仁，以萬物爲芻狗」，第七十三章云：「天之所惡，孰知其故？天之道，不爭而善

〔註23〕 以上二段引文具見《新編中國哲學史》（一），頁202。
〔註24〕 《中國哲學原論・導論篇》，語見頁545。
〔註25〕 同上註，語見頁544～545。
〔註26〕 此乃袁保新之語，語見《孟子三辨之學的歷史省察與現代詮釋》，（臺北：文津出版社，民國81年2月初版），頁67。
〔註27〕 袁保新言：「如果我們將形上學廣義地界定爲：對存在界或全體人類經驗的一種終極的解釋，則老子環繞著『道』一概念所展開的思想，當然也是一種形上學。」語見《老子哲學之詮釋與重建》，文津出版社，民國80年9月初版，頁124～125。唯老子之「形上學」與西方之形上學有豐富之抽象概念，與嚴謹之方法論證迥異，不可混同，本文僅是藉用其廣義之界定義而已。
〔註28〕 司修武，《黃老學說與漢初政治平議》，（臺北：臺灣學生書局，民國81年六初版），語見頁5。
〔註29〕 《老子哲學之詮釋與重建》，語見頁124～125。

勝，不言而善應，不召而自來，繟然而善謀。天網恢恢，疏而不失」，凡此，皆老子視「天」為一自然而然之創生本體，不論人是否依順其天理而行，天有一套自己運行之規律，人可以法天而行，亦可以有不法天而行之自由，只是天不會因人改變行為而有所更動，而由此言，更可看出老子不同於一般天人感應之傳統思想，且老子在主觀上將人由天人感應之傳統思維中獨立出來。徐復觀以為：「老學的動機與目的，並不在於宇宙論的建立，而依然是由人生的要求，逐步向上面推求，推求到作為宇宙根源的處所，以作為人生安頓之地。因此，道家的宇宙論，可以說是他的人生哲學的副產物」，〔註30〕故老子言天或是天道，實際上，並不同於傳統天人感應之說。

　　而莊子對天道之觀念，與傳統天人感應思想，相去更遠。〈大宗師〉云：「知天之所為，知人之所為者，至矣」，唐君毅釋此言之旨，「乃歸在言人之以其失知之所知，養其知之所不知，為人之修道工夫之本」。〔註31〕莊子以為，謂人若知天之所為與人之所當為者，便是生命至高之境界。大凡《莊子》所引天說，郭象注皆以「自然」釋之，此謂「自然」又與老子所言「道法自然」之「自然」同意。故《荀子・解蔽》云：「莊子蔽於天而不知人」，楊倞注之曰：「天謂無為自然之道」，莊子以「天」代替老子之「道」，旨在使人易於把握其概念。〈大宗師〉云：「知天之所為者，天而生也」，〈應帝王〉云：「盡其所受於天」，〈天地〉云：「忘己之人，是之謂入於天」，莊子極力將人之最高境界與天道並齊，堅持生命自身之獨立自主，無異是消弭人與天之隔膜，而其所展現之天人觀近似「天人合一」思想，「莊子不言道而轉言天，並落在內在生命人格的體證上，反逼近儒家」。〔註32〕韋政通在《中國思想史》言：「莊子思想中所表現的天人合一境界，是由人的自棄志我而達到的超越和諧，這與美感經驗中所達到的藝術境界，完全可以相通。與儒家由當下德性生命的充實和終極的關切之情相結，而達到的天人合一境界不同」，〔註33〕老、莊所代表之道家，與孔、孟所代表之儒家，兩者之不同處在於：道家以「虛靜推於天地」之自然論天人合一境界，而儒家則是經由「心性之德的充擴」而達到天人合一境界，徐復觀亦言：「儒家由人性

〔註30〕《中國人性論史》，語見頁 325。
〔註31〕《中國哲學原論・導論篇》，語見頁 377。
〔註32〕王邦雄，《中國哲學論集》，（臺北：臺灣學生書局，民國 72 年 8 月初版，79年 2 月再版二刷），語見頁 61。
〔註33〕韋政通，《中國思想史》，（臺北：大林出版社，民國 68 年），語見上冊，頁 136～137。

中理性的擴充而得到與天地相通的精神境界；原始道家，由『致虛極，守靜篤』的工夫，以擴充生命中的虛靜之德，而得到與天地相通的精神境界」。〔註 34〕簡言之，莊子之「天」，除自然性格之外，所剩只是人之精神境界而已，而「莊子所主張的天人思想，乃是以人的情意我去與天合一，對人生世界的態度，為一欣賞玩趣的觀賞態度。這種態度，用之於個人生活，不乏多趣，但對建立社會的生活秩序言，是無所幫助的」，〔註 35〕故先秦道家之天人關係，實未可與傳統天人感應思想相提並論，今從略。

三、墨家宗教型之天人感應論

《墨子‧天志‧上》云：

> 天欲義而惡不義，然則率天下之性，以從事於義，則我乃為天之可欲也。我為天之所欲，天亦為我所欲。

> 當天意而不可不順。順天意者，兼相愛，交相利，必得賞；反天意者，別相惡，交相賊，必得罰。〔註 36〕

墨子專言天志，將人欲兼愛之價值根植於天之意志，且視天志為一絕對命令，能規範人之行事，故有天志始有天命，天欲義始為我所欲，我所欲者乃天之所欲，此中固有「天人合一」之因素，然卻是以天人互惠交換之功利主義為天人之關係，故不得稱墨子思想為「天人合一」論式。此處墨子將「天意」視為人行為善賞惡罰之價值根源，意同於「人格天」；〈尚同‧下〉又云：「天子又總天下之義，以尚同於天」，〔註 37〕天下人之義歸結於天子之義，天子之義又尚同於天，此中便隱含了人須符合天命之意；〈法儀〉云：「天之所欲，則為之；天所不欲，則止」，〔註 38〕更顯現出「天」不僅有好惡，人更要依順「天意」行事，順天法天，以祈求善果。這種「天人感應」之意含，乃指「天」是有意志，有感覺，有能力對天地萬物進行對應，並且支配一切，故人所能行動者，唯有「法天」。

〔註 34〕《兩漢思想思》卷二，語見頁 34。

〔註 35〕黃湘陽，《先秦天人思想述論》，（臺北：文史哲出版社，民國 73 年 4 月初版），語見頁 137。

〔註 36〕孫詒讓撰，小柳司氣太校訂，《墨子閒詁》，（臺北：驚聲文物供應公司，民國 59 年 8 月），以上二則，語見卷七〈天志‧上〉，頁 5。

〔註 37〕同上註，語見卷三〈尚同‧下〉，頁 27。

〔註 38〕同上註，語見卷一〈法儀〉，頁 21。

《墨子‧法儀》：

> 法不仁不可以爲法，故父母、學、君三者，莫可以爲治法。然則奚
> 以爲治法而可？故曰：莫若法天。〔註39〕

墨子視天爲唯一效法對象，法天是手段，兼愛成爲目的，人與天之彼此地位高低分明，自是不同於先秦儒、道兩家之「天人合一」論。唐君毅稱：「是見墨子之天，仍同於詩書中之天，乃唯監觀四方，視人之行爲合不合於其志，而施賞罰者。此即仍須待人之行事，上聞於天，而後天乃察其德，以施賞罰。此正爲詩書中天命觀中所涵之思想」，〔註40〕又說：

> 本上所說，則對墨子之天志鬼神之論，吾人一方須知墨子論證天與
> 鬼神之存在之言，不必有效，一方須知墨子實相信有鬼神與天志。
> 在另一方，吾人又須知墨子天志明鬼之論，原不重在論證天與鬼神
> 之存在，而要在論此天與鬼神乃能知義，而本義以行其賞罰。其中
> 之天，尤自始爲一兼愛萬民，公而無私，至神至明，而恆能知義，
> 本義以行賞罰，而其行賞罰之事，無不周遍者。〔註41〕

故論證墨子是否相信鬼神存在，與墨子所崇尚之天志思想並不相干；且墨子以天志做爲君主賞罰之判準，尤可見墨子立天志鬼神之論，乃重在立一超越天子之外之外在權威。正如黃湘陽說：「墨子的天道觀念，是利用一般人以爲天有權威性的想法來闡發他人生行爲上客觀之義道的重要。客觀之義道，實行在社會生活中就是兼相愛，而得到交相利的治世之結果」，〔註42〕墨子利用人對天普遍抱持之外在權威性以達到其治世目的，爲漢儒所吸納而爲政治思想，形成一外在權威主義。至於墨子之是否果眞視「天」有人格神之性格，徐復觀則持保留態度，〔註43〕徐氏僅是就思想史之發展歷程推說，且思想只

〔註39〕同上註，語見卷一〈法儀〉，頁20～21。
〔註40〕《中國哲學原論‧導論篇》，語見頁541。
〔註41〕唐君毅，《中國哲學原論‧原道篇》，（臺北：臺灣學生書局，民國75年10月全集校訂版，81年3月全集校訂版第二刷），語見卷一，頁190。
〔註42〕《先秦天人思想述論》，語見頁94。
〔註43〕《兩漢思想史》卷二，徐復觀以爲：「墨子心目中的天，是否係人格神的性格，實是模糊不清；而他本人不是許多人心目中的宗教家，則是可以斷言的。人格神的建立，要靠人類的原始感情在原始社會中的長期塑造。我國原始宗教中，天的人格神的性格，既已經垮掉了，而代之以合理地人文主義精神，墨子生於春秋之末，便不可能想到，也不可能做到，恢復天的人格神的地位」，語見頁77～78。

有「進化」之可能，此一「進化」之方向，又唯一指向「對天的擺脫的大指標發展」〔註 44〕，徐氏所論，只是理上之可能，可惜未有進一步說明其由。然而，《墨子》將此「天意」納入其學說，爲天人關係提供一套邏輯論證基礎，墨子雖亦少言災異，然而其天人關係之感應過程，符合天人感應之二重意義，開啓後世天人感應之理論模式，則是可以斷言。

四、荀　子

　　荀子天人之學乃人與天分職，「天生人成」不啻是其思想核心。〈天論〉曰：

> 天行有常，不爲堯存，不爲桀亡。應之以治則吉，應之以亂則凶。
> 彊本而節用，則天不能貧。養備而動時，則天不能病。脩道而不貳，
> 則天不能禍。……不爲而成，不求而得，夫是之謂天職。〔註 45〕

此言並非指「人賴智力可制用自然，戡定天地」，更無意宣示「人之力可決定一切萬有」；〔註 46〕天是自自然然之事實，屬於自然現象，乃屬「自然義」之「天」，故凡非人爲造就之事物，皆可謂「天」。〈天論〉曰：「大天而思之，孰與物畜而制之！從天而頌之，孰與制天命而用之！……故錯人而思天，則失萬物之情」，〔註 47〕此天乃一自然客觀運行之結果，人與其大思從頌於天，反失萬物生成之理，故不如制之用之，戡之定之矣。然荀子旨在說明人與天之職有分，並無意強調人應該或者有能力改造天之道。荀子謂：「天有其時，地有其財，人有其治，夫是之謂能參」，人之權力與能力範圍只是與天地參而已，唐君毅說：「荀子重人之對天而盡人事，而人事之所成者，即非自然界之天地萬物所原有。然此亦不涵有：人之地位在天地之上之義，亦不涵有人對其外萬物，求加以控制，征服自然，而表現人之權力之義」，〔註 48〕依唐氏此說，顯然顧及荀子整體思想，應是保守而穩當之見解。荀子雖云人由天生，天生人成，善惡皆是天生造就，人固有天君之心，然此心「不重更向內反省此心之所以爲心之性」〔註 49〕，終於導向性惡之說；化性起僞必待聖

〔註 44〕同上註，語見頁 78。
〔註 45〕《荀子》，（臺北：錦繡出版事業，民國 82 年再版），語見頁 162～163。
〔註 46〕《荀子與兩漢儒學》，語見頁 47～48。
〔註 47〕《荀子》，語見頁 167。
〔註 48〕《中國哲學原論・導論篇》，語見頁 442。
〔註 49〕同上註，語見頁 444。

人而有，又使其學說理論產生謬誤。依勞思光分判，價值根源之歸宿若歸於「天」，又可分為二類：（一）非人格化之「天」，如道家所言之「自然」；（二）人格化之「天」，如墨家所言之「天志」，或其他權威主義之外在主宰；據此，荀子之價值論便是走入權威主義。

綜觀荀子整體思想，雖然將價值根源寄託於外在之權威之上，頓使孔孟心性學說內在價值根源失落，並形成其學說內在之困境；此外在權威固然可以以「天」替代之，不過，不能就此斷定荀子有傳統天人感應之說；畢竟，從荀子語意脈絡之中，「天」只有自然之義，不涵意志與作用，此意甚明。唯須注意者，荀子之「天」雖不具有天命之義，且與傳統天人感應之說不類，但荀子以其具有儒家身分，將價值根源寄託於外在權威之上，顯示先秦儒家主觀內在之心性之學已經失落，使儒學與天人感應之學得到綰合之契機；因此，後起之儒生，特別是漢儒在說天人感應時，便在荀子之基礎上，將儒家學說與天人感應之說綰合為一，進而使儒家之精神轉向建立於宇宙論式之價值觀之上。

五、騶　衍

後人理解騶衍終始五德之說，以為原是原始宗教之變形，騶衍所謂五行之「德」，亦是天命之具體形式，五德終始法則，只是固定之形式變化，而德之來去得，仍源於天之意命。〔註50〕不過，騶衍之「天」，並未有「人格天」之意。觀騶衍之語「必先驗小物，推而大之，至於無垠」，將天地萬物生成變化歸納出一套詮釋理論，又「推而遠之，至天地未生，窈冥不可考而原也」，與「大九州」之說，則是意圖將時間溯自天地未生之原，牢籠時間與空間於一說，構成其宇宙論學說；又以五德終始之運，解釋歷史賡續之跡，構成其歷史循環論證；此皆未有天人感應之意味。王夢鷗言：「騶衍把陰陽消息的抽象原理附于五行之中，于是陰陽五行便成為天地萬物的生滅原理或原則」，〔註51〕騶衍學說之重心，乃在於以陰陽、五行詮釋物理與歷史，至於是否滲雜傳統天人感應之思想，並不明顯。王氏續言：「（騶衍）這原則之表見于『天』者則為日月五星列宿與四時；其表見於『地』者，則為五位四野及其生物。大九州說，便是他對那『空

〔註50〕《中國人性論史》，徐復觀言：「鄒子終始五德之說，乃原始宗教的變相復活；五行的德，以次運轉，乃天命的『命』的具體化」，語見頁574。
〔註51〕《鄒衍遺說考》，語見頁123。

間』方面所作的說明」，〔註52〕「天」只是作爲表述天上所有天象，包括日月星辰、四季氣候之自然景觀，並無天命興味；而物理之生成變化與歷史之循環規律所依憑之陰陽與五行，是否歸結於具體化之天命，亦未有資料足以佐證。

六、《呂氏春秋》

暫且不論騶衍學說是否含有天人感應思想，騶衍對於天之理解，及其所構成之宇宙觀雛型，則明顯爲《呂氏春秋》所承襲。〈應同〉五行相勝之說，〔註53〕著重論帝王受命之五德終始，暗合於騶衍五德轉移之說。《呂氏春秋》載黃帝因土氣勝而興，禹因木氣勝而興，湯因金氣勝而興，文王因火氣勝而興，故代火者必將水；以上四位之所以能稱帝，乃受惠於天之命，而天命下達於人世，則以「機祥」現於人世；此「機祥」內容不一，不過皆是天命傳達意旨之符號，皆是五行之德之變形。秦始皇得此改制，《漢書‧律歷志》載：「戰國擾攘秦兼天下，未皇暇也，亦頗推五勝，而自以爲獲水德，乃以十月爲正，色尚黑」，又將黃河改名爲德水，始皇凡此舉措，無非以水德代替周朝之火德，表明自身乃應五德之運而出之帝而已，與政治之實際需求不甚關切。《呂氏春秋》中稱，黃帝之時見大螾大螻、禹見草木秋冬不殺、湯見金刃生於水、文王見赤鳥銜丹書集於周社，凡此，乃在重申君權授於天命，祥瑞皆是天意所降符號，天命以此符號示人天命之意，可見《呂氏春秋》時猶未能挑戰君權神授之權威性。「機祥」之說，於《呂氏春秋》中屢見不鮮；如〈制樂〉篇載云：

> 故成湯之時，有穀生於庭，昏而生，比旦而大拱，其吏請卜其故。
> 湯退卜者曰：「吾聞祥者福之先者也，見祥爲不善則福不至；妖者禍之先者也，見妖爲善則禍不至。」於是早朝晏退，問疾弔喪，務鎮撫百姓，三日而穀亡。〔註54〕

〔註52〕同上註，語見頁123。
〔註53〕《呂氏春秋‧應同》：「凡帝王之將興也，天必先見祥乎下民。黃帝之時，天先見大螾大螻。黃帝曰：「土氣勝。」土氣勝，故其色尚黃，其事則土。及禹之時，天先見草木，秋冬不殺。禹曰：「木氣勝。」木氣勝，故其色尚青；其事則木。及湯之時，天先見金刃生於水，湯曰：「金氣勝。」金氣勝，故其色則金。及文王之時，天先見火，赤鳥銜丹書，集于周社。文王曰：「火氣勝。」火氣勝，故其色尚赤；其事則火。代火者必將水，天且先見水氣勝。水氣勝，故其色尚黑，其事則水，水氣至而不知數備，將徒於土」。
〔註54〕《新譯呂氏春秋》，語見卷六，頁278。

同篇又載：

> 周文王立國八年，歲六月，文王寢疾五日而地動，東西南北，不出
> 國郊，百吏皆請曰：「臣聞地之動也，為人主也。今王寢疾五日而地
> 動，四面不出周郊，群臣皆恐，曰『請移之』」。文王曰：「若何其移
> 之也？」對曰：「興事動眾，以增國城，其可以移之乎。」文王曰：
> 「不可。夫天之見妖也，以罰有罪也。我必有罪，故天以此罰我也。
> 今故興事動眾以增國城，是重吾罪也。不可。」文王曰：「昌也請改
> 行重善以移之，其可以免乎。」於是謹其禮秩皮革，以交諸侯；飭
> 其辭令幣帛，以禮豪士；頒其爵列等級田疇，以賞群臣。無幾何，
> 疾乃止。〔註55〕

凡此皆是《呂氏春秋》以「機祥」現象託為天意之例，所謂天子行善則祥，不
善則殃。又如前所述，〈十二紀紀首〉所載，人因為配合四季陰陽之變化而調整
施政方針，以順應時令；故帝王行事之庶徵，必使帝王順應陰陽四時之變化而
定，政令配合時令，而此順陰陽變化之政策亦決定災異是否出現，此舉無異是
以治道模擬天道，達到人道與天道相貫之目的。〈十二紀紀首〉雖然將災異之出
現取決於人之行為是否得當，使人之行動不再只是「聽天由命」，由被動轉為主
動，但是人依然無法跳脫天道之掌握，故《呂氏春秋》在統一天地萬物之屬性，
並以人身視之，〈有始覽〉曰：「天地萬物，一人之身也，此之謂大同」，更進一
步強化天人間之關係，從而導出天人間「以類相感」之理論。

　　正如同古代原始思想一般，《呂氏春秋》之思想交雜著天人感應，同時又
有合理之客觀論述。〈序意〉云：

> 文信侯曰：「嘗得學黃帝之所以誨顓頊矣，爰有大圜在上，大矩在下，
> 汝能法之，為民父母。蓋聞古之清世，是法天地。凡〈十二紀〉者，
> 所以紀治亂存亡也，所以知壽夭吉凶也。上揆之天，下驗之地，中
> 審之人，若此，則是非可不可無所遁矣。天曰順，順維生；地曰固，
> 固維寧；人曰信，信維聽。三者咸當，無為而行。行也者，行其理
> 也。」〔註56〕

此語可見《呂氏春秋》受墨子法天之思想，其中論「天」亦有自然屬性。天
意所降之命，乃是「非可不可」，其中蘊含著命定思想；而天意可從天、地、

〔註55〕同上註，語見頁279～280。
〔註56〕同上註，語見卷十二，頁588～590。

人三者中考察之，顯示天命並非深不可測，而是有跡可尋，天命之跡便是賦於天命之意之符號中。若順天意便得生，人行「無為」，乃行天之理而已，因此，天之理同時可以理解為天地萬物之本性，及其客觀規律之必然性。天地萬物之本性及其運動之規律，皆有其客觀之必然性，不得由人任意更改與違背，人只有順從之義，順從天理而行，由此確立了天人關係之主從地位。

如前所述，陰陽與五行學說，在《呂氏春秋》中，〈十二紀紀首〉是構成其書之宇宙觀、世界觀之重要因素，故其陰陽五行亦含有客觀之知識論。〔註57〕《呂氏春秋》試圖對宇宙之緣起提出一番構想，繼之以陰陽五行學說展現天地萬物之生成變化，根據陰陽二氣之交錯起伏說明四時之變化，又以季節之特性描述天象之運行，以及天地間之色調之變化與動植物之生長過程，這其中當然有其合理成分，但亦不乏形式上之拼湊。徐復觀稱《呂氏春秋》中「由陰陽五行所構造的天，不是人格神，不是泛神，不是靜態的法則，而是有動力，有秩序，有反應（感通）的氣的宇宙法則，及由此所形成的有機體地世界」，〔註58〕以陰陽五行觀念理解自然界，使陰陽五行成為一大有機組織，進而以此建構出世界觀、宇宙觀，《呂氏春秋》乃是空前一大傑作。但此同時，《呂氏春秋》必須兼顧此學說對君權來源與災異現象提供合理之說明，終又難逃憑藉聯想與牽強附會之說，使其學說蒙上一層神秘面紗，時至《白虎通》時代仍在此一問題打轉。事實上，《呂氏春秋》正同時存在著這種天人感應之神學與客觀規律之科學間之矛盾：客觀規律乃為天地事物尋求一套合理而客觀之解釋，而天人感應則為在位之當權者提供合理化之權力來源論。就此處著眼來理解《呂氏春秋》之時代意義，可見當時雖仍未能擺脫傳統以來君權神授之觀念，仍不時須以天命鞏固君權之合法性；另一方面，則須滿足當時人對客觀知識之追求；不過，當時追求客觀之知識是否只是為滿足人類求知之慾望，或者是為將客觀事物之原理納入天人感應之學說中，則不得而知矣。概言之：天人之關係，自先秦儒、道二家而後，即不再強調人之自主性，反而向外尋求人性價值之根源，至《呂

〔註57〕 譬若對宇宙形成之論述，〈大樂〉曰：「萬物所出，造于太一，化于陰陽」，又稱：「太一出兩儀，兩儀出陰陽，陰陽變化，一上一下，合而成章」，此「太一」不可視為不可知之「神」，也不是俱有人格之「天」，而是幾近老子所謂之「道」。〈大樂〉曰：「道也者，至精也，不可為形，不可為名，強為之，謂之太一」，只是此「太一」之「道」，乃以陰陽變化為其具體表現，不同於老子之「道」。

〔註58〕 《兩漢思想史》卷二，語見頁79。

氏春秋》時，發展出一套「以類相感」之天人思維，影響兩漢思想至爲深遠。

第二節 天人感應與機祥災異

從以上古籍記載看出，先民以天象變化附會人事災異，由來已久。如前所述，《詩》《書》中記載著先民天人感應之原始思想，而《春秋》中亦有災異之記載；皮錫瑞言「《公羊春秋》多言災異」，然據王初慶估算，《春秋公羊傳》載災者約有二十八則，所論之災不外：蟲災、水旱災、疫病、火災等；而言異者約有四十則，所論之異亦是：大雨、大雪、地震、山崩、邑陷等天候異象，以及載非中國所有之珍禽異獸；然皆未以其災異推論人事禍福，「由是觀之，《公羊傳》本身言災異，尚未附會政治得失；即或有此意，亦未有過份著墨」。〔註 59〕雖云如此，《春秋》載災異之作用，固然可以理解爲非附會政治得失之據，而爲純粹記載天地人事異象，且宇宙間不爲人所知悉其原由者之事物，從古至今，依舊困惑當時思想家；故《春秋》以「災異」誌之，一方面是對「災異」之內容存疑，仍可以視爲原始思想之殘留。

「機祥」者，《史記‧天官書》卷二十七正義載顧野王云：「機祥，吉凶之先見也」，〔註60〕即是今之所謂朕兆、徵候，兼指吉凶而非單指災異或福瑞；《史記》言騶衍「載其機祥度制」，又明其與政治有關；從《呂氏春秋‧十二紀紀首》之安排看，其政治制度皆以配合陰陽變化爲最高指導原則，便充分體現「機祥度制」之政治意含。〔註61〕

所謂「災異」，《春秋繁露‧必仁且智》曰：

> 其大略之類，天地之物，有不常之變者，謂之異，小者謂之災，災常先至，而異乃隨之，災者，天之譴也，異者，天之威也，譴之而不知，乃畏之以威，《詩》云：「畏天之威。」殆此謂也。

〔註59〕〈淺論漢初公羊學災異說〉，王初慶著，收錄於《兩漢文學學術研討論文集》，參考頁 1～11。

〔註60〕《史記‧天官書》卷二十七，語見頁 1343。

〔註61〕胡適，《中國中古思想史長編》言：「《史記》所說的機祥制度，現在雖不傳了，但我們可以揣想《呂氏春秋》所收的五德終始論，代表騶衍的學說，而《呂氏春秋》所採取的 12 月令，亦代表騶衍的機祥制度的綱領。五德終始論是用五行轉移的次第，來解釋古往今來的歷史大變遷。月令是用五行的原則來按排一年之中的四時之大順，來規定四時，八位，十二度，二十四節各有教令，這種分月的教令，便是機祥制度」，語見頁 42。

所謂「異」者，乃指「不常之變」，舉凡天上地下所有異於尋常之事物，皆可謂「異」；而「災」者，則指較爲輕微之「不常之變」，因此，「災」與「異」只是情節輕重與否之分，兩者在本質上並無不同，皆是天之所降於人世，以爲警告世人上天之意。天意以「災」「異」示人，「災常先至，而異乃隨之」，不僅輕重有別，在出現之秩序上，亦有先後之分。所以如此，乃是「災」象徵著「天之譴」，而「異」象徵「天之威」，「天之譴」有預警意味，而「天之威」則具有懲罰性作用。故「災異」是顯示天意之手段，其最終目的則在於警告；先災後異，先譴而威，則是顯示上天有「好生之德」，災異乃天意不得已之事。故《春秋繁露》曰：

> 凡災異之本，盡生於國家之失，國家之失乃始萌芽，而天出災害以譴告之；譴告之，而不知變，乃見怪異以驚駭之；驚駭之，尚不知畏恐，其殃咎乃至。以此見天意之仁，而不欲陷人也。〔註62〕

如東漢因「以不善讖而不能任」之鄭興，亦上疏言：「天於賢聖之君，猶慈父之於孝子也，丁寧申戒，欲其反政，故災變仍見，此乃國之福也」，〔註63〕更將天降之災異，視爲慈父之於孝子之告戒，有之乃是國家之福。

「機祥」與「災異」合稱，或簡稱爲「災異」，皆指天降於人世之符號，如《中庸》二十三章所云：「國家將興，必有禎祥；國家將亡，必有妖孽」，「禎祥」類似「機祥」之吉利祥瑞部分，「妖孽」則可以表示「災異」，「機祥災異」皆與國家興亡有密切關聯，皆是天意所示於人之象徵，人類得此符號，解讀此符號之象徵意義，從而改變行爲以順應天意；《白虎通》曰：「天所以有災異何？所以譴告人君，覺悟其行，欲令悔過修德，深思慮也」，〔註64〕故就國家政治而言，以「災異」觀天意，「機祥度制」便是一切施政之最高指導原則，若就此而言，「機祥災異」顯然偏重於政治上之作用，且「特別著重在譴告君主的災異」。〔註65〕

大體而言，天人感應有二條徑路：一、由內而外，由人心性道德感通於「天」，或者視「天」爲一形上實有，前者以先秦儒家爲代表，後者則以老莊爲代表；二、由外而內，由外在之天之意志爲人行爲之準則，此以墨家爲代

〔註62〕《春秋繁露‧必仁且智》卷八，語見頁236。
〔註63〕《後漢書‧鄭興傳》卷三十六，語見頁1222。
〔註64〕《白虎通‧災變》卷六，語見頁318。
〔註65〕《先秦兩漢陰陽五行說的政治思想》，語見頁228。

表。依天人感應之二重意義，宣示著天與人之關係，既是相互對立，又相互聯係，且天人間之感應方式呈現爲一種循環效應，不論由內而外，或者由外而內，二種徑路皆可以成立；不過，在天人感應之秩序上，乃是先由天命降之於人世，後由人事以感動於天，此後天與人之間才能說有循環效應，故由外而內之徑路在天人感應過程中有其優先性。天人感應之理論基礎，首先肯定了「天」爲一有意志之「人格天」，上自宇宙天體運行規律，下至人倫日用，皆在天之意志之內，掌握之中；亦唯有天是有意志，人方有感應對象，始能言天人感應。如天人感應圖所示，溝通天與人之間之橋樑，最顯著者莫過於災異，而於政治施政作用上尤其重要，故天人感應參與者唯有「天」與在人間爲君主之「天子」。

　　災異做爲天與人之溝通媒介，成爲天人感應之過程中不可或缺之一環，在天人感應之過程中，災異扮演著類似人與人溝通時所使用之「符號」工具；至於人感應天意之媒介便是災異，從各種災異現象中，解讀天意所欲傳達之訊息（消息），此即《呂氏春秋・應同》所謂：「商箴云天降災布祥，並有其職，以言禍福人或召之也」。從《春秋公羊傳》所載，天降於人之災異內容，大要可分二種：一種狹義之「災異」，此又可分成兩類：其一是明顯有害於人類者，例如：蟲災、水災、火災、旱災、疫病等，可直稱爲「災」；另一類是指違反常態之變異現象，如大雨、大雪、地震、山崩等之天候異象與出現非中國境內所有之禽獸，或者可直稱爲「異」；例如《春秋公羊傳》載哀公十四年春「西狩獲麟，何以書？記異也。何異爾？非中國之獸也」，疏曰：「麟者仁獸，太平之嘉瑞。而言記異者，當爾之時，周室大衰，爲天下所厭，漢高方起堯祚。將興者謂之瑞，亡者謂之異」，[註66]「災」與「異」之分，如書中載文王二年「自十二月不雨，至于秋七月」，其條下云：

> 何以書？記異也。大旱以災書，此亦旱也，曷爲以異書？大旱之日
> 短而云災，故以災書。此不雨之日長而無災，故以異書也。[註67]

言中明顯區分「災」與「異」之不同，「災」是有危及人身性命安全，而「異」僅是違反常態之特異情形而已。（至於董仲舒對「災」與「異」有不同見解，則是後代「公羊家」對「災異」演繹出另一套更爲周密之思想體系，此暫不論及。）另一種災異，則是指「祥瑞」現象，《呂氏春秋・應同》篇所云：「帝

[註66]　《十三經注疏・公羊傳》，語見頁355。
[註67]　《十三經注疏・公羊傳》，語見頁165。

王之將興也，天必先見祥于下民」，此所謂祥者，即是天命所示意之符號，只是《呂氏春秋》又將祥瑞之象與五行之氣結合。又如前例所指「西狩獲麟」一事，《公羊傳》曰：「麟者，仁獸也。有王者則至，無王者則不至」，對漢世而言是祥瑞之象，然對周室而言則是衰敗之跡，可見一種事物所象徵之災異或祥瑞，並無一定確解，端賴解讀者之立場而論。同樣西狩獲麟，又有一說：「人以示孔子，孔子曰：『孰爲來哉？孰爲來哉？』反袂拭面，泣涕沾襟。儒者說之，以爲天以驎命孔子，孔子不王之聖也」，此事爲後世儒生所引用，特別是漢代今文公羊家，聲稱孔子雖未爲帝王，然亦有受天命之徵，故孔子有「素王」之稱，甚至稱孔子所作經書乃是爲漢制作，加深孔子及經書之神祕性，同時亦爲東漢讖緯思想提供一條神聖源頭。

在天人感應運作中，以天子受命爲最大宗，因爲受天所命之人，即成爲天在人間之「代理人」，凡天有所感，所能應天之意者便是此「代理人」，因此，天人感應之運作必須先確立「天子」地位，始可言天人感應；同時「天子」亦是人間與天相感應之代表，由「天子」代表天下萬物始可與「天」進行對話。由此可知，「天子」身分具有雙重性格：對「天」而言，他代表人類全體；對「人」而言，他又是「天」之化身；因此，解讀災異現象之意涵乃是天子之權力與天職，而承受災異亦成爲天子責無旁貸之義務。故無論是天人感應，或者是機祥災異，總是天子與天之間之事，與平凡百姓並無直接干係。故與「天」溝通對象之人，不是一般人所能勝任，必要具有「天子」身分之帝王始能達成，人與天之其溝通方式，又以天子登泰山受封禪爲代表作。因爲天子之所以爲天子，乃是受天命使然，天子登泰山受天封禪儀式，乃意示上告於天，回應天命安排，並有宣示其天子身分之意味，由此形成一種政治活動。《史記》載秦始皇行封禪之禮，〔註68〕便是天人感應思想下之具體典型。劉慧論及構成泰山崇拜之特殊形態時稱：

> 我國歷史上特殊的祭祀禮儀——封禪，就是在泰山形成的大山崇拜的最高形式。它以功成受命爲核心，以天人感應爲特徵，構築起一代帝王將與之時的一種命定論模式。它以特定的形式和獨有的內容以致成爲歷代帝王統一天下，改制應天的重大政治活動，構成泰山

〔註68〕《史記·秦始皇本紀》卷六：「28年，始皇東行郡縣，上鄒嶧山。立石，與魯諸儒生議，刻石頌秦德，議封禪望祭山川之事。乃遂上泰山，立石，封，祠祀」，語見頁242。

崇拜的特殊形態。〔註69〕

可以說，天子登泰山受封禪，乃是源自於天人感應思想下之產物。

此外，秦始皇啟用騶衍終始五德之傳，「改年始，朝賀皆自十月朔。衣服旄旌節旗皆上黑。數以六為紀，符、法冠皆六寸，而輿六尺，六尺為步，乘六馬。更名河曰德水，以為水德之始」，在制度上雖直接受陰陽五行說影響，然其背後所隱含之意義，便是天人感應思想之反映。天人感應、機祥災異、天子與百姓之關係，今以圖展示如下：

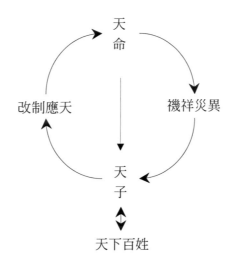

林麗雪《董仲舒傳》言：「五行之說，騶衍時，更與陰陽二氣關連在一起。到了《呂氏春秋》，則把五行配入到四時中去，更配上他們與四時相應的政令思想，首次建立了以陰陽五行為依據的宇宙人生政治的特殊結構，此一特殊結構，給予漢代思想重大的影響，尤其是董仲舒所受的最為深刻，他由此把陰陽五行四時的氣，認定是天的具體內容，伸向政治，學術人生的每一角落，完成天人哲學的大系統，以形成漢代思想的特性，可以說，漢代思想是由董仲舒塑造的」。如前所述，《史記》說騶衍「深觀陰陽消息」，「以陰陽主運顯于諸侯」，「論著終始五德之運」，「稱引天地剖判以來，五德轉移」，即使騶衍兼談陰陽與五行，但並未有其他文獻可以支持騶衍將二者融合為一；而其所謂五德終始之說，乃是將歷史視為既有變化而同時又有規律之歷史演化過程，朝代之興替，不過是五氣運行之表象而已，騶衍之說僅著重以五德言政

〔註69〕劉慧，《泰山宗教研究》，（北京：北京文物出版社發行，1994 年 4 月第一版第一次印刷），語見頁 58。

治治亂之理，尚未以陰陽五行論述天地萬物之理。至於《呂氏春秋》論陰陽五行時，便有所謂災異之說，此說便已隱含了天人感應之關係。至董仲舒時，則發展出一套「天人合一」之理論體系，將天人感應理論系統化者，標誌著漢儒思想之特殊性，影響層面頗爲深遠。

第三節　董仲舒「天人合一」思想理論與架構

《漢書‧五行志》載：

> 昔殷道弛，文王《周易》；周道敝，孔子述《春秋》。則乾坤之陰陽，效〈洪範〉之咎徵，天人之道粲然著矣。漢興，承秦滅學之後，景、武之世，董仲舒治《公羊春秋》，始推陰陽，爲儒者宗。〔註70〕

言下之意，指董氏之所以「爲儒者宗」，乃在於承文王之《周易》與孔子之《春秋》後所治之《公羊春秋》，其治國「以《春秋》災異之變推陰陽所以錯行」，〔註71〕始推陰陽之學，由此表彰天人之道。可見以董氏爲首之漢代儒者，在表述儒家思想體系時，已將陰陽五行觀念帶入其中，從陰陽五行與災異之變言天人之道，建立與先秦儒家截然不同之「天人合一」論。

分析董仲舒天人之學，有二條路徑：一是掌握其對「天」性格之描述；再者從其天人感應之方式中一窺究竟。所謂「天」，董氏以爲：

> 何謂天之端？曰：天有十端，十端而止已，天爲一端，地爲一端，陰爲一端，陽爲一端，火爲一端，金爲一端，木爲一端，水爲一端，土爲一端，人爲一端，凡十端而畢，天之數也。〔註72〕

端指端緒，指「天由十個基本因素所構成」（徐復觀語），乃言構成「天」之數有：天地、陰陽、五行、人凡十端，此十端「天、地、陰、陽、木、火、土、金、水、九，與人而十者，天之數畢也」，〔註73〕凡此十端是構成「天」存在之必要條件，缺一不可。至於此十端之關係，董氏言：

> 天地之氣，合而爲一，分爲陰陽，判爲四時，列爲五行。〔註74〕

「天」雖有十端，其間關係卻非常緊密。天與地二端合爲一氣，一氣再分爲

〔註70〕　《漢書‧五行志》卷二十七上，語見頁 1316～1317。
〔註71〕　《漢書‧董仲舒傳》卷五十六，語見頁 2524。
〔註72〕　《春秋繁露‧官制象天》卷七，語見頁 195。
〔註73〕　《春秋繁露‧天地陰陽》卷十七，語見頁 439。
〔註74〕　《春秋繁露‧五行相生》卷十三，語見頁 334。

陰陽，陰陽再分爲五行，再以五行生化萬物，由氣之運行說明天地變化之理，意即以氣來說明萬有之根源，及其變化秩序，〔註75〕構成漢代所謂「氣化宇宙論」之理論基礎，〔註76〕而「董仲舒那一套的確是宇宙論中心，而且還是氣化的宇宙論中心」。〔註77〕因爲天人感應之理論系統必須有一同類相感之相同性質以爲媒介，而「天人感應之哲學基礎，立基於『天』與『人』同受陰陽之氣，藉此爲媒介而實行天人相感」，〔註78〕故以「氣」做爲天人感應之媒介，得到漢代思想家普遍認同，成爲漢代思想典範。

　　構成「天」之因素如此，而其性格則是：

> 天高其位而下其施，藏其形而見其光；高其位，所以爲尊也，下其施，所以爲仁也，藏其形，所以爲神，見其光，所以爲明；故位尊而施仁，藏神而見光者，天之行也。故爲人主者，法天之行……。
> 〔註79〕

董氏宣揚人主法天之行，與墨子思想接近；不過，董氏欲法之「天」，則顯然與墨子不同。董氏以爲，「天」之完美典型，可以做爲人主效法之對象。又曰：

> 仁之美者在於天，天仁也，天覆育萬物，既化而生之，有養而成之，事功無已，終而復始，凡舉歸之以奉人，察於天之意，無窮極之仁也。人之受命於天也，取仁於天而仁也。〔註80〕

> 天道之大者在陰陽。陽爲德，陰爲刑；刑主殺，而德主生，是故陽常居大夏，而以生育養長爲事，陰常居大冬，而積於空虛不用之處，

〔註75〕陳明恩言：「至此我們可以發現，氣一方面具有生物之根據的内含——即，它符合根源性的解釋；另一方面，它又具體地落實於宇宙萬物的解釋——即，它符合秩序性的解釋。可以說，氣概念本身係一相當圓滿的解釋概念，這也是歷代對於氣之用法有取其根源義，有取其秩序義的原因所在。而在氣化宇宙論此一思想體系中，這兩個層面事實上是二合一的，並沒有相當清楚的界限可分」，語見《氣化宇宙論主體架構的形成及其開展》，淡江大學中文研究所碩士論文，民國84年6月，頁225。

〔註76〕所謂「氣化宇宙論」，莊耀郎以爲：「天地萬物之生，必須有其生之原理，此總原理之名之曰『道』，此道之内容如以氣規定之，即謂之氣化宇宙論」，語見〈原氣〉，收錄於《師大國文研究所集刊》第二十九號，頁39。

〔註77〕《中國哲學十九講》，語見頁71。

〔註78〕施湘興，《儒家天人合一思想之研究》，（臺北：正中書局，民國70年），語見頁121。

〔註79〕《春秋繁露・離合根》卷六，語見頁154。

〔註80〕《春秋繁露・王道通三》卷十一，語見頁295。

以此見天之任德不任刑也。〔註81〕

董氏以爲，人君受命於「天」，故必須法「天」而行，因「天」是以仁爲美，所以人主亦須法「天」，治人必以仁爲治道。事實上，董氏在描述「天」性格時，慣以聖人與之對應，宛若聖人之跡即是天道之體現，而聖人所有行爲皆隱喻爲人主者，凡是法天而行之人主，方始堪稱「聖人」。〔註82〕從董氏對「天」之描述中，極少有純粹分析「天」之概念，而其中不時以人事滲雜其中，尤其是以「天」之性格寄託理想君主，亦不難看出董氏描述「天道」之用心，董氏如此作意，無非想以利用對天道之描述，當做對人主之要求，同時使要求人主之理由獲得形上依據。

先秦「天人感應」與漢代董仲舒之「天人合一」思想，黃朴民分析彼此分際與關係時言：「在董仲舒那裡，『天人感應』與『天人合一』之間既有聯繫，又有區別。『天人合一』與『天人感應』之間，實際上存在著一種『體』與『用』的關係。『合一』是『體』，而『感應』則是『體』之『用』。換言之，即『天人合一』是『天人感應』的理論依據，而『天人感應』則是『天人合一』的外化表現。不過，兩者關係中，『體』是主導的，『用』是依附從屬於『體』」，〔註83〕克就此言，則董氏之「天人合一」不過是先秦以來「天人感應」之另一種說法而已，仍不容與先秦儒道二家之「天人合一」論相混淆。「天人感應」是由上天下貫於人，人只能觀察外在環境之轉變，以窺探上天之旨意，故人處於被動地位；而董氏之「天人合一」則是進一步將上天類比人身，所謂「以類合之，天人一也」，〔註84〕形成其所謂「人副天數」之說，故董氏此說並非將天拉下與人同位，甚至所謂「人成爲主動的」。（徐復觀語）從中國思想發展看，至東漢之時，人之地位，從來未曾高於天，甚至是先秦孔孟之儒學，由人主體心性言天，強調仁義內在時，猶仍未敢輕蔑客觀之天意、天命。董氏謂「人副天數」乃是爲其「天人感應」之說尋求一個理論基礎，因此，董氏之「天人合一」說與傳統之「天人感應」說在本質上並無不同；

〔註81〕《漢書・董仲舒傳》卷五十六，語見頁2502。

〔註82〕例如：「天積眾精以自剛，聖人積眾賢以自強；天序日月星辰以自光，聖人序爵祿以自明」，又稱：「天所以剛者，非一精之力，聖人所以強者，非一賢之德也，」（《春秋繁露・立元神》）又如：「天道積聚眾精以爲光；聖人積聚眾善以爲功」，又稱：「故日月之明，非一精之光也；聖人致太平，非一善之功也」。（《春秋繁露・考功名》）

〔註83〕《董仲舒與新儒學》，語見頁105～106。

〔註84〕《春秋繁露・陰陽義》卷十二，語見頁309。

所不同者，只是董氏天人感應之方式較傳統之說更爲具體，更爲系統化。董氏稱：「天人之際，合而爲一，同言通理，動而相益，順而相受」，〔註85〕「天人合一」只是「數之偶合」與「類之相感」，人與天充其量不過是形式上之相仿而已，由此形式上之相仿「類感」言天人感應之道，當可以大多數人理解與接受，其目的仍只是在宣傳「天人感應」之理念。故董氏「天人合一」與先秦儒道二家之「天人合一」在本質上自不相同，〔註86〕而勞思光更是直斥董氏天人感應爲「僞儒學」；〔註87〕因此，若論董氏天人之學，當以「天人感應」稱之，而不宜視爲「天人合一」而與先秦儒道二家之「天人合一」之說混淆。

董氏從天道與人道之關係，推導出「天人感應」理論。如上所述，董仲舒「天人感應」乃是透過「數之偶合」與「類之相感」模式建構其說。所謂「數」可有二說，一說爲「天之數」。《春秋繁露‧天地陰陽》曰：

天、地、陰、陽、木、火、土、金、水、九，與人而十者，天之數畢也，故數者至十而止，書者以十爲終，皆取之此。聖人何其貴者，起於天，至於人而畢，畢之外，謂之物，物者，投其所貴之端，而不在其，以此見人之超然萬物之上，而最爲天下貴也。〔註88〕

此處「天」有二義：廣義之「天」指包含人在內，且又相對於人之宇宙萬物之稱；而狹義之「天」，則是相對於「地」之「天」；董氏「天人一也」之「天」，當指廣義之「天」。此「天」可以數者不過十，人居其中之一，且「天地之精

〔註85〕《春秋繁露‧深察名號》卷十，語見頁 262。

〔註86〕牟宗三對漢代思想之評價向來不高，其主因乃是漢代思想家不解先秦儒家心性之學，在《中國哲學的特質》中言：「中國人在先秦始創了儒、道兩家的心性之學。兩漢之後，心性之學發展得精采層出，不但先後在魏晉和宋明兩時代分別把先秦的道家和儒家大大地發展推進……」，語見頁 89。且其《中國哲學十九講》在前十講論先秦諸子後，便下接魏晉思想之作法，亦可從此處理解先生之見解。

〔註87〕勞思光言：「漢儒思想本身爲一種違背心性論傳統之混亂思想；以此而冒稱孔子之學，實是一僞儒學。然此種儒學之『僞』，不爲漢代人所了解。漢人一般觀念，皆以爲說陰陽，談災異即是『儒學』或是『經術』，因遂以僞作眞。今董仲舒又假借政治力量以提倡此種『天人相應』之說；於是作爲陰陽五行家與儒家之混血兒之漢儒思想，竟一度僭據中國哲學『正統』之『寶座』。自漢以後，除言佛老者以外，知識份子莫不受此種荒謬思想之籠罩。直至宋代二程立說，心性論方日漸重振。此則董仲舒等人不能辭其咎也」，語見《新編中國哲學史》（二），頁 25。

〔註88〕《春秋繁露‧天地陰陽》卷十七，語見頁 439。

所以生物者，莫貴於人」，又與天同類，故「人身難得」。另一說則爲「偶天之數」。《春秋繁露·人副天數》曰：

> 天地之符，陰陽之副，常設於身，身猶天也，數與之相參，故命與相連也。天以終歲之數，成人之身，故小節三百六十六，副日數也；大節十二分，副月數也；內有五臟，副五行數也；外有四肢，副四時數也；乍視乍暝，副晝夜也；乍剛乍柔，副冬夏也；乍哀乍樂，副陰陽也；心有計慮，副度數也；行有倫理，副天地也，此皆暗膚著身，與人俱生，比而偶之弇合，於其可數也，副數，不可數者，副類，皆當同而副天一也。是故陳其有形，以著無形者，拘其可數，以著其不可數者，以此言道之亦宜以類相應，猶其形也，以數相中也。〔註89〕

董氏爲滿足其「偶天之數」說，將人比附爲天，因爲人身猶天，人身小節副日數、大節副月數、五臟副五行數、四肢副四時、視暝副晝夜、剛柔副冬夏、哀樂副陰陽……，凡人身可數者，皆與天數弇合。又曰：

> 天之大數畢於十旬，旬天地之間，十而畢舉，旬生長之功，十而畢成，十者，天數之所止也。古之聖人因天數之所止以爲數，……人亦十月而生，合於天數也。是故天道十月而成，人亦十月而成，合於天道也。〔註90〕

凡此所言，其目的不外以人世可數之數符合所謂天道不可數之數，牽強附會之說隨處可見。董氏稱：「天者萬物之祖，萬物非天不生」，〔註91〕亦因爲天是萬物之祖，人則是受天命而成，且人自生之初，即是以天之數爲創造原則，以天之數創造人之身形，故人與天乃一而不二，人必須法天以行。依董氏「偶天之數」理論言，乃是以物質實體之存在，透過「類比」方式，〔註92〕推求出不可知之天意；董氏所謂「陳其有形，以著無形者」，「拘其可數，以著其不可數者」，便是建立在天人之類比關係上。而董氏言「於其可數也，副數；不可數者，副類，皆當同而副天一也」，便是以人身之數副合天數爲說，以爲人身由天而來，故人身一切身體與精神作用，皆副合天之構造與運行規律。

〔註89〕 《春秋繁露·人副天數》卷十三，語見頁327～328。
〔註90〕 《春秋繁露·陽尊陰卑》卷十一，語見頁289。
〔註91〕 《春秋繁露·順命》卷十五，語見頁384。
〔註92〕 所謂「類比」，李震解釋：「由我們對於可經驗到的物體之認識，可推求物體之經驗不到的原理，是爲類比。」《宇宙論》，（臺北：臺灣商務印書館，民國56年4月初版，83年12月二版），語見頁35～36。

董氏以爲人身合符天數，由此可以證明「天人合一」，又因爲「天人合一」，故人更應法天以行。至於人如何感應天，則是「類之相感」方法問題。

「類之相感」，是指凡同類之事物可以相互感應，因爲人與天「數之偶合」，故「以此言道之亦宜以類相應，猶其形也，以數相中也」，〔註93〕故董氏「類之相感」亦是「數之偶合」之延伸，是在「數之偶合」之基礎上推說天人「類之相感」之理。不僅是人與天可相感，「今平地注水，去燥就濕；均薪施火，去濕就燥；百物去其所與異，而從其所與同。故氣同則會，聲比則應，其驗皦然也」，「類之相應而起」，「物各以類相召」，〔註94〕指人可藉其他外在之事物與現象窺探天意，語意又與《呂氏春秋》如出一轍；所謂「天無所言，而意以物，物不與群物同時而生死者，必深察之。是天之所以告人也」，人亦由此得到與天溝通之管道。如前所述，因爲「天意難見也，其道難理」，天道不可言說，因此董氏以陰陽五行說表述天道之載體：

> 夫王者不可以不知天，知天，詩人之所難也，天意難見也，其道難理，是故明陽陰入出、實虛之處，所以觀天之志；辨五行之本末、順逆、小大、廣狹，所以觀天道也。〔註95〕

董氏以陰陽五行來表述其對天之體驗，以爲天是透過陰陽五行來呈現，從而人可以經由對陰陽、五行運行變化之深察，進而掌握天道、天志。

董氏在天人層次上重新組合，將先秦儒家以道德理想爲主之心性觀念，轉換爲以陰陽五行爲表述內容之體驗世界，使之成爲一套宇宙秩序，並使漢代儒學陰陽五行化。董氏「類之相感」除了陰陽五行之外，災異仍是居於天人感應最重要之媒介，因爲災異是陰陽五行具體化之結果，對災異之理解就是了解陰陽五行，了解陰陽五行等於是掌握天道。董氏言「天人相與之際，甚可畏也」，人與天縮合爲一，災異學說亦由此展開；觀察董氏所言災異，可得其天人感應思想之另一面相。

董氏所言災異，在其天人感應理論環節中，與傳統所論之災異學說相當，皆著重在天命施於人之象徵符號，視象徵符號爲天意所在；如前所述，董氏以陰陽推論災異，且對災異之定義已異於往前，不過，災異做爲天人感應之媒介，則大概一致。董氏以爲災異是不常之變，是天之譴與天之威，大凡災異之所起，

〔註93〕《春秋繁露・人副天數》卷十三，語見頁328。
〔註94〕《春秋繁露・同類相動》卷十三，語見頁330～331。
〔註95〕《春秋繁露・天地陰陽》卷十七，語見頁440。

不外生於國家之失，而國家之失必導源於政治失當。由此而論，董氏謂「天子受命於天」之「天命」乃是第一序，而災異下降於天子，譴告天子行事不當，則是屬天命第二序之意。天子受命具有絕對性，是天命所定，不容任何人與任何事而更改；而災異則是天命視天子所作所爲而有所損益，小過降災，大過降異，天以災異示天意，災異皆因天子舉措有失而有，故災異大小具有可變動性。因爲「天子受命於天」，董氏之災異說，其用意差可以與其對「天」性格之描述有異曲同工之妙：災異說乃是以消極態度制約人主作爲，而積極做法則是將理想人主之形象間接訴諸於對「天」性格之描述，進而規勸人主必須「法天」而行，將人主行爲導入理想狀態之中。任繼愈便說：「在董舒仲的神學體系裡，符命和災異的思想是相反相成，合爲一體的」，「如果說關于符命的思想是爲君權的絕性提供神學依據，那麼關于災異的思想則是假借天意賦予臣下以一定的批評朝政的權利」，〔註96〕董氏提倡災異學說之作用，正是如此。

　　簡言之：董氏極力說明人身之數偶合天，無疑是欲將人與天視爲「同類」，進而以天人同類之理由，證明天人可以相互感應，並且接引災異之說，做爲天意示意於天子人主之符號，構成其陰陽五行化之「新儒家」學說。董氏「天人感應」之說，以下圖示之：

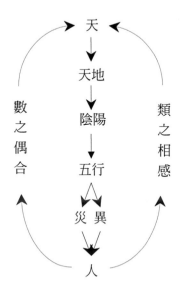

　　不同思考徑路形成不同思想體系，推論董氏天人之學，究竟是由人類比

〔註96〕《中國哲學發展史‧秦漢》，語見頁 418～419。

於天，抑或是以天類比於人？徐復觀歸結董氏天之哲學，以爲：「董氏的重點，是由人推向天；正如（九）所說的『察身以知天』。察身能不能知天，固然是一個問題；但在此一前提之下，董氏的基本立足點，依然是人而不是天。因爲他的基本立足點依然是人而不是天，人是具體而眞實的；所以在他的哲學系統中，依然是以具體而眞實的事物作基礎」，〔註97〕徐氏以此來理解董氏之哲學系統中，滲雜著合理與不合理並存現象之緣故；然而，董氏所謂「察身以知天」之「身」，是否指「內反於心而定」之人「心」？如前所述，董氏之學始終未觸及孔孟心性內在之學，即使董氏所言之「察身」，至多只是落在人具體客觀之身體，與心性主體無關；再從董氏原文上下文意推求：

> 孔子曰：「君子有三畏：畏天命，畏大人，畏聖人之言。」彼豈無傷害於人，如孔子徒畏之哉！以此見天之不可不畏敬，猶主上之不可不謹事，不謹事主，其禍來至顯，不畏敬天，其殃來至闇，闇者不見其端，若自然也，故曰：堂堂如天殃。……言察身以知天也，今身有子，孰不欲其有子禮也！聖人正名，名不虛生，天子者，則天之子也，以身度天，獨何爲不欲其子之有子禮也！〔註98〕

其所謂「身」，乃指天子之身，由天子之身體類比於天，進而知天。不過此一論述，仍然未能如徐復觀所預期「此時便解脫了天人關係的糾纏」，〔註99〕事實恰巧相反，因爲董氏所謂「身」者，乃指天子之身，而天子之身是天之化形，察天子之身乃爲求知天，最終目的在以「人副天數」，更加強化天人感應之關係。且在董氏更多論述之中，則明顯以人類比於天，特別是在君主施政之要求，所謂：

> 夫王者不可以不知天，知天，詩人之所難也，……天志仁，其道也義，爲人主者，予奪生殺，各當其義，若四時；列官置吏，必以其能，若五行；好仁惡戾，任德遠刑，若陰陽；此之謂能配天。〔註100〕

此說，一方面符合其天道理論，另一方面更切近於「天人感應」學說對政治

〔註97〕《兩漢思想史》卷二，語見頁391～392，徐氏所舉（九）條：「典禮之官，常嫌疑莫能昭昭明其當也。今切以爲其當與不當，可內反心而定也。堯謂舜曰，天之曆數在爾躬，言察身以知天也」，註在〈郊祭〉第六十七；《春秋繁露今註今譯》則列在〈郊語〉第六十五，參考頁366～368。

〔註98〕《春秋繁露・郊語》卷十四，語見頁367～368。

〔註99〕《兩漢思想史》卷二，語見頁392。

〔註100〕《春秋繁露・天地陰陽》卷十七，語見頁440。

所具有之指導作用。由董氏對「天」之理解，宛若是理想君主之寄託，而由其「天道」所導出之天道觀，無疑隱含著個人理想政治。而且董氏對「天」之理解，及其由此衍生出之天道觀，實際上並未嚴格界定「天道」之性格，或許是「天道」難言，亦或是有意保留「天道」之可變動性；因爲董氏之用心處並未置於詳細而完整之宇宙論述，在董氏之論述中，乃是想藉由「天道」之觀念建立一套具有客觀理論依據之政治理論，可見「董仲舒所說的天道的運行和變化，主要是爲了建立人道」。〔註101〕林明昌亦認爲：「《春秋繁露》建構天道理論的目的，實是爲建構整個治道思想。於此可謂《春秋繁露》的天道與治道，乃是一而二，二而一，非離治道別有天道，離天道亦無治道，乃是『即天道即治道』」，〔註102〕正因爲董氏之著眼處在於人世，所以對於天道之描述與闡發，均落在思考如何以天道來配合政治之設計上。持平而論，以此思考董氏天人感應之說，或許易流於主觀判斷，因爲無論是從宇宙論角度來思考人世政治，或者是以政治立場來建構宇宙圖式，兩者皆有可說；然而此二條路徑，皆不影響董氏天人感應之理論模式則是可以斷言。至於實際運用天人感應學說所達成之理想政治，則是另一個討論問題。

第四節　《白虎通》「天人感應」理論

班固《漢書》中贊曰：

> 幽贊神明，通合天人之道，莫著乎《易》、《春秋》。然子贛猶云「夫子之文章可得而聞，夫子之言性與天道不可得而聞」已矣。漢與推陰陽言災異者，孝武時有董仲舒、夏侯始昌，昭、宣則眭孟、夏侯勝，元、成則京房、翼奉、劉向、谷永，哀平則李尋、田終術。此其納說時君著明者也。察其所言，仿佛一端。假經設誼，依託象類，或不免乎「億則屢中」。仲舒下吏，夏侯囚執，眭孟誅戮，李尋流放，此學者之大戒也。京房區區，不量淺深，危言刺譏，構怨彊臣，罪不旋踵，亦不密以失身，悲夫。〔註103〕

漢代思想著重在天人之道，而天人之道關乎天道與人事，人事易知而天道難

〔註101〕《春秋繁露今註今譯》，語見頁14。
〔註102〕《《春秋繁露》的天道觀與治道思想》，林明昌著，淡江大學中文研究所碩士論文，民國80年6月，語見頁25。
〔註103〕《漢書・眭兩夏侯京翼李尋傳》卷七十五，語見頁3194～3195。

明，子貢已謂「夫子之言性與天道不可得而聞」，然漢儒們窮畢生之精力，無不在此一問題打轉。徐復觀稱：「漢代學術上所要解決的問題，就其統宗而言，在現實上是要解決大一統地專制下的各種政治問題。在其理念上，則係要解決天人性命的問題」，〔註104〕從現實問題看，漢代政治大一統須有一理論以為依靠；而從漢代思想層面言，則是循著天人感應之思維模式發展。政治大一統問題是從漢代開始，而天人感應思想則是在漢代發展成熟，此二大問題皆是當代所欲尋求解決二大課題。按說，如何處理政治問題是一實然問題，而天人性命問題是一應然問題，二者大致可以劃分為不同範疇之二個問題，只是漢代思想家並不就此劃開彼此領域，反之，漢儒努力嘗試跨越應然與實然之鴻溝，溝通當時學術統宗與學術理念二者，試圖使二者之理論合併為一，其目的乃冀使天人感應之理論落實於政治制度，體現天人感應之應然性，而政治制度之設計同時可以得到天人感應理論之依靠，證實其政治制度之必然性。

　　章太炎在其《文錄》卷二〈駁建立孔教議〉批評漢儒解經多以巫道相糅言：「讖緯蜂起，怪說布彰，曾不須臾，而巫蠱之禍作，則仲舒為之前導也」；而依勞光思之言，中國哲學自董仲舒以後，漢人即以說陰陽，談災異為儒學、經術，造成先秦儒家與陰陽五行合流之漢儒思想，而後世知識分子莫不受此思想所籠罩；勞氏此番見解，亦可以說明漢儒們用心所在，而此番用心在《白虎通》身上表現至為明顯。

　　《白虎通》天人感應論其實承襲董仲舒思想而來，其理論核心仍不同於先秦儒家「天人合一」。如前所述，自董仲舒以降，先秦儒家心性之學即告失落，天人關係近似原始思想之天人感應。徐平章言：「蓋西漢儒學言災異多據春秋，尚書而混於方士陰陽五行之說；東漢言災異則多本讖緯。二者固因時代相異致生逕庭，然仍有共通之處，即皆欲達通經致用之效也」，〔註105〕由此可以理解，漢儒之所以沒有接續先秦儒家心性之學，轉而欲以讖緯會通儒家學說，因此形成當時一股通經致用思潮乃是其來有自；復由於東漢經學發展時勢所趨，經學更切近於政治人事，達到所謂「通經致用」之目的，此目的同時影響《白虎通》天人感應著重「致用」之特質，天人感應學說便兼具著

〔註104〕《兩漢思想史》卷二，語見頁610。
〔註105〕徐平章，《荀子與兩漢儒學》，（臺北：文津出版社，七十七年2月出版），語見頁93。

宣揚儒家經典與陰陽災異之雙重任務。《白虎通》以此陰陽災異學說視爲儒學經術，使富於陰陽五行思想內涵之讖緯學說與儒家混合，確立了東漢之儒學陰陽五行化，而其背後正是天人感應思想籠罩於當時之結果。《白虎通》正標誌著漢代獨特之「新儒家」學說已臻成熟階段，無怪乎有人宣稱《白虎通》「是中國文化史最能反映時代特質的書」。〔註106〕

一、《白虎通》天之定義：天與天道

《白虎通》對「天」之理解，頗爲夾纏。《白虎通》曰：

> 天雖至神，必因日月之光；地雖至靈，必有山川之化；聖人雖有萬人之德，必須俊賢三公、九卿、二十七大夫、八十一元士，以順天成其道。（卷四〈封公侯〉155）

「天」雖是至神不可測，然可由日月之光見知；相對於人而言，亦可從三公以下等人事制度看出聖人擁有萬人之德。此處言「天」，可以分別與地、人相對論，又可以「天」含括天、地、人三者成一「天道」，故由《白虎通》對「天」之解釋，可從抽象之「天道」與具體之宇宙實體之「天」二層義意加以掌握。然而此二者並非涇渭分明，在諸多論述之中，二者所指意涵無時不交相指涉，模糊彼此界限，《白虎通》似乎有意縮合二者以爲一事。

> 天者何也？天之爲言鎮也，居高理下，爲人鎮也。（卷九〈天地〉499）

〈春秋說題辭〉曰：「天之爲言鎮也，居高理下，爲人經紀，故其字一大以鎮之，此天之名義也」，〔註107〕此處《白虎通》對「天」做形上義理解釋，以爲「天」是居高以下理人事，爲人經紀，故有「天」之名義，「天」之有斯義，故有斯名，此與讖諱義合；《說文》解「天」是「至高無上。從一大」，則顯示東漢人對「天」之性格見解立場一致。《白虎通》進一步解釋「天」，曰：

> 天道莫不成於三，天有三光：日、月、星；地有三形：高、下、平；人有三等：君、父、師；……天有三光，然後能遍照，各自有三法，物成於三：有始、有中、有終，明天道而終之也。（卷四〈封公侯〉157）

〔註106〕〈《白虎通德論》之思想體系及其倫理價值觀〉，張永　著。該篇論文收錄於《漢代文學與思想學術研討會論文集》，（臺北：文史哲出版社，民國 80 年 10 月初版），語見頁 74。

〔註107〕《緯書集成》，語見頁 1477。

天有三光，猶似地有三形，人有三等，故人君、人父、人師恰比於天之有日、月、星，地之有高、下、平；而天之三光，地之三形與人之三等，皆是恆久不變之「天道」。物成於始、中、終三階段，雖有始終，然成為一種循環過程，亦是「天道」之運行規律；《白虎通》由此解釋萬物之成壞變化，以為物有始、中、終三個階段，是一種循環過程，仍可視為「天道」運行之理，從變化中亦可顯示出「天道」恆常不變之理；此說兼具常與變，皆是「天道」之理。《白虎通》之「天道」又可以理解為宇宙總體。

> 天道所以左旋，地道右周何？以為天地動而不別，行而不離，所以左旋右周者，之猶君臣陰陽相對之義也。（卷九〈天地〉502）

〈春秋元命包〉亦曰：「天左旋，地右動」。〔註108〕《白虎通》稱「天道」左旋，地道右周，若依上文所言，「天道」有日月星，「天道」可以天體視之；而「地道」則是指相對於天之大地，且地在「天道」之外，故「天道」雖可以宇宙總體視之，而人類所處之「地球」又是可以獨立看待。

> 男女總名為人，天地所以無總名何？曰：天圓地方不相類，故無總名也。（卷九〈天地〉502）

〈尚書考靈曜〉亦曰：「從上臨下八萬里，天以圓覆，地以方載」。〔註109〕《白虎通》謂「天圓地方」，透顯出當時對宇宙之認識，（有關當時天文科學於後詳述）由此可知，《白虎通》之「天」與「天道」，可以單指地與人以外之宇宙總體，又可以指涵蓋地與人之宇宙總體，端賴於不同語意脈絡中顯示不同意義。不過，一般而言，當《白虎通》單稱「天」時，多指與地、人有別之天體；而稱「天道」時，常指天體運行之規律，或是具有形上義之「人格天」。故張永儁說，《白虎通》之「『天』是有意志的、能主宰的，為道德價值的超越絕對標準，能『命有德』、『革無道』，獎善懲惡，好生而行仁。故而有『災異』、有『祥瑞』、有『譴告』。宇宙中的若干自然現象，如地震、洪水、日月之蝕等等，皆可解釋為此宇宙之絕對權力的精神意志之特殊反映，如『天人感應』、『天命有德』等等」，〔註110〕故《白虎通》對「天」之理解，時而以「天道」指涉天體運行之規律，同時又有居高理下之「人格天」意涵，由此適可理解《白虎通》天人感應之旨趣所在。

〔註108〕《緯書集成》，語見頁 1452。
〔註109〕同上註，語見頁 1418。
〔註110〕《《白虎通德論》之思想體系及其倫理價值觀〉，語見頁 78。

二、《白虎通》天人之關係

　　《白虎通》解釋「天」之所以夾纏，乃源自於《白虎通》本身「通經致用」之性格使然。原始天人感應之說純屬應然問題，董仲舒乃有意引用做為政治主張之形上依據，而《白虎通》循董氏之後，更發揮此一政治企圖，構成其天人感應符合政治制度之模式。就此，張永儁以為：

> 從它十二卷的篇章結構來看，它對於宇宙人生的自然、歷史與文化的各層面皆包羅無遺，舉凡天地自然、⋯⋯皆有極詳盡的規劃，皆有極周密的陳述，皆賦予種種哲學性的解釋。雖然這些解釋是建立在「神學自然觀」的預設基礎上，藉以「通經致用」，在「五經大義」的理論與實踐上強調其合理的規範與必然的關係，用以滿足政治上的策略與目標——「大一統」、「通天下於一統」。〔註111〕

張氏所謂《白虎通》之哲學性「神學自然觀」，即是指其天人感應理論系統，而其「大一統」、「通天下於一統」之政治上策略與目標，便是指《白虎通》之政治企圖。故《白虎通》之天人感應必須符合二個條件：首先，它必須具有天人感應理論體系，建立天人感應之溝通管道；第二，它必須合乎政治制度之要求。以下就此二條件觀察《白虎通》天人感應理論。

三、《白虎通》「天人感應」理論

　　如前所述，天人感應最重要之事，便是降命王者之符命，以及譴告帝王之災異。王者受天命統理天人之事，受天命之帝王乃有符瑞之應，董仲舒曰：「有非力之所能致而自至者，西狩獲麟，受命之符是也」，〔註112〕即是此意。而《白虎通》亦以為：

> 天下太平，符瑞所以來至者，以為王者承天統理，調和陰陽，陰陽和，萬物序，休氣充塞，故符瑞並臻，皆應德而至。（卷六〈封禪〉335）

王者之所以為王者，乃因王者有其德，而王者有其德，乃是受天之命而起，故受命王者之德，非是人事所能決定；而受天命之王者，之所以獨受天命，亦非人事所以知曉。天命之因雖不可知，不過天命之意仍可得而聞，檢證王者之德，可從各種符瑞跡象得知。天命之意乃藉由符瑞示意於人世，符瑞乃

〔註111〕《白虎通德論》之思想體系及其倫理價值觀〉，語見頁74。
〔註112〕《春秋繁露・符瑞》卷六，語見頁147。

成為天命之傳媒。如其所謂王者：

> 德至天，則斗極明，日月光，甘露降；德至地，則嘉禾生，蓂莢起，秬鬯出，太平感；德至文表，則景星見，五緯順軌；德至草木，則朱草生，木連理；德至鳥獸，則鳳皇翔，鸞鳥舞，麒麟臻，白虎到，狐九尾，白雉降，白鹿見，白鳥下；德至山陵，則景雲出芝實，茂陵出黑丹，阜出蓂莆，山出器車，澤出神鼎；德至淵泉，則黃龍見，醴泉涌，河出龍圖，洛出龜書，江出大貝，海出明珠；德至八方，則祥風至，佳氣時喜，鐘律調音，度施四夷，化越裳貢。（卷六〈封禪〉335～337）

舉凡以上所列應德而至之符瑞，皆見於讖緯：

如「德至天」條，《御覽》八百七十二引〈援神契〉云：「王者德至天，則斗極明」，《禮運疏》引云：「日月光，甘露降」，《文苑英華》李嶠表引云：「則慶雲見」；

「德至地」條，《應貞華林園集詩注》引〈援神契〉云：「德至于地，則華苹感，嘉禾生」，《禮運疏》引云：「蓂莢出，秬鬯滋」，《御覽》八百七十三引作：「德下至地，則嘉禾生」，《東京賦注》引作：「德至于地，則華平見」，又《大戴禮盧辯注》引云：「德至于地，則朱草生，蓂莢孳，嘉禾成，蓂蒲生」，路史引：「朱草生，蓂莢孳」二句；

「德至文表」條，《禮運疏》引〈援神契〉云：「德至八極（表），則景星見」，《白虎通》文當為八之誤，又〈易緯坤靈圖〉云：「至德之萌，五星若連珠，日月如合璧」；

「德至草木」條，《禮運疏》、《後漢紀注》引〈援神契〉云：「德至草木，則朱草生」，《藝文類聚》引云：「德至草木，則木連理」；

「德至鳥獸」條，《公羊疏》、《御覽》九百十五引〈援神契〉云：「德至鳥獸，則鳳皇翔，鸞鳥舞，麒麟臻，白虎見」，《藝文類聚》九十九引云：「白鹿見」，《初學記》三十引云：「白鳥下」，《御覽》九百二十引云：「狐九尾」，九百十七云：「雉白首」；

「德至山陵」條，《禮運疏》、《御覽》八百五十三引〈援神契〉云：「德至山陵，則景雲出」，八百九十三云：「澤出神馬」，七百七十二云：「山出根車」，九百五十六云：「陵出黑丹」，《東京賦注》引作「則出黑丹」，《御覽》八百七十三云：「則澤阜出蓂蒲」；

「德至淵泉」條，《禮運疏》、《爾雅疏》引〈援神契〉云：「王者德至深泉，則黃龍見，醴泉涌」，《禮運疏》引云：「河出圖，洛出書」，《御覽》九百四十一引云：「江生大貝」，《初學記》江類引：「洪水生大貝」，《唐類函》引云：「黃龍見者，君之象也」，又《御覽》八百七十三引〈援神契〉云：「王者德至淵泉，則醴泉出」，八百二引云：「則海出明珠」；

「德至八方」條，《藝文類聚》、《御覽》九、八百七十三引〈援神契〉云：「德至八方，則祥風至」，《禮運疏》引云：「德至八極，則景星見」。〔註113〕

以上《白虎通》所引，雖未明示其出處，然於讖緯〈孝經援神契〉中均有相對應之記載，且又散見於後世文獻之中，故若以此視為《白虎通》中之讖緯思想之證據，亦無不可；而此一思想，又與其天人感應之說，有密切關聯，故林聰舜言：「讖緯思想是建立在天人感應的基礎上」。〔註114〕此外，在五德運命架構中，易姓而王多有相對天命之符瑞，而《白虎通》多瑞之說，已經突破了五德之運之限制，影響後世頗為深遠。符瑞在天人感應體系中，與災異類似，均扮演著傳媒角色，符瑞象徵偏重於帝王受命之徵侯，而災異則是側向於譴告帝王之義；相較於前代，《白虎通》於此，均未重大改變，只有在以符瑞做為天子受命之說時，較不誇大符瑞之象徵，稍微轉向強調重視天子之德；至於災異之徵侯，並且大量參引圖讖緯書之說，較往前更為具體與細緻，同時也更將天人感應理論予以系統化。

《白虎通》分析災異之義曰：

> 災異者何謂也？《春秋潛潭巴》曰：災之言傷也，隨事而誅；異之言怪也，先發感動之也。（卷六〈災變〉319）

《白虎通》此說與董仲舒稍有出入。董仲舒論「異」，概指天地之物之「不常之變者」，而「災」指「異」之小者，且二者是「『災』常先至，而『異』乃隨之」，「災」與「異」二者，無論是程度上之輕重，或者出現時之順序，皆有明確之規定；《白虎通》則有不同看法。《白虎通》引讖緯說「災」，是指「隨事而誅」之「傷」，而「異」是指「先發感動」之「怪」，換言之，「異」是先發示人之怪異現象，而「災」是事後懲罰之具體傷害，二者無論是程度上或

〔註113〕以上所引文獻資料，具參考《緯書集成》之《緯捃》〈孝經援神契〉，頁1501～1508，以及《白虎通疏證》卷六〈封禪〉，頁335～338。

〔註114〕林聰舜，〈帝國意識形態的重建──扮演「國憲」基礎的《白虎通》思想〉，該文發表於國科會85年度哲學學門專題計劃研究成果發表會，民國85年11月30日，語見頁12。

者是順序上，均與董氏所說背反。又《白虎通》論天譴告王者不稱「災異」，而稱「災變」。《白虎通》曰：

> 變者何謂也？變者，非常也。〈樂稽耀嘉〉曰：禹將受位，天意大變，
> 迅風靡木，雷雨晝冥。（卷六〈災變〉320）

董氏稱「不常之變」爲「異」，《白虎通》則釋「非常」爲「變」。「變」者特指朝代更替之前兆，《宋書・禮志》引《樂稽耀嘉》曰：「禹時受位，天意大變，迅風雷雨，以明將去虞而適夏也」，《白虎通》稱此爲「變」，乃專對虞而言。故「災變」乃統攝「災」、「異」、「變」、「妖」、「孽」等各種狀況，可見《白虎通》以「災變」取代董氏之「災異」，二者異名而同實。

《白虎通》論災變與董仲舒之災異說雷同。董氏論天人相與之際之災異作用，稱：「國家將有失道之敗，而天迺先出災害以譴告之；不知自省，又出怪異以警懼之；尚不知變，而傷敗迺至」，[註115] 又稱：「凡災異之本，盡生於國家之失，國家之失乃始萌芽，而天出災害以譴告之；譴告之，而不知變，乃見怪異以驚駭之；驚駭之，尚不知畏恐，其殃咎乃至」，董氏言「災異」之出，因國家失道而起，暗示人君見災異之起當有所警惕；《白虎通》則明指災變乃因人君失道，災變必是天有譴告人君之義：

> 天所以有災變何？所以譴告人君，覺悟其行，欲令悔過，修德深思
> 慮也。〈援神契〉曰：行有點缺，氣逆干天，情感變出，以戒人也。
> （卷六〈災變〉318）

災變即因人君失道而起，人君當見災變之起，而知所覺悟，進而悔過修德、深思慮，以應天所以降災變之意。《白虎通》引〈援神契〉之文，說明天降災變與人君失道之因果關係，因爲人君行爲有失天道，致使氣逆干天，天意不順，便降災變，災變之意乃在戒人君之失也。天子行爲有失天道，天以災變譴告之，顯示天以災變傳遞訊息，災變便是天與人溝通之管道。

人君行爲有失所以會干犯天意，乃是人君受命於天，故人君又有「天子」之稱。《白虎通》開宗明義曰：

> 天子者，爵稱也。爵所以稱天子何？王者，父天母地，爲天之子也。
> 故〈援神契〉曰：天覆地載，謂之天子，上法斗極。〈鉤命決〉曰：
> 天子爵稱也。（卷一〈爵〉5～6）

所謂「爵」，許慎曰：「爵，禮器也」，在西周以前，爵是禮器中飲酒器之一種，

〔註115〕《漢書・董仲舒傳》卷五十六，語見頁2498。

〔註 116〕天子賜諸侯以爵，按階級分等使用，流傳後世成爲以爵位定大小高低之起源，是以爵由器物之名轉爲位階之名。既然人君執握最高政權，地位在眾人之上，是以人君受封之實必不能出於他人之手，而必訴之於天；又其受命源自於天，「天子」之稱必出自於天，故以「天子」稱之，由「天子」之稱顯示其身分之特殊。

正因爲天子受命於天，故天子登基之日，必行封禪之事以告知上天，同時，此亦象徵著天子與天維繫著溝通之管道。《白虎通》論封禪曰：

> 王者易姓而起，必升封泰山何？報告之義也。始受命之日，改制應天，天下太平，功成封禪，以告太平也。（卷六〈封禪〉329）

〈春秋元命苞〉亦曰：「王者受命，昭然明天地之理，故必移居處，更稱號，改正朔，易服色，以明天命」；〔註 117〕《白虎通》又將所謂「封」與「禪」以及「封禪」之含義做更爲明確說明，且對封禪形式及含義做系統性之闡述，成爲後世闡述封禪之定本。〔註 118〕如前所述，自秦始皇從騶衍之學後，凡後世帝王登基之日，登泰山行封禪之事便成爲一項傳統，封禪成爲帝王受命而王功德天下之宣示。《白虎通》謂王者自受命之日，便需改制以應天命，由改制表示朝代更替，並上泰山封禪以示天命之所繫，顯然承襲此一傳統。〔註 119〕

天人感應之溝通管道落在天子身上，對天，天子代表眾人；對人，天子代表天意；《白虎通》之天人感應理論，究其實，不過是天與天子間之感應而已。今以圖示之：

〔註 116〕李學勤於《中國青銅器的奧秘》書中考證，爵乃商代酒器，到西周早期以後即歸消失，（臺北：臺灣商務印書館，民國 76 年 6 月香港第一版，七十七年 9 月臺灣初版），參考頁 28〜30。
〔註 117〕《緯書集成》，語見頁 1447。
〔註 118〕有關《白虎通》論封禪之義，請參閱《白虎通‧封禪》卷六，頁 329〜335。
〔註 119〕《泰山宗教研究》言：「漢光武帝封泰山之后的六百多年間，雖然易姓而王的君主層出不窮，卻沒有一位帝王封禪泰山」，語見頁 87。

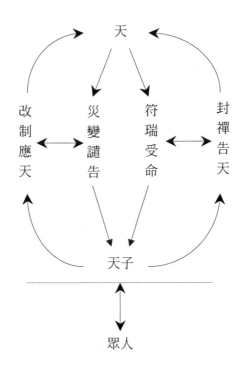

　　天人感應思想乃是漢代普遍認同且具代表性之思維模式，除了《白虎通》所徵引之讖緯說明天人感應理論外，在其他讖緯之中，仍以天人感應學說為最大宗。任繼愈便稱：

　　　　這種天人感應論并不是緯書的發明創造，它的理論基礎是由董仲舒奠定的。自從董仲舒為代表的儒學定于一尊以后，經學家們都紛紛結合自己所治的經典來發揮這種天人感應論的思想，因而天人感應論在漢代發展成為一種普遍的思維模式，幾乎人人都受到它的影響，不僅經學家們講，皇帝大臣們講，就是從事自然科學（如天文、歷法、數學、醫學）的人們也都或多或少處于這種思想模式的支配之下。〔註120〕

觀任氏所羅列之緯書篇目解題，即可見此一端倪。〔註121〕關於讖緯篇目，立名多會隱諱難解，無怪乎胡應麟歎曰：「緯書名義率不可通曉，……昔人云：以艱深之辭，文淺易之說。但睹其名，無事開卷」。以下就任氏「題解」並參酌其他說法，嘗試理解緯書篇目可能意蘊。

〔註120〕《中國哲學發展史・秦漢》，語見頁439～440。
〔註121〕同上註。請參考任氏整理七經緯三十六種篇目，頁436～439。

有關闡發天人感應說之篇目，計有：

(1)《稽覽圖》，孫珏謂：「此亦主節候徵應，依卦立言」，（《古微書》卷十五，頁 480）鍾肇鵬則引伸說：「〈稽覽圖〉是講卦氣的，它把《易經》與曆法結合起來，其中心思想是附會《易經》的卦爻，來講節候占驗，宣揚一種新的天人感應神學目的論」。（《讖緯論略》頁 40）〔註 122〕

(2)《辨終備》，鍾氏謂：「本篇據天人感應之說，占驗災祥，辨其吉凶，以便事先作充分之準備，故曰〈辨終備〉」。（《讖緯論略》頁 46）

(3)《推度災》，孫珏謂：「漢儒窮經，多主災異，故尚書則有五行傳，董仲舒、劉向、京房部而彙之。……逮翼奉受齊詩，始得五際六情之說以行災異，而其術竟無傳。《漢志・藝文》亦不存其目，緯書所列〈推度災〉，則或齊詩授受之遺，惜其不著耳」，（《古微書》卷二十四，頁 295）趙在翰謂：「首明五行之運，天人之應，曰〈推度災〉」，（《七緯・詩緯敘錄》頁 1038）鍾氏補充說：「案〈推度災〉是以陰陽五行，天人感應之說，據天之行度以推天意，占驗災異吉，故名〈推度災〉」。（《讖緯論略》頁 52）

(4)《斗威儀》，孫氏謂：「禮本于天，殽于太一，斗中者，孝弟之精也，故威儀繫以斗，神明其說而達之天」，（《古微書》卷十九，頁 262）鍾氏謂：「本篇講帝王五德終始之運，五行五聲與政教相配之理及日月星辰風物相感之徵，以明天人相應之說」。（《讖緯論略》頁 56）

(5)《合誠圖》，孫氏謂：「此主赤龍一圖，因而立名。明夫天人之合，皆有誠通，而其象已先著於圖」，（《古微書》卷八，頁 192）鍾氏補充說：「這是說天人感應，以誠相通，人神相感，以圖示意，故名〈合誠圖〉」。（《讖緯論略》頁 60）

(6)《感精符》，孫氏謂：「此言一切災祥皆精神之感召，而天物來符，故多述人事」，（《古微書》卷十，頁 203）鍾氏謂：「帝王上應列星，故君主政教得失，聲聞於天，天人相感，如合符契，故曰〈感精符〉」。（《讖緯論略》頁 60）

(7)《考異郵》，王令樾謂：「名爲『考異郵』，是說此篇主要考物應天道

〔註 122〕鍾肇鵬《讖緯論略》第二章「讖緯篇目及緯書解題」介紹讖緯篇目內容頗爲周至，唯鍾氏所言與任繼愈所解若相差甚微，則不贅述。

之理，而表明其變現尤異之象，表示天人相與之驗，並見於物」，（《緯學探原》頁 44）鍾氏謂：「本篇言風雨氣侯及物象變化與人事政教相應，說明考物應天之道，以示人天相與，其應驗並見於物」。（《讖緯論略》頁 61）

（8）《援神契》，趙氏謂：「孝通神明，天人契合，援引眾義，山藏海納」，（《七緯・孝經緯敘目》，頁 1042），鍾氏補充說：「以孝道通乎神明，天人合契，援引眾義，闡發微旨，故名曰〈援神契〉」。（《讖緯論略》頁 64）

與帝王受命說有關之篇目，計有：

（1）《稽命徵》，趙氏謂：「天秩天敘，定命之符，稽古同天，古帝道孚，聖神徵應，匪曰矯誣」，（《七緯・禮緯敘目》頁 1041）乃指唯有帝王始能稽合天命，應徵受命爲王。王令樾謂：「此篇承含文嘉質天文地之，說明三統五行天人相應之理，及禮樂徵祥之義」。（《緯學探原》頁 40）

（2）《帝命驗》，孫氏曰：「帝王之興，自有命運，五德終始，錄圖更承，皆先革之于天象，錯之以地文」，（《古微書》卷三，頁 155）趙氏謂：「耀魄五精，其降爲命，有驗於人，苞符啓聖」，（《七緯・書緯敘目》頁 1041）王令樾謂：「名『帝命驗』，是說帝王受天命，更迭承代的符驗，以示五德終始的深奧道理」。（《緯學探原》頁 30）

（3）《運受期》，趙氏謂：「五運應期，維天所授，元聖制命，悉爲緯侯」，（《七緯・書緯敘目》頁 1041）鍾氏謂：「〈運期授〉是說帝王受命曆運長短都有一定的期限，爲天所授」。（《讖緯論略》頁 54）

（4）《演孔圖》，趙氏謂：「聖不空生，法制木鐸，有命自天，黑龍赤雀」。（《七緯・春秋緯敘目》頁 1041）

（5）《元命苞》，王氏謂：「名爲『元命苞』，就是說天命廣大的精理，皆包羅闡發。表示天人相與深廣的原理」，（《緯學探原》頁 48）鍾氏謂：「本篇涉及天地人三才，明五行更王，帝王迭興，天人合一，天人相感之道。對於符瑞、災異以及帝王形象、天文、地理都有所敘列」。（《讖緯論略》頁 59）

（6）《保乾圖》，趙氏謂：「通乾出苞，德元受寶，於時保之，合天地道」。（《七緯・春秋緯敘目》頁 1042）

（7）《漢含孳》，趙氏謂：「薪采得麟，火德孳萌，聖爲赤制，垂法文成」，（《七緯・春秋緯敘目》頁 1042）鍾氏解釋說：「這是說孔子作《春秋》，爲漢制法，獲麟爲漢家受命之瑞，預示著劉秀繼起爲王，漢室孳生，故名〈漢含孳〉」。（《讖緯論略》頁 61）

（8）《佐助期》，王氏謂：「名爲『佐助期』，是說佐命諸臣的應籙，助成漢家之期運，亦爲天命所預定」，（《緯學探原》頁 46）鍾氏謂：「本篇言帝王興，奉天承運來進行統治，自有神明靈護佑，輔佐諸臣，上應列星，應期而至，故名〈佐助期〉」。（《讖緯論略》頁 61）

（9）《命歷序》，孫氏謂：「《春秋緯》十有三篇，無所謂〈命歷序〉者。諸書徵，冥莖歲代，帝皇籙運，顧多主于命歷，則欲推邃古之聞，不得不列是書矣」。（《古微書》卷十三，頁 223）

（10）《鉤命決》，趙氏謂：「天命流行，孝正情性，鉤效授度，用孝格命」，（《七緯・孝經緯敘目》頁 1042）鍾氏謂：「本篇主旨在說明天人相通，『孝心感天地』，孝道無所不包」。（《讖緯論略》頁 64）

與陰陽五行與災異有關之篇目，計有：

（1）《通卦驗》，孫氏謂：「陰陽律歷皆祖于易。氣也者，物之先者也，故物無以驗，則驗之氣；氣無以驗，則驗之風。而其朕其集，幾動于卦。此王者所以體天元，而聖人所以法天行，必謹于卦氣也」。（《古微書》卷十四，頁 230）

（2）《氾歷樞》，趙氏謂：「永言律本，運譜厤軌，汎覽五際，其樞在水」。（《七緯・詩緯敘目》頁 1041）

（3）《含神霧》，趙氏謂：「圖籙之神，禎祥之降，曰〈含神霧〉」，（《七緯・詩緯敘錄》頁 1038）又謂：「天運人事，統諸神靈，以言其象，氛霧冥冥」，（《七緯・詩緯敘目》頁 1041）王令樾解此篇內容謂：「此篇接著〈氾歷樞〉而來，多在表明六律五聲與列國地域相配之理，序列四始五際之義，及天人災祥感應之道」。（《緯學探原》頁 39）

（4）《刑德放》，趙氏謂：「書道政事，是放天行，陰刑陽德，六合化成」。（《七緯・書緯敘目》頁 1041）

（5）《文耀鉤》，王氏謂：「名爲『文曜鉤』，是說此文專表明星象，而其有驗於人物的道理，如同以鉤探物般幽隱宛曲的出現，特別表示本文在說明天人相應之道，是深而婉的」，（《緯學探原》頁 42）鍾氏

謂：「本篇言州域分野，上配列宿。天垂象，見吉凶，可以驗人事，明天人相應之道」。（《讖緯論略》頁 59）

（6）《潛潭巴》，趙氏謂：「陰陽災異，深潛莫知，天人弭亂，委曲維持」，（《七緯・春秋緯敘目》頁 1042）鍾氏謂：「本篇言災異天人相感之道」。（《讖緯論略》頁 62）

　　以上篇目內容，論述多有重疊，並非單一命題之論式，而是反覆闡述天人感應諸多面相，若概括以上篇目以為天人感應思想，大致無誤。又觀其所舉篇目數量佔七經緯三十六種過半，說天人感應學說是讖緯之思想亦不為過，故殷善培分析讖緯篇名作意時亦稱：「我們可以發現讖緯命名的策略就是著意強調天人相應，以示一切有命數，有安排，無形中也使接受者感受到此種氣氛而難以掙脫」。〔註 123〕其餘如：〈乾鑿度〉「皆於易旨有所發明，較他緯獨醇正」；〔註 124〕〈坤靈圖〉、〈是類謀〉「其間多言機祥推驗，並及於姓輔名號，與乾鑿度所引易歷者，義相發明」；〔註 125〕而〈含文嘉〉「明示質文與天地相應之道，承天據地之禮，及瑞應之符」；〔註 126〕〈璇璣鈐〉明歷象之秘要、天道之關鍵；〈考靈曜〉「漢儒窮緯，故談天為至精，此效靈曜所緣名也」；〔註 127〕〈動聲儀〉孫玨謂：「凡奸聲感人而逆氣應之，正聲感人而順氣應之，能動物者，莫如樂也，其翼在儀，儀動則人心為之動矣」；〔註 128〕〈稽耀嘉〉明三統五行天地質文之理；〈協圖徵〉「制作靈圖，以為徵驗」，闡發樂協和成之義，〈運斗樞〉「多說明北斗七星的徵祥，及其他星的災異，亦是闡述星象的篇章」；〔註 129〕〈握誠圖〉「表示天人以誠相感之象，應握持之義」；〔註 130〕〈說題辭〉則是「此撰書者統諸緯之義而繹其文也」。〔註 131〕概觀以上篇目命名及內容，雖與天人感應理論無直接關聯，不過一如任繼愈所說，緯書內容尚包括「有釋經的，有講天文的，有講歷法的，有講神靈的，有講地理的，有講史事的，有講文字的，有講典章制度的，涉

〔註 123〕《讖緯思想研究》，語見頁 95。
〔註 124〕《四庫全書總目》卷六，語見頁 164。
〔註 125〕同上註，語見頁 166。
〔註 126〕《緯學探原》，語見頁 39。
〔註 127〕《古微書》卷一，語見《緯書集成》，頁 139。
〔註 128〕同上註，頁 278。
〔註 129〕《緯學探原》，語見頁 42。
〔註 130〕同上註。
〔註 131〕《古微書》卷十一，語見《緯書集成》，頁 213。

及到自然、社會、經書各個方面」，〔註132〕所論紛陳，內容則主在災異與符命，仍環繞著天人感應之思維模式而各自表述。

至於河圖、洛書部分，孫玨總括其意謂：

> 賁居子曰：緯候之興，其生於河出圖一語乎？自前漢世有河圖九篇，洛書六篇，云自黃帝至周文王所受本文。又別三十篇，云自初起至於孔子，九聖增演，以廣其意。蓋七緯之祖本也。顧漢志、馬、鄭皆不道及，惟梁崇文隋經籍有二十卷。今讀其文，淵且艷也。其錄則曰括地象、曰絳象、曰始開圖，皆以鉤山河之蹟；曰帝覽嬉、曰稽耀鉤，皆以抉星象之元；曰挺佐輔、曰握矩記，皆以闡運歷之要。而又有帝通紀、眞紀鉤、著命秘徵、要元考燿，殘篇半牘，錯海希珍，遇之輒疏矣，殆視諸緯爲富云。〔註133〕

河圖所述，大要不出勾勒山河圖形、星象分布、五行與曆法之推算，然若〈挺佐輔〉「此其符命之祖乎」，〔註134〕〈握矩記〉「明乎皇帝王之迭興，各有禎符」之類，〔註135〕而〈尚書璇璣鈐〉謂：「河圖，命紀也，圖天地帝王終始存亡之期，錄代之矩」，〔註136〕陳槃亦言：「河圖中多預言吉凶禍福之說」，〔註137〕河圖豈不是以天文曆法與夫山河地理闡明天人感應之理。至於洛書，孫玨謂：

> 漢儒傳洪範，以初一五行六十五字，逕爲洛書本文。既有本文，又何云戴履肩足白文二十五，黑文二十也？雖然，緯書若出漢世者，便應演洪範之文，而語不及範，固知出春秋世矣。今讀其文，大類讖詞，豈河圖主緯，洛主讖耶？〔註138〕

洛書大意亦同於河圖，皆是讖緯之文；孫詒讓（A.D.1848～1908）《籀𪅂述林》卷五〈契文舉例敘〉謂：「自緯候詭託，以爲神龜負書，文璨天成；後儒矜飾符瑞，遂若天璽神讖，祥符天書，同茲誣誕」，戴君仁〈河圖洛書的本質及其原來的功用〉謂：「河圖洛書是古代的一種符瑞」，陳槃則考證稱：「現存雒書，同時復有古代神話、帝王歷運、天象占候諸說，作者不止一人，故不免群言

〔註132〕《中國哲學發史・秦漢》，語見頁439。

〔註133〕《古微書》卷之三十二，語見《緯書集成》，頁351。

〔註134〕同上註，語見頁362。

〔註135〕同上註，語見頁363～364。

〔註136〕《緯書集成》，語見頁1424。

〔註137〕〈古讖緯書錄解題（五）〉，陳槃著，收錄於《史語所集刊》四四本二分，語見頁694。

〔註138〕《古微書》卷三十五，語見《緯書集成》，頁375。

龐雜也」，〔註139〕可見所謂洛書者，內容亦有天人感應之說存焉。

推究《白虎通》所勾勒天人感應模式，將天人感應之過程完全託負於天子一人，不僅保留了君權神授之精神，同時也鞏固君王政權之合法性。在君主專制時代，君主握有絕對之權力，不受任何法律制約，隨意揮灑；復由於君主之政權乃「馬上得之」，在名義上又依附於天命之上，君主之權威地位，乃成為一尚未充分地客觀化之「無限的存在」。（牟宗三語）天人感應之結果，更加深君主政權之合法性，擴大君主權力範圍，使君主地位神格化。皮錫瑞言：

> 當時儒者以為人主至尊，無所畏憚，借天象以示儆，庶使其君有失德者猶知恐懼修省。此《春秋》以元統天、以天統君之義，《易》神道設教之旨。漢儒藉此以匡正其主。其時人主方崇經術，重儒臣，故遇日食地震，必下詔罪己，或責免三公。雖未必能如周宣之遇災而懼，側身修行，尚有君臣交儆遺意。……後世不明此義，謂漢儒不應言災異，引讖緯，於是天變不畏之說出矣。近世法入中國，日食、星變皆可豫測，信之者以為不應附會災祥。然則，孔子《春秋》所書日食、星變，豈無意乎？言非一端，義各有當，不得以今人之所見輕議古人也。〔註140〕

皮氏以為，漢儒之所以每以天象災異建言君王，無非想以天之權威以匡人主，故每逢天象異常，日食，地震等災異現象出現，時人便有機祥災異之說，動輒君王下詔罪己，或者責免三公，凡此皆是漢儒運用災異之說，引讖緯之言，試圖以下屬之身分，藉權威之天意以制約無所畏懼之君主，其用心可謂良苦。漢儒縱然有災異之說制約君主行為，不過對災異現象之詮解，幾乎完全取決於君主之主觀意願，在實際運作上，除非君主甘願受罰，否則試圖以災異制約君主之設計，最終只是虛應故事而已。又皮氏以其今文學之立場，推說《春秋》經所書日食、星變等災異，寓有深意於其中，則又不免墜入「微言大義」之陷阱中。若以孫廣德稱：「由於君主的地位無上，權力無限，一旦濫權妄為，必然會帶給人民以痛苦禍患。陰陽五行家們，為了使君主們不敢濫權妄為，便提倡災異祥瑞之說，加君主以約束，課君主以政治責任」，〔註141〕一般以為，

〔註139〕〈古讖緯書錄解題（六）〉，陳槃著，收錄於《史語所集刊》四六本二分，語見頁263。

〔註140〕《經學歷史》，語見頁104。

〔註141〕《先秦兩漢陰陽五行說的政治思想》，語見頁227。

機祥災異乃衍生於陰陽五行學之中，事實上，以災異規勸君主言行，並非陰陽家之專利；皮錫瑞《經學通論》即言「後世君尊臣卑，儒臣不敢正言匡君，於是亦假天道進諫，以爲仁義之說，人君之所厭聞，而祥異之占，人君之所敬畏，陳言既效，遂成一代風氣」，若說機祥災異因陰陽五行家鼓吹而盛行於世，可以接受；但卻不可將災異說成陰陽五行學說所衍生之學說。陰陽五行家們倡導災異思想，利用災異力量以制約君主隨意揮灑，固然有其治政設計上之考量，動機可以理解；但是，機祥災異發生之原理，無論是理論發生本身，或者是理論運用實際過程，皆是與天人感應之關係更爲密切。

四、「以類相感」之謬誤

反省天人感應思想，其中存在一根本謬誤。如前所述，依天人感應秩序言，天藉災異傳遞天命、天意，人依災異現象解讀天之命意；換言之，天人感應溝通之媒介是災異，天意賦予災異之中，故人唯有憑藉災異現象以窺探天意。此一理論，至少含有一前提：即各種災異現象所代表之意義是人類可以藉由災異現象得以理解之內容，依此推論，則言災異者勢必將災異視爲具有傳遞意義之符號。然而在意義情境之中，有三個要素必須注意，即：符號本身、符號所代表之事物、及符號之使用者；一個記號（廣義之符號）所代表之意義乃人所賦與，符號與意義不是同一件事，故符號與其所蘊含之意義之關係是可變動，而非一成不變，荀子所謂「約定俗成」便是指符號與意義間之關係。何秀煌分析其間關係言：「符號的意義經由自由選擇地賦與然後相約地使用，這種性質我們稱爲意義的約定俗成（convention）的性質，所謂約定俗成就是先經規創（stipulation）然後相約地共同使用下去」，〔註142〕暫且不論天意爲何，解讀諸多災異所具有之意義，固然泰半決定於天子及其大臣，災異所具有之意義未必得經約定俗成之過程，但仍須對其意義理論化、系統化，以服眾人之心；然而問題仍不在於災異理論系統化與否，而是以天地「不常之變」之災異現象，視爲具有傳遞意義之符號是否恰當？《呂氏春秋·應同》云：「類固相召，氣同則合，聲比則應，鼓宮而宮動，鼓角而角動，平地注水，水流溼，均薪施火，火就燥。山雲魚鱗，旱雲煙火，雨雲水波，無不比類其所生以示人」，正凸顯出此一理論之謬誤所在。所謂「平地注水，水流

〔註142〕《記號學導論》，語見頁9。

溼」、「均薪施火，火就燥」、皆是自然界現象，其中之因果關係亦是自然形成，非人力所能左右；至若「山雲魚鱗」、「旱雲煙火」、「雨雲水波」，亦當屬於自然界之「徵候」（symptom），至若如地震、山崩、天候異象、水旱之災等自然界之現象，仍不能以「符號」視之，更不得以自然界之「徵候」「比類其所生以示人」；又如董仲舒以「數之偶合」與「類之相感」證明天人感應之必然性，以及《白虎通》之符瑞災變說，均犯相同之謬誤。何秀煌分析二者之別言：「為了徵別起見，記號與意義之間的關聯若是人為的，則我們稱這種記號為符號（symbol）；反之，若記號與意義之間的關聯是自然的，我們稱這種記號為徵候（symptom）」，〔註143〕故「符號」與「徵候」二者不容混淆。天人感應之謬誤便是在於將自然界之「徵候」當做人為之「符號」，故所有自然界出現之「不常之變」之「徵候」，視為具有天意之「災異」之「符號」，而由此「符號」解釋天意所在。換言之，正因為天人感應思維模式，乃將天視為有意志之人格天，而把自然界之「徵候」用來當作媒介以傳達天意之「符號」；天人感應之謬誤便是將自然界之「徵候」類比為「符號」，從而衍生出機祥災異之理論系統。

劉師培在《國學發微》言：「周秦以還圖籙遺文，漸與儒道二家相雜。入道家者為符籙，入儒家者為讖緯。董、劉大儒，競言災異，實為讖緯之濫觴」，《白虎通》與董仲舒之災異說，相去不遠；後世以為讖緯具有神祕色彩，乃著眼於災異之說全然與人事無關，而讖緯之所以災異做為譴告帝王之義，實與其天人感應理論系統緊密結合，若單獨批評災異之為神祕而視為迷信之言，則有失偏頗。清代經學家莊述祖稱：

> 六藝并錄，傳以讖記，援緯證經。自光武以赤伏符即位，其后靈台、郊祀，皆以讖決之，風尚所趨然也。故是書之論郊祀、社稷、靈台、明堂、封禪，悉隸括緯候，兼綜圖書，附世主之好，以緄道真，違失六藝之本，視石渠為駁矣。〔註144〕

《白虎通》附會讖緯完成其天人感應理論，亦是風尚使然。任繼愈以為，《白虎通》內有關災異與符命之說，「只是一般性地從理論上進行論述，而沒有任意編造具體的災異和符命去影射時事，干預政治，因而屬于正統的神學經學

〔註143〕同上註，語見頁4。
〔註144〕〈白虎通義攷〉，莊述祖著，《四部精要》子部第十二冊，（上海：上海古籍出版社，1993年3月版），語見頁832。

的範疇，和讖緯中的那種災異和符命的思想并不相同」，〔註145〕的確，《白虎通》之讖緯思想與東漢以前之讖緯思想在內涵上有諸多不同，最明顯者，《白虎通》已經消化早期讖緯思想，且將讖緯納入其經學理論系統之中，而不再是一味以任意編造災異或符命來反對當時政權，或者以讖緯做爲革命憑證，此亦是《白虎通》讖緯思想之時代意義；然而任氏以爲《白虎通》所論災異與符命屬於「正統的神學經學」之範疇，「和讖緯中的那種災異和符命的思想并不相同」，此乃是根據自身對「讖緯」與其所謂「正統的神學經學」之定義所下之判斷；而此一判斷，具有經學爲主，災異與符命爲輔之主從關係意味。此一判斷亦可以有另一種詮釋，即任氏所謂之「正統的神學經學」乃是受「讖緯」思想影響而與西漢之經學不相同。況且任氏此一判斷，只是強調經學神學化之過程，否定了讖緯思想在《白虎通》中之作用。大致而言，讖緯思想強調災異符命之天道，重心仍在建立人道，讖緯內容可以爲適應各種需求而有所異動。若只就《白虎通》中有關災異與符命之論述，自然無法涵蓋讖緯全部內容，此乃是《白虎通》本身受「講論五經同異」之範圍所限，並不能就此求全責備，甚至斷定《白虎通》之災異與符命「和讖緯中的那種災異和符命的思想并不相同」。因此，《白虎通》是否已經脫離東漢以前之讖緯思想，不論從《白虎通》所論天人感應之理論，或者涉及政治制度之設計原理，都可以提供頗爲有效之解答。

〔註145〕《中國哲學發展史・秦漢》，語見頁429。

第六章　政治大一統之格局

　　徐復觀一再強調:「漢代學術上所要解決的問題,就其統宗而言,在現實上是要解決大一統地專制下的各種政治問題。在其理念上,則是要解決天人性命的問題」,並稱:「兩漢思想,對先秦思想而言,實係一種大的改變。演變的根源,應當求之於政治、社會。尤以大一統的一人專制政治的確立,及平民氏姓的完成,爲我國爾後歷史演變的重大關鍵。亦爲把握我國兩千年歷史問題的重大關鍵」。上章論及,漢代天人之學同時兼顧天人感應思想以及政治制度,天人感應與政治制度形成互爲因果之關係;更進一步言,天人感應思想實則與政治制度乃一體之二面,天人感應因應政治制度之需要而有所修正,而政治制度之設計,亦無不附會於天人感應思想,故無論從天人感應引伸做爲政治制度之基礎,或者是以現實政治制度之規模投射於天人感應,讖緯思想皆扮演著居中協調之角色。上章著重在闡述《白虎通》天人感應思想之來源與時代意義,建立《白虎通》天人感應理論系統,並約略論及天人感應與政治之關係;本章論述則重點在於:以漢代「大一統」之政治思想爲對象,觀察當時政治對學術之影響,政治結構作用於學術,造成學術上之變革,最後探索歸結於《白虎通》中存在讖緯思想之可能基源。

　　政治與學術之關係,[註1]原是相互融攝,交相影響,很難說明何者形成在先,又何者在後受其影響。就理論義意而言,學術理論形成在先,指導政治,政治理論成形繼之影響學術;然而就發生意義言,則是政治政體成立在

〔註 1〕　廣義之「學術」,原是包含一切學問之總稱,故有關政治思想與理論,皆可視爲廣義「學術」之一部分;而狹義之「學術」,則是指有系統且較專門之知識,本文爲論述專門知識與政治之關係,故採狹義之説,以資與政治思想區別。

先，進而影響學術風格，甚至指導學術走向。中國在春秋戰國時代，政治與學術之關係，即有相當緊密關聯。班固《漢書‧藝文志》本於劉歆《七略》之說，言「諸子出於王官」之說，〔註2〕向來視爲定論；胡適提出反對意見以爲先秦「諸子不出於王官」。〔註3〕就此，梁啓超調和以上二種說法言：

> 著者倡「諸子不出於王官」之論。原是很有價值的創說。像劉歆班固那種無條理的分類，每流硬派一個官爲他所自由，自然是不對。但古代學問，爲一種世襲智識階級所專有，是歷史上當然的事實；既經歷許多年有許多聰明才智之士在裡頭，自然會隨時產生新理解，後來諸子學說，受他們影響的一定不少。胡先生曾說：「大凡一種學說，決不是劈空從天上掉下來的」，這話很對；可惜我們讀了胡先生的原著，不免覺得老子孔子是「從天上掉下來的」。

班固所分無史料根據，容或有牽強附會之處，然卻突顯出學術流派與政治學說之關聯性。胡適雖謂「諸子不出於王官」，依然肯定諸子學說皆本於世變所急，起於救時之弊；而梁啓超點出古代學問爲世襲智識階級所有，又是歷史當然之事實，故中國所謂學術流派與政治之間，實不易釐清其中界限。

　　而徐復觀區分政治與學術之別，乃在於質量之區別。〔註4〕不過徐氏所謂之政治，乃指現代民主政治體制，通過投票表決方式以決定政治形式之政治，有別於中國古代之政治體制。中國自秦始皇以後，便是一人專制之政治形態，

〔註2〕　《漢書‧藝文志》載：「儒家者流，蓋出於司徒之官；……道家者流，蓋出於史官；……陰陽家者流，蓋出於羲和之官；……法家者流，蓋出於理官；……名家者流，蓋出於禮官；……墨家者流，蓋出於清廟之守；……從橫家者流，蓋出於行人之官；……雜家者流，蓋出於議官；……農家者流，蓋出於農稷之官；……小說家者流，蓋出於稗官；……」語見頁1728～1745。

〔註3〕　胡適之〈諸子不出於王官論〉，見《中國哲學史大綱‧附錄》。胡適所持反對理由有四：一、劉歆以前，論諸子學者，未嘗有此說；二、《七略》所言，近乎穿鑿；三、《藝文志》所分九流，乃漢儒陋說，毫無根據；四、諸子學術之興，皆本於世變所急，起於救時之弊。

〔註4〕　徐復觀，《學術與政治之間》：「政治與學術的最大區別，是質與量的區別。一萬個普通人對於哲學的意見，很難趕上一個哲學家的意見。一萬個普通人對於科學的知識，沒有方法可以趕上一個科學家的知識。這裡是質決定量，這是學術思想的本性。但在政治上，任何偉大的哲學家或科學家，他所投的票依然和普通人一樣，只能當作一張票看待。假定它要發揮更大的政治作用，惟有把它的意見，訴之大眾的同情，即是質要通過量而始能有政治上的作用。因此，政治是以量決定質的」，（臺北：臺灣學生書局，民國74年4月臺再版），語見頁169。

若說政治是以量決定質，則在當時並不存在，故秦漢時代之政治，很難以質量區分政治與學術本性之別，政治與學術之界限乃趨於一致。徐復觀又稱：「學術的真價，是要在學術的領域中去決定，而不是在政治的領域中決定。假定某一學術思想，是要通過政治以發揮其效用，則必接受政治領域中的法式，而須要經過此一轉折，以成全政治中的民主」，〔註5〕正因為一人專政之體制，以帝王一人決定「政治領域中的法式」，此一轉折亦取決於帝王一人，故所有欲通過政治以發揮其效用者，勢必取決於帝王一人之好惡；因此，專制政治成立之初，原不受先前學術思想所規範，政治制度全憑一人喜惡而定，無所謂學術指導政治理論，甚至專治政體形成後，學術特別容易受到政治之干預，學術風格皆聽為政者之指揮，形成以政治領導學術之形態。而漢代天人之學亦無可避免招受政治之影響，其理論系統亦必須符合政治制度之要求。故漢代學術風貌，仍以政治領導學術居多，其原因便是歸咎於漢初政治「大一統」之典範思想。

第一節　「大一統」思想釋名

「大一統」者，語出《春秋公羊傳》魯隱公元年：

> 元年，春王正月。元年者何？君之始年也。春者何？歲之始也。王者孰謂？謂文王也。曷為先言王而後言正月？王正月也。何言乎王正月？大一統也。〔註6〕

依徐復觀考證，《公羊傳》之成立，「應當是孔門中屬於齊國這一系統的三代弟子，就口耳相傳的加以整理，紀錄了下來，……先有了這樣著於竹帛的『原傳』，在傳承中又有若干人對『原傳』作解釋上的補充，被最後寫定的人，和『原傳』抄在一起，這便是漢初《公羊傳》的共同祖本」，〔註7〕經與傳本是分別流傳，而在流傳過程中，經與傳在漢代已是混而為一體。如上所引，「元年，春王正月」乃是《春秋經》文，「元年者何」以下，則是《公羊傳》文。《公羊傳》謂《春秋經》之「王正月」乃「大一統」也，乃是就《春秋經》之「王正月」經文疏解為「大一統」之意；至於何謂「大一統」，則未進一步說明。東漢何休注之曰：

〔註5〕《學術與政治之間》，語見頁166。
〔註6〕《十三經注疏‧公羊傳》卷一，語見頁8～9。
〔註7〕《兩漢思想史》卷二，語見頁324。

統者，始也，摠繫之辭。夫王者始受命，改制布政，施教於天下，
自公侯至於庶人，自山川至於草木昆蟲，莫不一一繫於正月，故云
政教之始。〔註8〕

依何休之意，則《公羊傳》所謂「大一統」者，乃指王者因受命於天，凡一
切施政皆由正月始，正月乃施政之始，故云「大一統」也。其實《春秋經》
乃以編年方式敘述魯國歷史，謂隱公元年爲「王正月」，乃明示魯國奉周王爲
正朔，「大一統」之「大」者，乃「重視」之意，〔註9〕謂重視一統之意頗爲
明顯，而其目的只在繫年以記事，其中並未有深意。〔註10〕何休《春秋公羊
解詁》詮釋方向不與董仲舒同調，清代江藩《公羊先師考》曰：

董氏《繁露》，其說往往與休不合。《繁露》言二端十指，亦與條例
之三科九旨迥異。仲舒推五行災異之說，《漢書・五行志》備載焉。
休之《解詁》不用，而取京房之占，其不師仲舒可知矣。

故何休解詁《公羊傳》，不得謂西漢今文博士微言大義所賴以存焉。不過，劉
澤華釋「大」乃作動詞解，是「張大」之意，〔註11〕並以爲《公羊傳》：

"大一統"高度概括了傳文作者的政治理想。他們向往實現高度統一的
君主政治，天子是全國最高主宰，所謂"王者無外"，即無可爭辯地擁
有統治國家的最高政治權力和對全國土地的最高占有權。〔註12〕

劉澤華將「大一統」視爲《公羊傳》對政治要求高度統一之理想目標。然而
《公羊傳》稱：「大一統」、「王者以天下爲家」、「有天子存，則諸侯不得專地」，
〔註13〕是否即隱含有「一統」天下之意，或者是宣揚周天子是天下最高主宰，
且擁有對國家天下之政治權力與占有權，則仍有待申述；至少，從群雄割據
之戰國時代背景看，此一思想若產生於當時，尤其是出現在記魯史之史書上，
則仍不免有些突兀。故徐復觀以爲：

〔註 8〕 《春秋公羊傳何氏解詁》，何休解詁，《四部備要・經部》中華書局據永懷堂
本校刊，語見頁 1～2。
〔註 9〕 徐復觀釋「大一統」之「大」，乃重視之意，是很平實之歷史性解釋，別無深
義，參考《兩漢思想史》卷二，頁 328。
〔註 10〕 甚至連傅隸樸《春秋三傳比義》對「大一統」一辭亦惜墨如金，（臺北：臺灣
商務印書館，民國 72 年 5 月初版），參考上冊，頁 2～4。
〔註 11〕 劉澤華主編，葛荃副主編，《中國古代政治思想史》，（北京：南開大學出版社，
1992 年 1 月第 1 版，1922 年 6 月第 2 次印刷），語見頁 293。
〔註 12〕 同上註。
〔註 13〕 《春秋公羊傳》，語見頁 46。

　　按《春秋》「大一統」（隱公元年《公羊傳》），實際是主張明天子諸
　　侯大夫之職，因而主張天子、諸侯、大夫分職，即大夫不可僭諸侯
　　之職，諸侯不可僭天子之職。是主張分權的一統，而非主張集權的
　　一統。〔註14〕

李新霖從其他傳文考「大」字，雖亦以爲「大」爲重視或強調之意，屬於動
態語詞，但卻有不同於劉澤華之解釋：

　　公羊傳大『一統』之義，在於使天下定於一。……即就一統之形式
　　言，乃一統之天下；就一統之人物言，唯有定于一尊之王者，……
　　所謂一統之形式，意即天下之土地人民，均一乎一人之下。……表
　　明天下一統爲王者之職志。就空間言，其政令教化，無遠弗屆，且
　　無內外之分。……如此，「王正月」，文王之正月，亦即周之正月，
　　明示諸侯所用正朔仍依周天子制度。此以魯紀年而奉周王之正朔，
　　非但明正朔同，乃天下一統於周也；亦可見春秋以降，各國不奉周
　　室正朔之非。〔註15〕

李氏旨在強調《公羊傳》意在尊周，以周之正而統諸侯，並主張由周天子一
統天下，與孔子奉周政爲矩範，實無二致。顧邦猷以爲：「『大一統』的字源
是『重視一統』，表現出尊重周室的宗法權威，於此並不存在『代周而統一天
下』的意義，是一貫承襲孔子從周、復周文的觀念與理想」，〔註16〕此解適合
孔子對周文一貫思想立場，孔子所謂「吾說夏禮，杞不足徵也，吾學殷禮，
有宋存焉。吾學周禮，今用之，吾從周」、「周監乎二代，郁郁乎文哉。吾從
周」，顯示孔子對周文崇敬之心，在政治上則未有明顯以周室「統一」天下之
傾向，顧邦猷所言亦頗爲中肯。從《公羊傳》上下文意看，謂「王正月」乃
在統一史書記事之時序，劉澤華對《公羊傳》「大一統」之見解，在《公羊傳》
中隱晦未明，反是較切近於董仲舒之詮釋觀點。

　　司馬遷謂：「故漢興至于五世之間，唯董仲舒名爲明於《春秋》，其傳公
羊氏也」，〔註17〕，董仲舒「少治《春秋》」，且「治《公羊春秋》，始推陰陽

〔註14〕《兩漢思想史》卷二，語見頁341。
〔註15〕李新霖，《春秋公羊傳要義》，（臺北：文津出版社，民國78年5月出版），語
　　　　見頁54～55。
〔註16〕《戰國至漢初關於「大一統」的思考》，顧邦猷著。淡江大學中國文學研究所
　　　　碩士論文，民國82年6月，語見頁18。
〔註17〕《史記‧儒林列傳》卷六十一，語見頁3128。

爲儒者宗」，由其書《春秋繁露》一名，即知其嚮往《春秋》之心，《四庫全書·總目》謂：「《春秋》比事屬辭，立名或取諸此，亦以意爲說也。其書發揮《春秋》之旨，多主《公羊》，〔註18〕董氏向以詮釋《公羊傳》名家，不僅將公羊學提升爲《春秋》經學之正統，並且將其學家實踐於理想政治之中；尤其以賢良對策漢武帝，藉題發揮《公羊傳》之「微言大義」，反映出漢代公羊家政治思想。董氏在對策中闡述《春秋經》云：

> 臣謹案《春秋》之文，求王道之端，得之於正。正次王，王次春。
> 春者，天之所爲也；正者，王之所爲也。其意曰，上承天之所爲，
> 而下以正其所爲，正王道之端云爾。然則王者欲有所爲，宜求其端
> 於天。……臣謹案《春秋》謂一元之意，一者萬物之所從始也，元
> 者辭之所謂大也。謂一爲元者，視大始而欲正本也。《春秋》深探其
> 本，而反自貴者始。故爲人君者，正心以正朝廷，正朝廷以正百官，
> 正百官以正萬民，正萬民以正四方。四方正，遠近莫敢不壹於正，
> 而亡有邪氣奸其間者。〔註19〕

顏師古曰：「解《春秋》書『春王正月』之一句也」，〔註20〕董氏理解《春秋經》「春王正月」，其實只有「春王正」三字而已，「春」代表天之所爲，亦是代表天，「王」是天子，「正」作動詞，是正天子之心。董氏認爲《春秋經》之大義，乃在求王道，而王道是由正天子之心，得天子之正，得天子之正，必得天道，故求王道之端，只是求正天子之心而已。此解中隱含了天子與天具有某種關聯性，透過天子之心可與天溝通，進而得天道，故天子之心既是王道之端，推而擴之，亦是天道之端；順此而論，董氏所謂《春秋經》「春王正」所求之王道，亦可以說是天道。天子「上承天之所爲，而下以正其所爲」，天之所爲化爲四時，天子正其所爲化爲具體政治，故天子若是正心之所爲，必當是天之所欲爲，王道之端只在正天子之心，故天子便是溝通天道與王道唯一橋樑。天子既是王道之所繫，亦是求其端於天之唯一人選，故天子身繫天道與政治二端，形成一人專制之政治系統，董氏所謂「一元之意」，即是指其一政治系統。「一」指天子一人，「元」指「大」，亦是指天子，天子「正心以正朝廷，正朝廷以正百官，正百官以正萬民，正萬民以正四方，……」，是

〔註18〕《四庫全書·總目》卷二十九，語見頁613。
〔註19〕《漢書·董仲舒傳》卷五十六，語見頁2501～2503。
〔註20〕同上註，語見頁2502。

以天子一人「統」天下之政治；合而言之，《春秋經》載「春王正月」，即是《公羊傳》謂「大一統」之意。董氏稱「《春秋》大一統者，天地之常經，古今之通誼」，換言之，《春秋》所謂「大一統」，即是指「道」，因爲此道是不受時空限制，具有經典之意，故不僅是天地萬物生長循環之規律，而在政治制度方面，必要求政權一統於天子之下，因爲政權之統一，乃爲《春秋》大一統之要求，而大一統具有經典地位，故政治上之大一統，必定可以長治久安。且因爲董氏將「天」化爲十端，而其核心在於天、地、人三者，〔註21〕故天之大一統不過是天地人之大一統而已；而此三者皆有陰陽五行之性，陰陽五行滲透於三者之中，三者之溝通便是憑藉陰陽五行始能一統，王者始能透過陰陽五行參通天地，天子爲人中之王者，始能貫通三者，故名之曰天子，天子者乃爲天地整體大一統之象徵。董氏謂「察於天之意，無窮極之仁也。人之受命於天也，取仁於天而仁也」，〔註22〕即是此意。

　　董氏春秋學無疑與其天人之學息息相關。董氏對《春秋經》之闡釋，既屬於發展性之公羊家論調，未盡符合傳文原意；且在思想史上做出一番轉折，此一轉折，乃是以陰陽五行學說滲入儒家經學詮釋系統，藉此達到完成其以天爲道之哲學體系。且董氏之春秋公羊學，似乎已經脫離《春秋》經文本身範圍，藉《公羊傳》隨意發揮，以期達到天人合一之哲學體系，由此形成其獨具特色之「天人政治論」，〔註23〕最後《公羊傳》反倒爲「芻狗」。〔註24〕無怪乎徐復觀說，董仲舒以天人之學詮釋「大一統」之意圖，「與大一統專制政治的趨於成熟，有密切關係」。〔註25〕李新霖區分《春秋公羊傳》所含之「分權統一」與漢代公羊家「集權專治」之主張時稱：「象徵公羊傳之天下一統，乃爲以周天子爲天下共主之分權一統；有異於秦漢以來之專制天下，強調集權絕對之一統」，〔註

〔註21〕《春秋繁露‧王道通三》第四十四：「古之造文者，三畫而連其中，謂之王；三畫者，天地與人也，而連其中者，通其道也，取天地與人之中以爲貫，而參通之，非王者孰能當是」，語見頁295。
〔註22〕同上註，語見頁295。
〔註23〕《中國古代政治思想史》，語見頁302。
〔註24〕徐復觀謂，董仲舒之春秋學，「不僅是把《公羊傳》當作構成自己哲學的一種材料，而是把《公羊傳》」當作進入到自己哲學系統中一塊踏腳石。由文字以求事故之端；由端而進入於文義所不及的微眇；由微眇而接上了天志：再由天志以貫通所有的人倫道德，由此以構成自己的哲學系統，此時的《公羊傳》反成爲芻狗了」，語見《兩漢思想史》卷二，頁333。
〔註25〕《兩漢思想史》卷二，語見頁296。
〔註26〕《春秋公羊傳要義》，語見頁56。

26）董氏一則肯定既有之君主專制體制，同時又爲此一專制體制尋求其合理性，換言之，董氏之政治理論，既要符合當時現實之治道系統，同時又要兼顧此一治道系統之合理性，因此導引出這套以天道觀爲治道基礎之天人哲學大系統。由此可以看出，現實之政治生態確實可以影響學術思想，甚至導引學術思想順從政治體制，進而爲政治體制提供某些合理之辯護。

第二節　西漢政治思想

　　「政治」一辭，至今仍未有一公認之界說。張金鑑說：「政治，乃指社會生活中的一種『管理眾人之事』的活動和現象」，〔註27〕因爲各派學說對政治之界說與意義不一，遂形成不同之「政治觀」。〔註28〕歸納言之，有下列三型：其一、政府型：認爲政治現象即國家或者政府之活動。對內而言，國家或政府依法行使主權，對其人民與領土從事統治之活動；對外而言，則指一國家在國際社會中與其他國家發生關係而形成之各種活動。其二、權力型：認爲政治現象即是人際關係中之權力現象，亦即以力爲中心之社會關係。其三、價值分配型：認爲任何社會都有個政治系統，替社會作權威性之價值分配。然而，此三型界說並非完全適用於理解漢代「政治」。

　　《淮南子·氾論》曰：「政，治也」，「政」與「治」相通。若分別釋之，則「治」，《孟子·離婁上》曰：「治，將理之義也」，《呂覽·振亂》曰：「治，整也」，《周禮·司約》曰：「治者，理其相抵，冒上下之差也」，故「治」有整理、治理之義；「政」者，《廣雅·釋詁》曰：「政，正也」，《說文》亦同，《周禮·夏官序官注》曰：「政，正也。政所以正不正者也」，此義與「治」義同；「政」者在「治」，「治」者唯「政」，兩者意義相通。漢代以「政」釋「治」，又以「治釋「政」，顯示「政」、「治」乃爲一事，「政」、「治」雖指涉內容不同，然皆是合一制。孫文（A.D.1866～1925）在《三民主義·民權主義》第一講解釋：「政治兩字的意思，淺而言之，政就是眾人的事，治就是管理，管理眾人的事便是政治」，〔註29〕孫文與張金鑑之界說，皆是現代人對「政治」

〔註27〕張金鑑，《政治學概論》，（臺北：三民書局，民國65年9月初版），語見頁1。
〔註28〕同上註。因爲各家學派對「政治」一辭有不同認定，故又有所謂「理性主義者的政治觀」、「權勢主義者的政治觀」、「功利主義者的政治觀」、「法治主義者的政治觀」、「民生主義的政治觀」等，參考該書頁1～9。
〔註29〕孫文，《三民主義》，（臺北：臺北中央文物供應社，民國74年3月十四版），

之觀念，雖然亦頗爲接近漢代對「政治」兩字之解釋，不過，孫文等稱管理眾人之事，乃屬人民權力，意義適又與漢人相悖。若《法言・先知》曰：「政，君也」，《禮記・禮運》曰：「政者，君之所以藏身也」，〔註30〕此二解「政」，則專指君主之所執也，故《大戴禮記》曰：「君師者，治之本也」，是以「政治」者，乃君主管理眾人事物之權力。「政」者屬於天所受命，「治」者是天子對天下行使統治權，故有政權始有治權，有治權者必來自天所受命之政權，因此，欲統治天下者，勢必先握有政權。

　　關於中國君主政權之道理，牟宗三曰「政道」，相應於「政道」者，便是「治道」。〔註31〕牟宗三稱中國政權，無論是封建貴族政治，或是君主專制政治，均爲帝王所有，故中國之政治，只有治道之吏治，而無政道之政治。克就此言，中國無論是在封建貴族，或是君主專制之時，並無「政治」可言，有之，只是「吏治」而已。牟宗三就此申述之：

> 「政治」不同於「吏治」，故至今仍有政務官與事務官的分別。政務官要參與決策，因而有政治的意義；事務官則不參與決策，只負責決策的執行，是所謂的官吏，亦即西方人所謂的「文官制度」（civil service），這代表吏治。……因此民國以來了解政治的人常說：從前中國在君主專制的政體下只有吏治而沒有政治。〔註32〕

根據牟宗三之言，其意並非指中國只有「治道」而無「政道」，而是中國之「治道」在相當早以前，便已經發展至最高之境界，而相對之「政道」，則仍未發展出一套有效且符合現代民主化之要求，這套政權產生之道理，仍停留在先秦帝王受命說之階段。此一政治之設計，乃爲因應當時君主一人專制之歷史實然。在漢代「天人之學」之思潮中，人間政治制度，是參照天地自然循環之規律加以訂定，故需要有「媒介」與上天溝通，天與人間之聯係，完全託負於天子，故「天子」顧名思義，即是人與天間之「媒介」，是上天所命之代言人；如此，天人之間才能得到繫聯，政治才能獲得穩定與久遠。

　　語見頁 89～90。

〔註30〕《十三經注疏・禮記》，語見頁 422。

〔註31〕牟宗三，《政道與治道》言：「政道是相應政權而言，治道是相應治權而言。中國在以前于治道，已進至最高的自覺境界，而政道則始終無辦法。因此，遂有人說，中國在以往只有治道而無政道，亦如只有吏治，而無政治。吏治相應治道而言，政治相應道政道而言」，（臺北：臺灣學生書局，民國80年4月增訂新版四刷），語見頁 1。

〔註32〕《中國哲學十九講》，語見頁 179。

本節便以漢代「政道」與「治道」合一狀況，分析政治與學術間之互動情形，由政治「大一統」理論說明《白虎通》中讖緯思想之底蘊。唯須特別說明，本文所論，著重在漢代政治之理論思想，避免過分舖陳漢代實際之治權系統，文中若有述及實際政治組織，仍旨在論證說明漢代之政治思想而已；又因此論題過於龐雜，本文特重於董仲舒政治思想爲例，其原因有三：一、董氏思想適可以代表漢儒；二、《春秋繁露》對「大一統」具有完整論述；三、董氏政治思想對漢代政治具有實質影響。〔註33〕

一、政道與符瑞

眾所週知，現代民主政治乃是透過選舉方式產生政權，而漢代上思想上則是以天命決定政權歸屬。然而，天命政權如何可能？意即，天命是透過何種方式降於天子，且此一方式爲眾人所認同？此一問題，便是漢代學術與政治所共同關注，吾人亦可由此觀察漢代政治與學術二者如何交互影響。

「天子」一辭，最早見於《尚書·西伯戡黎》。〔註34〕如前所述，「天子」一辭標舉著古代天道觀與政治思想混合之產物，帝王號稱「天子」，將帝王身分由平常人賦予半人半神性格，在政治作用上，天子對萬民是「天」之化身，對「天」則又是代表萬民，「天子」此一稱謂，正隱含「天治」與「人治」思想之混合。

騶衍以陰陽五行詮釋歷史，以五德終始說明朝代興替；《呂氏春秋》且以五德終始之說論帝王受命，天命藉機祥符號示人，有機祥符瑞者始爲眞命天子。秦始皇所建立統一王國，僅在十五年之內即告終壽，然其所締造統一帝國，統一全國之法令、文字、貨幣、度量衡，達到「車同軌、書同文、行同倫」之統一目的，特別是「廢封建、立郡縣」開出「君主專制」政治格局。秦國以爲周代文武封子弟同姓、置諸侯之封建制，導致「相攻擊如仇讎，諸侯更相誅伐」弊端叢生，不宜承襲，故分天下爲三十六郡縣以取代封建制；〔註35〕法家工作

〔註33〕董仲舒之政治思想成爲漢武帝政治上重要改革者，錢穆在《國史大綱》中曾列以下五點：其一、設立五經博士；其二、爲博士設立弟子員；其三、郡國長官察舉屬吏之制度；其四、禁止官吏兼營商業；其五、開始打破封侯拜相之慣例，參考頁101～103。
〔註34〕《尚書·四伯戡黎》第十六載：「祖伊恐，奔告于王曰：天子天既，訖我殷命」，語見《十三經注疏》，頁144。
〔註35〕《史記·秦始皇本紀》卷六曰：「丞相綰等言：『諸侯初破，燕、齊、荆地遠，

將國家一切權力置於君主一人之下，確立君主專制制度，完成中國自春秋戰國時代政治社會之轉型。〔註36〕錢穆分析秦以前之封建制度言：

> 先秦的封建，譬如下圍棋般，西周時代只在四角乃至腹部的緊要地
> 點遠遠布了幾十顆勢子。到春秋時代，又從那些子的周圍逐漸四散
> 分布，漸漸鬥湊成幾塊殺局，便是戰國。到秦代統一，則如棋枰上
> 的子已布滿了。以後雖說有戰爭騷亂，人口劇減的時期，要之，社
> 會經濟形態，土地墾闢情形，絕不能與秦前周初相比。因此至少可
> 以說，秦以後再沒有像周初乃至春秋時期的封建事實發生。〔註37〕

就此而言，自秦始皇改封建制爲郡縣制後，中國政治當不宜再有封建制之說。
〔註38〕秦始皇雖以武功統一中國，在政治上握有實質權力，然秦始皇自稱「水
德」，乃是根據「昔秦文公出獵，獲黑龍，此其水德之瑞」，更命河爲「德水」、
以冬十月爲年首、色上黑等舉措，並從儒生之計至泰山封禪，以此表明自身
仍是受命於天，因受天命而有天下。秦始皇所以得天下，可以有諸多揣測，
但絕非僅靠天降之符命可以達成，且秦代所謂水德之瑞乃事後方士附會，又

不爲置王，毋以塡之。請立諸子，唯上幸許。』始皇下其議於群臣，群臣皆
以爲便。廷尉李斯議曰：『周文武所封子弟同姓甚眾，然後屬疏遠，相攻擊如
仇讎，諸侯更相誅伐，周天子弗能禁止。今海內賴陛下神靈一統，皆爲郡縣，
諸子功臣以公賦稅重賜之，甚足易制。天下無異意，則安寧之術也。置諸侯
不便。』始皇曰：『天下共苦戰鬥不休，以有侯王。賴宗廟，天下初定，又復
立國，是樹兵也，而求其寧息，豈不難哉！廷尉議是。』分天下以爲三十六
郡，郡置守、尉、監。更名民曰『黔首』。大酺」，語見頁238～239。

〔註36〕 牟宗三分析中國歷史發展中三個主要關鍵：「第一個是周公制禮作樂；第二個
是法家的工作完成了春秋戰國時代政治社會的轉型；第三個是由辛亥革命到
現在所要求的民主建國」，語見《中國哲學十九講》，頁177。

〔註37〕 錢穆，〈論秦以前的封建制度〉。本文刊於民國28年6月北京大學《治史雜誌》
第二期，同文收錄於《錢賓四先生全集》十八《中國學術思想史論叢》（一）
（台北：聯經），語見頁139～140。

〔註38〕 郭沫若在其《十批判書》言：「舊時說夏殷周三代爲封建制，以別於秦後的郡
縣制，這是被視爲天經地義的歷史事實，從來不曾有人懷疑過，也是不容許
人懷疑的。但近年來因封建制被賦與了新的意義，因而三代是封建制之說便
發生了動搖」，接著又說：「但古時所說的『封建』，是『封諸侯，建藩衛』的
事體，假使是在這種含義上，要說三代或至少周代是『封建制』，那當然是可
以說得過去的」，該書收錄於《民國叢書》第四編第一冊，據群益出版社1947
年版影印，（上海：上海書店，1992年12月第一版第一次印刷），語見「古代
研究的自我批判」中之「論所謂『封建』制」，頁10。本文立場亦是同於後者
之說；至於現今彼岸動輒稱中國列代爲「封建制度」、「封建思想」，那是「封
建」一辭已被賦與一層新意義，自當不在本文討論範圍之內。

與政治之現實無必然關聯；然而秦始皇卻仍順儒生之計，亦可見當時天人思想之流行。秦始皇固然有政權之實，仍需要天命之名以鞏固其政權之合理性，換言之，政權落入誰家是一實然事實，而以符瑞解釋何者為天命，則是應然之問題；實然之事無可辯駁，應然之事可以轉相注釋，由此亦可見政治影響學術思想力量之大。

　　漢代亦可見相同現象一再出現。秦始皇採五德終始之運而立自水德，係是因「五帝」傳說所致，然騶衍五德終始尚未將五帝按德分配，若說五帝配五德，依顧頡剛分析，係是由「層累地造成說」所致，〔註39〕且是在戰國晚期以後才出現。漢初賈誼以為，漢承秦水德之後，當以土德繼之；有關漢代以五德服色之議，錢穆以為前後凡有四變；〔註40〕不過，無論漢代所爭論五德所屬，皆是與五行之說有關，更進一步說，是與當時天子受命有關。因為唯有確立天子之德，始能言所受之命，確立受命之符，始能合理說明天子應天命之合法性，天子地位方能言正統。在漢代與五德終始說有密切相關者當推董仲舒之「三統說」。

二、政權三統說

　　董氏之政治大一統思想與其天人感應思想互為表裡，林明昌謂：「《春秋繁露》以治道思想為天道觀的實踐，而治道又以君王奉天命為中心展開」，〔註41〕則治道必須依附於君王所奉天命之天道，由天命所成之君王成為唯一治權中

〔註39〕顧頡剛之「層累地造成說」，其言：「層累地造成的古史有三個意思：（一）可以說明時代愈後，傳說的古史期愈長。（二）可以說明時代愈後，傳說中的中心人物愈放愈大。（三）我們在這裡，即不能知道某一件事的真確狀況，也可以知道某一件事在傳說中的最早狀況」，參考《古史辨》第一冊。

〔註40〕錢穆歸納漢代五德服色之議，前後計有四變：「漢初尚赤，只是倉猝起事，承用民間南方赤帝、西方白帝的傳說。（東陽少年的「異軍蒼頭特起」，便是要另組織東方蒼色軍，不和南方赤色軍合作。）到後正位稱帝，因『天下初定，方綱紀大基』，未遑改制，實在也因沒有相當的學者來幹這麻煩的事，故襲秦下朔服色而主水德。這是一變。至漢武帝太初改曆，用夏正建寅，而服尚黃，主土德；因為秦為水德，土克水，漢承秦後，用『五行相勝』之說自應尚黃。這是再變。然而從此以後，又有一輩學者出來主張為火德的。直到王莽篡漢，自居土德，火生土，已改用了『五行相生』說，是為三變。前後共四變」，語見《錢賓四先生全集》「中國學術思想史論叢」（二），頁68。

〔註41〕《《春秋繁露》的天道觀與治道思想》，林明昌著，淡江大學中國文學研究所碩士論文，民國80年6月，語見頁127。

心。董仲舒〈天人三策〉云：

> 臣聞天之所以大奉使之王者，必有非人力所能致而自至者，此受命
> 之符也。天下之人心歸之，若歸父母，故天瑞應誠而至。《書》曰「白
> 魚入于王舟，有火復于王屋，流爲鳥」，此蓋受命之符也。周公曰「復
> 哉復哉」，孔子曰「德不孤，必有鄰」，皆積善絫德之效也。及至後
> 世，淫佚衰微，不能統理群生，諸侯背畔，殘賊良民以爭壤土，廢
> 德教而任刑罰。刑罰不中，則生邪氣；邪氣積於下，怨惡畜於上。
> 上下不和，則陰陽繆盭而妖孽生矣。此災異所緣而起也。〔註42〕

董氏稱王者所以爲王，係受天命之符，非人力所能致者，此中隱含王者政權
乃受之於天命，此意與《呂氏春秋》所謂「凡帝王之將興也，天先見祥乎下
民」相似；而瑞應與災異則是緣自天子所施之於民之政治，此項設計亦是具
有制約天子行爲作用。然而王者之所以成爲天命候選人，則是有賴天命循環。
《春秋繁露‧三代改制質文》曰：

> 《春秋》曰：「王正月。」《傳》曰：「……。」何以謂之王正月？曰：
> 王者必受命而後王，王者必改正朔，易服色，制禮樂，一統於天下，
> 所以明易姓非繼人，通以己受之於天也。〔註43〕
> 故《春秋》應天作新王之事，時正黑統，王魯，尚黑，絀夏、親周、
> 故宋。〔註44〕

董氏依《公羊傳》之意，言王者受命始能一統於天下，故必改正朔、易服色、
制禮樂，以示王者乃受命於天，故「受命改制」之說緣此而起。只是，董氏「由
《公羊》以了解《春秋》，可斷言仲舒的改制思想，爲《春秋》所無」，〔註45〕
改制之說可能出於董氏爲適應漢代政治之要求。《春秋》中「鳳鳥不至，河不出
圖」既無孔子以爲是「受命之符」，孔子更無自以爲受命之意；然而董氏爲符合
現實政治統一局面，以《公羊傳》「大一統」當代之合理性與必然性，同時爲提
高《公羊傳》之地位，勢必先提高孔子與《春秋》之地位，甚至推說孔子之《春
秋》乃是爲漢制法之書，意即孔子刪削魯史而成之《春秋》，乃爲作新王之制，
故「《春秋》應天作新王之事」，「以《春秋》當新王」，故漢代公羊家視孔子爲

〔註42〕《漢書‧董仲舒傳》卷五十六，語見頁2500。
〔註43〕《春秋繁露‧三代改制質文》卷七，語見頁174。
〔註44〕同上註，語見頁175。
〔註45〕《兩漢思想史》卷二，語見頁349。

虛位之「王」。正因為天子受天命而王，若新王未依天命改制，則與舊王無別，故新王當政必要以改制以明新政，以彰顯天志。《春秋繁露》曰：

> 今所謂新王必改制者，非改其道，非變其理，受命於天，易姓更王，非繼前王而王也，若一因前制，修故業，而無有所改，是與繼前王而王者無以別。受命之君，天之所大顯也；……今天大顯已，物襲所代，而率與同，則不顯不明，非天志，故必徙居處，更稱號，改正朔，易服色者，無他焉，不敢不順天志，而明自顯也。〔註46〕

新王受天命而舊王失天命，立新黜舊乃天命所在，故董氏建議漢王宜徙居處、更稱號、改正朔、易服色等措施，便是含著君主受天命、順天志之意，此舉乃為其君權神授思想尋求一套理論依據。

董仲舒〈三代改制質文〉曰：

> 故湯受命而王，應天變夏，作殷號，時正白統，……文王受命而王，應天變殷，作周號，時正赤統，……武王受命，作宮邑於鄗，制爵五等，作象樂，繼文以奉天。周公輔成王，作宮邑於洛陽，成文武之制，作汋樂以奉天。……故春秋應天作新王之事，時正黑統，……然則其略說奈何？曰：三正以黑統初，正日月朔於營室，斗建寅，……正白統者，歷正日月朔于虛，斗建丑，……正赤統者，歷正日月朔于牽牛，斗建子，……改正之義，奉元而起，古之王者受命而王，改制稱號正月，服色定，然後郊告天地及群神，遠追祖禰，然後布天下，諸侯廟受，以告社稷宗廟山川，然後感應一其司，三統之變，近夷遐方無有生煞者，獨中國，然而三代改正，必以三統天下，……〔註47〕

董氏所謂「三統」者，乃指建子（周為十一月為正月）、建丑（殷以十二月為正月）、建寅（夏以十三月為正月）為「三正」；又以子為天配赤，以丑為地配白，以寅為人配黑，故三正又稱之為三統。〔註48〕董氏除以三統說明歷史循環外，尚以文質補統說明歷朝政治之特質。董氏曰：

〔註46〕《春秋繁露‧楚莊王》卷一，語見頁11～12。

〔註47〕《春秋繁露‧三代改制質文》卷七，語見頁175～176。

〔註48〕董氏明顯與騶衍學說不同之處，乃在於以三統說代替五德終始，此說無異是在騶衍學說基礎之上，簡化循環之過程；不過騶衍將五行說與政治興亡結合，言五德終始之運，而董氏以三統說解釋歷朝更替之由，與騶衍學說仍有所承襲。

王者以制，一商一夏，一質一文，商質者主天，夏文者主地，春秋
者主人，故三等也。〔註49〕

用文或質概括一朝代政治會社之特質，將商稱爲質家，周代稱爲文家，乃始於
《春秋公羊》學家。董氏循此論說，將夏商以來之歷史，理解爲質與文交替之
歷史循環論，此說含有前朝之失可爲後世救弊之參考價值，又與三統說並行不
悖，此說又與騶衍學說有關，〔註50〕只是董氏之說仍有特出於騶衍之處。雷家
驥（A.D.1948～）分析三統說與騶衍五行說二者差異言：「是則三統說顯然是較
純粹的文化制度之歷史循環律，與五行說的政權轉移之歷史發展循環律頗不同
（五行說亦講歷史的型態），假如說五行是天之規則平面的循環，其關係是具互
相吸引（相生）或排斥（相剋）的作用者，則三統似乎表示人爲文化在時序上
的縱貫循環，具有互相補救的作用」，〔註51〕此點說明董氏較有進步之思想。董
氏除以三統說明朝代更替之外，又有「三世」之說；〔註52〕不過，董氏雖將春
秋十二世分爲三等：有見三世、有聞四世、有傳聞五世，乃是對此「三世」採
取親近疏遠之態度而已，所謂「於所見，微其辭；於所聞，痛其禍；於傳聞，
殺其恩，與情俱也」，〔註53〕並未以此做爲政治或者社會進化或者更替之三階
段，於此三世之說只能視爲董氏對春秋十二世之價值判斷，不能據此以爲董氏
之歷史觀。

除此之外，董氏又有二端之說。

春秋至意有二端，不本二端之所從起，亦未可與論災異也，小大微
著之分也。〔註54〕

所謂「二端」，即是大小、著微之分，即是天所降於世以示於天子，做爲天意

〔註49〕《春秋繁露・三代改制質文》卷七，語見頁178。
〔註50〕《漢書・嚴安傳》卷六十四下曰：「臣（安）聞鄒子曰：『政教文質者，所以
　　　云救也，當時則用，過時舍之，有易則易之，故守一而不變者，未睹治之至
　　　也』」，語見頁2809。若此記載可信，則董仲舒採文質之說並非首創，而且可
　　　能承襲騶衍之說。
〔註51〕雷家驥，《中古史學觀念史》，（臺北：學生書局，民國79年10月初版），語
　　　見頁65。
〔註52〕《春秋繁露・楚莊王》卷一曰：「春秋分十二世以爲三等：有見、有聞、有傳
　　　聞。有見三世，有聞四世，有傳聞五世。故哀、定、昭，君子之所見也，襄、
　　　成、文、宣，君子之所聞也，僖、閔、莊、桓、隱，君子之所傳聞也。所見
　　　61年，所聞85年，所傳聞九十六年」，語見頁8。
〔註53〕同上註。
〔註54〕《春秋繁露・二端》卷六，語見頁145。

符號。二端乃是結合災異而說，天意透過災異以示警，《春秋》有二端之意，乃是做爲天子臆測天意之經驗參考，天子得《春秋》之旨，即可得天之意，而不必經由災異已顯而事後調整政策。所謂：

> 故王者受命，改正朔，不順數而往，必迎來而受之者，授受之義也。故聖人能繫心於微，而致之著也。是故春秋之道，以元之深，正天之端，以天之端，正王者之政，以王之政，正諸侯之即位，以諸侯之即位，正竟內之治，五者俱正，而化大行。〔註55〕

故天子依《春秋》而改制，乃是在正天之端，在化大行，董氏此說又與其《賢良對策》中，以《春秋》考察天人相與之際學說若合符節。至若符瑞，則是天子政治大一統之保證：

> 有非力之所能致而自至者，西狩獲麟，受命之符是也，然後託乎春秋正不正之間，而明改制之義，一統乎天子，而加憂於天下之憂也，務除天下所患，而欲以上通五帝，下極三王，以通百王之道，而隨天之終始，博得失之效，而考命象之爲，極理以盡情之宜，則天容遂矣。百官同望異路，一之者在主，率之者在相。〔註56〕

董氏論《春秋》大意，即是以公羊通三統，即是符命真源矣。

三、西漢政治與災異

董氏君權神授之說，固然是根據其天人感應思想所衍生而出，若推究其動機，乃爲制約君權恐有高漲之虞，而符瑞與災異之說，正是限制君權最有效之利器。〔註57〕胡正之則以爲，漢儒言革命之基源問題，乃在確立常經之政治倫理，〔註58〕「而君王者，繫天下群生之安危，其位至要，其責至重，

〔註55〕同上註。

〔註56〕《春秋繁露·符瑞》卷六，語見頁147～148。

〔註57〕例如賀凌虛謂：「董仲舒之主張君權神授，表面看來似乎是替君主的至高無上，在神權學說中找出了堅強的根據，但實際上他是要把權力無限的君主，置於有意志、有好惡的天的經常指揮監督之下，使其必須上體天心，不敢隨便以其個人的意志爲意志，以其個人的好惡爲好惡」，〈董仲舒的治道和政策〉，《思與言》第十卷第四期，民國61年11月，語見頁75。

〔註58〕胡正之《漢儒革命思想研究》言：「秦漢之有天下者異，然其爲王權集中大一統之世則同。苟崇天子太過，使之無所顧忌而蹈亡秦之跡，肆慾逞暴，陷斯民於水火。如此，則君雖有而不若無之，必去之而天下始安？此漢儒莫不言誅暴革命之故也。然革命誅伐，無干戈不能成功，而佳兵不祥，戰事一起，

爲政治倫理之綱領」，〔註59〕故漢儒設計以天命威福、陰陽災異之說以降天子之勢。唯漢初大一統政治，政權落在天子一人身上，即使董氏倡君權神授是爲箝制權力無限之君主，使君主受有意志、有好惡之天之指揮監督，然而此一有意志之天，並非眞有能力限制君主行爲，董氏此說反有爲神道設教之實；且即使以災異做爲天意警訊，仍然落入外在權威主義，欲藉天威勸君主行仁政德治，無異是緣木求魚，理想終必落空。董氏雖然體認君權無限之可畏，然卻無法對政權之由來提出反省，在一味維護君權之立場上，試圖以災異約制君權之結果，非但不能左右君主言行，反而更加鞏固政權之權威性。漢世以降，大凡政治思想皆在肯定一統政治之前提下討論政治議題，至少未有對政權之合理性提出反省，究其主要原因，不外當時尚未有現代之民主思想萌芽，且若挑戰政權之合理性，不僅得不到君主青睞，亦恐惹禍上身。牟宗三稱中國政治上未開出民主思想，此不唯是主因之一。〔註60〕至若賴慶鴻謂：「仲舒非專只談君權神授，更非致意於災祥說，其主要思想與精神皆在爲伸張儒家之道，其所謂之天權，實爲儒化之天權」，〔註61〕以爲董氏倡君權神授「乃在發揮儒家仁愛思想」，〔註62〕恐怕也是溢美之辭。

王初慶謂：「陰陽災異之觀念不必創於董子，然將災異之學予以系統化、理論化，實自董子始也」，〔註63〕災異與符瑞之說，雖未必能有效遏制君主漫無節制擴張，然於實際政治運作上，確實亦發揮不小作用。從《漢書》記載，西漢每逢災異之變，天子動輒以下詔罪己或出制自責；〔註64〕或者天子不僅以災異

天下搶攘，究非全百姓之常道也。是以漢儒之於此，大天命威福、詳陰陽災異，崇道之高、極聖之尊，以大道降天子之勢，納政事於可大可久之常經也」，淡江大學中國文學研究所碩士論文，民國80年6月，語見頁118～119。

〔註59〕《漢儒革命思想研究》，語見頁119。

〔註60〕牟宗三在論述「儒家的德化的治道」時稱：「秦漢一統後，君主專制的政治形態（即政體）成立，此『德治』一觀念復隨之用于其上而擴大，而其基本用心與最高境界仍不變。在大一統的君主專制之形態下，皇帝在權與位上是一個超越無限體。因爲治權與政權不分，合一于一身，而其政權之取得又是由打天下而來，而儒者于此亦始終未想出一個辦法使政權爲公有。是即相應政權無政道」，語見《政道與治道》，頁30。

〔註61〕賴慶鴻，《董仲舒政治思想之研究》，（臺北：文史哲出版社，民國70年4月初版），語見頁203。

〔註62〕同上註。

〔註63〕〈淺論漢初公羊學災異說〉，語見頁22。

〔註64〕如文帝二年11月（依《史記》爲12月）：「11月癸卯晦，日有食之。詔曰：『朕聞之，天生民，爲之置君以養治之。人主不德，布政不均，則天示之災

自責，且罪責及其臣屬；〔註65〕而臣下亦有以災異上書言施政得失；〔註66〕甚至有臣下承擔起災異之變。〔註67〕凡此以上，皆可視爲災異施之於政治之作用，其作用對於臣屬具有生殺榮辱等利害關係，而對於天子，只是時而下詔罪己自我譴責一番，然於其政權實無絲毫威脅。〔註68〕而觀其所謂災異內容，不外日蝕、月蝕、五星失行之天文奇象，或者是山崩、地震之地表變動，或者是寒暑失序所引水旱疫疾、比年不登之饑荒等影響國計民生之重大事故，此又與《春秋》所誌災異內容相仿；所不同者，乃漢代儒生將災異之說附會於政治作用，且予以系統化、理論化，甚至政治化。

綜觀西漢符瑞災異之說，可以理解爲其天人感應思想使然，但以當時現

以戒不治。乃 11 月晦，日有食之，適見于天，災孰大焉！朕獲保宗廟，以微眇之身託于士民君王之上，天下治亂，在予一人，唯二三執政猶吾股肱也。朕下不能治育群生，上以累三光之明，其不德大矣。令至，其悉思朕之過失，及知見之所不及，匄以啓告朕。及舉賢良方正能直言極諫者，以匡朕之不逮。因各敕以職任，務省繇費以便民』，語見《漢書・文帝紀》卷四，頁 116。

〔註65〕如成帝時：「會邛成太后崩，喪事倉卒，吏賦斂以趨辦。其後上聞之，以過丞相御史，遂冊免宣曰：『君爲丞相，出入六年，忠孝之行，率先百僚，朕無聞焉。朕既不明，變異數見，歲比不登，倉廩空虛，百姓飢饉，流離道路，疾疫死者以萬數，人至相食，盜賊並興，群職曠廢，是朕之不德而股肱不良也。……九卿以下，咸承風指，同時陷于謾欺之辜，咎繇君焉！有司法君領職解嫚，開謾欺之路，傷薄風化，無以帥示四方。不忍致君于理，其上丞相高陽侯印綬，罷歸』」，語見《漢書・薛宣傳》卷八十三，頁 3393。

〔註66〕如梅福以爲外戚干政日隆，請示成帝：「方今君命犯而主威奪，外戚之權日以益隆，陛下不見其形，願察其景。建始以來，日食地震，以率言之，三倍春秋，水災亡與比數。陰盛陽微，金鐵爲飛，此何景也！漢興以來，社稷三危。呂、霍、上官皆母后之家也，親親之道，全之爲右，當與之賢師良傅，教以忠孝之道。今乃尊寵其位，授以魁柄，使之驕逆，至於夷滅，此失親親之大者也。自霍光之賢，不能爲子孫慮，故權臣易世則危。《書》曰：『毋若火，始庸庸。』勢陵於君，權隆於主，然後防之，亦亡及已」，語見《漢書・梅福傳》卷六十七，頁 2922。

〔註67〕如王鳳上疏乞骸骨即以災異爲辭退之由：「謝上曰：『臣材駑愚戇，得以外屬兄弟七人封爲列侯，宗族蒙恩，賞賜無量。輔政出入七年，國家委任臣鳳，所言輒聽，薦士常用。無一功善，陰陽不調，災異數見，咎在臣鳳奉職無狀，此臣一當退也。《五經》傳記，師所誦說，咸以日蝕之咎在於大臣非其人，《易》曰「折其右肱」，此臣二當退也』」，語見《漢書・元后傳》卷九十八，頁 4022。

〔註68〕有關西漢政治遇有災異之時，帝王下詔罪己或者臣屬受罪部分，可以參考李漢三《先秦兩漢之陰陽五行學說》第三編之三「陰陽災異說與兩漢政治」部分，頁 131～160；與孫廣德《先秦兩漢陰陽五行說的政治思想》第五章第三節「災異祥瑞說的運用」部分，頁 263～283；此二書對於兩漢政治與災異之責任歸屬有詳細舉例說明。

實政治生態而言，漢儒因為肯定一人專治之大一統政治，並極力擁護，在此同時又接引符瑞災異，一則符合其政治態度，且又可以此說制約天子毫無畏懼之地位，故無論從發生意義或者是理論意義，以符瑞說明政權之由來，正適應於當時政治環境。由此不難看出，現實政治上之統一，並不能保證其政權之合法性，唯有透過天命，才能使君主地位合法化。在天人感應思維模式中，確保君主地位之合法化，唯有以符瑞象徵天命，並以此符瑞昭告世人，君主地位始有正統政權，此正統之政權，方是統治天下之合法政權，由此始能言合乎天道之政權，此一政權才是唯一之政道。孫在春謂：「整體而言之，西漢公羊學以『三統』說為核心，再輔以『改制受命』、『符瑞災異』等技術性的細節，其目標不外乎建立一個『新王』的時代，作若干政治及經濟上的重大變革」，〔註69〕三統說使天子政權合法化，改制受命成為天子受命後之宣示儀式，而符瑞災異只是粉飾政權合法性之工具而已；至於漢儒試圖以災異制約天子行為，無異是與虎謀皮。

　　西漢政治之所以援用《公羊傳》「大一統」之觀念，乃有其歷史淵源。梁啟超稱：「我國自春秋戰國以還，學術勃興，而所謂『百家言』者，蓋罔不歸宿於政治」，〔註70〕中國在秦始皇奠定政治一統局勢之前，周文已漸疲弊，先秦諸子蓬勃發展之結果，形成百家爭鳴局勢，而諸學派關心重點無不落在「政治人生之價值歸趨的問題」。〔註71〕梁啟超並且歸納「百家言」所得後稱：「春秋戰國間學派繁苴，秦漢後，或概括稱為百家語，或從學說內容分析區為六家為九流，其實卓然自樹壁壘者，儒墨道法四家而已」，〔註72〕至西元前二三○後十年間，秦始皇「吞二周而亡諸侯，履至尊而制六合」，以武力兼併六國，建立史無前例之統一帝國後，百家爭鳴時代亦同時宣告中歇。秦國之所以強盛，學者大多肯定以韓非子與李斯為首之法家居功厥偉，法家成為一時「顯

〔註69〕孫春在，《清末的公羊思想》，（臺北：臺灣商務印書館，民國74年10月初版），語見頁17。

〔註70〕梁啟超，《先秦政治思想史》，《民國叢書》第四編第十九冊，該書據中華書局1936年版影印，語見頁1。

〔註71〕袁保新，《老子哲學之詮釋與重建》，（臺北：文津出版社，民國80年9月初版），語見頁100。

〔註72〕《先秦政治思想史》，語見頁64。梁啟超區分秦漢以後四家者：一、道家，名之曰「無治主義」；二、儒家，名之曰「人治主義」或「德治主義」或「禮治主義」；三、墨家，名之曰「新天治主義」；四、法家，名之曰「物治主義」或「法治主義」。

學」；荀子雖在儒學思想上有所轉折，然畢竟仍以儒家自居，李斯與韓非皆師於荀子，自是二人在思想上不免與儒家有所糾葛，李斯所進行「別黑白而定一尊」整合統一學術，卻與秦國政治上之統一有密切關聯。由此亦可顯示出，不同學派經由接觸與轉化，形成適合於當時政治環境要求，而最終目的便是「富國強兵」，只要有利於達成此一目的，皆可獲得政治上之庇護，進而躍居成爲一國或者天下施政之決策中心。

　　自秦兼併六國，以武功完成中國統一後，在學術上歸結於韓非子之法家，造成秦代專制政治，政治上之統一，繼而要求學術之統一，適時出現代表雜家之《呂氏春秋》，適可說明此一現象。《呂氏春秋》被歸屬於雜家，乃因其說「兼儒、墨，合名、法，知國體之有此，見王治之無不貫」，故所謂「雜」，仍有兼容並包之意，其書或有融合當時學術於一家之企圖，而最終目的，便是「將欲爲一代興王之典禮」。漢承秦弊之後，初以黃老之學爲顯學，又有陰陽五行學交雜其中，至武帝繼位後，又有《淮南子》問世，此書又標舉著另一種學術融合之可能。〔註73〕其後武帝又從董仲舒議，立「諸不在六藝之科，孔子之術者，皆絕其道，勿使並進」之法，雖云「獨尊儒術」，而董氏「又採墨氏天志論以釋儒家言，其著書專言『天人相與之際』，兩漢學者，翕然宗之」，〔註74〕又雜以陰陽五行諸說於儒學，遂使漢代儒學陰陽化，而漢代政治則是「表儒內法」、「表儒而內陰陽」。尤其以董仲舒之公羊學，「將陰陽五行、天人感應之學融入《公羊傳》，成爲董氏公羊學的基本特點」，〔註75〕由董氏解釋《春秋公羊傳》之「大一統」，即是強調政治一人專制體系。董仲舒闡釋「大一統」，施之於政治，則是要求一元化之君主專制；用之於學術，便是倡導「罷黜百家，獨尊儒術」，以儒一家結束自先秦以來百家爭鳴之局面。錢穆謂：「及於漢代諸儒，莫不重《春秋》。《春秋》，經世之書也，而尤必以《公羊》爲大宗。後世治《公羊》之學者，亦必心儀有周公其人，與夫其及身之所創制，而後可以確然有會於當時《公羊》家之論旨之所終極，而確然見其有可以實

〔註73〕《淮南子》是淮南王劉安門客所作，書中《要略》云：「若劉氏之書，觀天地之象，通古今之事，權事而立制，度形而施宜。原道之心，合三王之風，以儲與扈冶。玄眇之中，精搖靡覽，棄其吟㩦，斟其淑靜，以統天下，理萬物，應變化，通宇殊類。非循一跡之路，守一隅之指，拘繫牽連於物而不與世推移也。故置之尋常而不塞，布之天下而不窕」，可見其書性質與《呂氏春秋》相同，亦屬雜家。
〔註74〕《先秦政治思想史》，語見頁29。
〔註75〕《中國古代政治思想史》，語見頁293。

措之於當時民物人生之大全也」。〔註76〕一言以蔽之，漢代以所崇奉《公羊傳》，其目的乃在「通經致用」，而致用最重要則在於政治，舉凡：「改制、封禪、巡狩、郊祀、以及災異、禎祥諸說，無一不和通經致用有關係」，〔註77〕王初慶亦言：「蓋災異之說，本亦緣情而生，唯漢儒更為之推波助瀾，乃成非常可怪之論」，〔註78〕實則，以陰陽災異說經書、言王道之安危者，不限於《春秋公羊》一學，而是漢世之所共術也。

顧頡剛反省秦漢學術與政治間之互動說：

> 秦始皇的統一思想是不要人民讀書，他的手段是刑罰的裁制；漢武帝的統一思想是要人民只讀一種書，他的手段是利祿的誘引。結果，始皇失敗了，武帝成功。勸始皇統一思想的李斯，他是儒家大師荀卿的弟子；勸武帝統一思想的董仲舒，他是《春秋》專家。他們對於孔子尊敬的分量雖不同，但政策卻是一貫的。〔註79〕

「綜觀先秦絢爛的學術，在政治上的歸結到法家，李斯用韓非之術來造成專制的政治。散佈到民間的，卻歸結到荒唐的陰陽家。造成後來迷信的陰陽五行讖緯的學說」，〔註80〕在漢代政治「大一統」思想下，學術理論大多屈就於當時政治制度之要求，特別是在經學極盛之時代，以經學為當時學術主流，政治作用於學術之力量尤其明顯。舉凡經學發展中所呈現之諸多現象：如：武帝「獨尊儒術」，設置五經博士學官，其後引發出章句之學、今古文學之爭、儒生援緯證經，以及西漢宣帝詔開「石渠閣會議」、東漢章帝詔開「白虎觀會議」等經學會議，凡此皆與政治有關。政治介入學術，最明顯者莫過於直接

〔註76〕 錢穆，〈周公與中國文化〉，收錄於《錢賓四先生全集》第十八，《中國學術思想史論叢》（一）（台北：聯經出版社），語見頁158。

〔註77〕 顧頡剛，《漢代學術史略》，收錄於《民國叢書》第二編第五冊，該書據濟東印書社1948年版影印。語見頁118。而翼奉奏封一事，亦可見一斑：「臣聞之於師曰，天地設位，懸日月，布星辰，分陰陽，定四時，列五行，以視聖人，名之曰道。聖人見道，然後知人道之務，則《詩》、《書》、《易》、《春秋》、《禮》、《樂》是也。《易》有陰陽，《詩》有五際，《春秋》有災異，皆列終始，推得失，考天心，以言王道之安危。至秦乃不說，傷之以法，是以大道不通，至於滅亡。今陛下明聖，深懷要道，燭臨萬方，布德流惠，靡有闕遺」，語見《漢書‧翼奉傳》卷七十五，頁3172。

〔註78〕 〈淺論漢初公羊學災異說〉，語見頁13。

〔註79〕 《漢代學術史略》，語見頁72。

〔註80〕 王伯祥‧周振甫，《中國學術思想演進史》，收錄於《民國叢書》第二編第二冊，語見頁34。

導致「石渠閣會議」之詔開，以及《白虎通》一書之產生。

第三節　新莽政治與讖緯符命

　　依騶衍五德終始之說，帝王受天命而王，至帝王衰，其他德繼之而起，天命不可復反，每一朝代僅能有一次受命，如此循環不已；董氏以三統說演繹歷史更替，亦同於此理。不過，至西漢成帝時，甘忠可所著《天官歷》、《包元太平經》卻出現所謂「再受命」之說。〔註81〕甘忠可因出此言病死獄中，李尋與甘忠可後學夏賀良待詔黃門，陳述甘氏遺說曰：

> 漢曆中衰，當更受命。成帝不應天命，故絕嗣，今陛下久疾，變異屢數，天所以譴告人也。宜急改元易號，乃得延年益壽，皇子生，災異息矣。〔註82〕

西漢至哀帝國勢已衰之際，甘忠可言天帝使真人下教漢當再受命，不惜與傳統受命說相違，其意乃著眼於現實政治環境。甘氏雖試圖以受命說振興逐漸勢微之漢家政權，然受命說只能用於新權掌政之初，無法施於開國運作之後，故甘氏提出再受命之說，以再受命改元易號，挽救日已頹靡之政體，其政治意圖至為明顯。

　　甘忠可被指「假鬼神罔上惑眾」，下獄病死以終，代表著多數漢儒言陰陽災異動輒得咎之下場。〔註83〕西漢儒者以陰陽五行言災異之由，雖易獲致功名，然亦易招帝王不悅，時輒傷及性命，畢竟言災異者，大多以諫帝王過失為主，故西漢末以降，儒生為顧及其言論受致帝王青睞，並確保人身安全，便逐漸放棄以經學家個人名義闡發陰陽災異之言論，而轉向今文經學之內容擴展章句，並在儒家經籍之外滲入讖緯之說，並將讖緯預言之說附會在孔子

〔註81〕《漢書》載：「初，成帝時，齊人甘忠可詐造《天官曆》、《包元太平經》十二卷，以言『漢家逢天地之大終，當更受命於天，天帝使真人赤精子，下教我此道』」，語見《漢書‧李尋傳》卷七十五，頁3192。

〔註82〕同上註，語見頁3192。

〔註83〕班固贊曰：「漢興推陰陽言災異者，孝武時有董仲舒、夏侯始昌，宣則眭孟、夏侯勝，元則京房、翼奉、劉向、谷永，哀、平則李尋、田終術。此其納說時君著明者也。察其所言，仿佛一端。假經設誼，依託象類，或不免乎『億則屢中』。仲舒下吏，夏侯囚執，眭孟誅戮，李尋流放，此學者之大戒也。京房區區，不量淺深，危言刺譏，構怨彊臣，罪辜不旋踵，亦不密以失身，悲夫」，語見《漢書‧眭兩夏侯京翼李傳》卷七十五，頁3194～3195。

名下。此一轉向不僅提高讖緯預言之神聖性，增加被帝王採納之機會，若不幸未被採納，尚不致於無端獲罪。正當陰陽災異逐漸在政治上失去作用之際，讖緯思想便在陰陽五行學說爲政治需要而尋求出路時產生，西漢儒者以陰陽災異附會儒家經學，而讖緯思想所以冠以「緯」名，應是爲附會經學以行。

在天人感應思維模式中，帝王產生之方式乃是經由天命所定，天命以符瑞符號降示於世，世間依天命所降符號決定帝王誰屬，依此完成帝王任命程序。亦因爲在此一思維模式中，符瑞象徵帝王身分與地位，故所謂符瑞符號往往成爲政治奪權之工具，而適時流行之讖緯思想便與符命之說在此得到銜接。賀凌虛說：「符命可說是西漢後期術士結合我國古代的天命、休咎以及當時逐漸流行的讖等思想而成。從以文辭預示王者的興亡變爲以文辭直接加以宣告或隱含之於讖書之中，所以它亦可視之爲讖的變異」，〔註84〕從此一觀點言，讖緯思想在哀平之世如風起雲湧般漫延開來，又與當時政治生態息息相關。甘氏之書出現，可以視爲讖緯思想具體反映於政治舞臺之明證。

如前所述，張衡以爲圖讖成於哀平之世，然而讖緯以書籍形式問世者，在劉向父子領校秘書閱定九流時，尚未得見；而班固從《七略》所修之《漢書・藝文志》亦無讖緯類別，就此而言，終西漢之末並無所謂讖緯書目可言。至哀帝建平二年（B.C.5）：

> 待詔夏賀良等言赤精子之讖，漢家曆運中衰，當再受命，宜改元易號。詔曰：「漢興二百載，曆數開元。皇天降非材之佑，漢國再獲受命之符，朕之不德，曷敢不通！夫基事之元命，必與天下自新，其大赦天下。以建平二年爲太初元將元年。號曰陳聖劉太平皇帝。漏刻以百二十爲度。」〔註85〕

夏賀良與李尋等人推薦，以甘書改元易號，「待詔夏賀良等言赤精子之讖」，《漢書・王莽傳》亦載有「及前孝哀皇帝建平二年六月甲子下詔書，更爲太初元將元年，案其本事，甘忠可、夏賀良讖書臧蘭台」之語，〔註86〕與上文相呼應，可見甘書內容乃是讖緯之語，而且具有書籍形式，故黃開國斷言「甘忠可所造的書就是最早出現的讖書」。〔註87〕至於張衡說劉歆校定未有讖緯書

〔註84〕《讖對秦漢政治的影響》，語見頁10。
〔註85〕《漢書・哀帝紀》卷十一，語見頁340。
〔註86〕《漢書・王莽傳》卷九十九上，語見頁4094。
〔註87〕黃開國，〈論漢代讖緯神學〉，收錄於《中國經學史論文選集》，（臺北：文史哲出版社，民國81年10月初版），語見上冊，頁302。

目，或許是劉歆認爲甘書「不合《五經》」，且讖緯書類僅止於此，數量太少以致不能專列一項；且張衡言讖緯「成、哀以後乃始聞之」，亦可以佐證甘書被引用於政壇之時。唯因在成帝之時，甘氏出書後下獄病死，夏賀良亦遭殺身之禍，李尋則因推薦甘書險些喪命，此後無人敢提及甘書；至王莽秉政，藉讖緯思想圖謀漢世江山後，讖緯思想始成爲當時一股思潮。

甘忠可作《天官曆》、《包元太平經》十二卷，試圖以再受命說挽救日漸危亡之成帝，其說法乃是結合天命與災異及讖而成符命之說，其弟子夏賀良等更以此勸誘哀帝改制；是時天命災異之象徵系統逐漸由以讖之文字系統所取代，以文字說明天命之意更爲明確。至哀死後，王太后在未央宮迎立九歲之中山王繼位爲平帝，（A.D.1）並遣使其姪王莽爲大司馬秉政，百官總己以聽於莽。同年，「群臣奏言大司馬莽功德比周公，賜號安漢公」，〔註88〕王莽攝政期間，自國家、宗廟、社稷等制度，皆出於其手筆，政績媲美周公。

元始元年「風益州令塞外蠻夷獻白雉」，〔註89〕太后下詔以白雉薦宗廟，群臣則盛言「莽功德致周成白雉之瑞，，千載同符。聖王之法，臣有大功則生有美號，故周公及身在而託號於周。莽有定國安漢家之大功，宜賜號曰安漢公」。〔註90〕莽遂後又遣使者厚遺及遊說，同時又博求禎祥、祥瑞之兆，僅五年之中，所現祥瑞即有七百餘件。〔註91〕助長王莽篡漢之符命，以元始五年起始。是年，平帝死，莽託以爲卜相最吉者子嬰繼位。《漢書》載：

> 是月，前煇光謝囂奏武功長孟通浚井得白石，上圓下方，有丹書著
> 名，文曰「告安漢公莽爲皇帝」。符命之起，自此始矣。〔註92〕

莽有祥瑞在前，後有符命之文，政治意圖極爲明顯。太后雖知此乃「誣罔天下」之伎倆，唯迫於當時情勢，不得已下詔：

> 安漢公莽輔政三世，比遭際會，安光漢室，遂同殊風，至于制作，
> 與周公異世同符。今前煇光囂、武功長通上言丹石之符，朕深思厥
> 意，云『爲皇帝』者，乃攝行皇帝之事也。夫有法成易，非聖人者

〔註88〕《漢書·平帝紀》卷十二，語見頁349。
〔註89〕《漢書·王莽傳》卷九十九上，語見頁4046。
〔註90〕同上註，語見頁4046。
〔註91〕《漢書·王莽傳》卷九十九上載元始五年：「至德要道，通於神明，祖考嘉享。光耀顯章，天符仍臻，元氣大同。麟鳳龜龍，眾祥之瑞，七百有餘」，語見頁4074。
〔註92〕同上註，語見頁4078～4079。

　　亡法。其令安漢公居攝踐祚，如周公故事，以武功縣爲安漢公采地，

　　名曰漢光邑。具禮儀奏。〔註93〕

此爲莽居攝之始（A.D.6）。越二年，廣饒侯劉京等人奏符命，言齊郡有新井，
有石牛、雍石文之銅符帛圖，並有「天告帝符，獻者封侯，承天命，用神令」
之文，莽皆迎受，十一月藉此事奏太后；〔註94〕莽又依甘忠可、夏賀良之讖
書與周公、孔子之文，「以居攝三年爲初始元年，漏刻以百二十爲度，用應天
命」，奏准改制，此乃莽「以視即眞之漸矣」！〔註95〕

　　此後又有哀章之金圖策書，奠定王莽藉符命以當天子之政治目的。哀章
所作有「金匱圖」又有「金策書」，書言莽爲眞命天子，莽亦順勢即眞爲天子，
從此漢家天下易主，二百餘年事業暫告結束。〔註96〕莽因符命而即眞，即位
之際仍不忘改制一番，以示天命之意。其下書曰：

　　其改正朔，易服色，變犧牲，殊徽幟，異器制。以十二月朔癸酉爲

　　建國元年正月之朔，以雞鳴爲時。服色配德上黃，犧牲應正用白，

　　使節之旄幡皆純黃，其署曰「新使五威節」，以承皇天上帝威命也。

　　〔註97〕

觀其改制：以十二月朔癸酉爲建國元年正月之朔、以雞鳴爲時、犧牲應正用
白，皆從三統說中之白統制；而服色配德上黃，以及使節之旄幡皆純黃，則
是依五德說中之土德之制，顯然並不以三統說或者五德說爲其架構，而是兼
採二說而成綜合制。

〔註93〕同上註，語見頁4079。
〔註94〕《漢書・王莽傳》卷九十九上：「……宗室廣饒侯劉京上書言：『7月中，齊郡
　　　　臨淄縣昌興亭長辛當一暮數夢，曰：「吾，天公使也。天公使我告亭長曰：『攝
　　　　皇帝當爲眞。』即不信我，此亭中當有新井。」亭長晨起視亭中，誠有新井，
　　　　入地且百尺。』11月壬子，直建冬至，巴郡石牛，戊午，雍石文，皆到于未
　　　　央宮之前殿。臣與太保安陽侯舜等視，天風起，塵冥，風止，得銅符帛圖於
　　　　石前，文曰：『天告帝符，獻者封侯，承天命，用神令』」，語見頁4079。
〔註95〕同上註，語見頁4094。
〔註96〕《漢書・王莽傳》卷九十九上曰：「梓潼人哀章學問長安，素無行，好爲大言。
　　　　見莽居攝，即作銅匱，爲兩檢，署其一曰『天帝行璽金匱圖』，其一署曰『赤
　　　　帝行璽某傳予黃帝金策書』。某者，高皇帝名也。書言王莽爲眞天子，皇太后
　　　　如天命。……戊辰，莽至高廟拜受金匱神壇。御王冠，謁太后，還坐未央宮
　　　　前殿，下書曰：『……赤帝漢氏高皇帝之靈，承天命，傳國金策之書，予甚祇
　　　　畏，敢不欽受！以戊辰直定，御王冠，即眞天子位，定有天下之號曰新』」，
　　　　語見頁4095。
〔註97〕同上註，語見頁4095～4096。

　　王莽以讖緯符命即眞，其所施於政治制度，亦採符命之說。〔註98〕觀王莽所封之人，不在於所封之人是否具有才德，而在於是否符合符命之說，故凡姓名、容貌有合於符命，及獻符命者，皆在受封之列，此舉無異帶動符命思想普及大眾，鼓勵大眾廣獻符命。此後，又於始建國元年遣五威將軍班符命四十二篇，列舉德祥、符命、福應諸事，廣爲宣傳自身受天命而爲新政。〔註99〕莽自以爲得土德，代漢火德以有天下。又策封前王之後，謂劉爲堯裔，王則舜後，新之代漢，正如唐虞之相禪，凡此亦見於符命四十二篇之中。〔註100〕

　　其實，王莽攝政期間，憑其雄才大略，延攬人才，既已爲將來做好準備，待情勢有利於篡漢之時，即藉符命登位。其自白曰：「予前在大麓，至于攝假，深惟漢氏三七之阨，赤德氣盡，思索廣求，所以輔劉延期之術，靡所不用。……赤世計盡，終不可強濟。皇天明威，黃德當興，隆顯大命，屬予以天下。今百姓咸言皇天革漢而立新，廢劉而興王」，〔註101〕所謂藉符命即眞，只是把符命當成幌子，以爲天命如此，任誰皆無法反對，如此始能取得歷史正統，其政權始有合法地位。王莽依符命之勢而爲天子，顯示當時符命之作用意義，已漸由臣屬諫諍天子之媒介，且象徵王室興亡之符號，轉向人爲有意製造與

〔註98〕例如其受哀章符命登基爲天，當然得依照符命之意，拜封符命所示之人，始建國元年（A.D.9）：「又按金匱，輔臣皆封拜。以太傅、驃騎將軍安陽侯王舜爲太師，封安新公；大司徒就德侯平晏太傅，就新公；少阿、義和、京兆尹紅休侯劉歆爲國師，嘉新公；廣漢梓潼哀章爲國，美新公：是爲四輔，位上公。太保、後承承陽侯甄邯爲大司馬，承新公；丕進侯王尋爲大司徒，章新公；步兵將軍成都侯王邑爲大司空，隆新公：是爲三公。大阿、右拂、大司空、衛將軍廣陽侯甄豐爲更始將軍，廣新公；京兆王興爲衛將軍，奉新公；輕車將軍成武侯孫建爲立國將軍，成新公；京兆王盛爲前將軍，崇新公：是爲四將。凡十一公。王興者，故城門令史。王盛者，賣餅。莽按符命求得此姓名十餘人，兩人容貌應卜相，遂從布衣登用，以視神焉」，語見《漢書·王莽傳》卷九十九中，頁4100～4101。

〔註99〕《漢書·王莽傳》卷九十九中：「遣五威將王奇等十二人班符命四十二篇於天下。德祥五事，符命二十五，福應十二，凡四十二篇。其德祥言文、宣之世黃龍見於成紀、新都，高祖考王伯墓門梓柱生枝葉之屬。符命言井石、金匱之屬。福應言雌雞化爲雄之屬。其文爾雅依託，皆爲作說，大歸言莽當代漢有天下云」，語見頁4112。

〔註100〕《漢書·王莽傳》卷九十九中：「總而說之曰：『帝王受命，必有德祥之符瑞，協成五命，申以福應，然後能立巍巍之功，傳于子孫，永享無窮之祚。……武功丹石出於漢氏平帝末年，火德銷盡，土德當代，皇天眷然，去漢與新，以丹石始命於皇帝』」，語見頁4112～4113。

〔註101〕同上註，語見頁4108～4109。

操縱，以達成其政治企圖之工具。作用不同，名稱隨之有別，災異符瑞象徵作用之轉型，導引讖緯思想之興起。蕭公權陳述說：「哀平之世陳符命者爲篡臣作藉口，新室既敗則又成止僭竊，維正統之利器。初則忠臣憑之以進諫，後則小人資之以進身。其始也臣下以災異革命匡失政，其卒也君上取符命讖記以自固位權」，〔註102〕災異祥瑞之說轉成符命，符命再成有圖文之讖緯，天人之學如此發展變化，實與政治變遷互爲因果。顧頡剛說讖緯是「王莽時的種種圖書符命激起來的」，圖書符命之興起於政治需要，故讖緯思想之興起，亦當與政治思想結構緊密相連。

　　蕭公權（A.D.1897～1981）分析新莽政治與天人感應中之讖緯符命關係時稱：

> 天人感應之思想由災異革命腐化而爲讖緯符命，其事殆在哀平之際。王莽乘之，遂生篡奪之心，係成十餘年「誦六藝以文姦言」之政治。綜其得勢以後，所行不外倣經義信符命之二端。姑無論莽崇儒術之是否出於誠意。然跡其實際上之設施，如起明堂、辟雍、靈臺（平帝元始四年），金縢藏策，居攝踐阼（元始五年），祀南郊，行大射（居攝元年），復并田，禁奴婢（始建國元年），參尚書、周禮、王制定官制，封爵建國（天鳳元年）等事，固未嘗不與經文相應。〔註103〕

克就蕭氏之言，天人感應生出災異革命，再而變成讖緯符命，則讖緯之發生與政治政爭不無關係。王莽篡奪漢家天下是目的，其所藉符命乃成藉口，因此藉口具有天命之神聖性；天命是命定形式，任誰皆不能抗拒，即使是受命爲天子本人亦如是，故此符命又具有必然性；是以王莽爲天子，亦旨在行天命之事，非爲滿足其政治權力慾望而已。故天人感應學說在政治作用上，由災異革命而成讖緯符命，而讖緯符命反倒成爲政爭工具。

　　其次，王莽採儒術施於政治，其方式不外倣經義、信符命二端。觀其所設制度，亦不外以合乎經義與符命二說爲主要前提，此舉又無異是利用政治力量促成符命與經學結合，導致後來讖緯思想同時含有經學與符命思想。黃開國說：「讖緯神學正是適應這種政治要求，便在吸取西漢今文經學與方士迷

〔註102〕蕭公權，《中國政治思想史》，（臺北：中國文化大學出版部，民國74年7月新三版，七十七年新四版），語見上冊，頁310。
〔註103〕《中國政治思想史》，語見上冊，頁308。

信的基礎上應運而生」，〔註104〕讖緯思想便含有此二項因素：在形式取傲經義，內容則在宣揚天人感應與符命。

在西漢時代，政治上強調政權合乎天道，故以符瑞爲天道天命象徵，災異之說只是臣屬規勸帝王時所託之藉口；至甘忠可以讖書倡漢世再受命之說，實是讖緯具書籍形式之雛形；而王莽藉符命之說篡漢，其後頒符命四十二篇，則是將簡短之讖語轉向長篇論文發展趨勢；至此，讖緯之形式與內容在王莽即位天子時，即已大勢底定。故讖緯思想一則因天人感應之說而生，再者乃是緣於政治發展引起其催化作用，從此讖緯不僅依附於經學，且因得到當權統治者之保護與青睞，甚至凌駕在經學之上而成內學，並且影響普及於一般大眾思維。正因爲王莽藉符命即位方式合乎天道要求，且適應大眾普遍思維，是以光武在成軍之初亦起而效尤之，其方式與王莽如出一轍。

第四節　光武革命與漢再受命說

王莽稱漢世火德氣盡，當革漢而立新，廢劉而興王，終以土德自許。然於地皇元年（A.D.20），郅惲以爲漢世必再受命說法，給予王莽政權嚴重打擊。而惲亦因此事招惹王莽不悅，旋即遭收繫詔獄，並欲使其自告狂病恍惚，不覺所言，惲卻瞋目詈曰：「所陳皆天文聖意，非狂人所能造」，其事載在《後漢書・郅惲傳》。〔註105〕諸如此類說法，在當時已成一股氣候，〔註106〕因王

〔註104〕〈論漢代讖緯神學〉，語見頁303。

〔註105〕《後漢書・郅惲傳》卷二十九：「王莽時，寇賊群發，惲乃仰占亦象，歎謂友人曰：『方今鎮、歲、熒惑並在漢分翼、軫之域，去而復來，漢必再受命，福歸有德。如有順天發策者，必成大功。』……西至長安，乃上書王莽曰：『臣聞天地重其人，惜其物，故運機衡，垂日月，含元包一，甄陶品類，顯表紀世，圖錄豫設。漢歷久長，孔爲赤制，不使愚惑，殘人亂時。……劉氏享天永命，陛下順節盛衰，取之以天，還之以天，可謂知命矣。若不早圖，是不免於竊位也。且堯舜不以天顯自與，故禪天下，陛下何貪非天顯以自累也？天爲陛下嚴父，臣爲陛下孝子。父教不可廢，子諫不可拒，惟陛下留神。』莽大怒，即收繫詔獄，劾以大逆。猶以惲據經讖，難即害之，使黃門近臣脅惲，令自告狂病恍惚，不覺所言。惲乃瞋目詈曰：『所陳皆天文聖意，非狂人所能造。』遂繫須冬，會赦得，乃與同郡鄭敬南遁蒼梧」，語見頁1024～1025。

〔註106〕如《漢書》載地皇二年（A.D.21）曰：「魏成大尹李焉與卜者王況謀，況謂焉曰：『新室即位以來，民田奴婢不得賣買，數改錢貨，徵發煩數，軍旅騷動，四夷並侵，百姓怨恨，盜賊並起，漢家當復興。君姓李，李音徵，徵火也，當爲漢輔。』因爲焉作讖書，言『文帝發怒，居地下趣軍，北告匈奴，南告

莽執政時代招致民怨，天下大亂，民間便有所謂「漢家當復興」之口號與想望；宛人李通等說劉秀起事時，亦稱「劉氏復起，李氏爲輔」，王莽政權敗亡已兆。

　　如前所述，劉秀草創之初，即是以圖讖起兵，皆言劉秀當復興西漢江山。又獲同舍生彊華自關中奉赤伏符，曰：「劉秀發兵捕不道，四夷雲集龍鬥野，四七之際火爲主」，章懷注曰：「四七，二十八也。自高祖至光武初起，合二百二十八年，即四七之際也。漢火德，故火爲主也」，〔註107〕劉秀之起乃是繼漢高祖之後，故必以火爲德。群臣因赤伏符而復奏曰；「受命之符，人應爲大，……符瑞之應，昭然著聞，宜荅天神，以塞群望」，〔註108〕正因爲當時漢承堯後爲火德之說甚囂塵上，且已深植民心，而王莽自許土德乃代赤德而興，故劉秀發復興漢室之口號，爲因應形勢要求，亦當以火德自居，故劉秀所以舉火爲德，全然出自政治考量。劉秀革王莽之命，乃是受天之命，得相應之符瑞，順高祖之德，於是命有司設壇場於鄗南千秋亭五成陌，即皇帝位。其即位祝文曰：「……讖記曰：『劉秀發兵捕不道，卯金修德爲天子』」，〔註109〕章懷注曰：「卯金，劉字也。《春秋演孔圖》曰：『卯金刀，名爲劉，赤帝後，次代周』」，〔註110〕可見光武帝是繼高祖之後，同爲赤帝之後，皆是火德，得政治統治權乃是順天應人之事，其事早已載於讖緯之中。

　　然若按三統說，或者五德終始說循環理論，王莽既代西漢火而爲土德，則光武即位後，無論如何皆不得爲火德，然而劉秀卻仍以火德自居。孫廣德以爲，光武帝這種做法，在理論上很難講得通，並且認爲「因爲想恢復漢室，應當是不承認王莽的『新』朝；既不承認王莽的新朝，便應連同『新』朝所依據的全套五德終始的體系一併否認」；〔註111〕實則，劉秀當然不願承認新莽政權爲合法正統，同時亦不採用五德終始之說，劉秀在稱帝前後所持符命說

越人。江中劉信，執敵報怨，復續古先，四年當發軍。江湖有盜，自稱樊王，姓爲劉氏，萬人成行，不受赦令，欲動秦、雒陽。十一年當相攻，太白揚光，歲星入東井，其號當行。』又言莽大臣吉凶，各有日期。會合十餘萬言。爲令吏寫其書，吏告告之。莽遣使者即捕焉，獄治皆死」，語見《漢書・王莽傳》卷九十九下，頁 4166～4167。

〔註107〕《後漢書・光武帝紀》卷一，語見頁 22。
〔註108〕同上註，語見頁 21～22。
〔註109〕《後漢書・光武帝紀》卷一，語見頁 22。
〔註110〕同上註，語見頁 23。
〔註111〕《先秦兩漢陰陽五行說的政治思想》，語見頁 137。

法，仍是根據甘忠可所提之「再受命」說，而有復興之說。然而言再受命，並不意味著反對五德終始說，亦或是三統說，而是出於權宜之計。如前所述，劉秀以火爲德，全是出於現實環境所迫，因爲劉秀以恢復漢室爲口號，繼承西漢之火德乃名正言順；且漢爲堯後在西漢之末已成爲普遍共識，若欲再溯自漢初以水爲德之歷史背景，則是緩不濟急，不切實際。劉秀言再受命此一說法，亦反映出東漢人否認新莽一代爲歷史正統地位。

　　若說劉秀以火德自居有矛盾之處，便是在於對現實之新莽政權與理想之正統政權合法移轉出現齟齬。光武發動政變所持之理由，乃是讖文言「劉氏復起」，復者，再也，謂劉秀當承西漢之後再受天命而爲天子；因此，光武在起兵之初，必當肯認當時王莽確實握有政權，否則起兵一事形成「無的放矢」，復起之說亦無立足之處。不過此說並不意味著東漢人肯定王莽之正統地位，王莽一代雖有天命，亦只是暫時罷了，班固言王莽得政「亦天時，非人力之致矣」，在此前提之下，勢必肯定有新一朝，並且在此前提下，光武帝始有革命之義；只是，在王莽始建國之後（A.D.9），劉秀尚未稱帝之前（A.D.25），東漢人並未以新爲正統，而是將王莽即位奪權視爲「篡」、「竊」；因此赤伏符稱劉秀發兵乃爲「捕不道」，即指責王莽之政不合天道。班固將王莽執政之歷史實事喻爲秦始皇，〔註112〕言王莽政權非命者，乃非天命之命，服虔注曰：「言莽不得正王之命，如歲月之餘分爲閏也」，〔註113〕新莽固然篡漢十餘年，亦非得正王之命，正如同規律月分之外尚有餘閏之時也。此外，班固《漢書》不爲王莽立紀，固然可以解釋爲新莽不屬漢世，然其謂新莽是「餘分閏位」，亦可見東漢人對新莽歷史地位之態度。在維護政權之合法性與神聖性之考量下，東漢否認新莽政權，將新莽置於「閏位」，而光武之政權，當是繼承西漢之後，東漢政權成爲西漢之延續，光武革命成爲高祖火德之再受命；如此，光武復興漢室行動始有合於天道之理由，政權才有天命之保證，而安置新莽政權地位於正統之外，既能保持歷代政權之神聖合法性，同時亦不會離現實太遠而顯出其政權理論之迂闊。

　　光武帝之起兵、稱帝、得天下、與夫即位祝文皆與圖讖有緊密關聯，觀

〔註112〕《漢書‧王莽傳》卷九十九下曰：「昔秦燔《詩》《書》以立私議，莽誦六藝以文姦言，同歸殊塗，俱用滅亡，皆炕龍絕氣，非命之運，紫色蛙聲，餘分閏位，聖王之驅除云爾」，語見頁4194。
〔註113〕同上註，語見頁4195。

其即位以後，凡事率多取法圖讖。〔註114〕光武帝改正朔、易服色皆按圖讖；而《東觀漢記》以五行相生之說，以爲木生火，赤代蒼，故漢繼周後，當爲火德，此說不僅不承認新莽，甚至連秦亦非正統，此說又與班固吻合。光中元元年「宣布圖讖於天下」正是其愛好圖讖之明證，尤其是遣侍御史與蘭臺令至泰山刻石，以示成功，刻文中稱引〈河圖赤伏符〉、〈河圖會昌符〉、〈漢圖合古篇〉、〈河圖提劉子〉、〈雒書甄曜度〉與〈孝經鉤命決〉等讖緯文獻，更見其對讖緯之堅定信仰；而在用人方面，凡任官採讖緯符命之說方式，與王莽同出一轍，至於其篤信讖圖程度，較之王莽亦恐有過之。〔註115〕

光武帝之後，「孝明皇帝尤垂情古典，游意經藝，刪定乖疑，稽合圖讖」，〔註116〕明、章二帝祖述光武信讖，所謂「上有所好，下必甚焉」，讖緯之說形成當時顯學、風尚，世儒並憑此學以要世取資。《後漢書》歸結此現象由來，曰：

> 漢自武帝頗好方術，天下懷協道藝之士，莫不負策抵掌，順風而屆焉。後王莽矯用符命，及光武尤信讖言，士之赴趣時宜者，皆騁馳穿鑿，爭談之也。故王梁、孫咸名應圖籙，越登槐鼎之任，鄭興、賈逵以附同稱顯，桓譚、尹敏以乖忤淪敗，自是習爲內學，尚奇文，貴異數，不乏於時矣。〔註117〕

是時不僅讖言圖籙爲內學，且「爭學圖緯者，兼復附以妖言」，讖與緯之內容及形式已經逐漸合而爲一，不分彼此。讖緯學說在光武帝下詔校定後，並且「宣

〔註114〕《東觀漢記》卷一曰：「自帝即位，按圖讖，推五運，漢爲火德；周蒼漢赤，木生火，赤代蒼；故帝都雒陽，制兆于城南七里，北郊四里，行夏之時。時以平旦服色犧牲尚黑，明火德之運，常服徽幟尚赤，四時隨色，季夏黃色。議者曰：『……圖讖著伊堯，赤帝之子，俱與后稷並受命而爲王。宜令郊祀帝堯以配天，宗祀高祖以配上帝』」。

〔註115〕《後漢書・桓譚傳》謂：「是時帝方信讖，多以決定嫌疑。」光武帝率多以讖決定政治上諸多疑慮，如：《續漢書・志・七祭祀志》載：「三十二年正月，上齋，夜讀〈河圖會昌符〉曰：『赤劉之九，會命岱宗，不愼克用。何益於盛，誠善用之，姦僞不萌。』感此文，乃詔松等復案索河雒讖文，言九世封禪事者。松等列奏，乃許焉。」光武登泰山刻石之舉，乃是受到讖文之啓發；《後漢書・鄭興傳》載：「帝嘗問興郊祀事，曰：『吾欲以讖斷之，何如？』」，即是以讖決定郊祀之事；《後漢書・桓譚傳》載：「其後有詔會議靈臺所處，帝謂譚曰：『吾欲以讖決之，何如？』」即是以讖決定靈臺所處；凡此以上，皆可見光武帝醉心於圖讖之說。

〔註116〕《東觀漢記・樊準傳》卷十一。

〔註117〕《後漢書・方術列傳》卷八十二上，語見頁2705。

－215－

布圖讖於天下」，讖緯圖書在帝王青睞下形同國憲，讖緯圖書大勢底定；而讖緯思想便以破竹之勢，席捲東漢學術界。《白虎通》雖以統一經說爲號召，「實際上是一次以讖緯統一五經的會議」，〔註118〕其中有關政治思想部分，仍有倚重讖緯之處。《白虎通》之政治思想，乃是從西漢大一統思想之演化中，加入天人感應思想成災異符瑞之說，至王莽而成符命之說，至東漢光武、明、章三帝大力提倡，形成《白虎通》結合傳統學說與當時實際狀況而成之政治思想，故《白虎通》讖緯思想中所蘊含之政治理論，實是與漢代政治變化互爲因果。

第五節　《白虎通》政治思想

秦漢大一統政治對於學術之影響，從形式看，武帝「獨尊儒術」以儒家教化做爲學術主流與治世原則，收束學術爭鳴局面；從內容言，各種學家受制於政治主張，紛紛更弦易章改變原來面貌，或如雜家綜集諸子之說，成一家之言，或如天人感應、陰陽災異依附於儒學，成爲漢代儒學一部分，試圖在政治獨鍾儒學環境下生存，學術界便在現實政治與政治作用下，走向大融合時代；而《白虎通》一書，從形式看，是褒顯儒術，統一經學，而其內容卻又充斥天人感應與災異符瑞，甚至全書「百分之九十的內容都出於讖緯」，《白虎通》一書適可以提供說明學術大融合之現象。

不過，儘管讖緯學說經由王莽、劉秀及明、章二帝廣泛引用，並且施之於政治之上，卻仍然不能升至正統地位，以取代經學爲學術主流。其中主要因素，仍在於讖緯大多屬於預言、隱語，語意模棱而晦澀，往往流於主觀理解，無法有一明確定義規範，任誰皆可加以解釋利用，容易成爲政治鬥爭之工具。王莽由象徵祥瑞之事物變爲以文辭之符命，進而利用符命以爲篡竊漢世之藉口，光武亦以爲物象之祥瑞不足取，而以再受命之符命中興漢室，其法亦爲公孫述所沿用。

光武帝以赤伏符即位天子。同時在益州則有公孫述，因刻其掌文曰「公孫」，在光武之前二個月亦在蜀稱帝，自立爲天子。《後漢書》載：

> 述亦好爲符命鬼神瑞應之事，妄引讖記。以爲孔子作《春秋》，爲赤制而斷十二公，明漢至平帝十二代，歷數盡也，一姓不得再受命。

〔註118〕〈論漢代讖緯神學〉，語見頁307，此說或許有誇大之處，不過亦反映出部分眞實。

又引〈錄運法〉曰:「廢昌帝,立公孫。」〈括地象〉曰:「帝軒轅受

命,公孫氏握。」〈援神契〉曰:「西太守,乙卯金。」謂西方太守

而乙絕卯金也。五德之運,黃承赤而白斷黃,金據西方為白德,而

代王氏,得其正序。又自言手文有奇,及得龍興之瑞。數移書中國,

冀以感動眾心。〔註119〕

公孫述好為符命之說,承傳統「一姓不得再受命」之說,一方面詳引讖緯文句
以為漢世不得再受命,以此打壓光武之正統地位;另外又自言其掌刻有「公孫」
為證,宣示自己方是受符命之正統天子,以此昭告天下,獲取民眾支持。由於
光武帝深得符命三昧,對公孫述之說,頗引以為意,對公孫述所言加以駁斥:

帝患之,乃與述書曰:「圖讖言『公孫』,即宣帝也。代漢者當塗高,

君豈高之身邪?乃復以掌文為瑞,王莽何足效乎!君非吾賊臣亂

子,倉卒時人皆欲為君事耳,何足數也。君日月已逝,妻子弱小,

當早為定計,可以無憂。天下神器,不可力爭,宜留三思。」署曰

「公孫皇帝」。述不荅。〔註120〕

光武雖不反對讖文之真實性,但是對公孫述所引讖文另有一番解釋,其後又
引「代漢者當塗高」一語,以明公孫述非代漢之人選。基於讖緯之具有顛覆
統治權力之作用,林聰舜分析言:「當天下紛爭時,任何逐鹿中原者都可以假
借讖緯增強自己受命的正當性,這本身就含有不同勢力間互相顛覆的成分」;
〔註121〕由此可知,光武以讖緯符命即位,深知「水能載舟,亦能覆舟」之理,
即位之後,遂著手使圖讖規範化,如命令尹敏校定圖讖,登泰山刻讖緯文句,
最後宣布圖讖於天下,其目的仍在統一管理圖讖,剔除讖緯中所可能隱含不
利政權正當性之部分,避免圖讖遭他人利用,進而影響政局之穩定。

章帝建初四年詔開白虎觀會議,固然以統一經說為主,相對於讖緯,雖
未必如黃開國所說「是一次以讖緯統一五經的會議」,但亦有確立讖緯地位作
用。如前所述,參與這項會議人士,今文學家佔絕大多數,其中又有許多是
深諳讖緯,從《後漢書》中可以說明者:諸如賈逵附會圖讖,舉《左氏》與
圖讖合者,明劉氏為堯後,被李育斥為「多引圖讖,不據理體」;丁鴻在會議

〔註119〕《後漢書・公孫述傳》卷十三,語見頁538。

〔註120〕同上註,語見頁538。

〔註121〕〈帝國意識形態的重建——扮演「國憲」基礎的《白虎通》思想〉,語見頁
10。

中，論難最明，時人嘆曰「殿中無雙丁孝公」，而元和二年上書章帝，與和帝永元四年因日食而上封事中，〔註122〕皆有引讖緯；班固自有家學，其〈兩都賦〉、作〈典引篇〉述敘漢德，〔註123〕莫不博引讖緯。故《白虎通》一書，清人莊述祖言，以緯證經，傅以讖記，乃是當時風尚使然，〔註124〕且已成爲一種學術思想之整合趨勢；而任繼愈說：「它是今文經學、古文經學、讖緯神學由紛岐鬥爭走向統一融合的產物，適應了東漢時期加強君父統治的需要，標志著統一經學建立的完成」。〔註125〕其實讖緯學說與今文經學立場較爲一致，大多相信一切讖緯與經義皆是爲漢制法，故東漢儒者論述經義，不必避諱讖緯圖書，其結合乃是必然趨勢；且《白虎通》不僅在加強君父統治之權，更重要者，乃在確立中央集權統治，確保帝王政權於不墜；這些政治主張，亦反映在《白虎通》之讖緯思想中。

一、《白虎通》論政權與天命符瑞

《春秋繁露》以治道思想爲天道觀的實踐，而治道又以君王奉天命爲中心展開；《白虎通》承襲董氏思想者多，其政治思想亦復如此。《白虎通》政治思想與當時之政治現況互爲表裡，東漢承西漢之後，仍行君主專制之中央集權，故首要工作，便是鞏固天子地位於不墜。《春秋繁露》以三統說明朝代之更替，一方面依黑、白、赤三統循環，另一方面依商夏質文四法而循環，在《春秋繁露》中三統又有三正之說。《白虎通》承襲董氏三統之說，以三正說明受天命之王者乃受命各統一正之義：

　　正朔有三何？本有三統，謂三微之月也，明王者當奉順而成之，故

〔註122〕《後漢書・丁鴻傳》卷三十七曰：「是時竇太后臨政，憲兄弟各擅威權。鴻因日食，上封事曰：『臣聞日者陽精，守實不虧，君之象也；月者陰精，盈毀有常，臣之表也。故日食者，臣乘君，陰陵陽；月滿不虧，下驕盈也』」，語見頁 1265。

〔註123〕班固所作〈典引篇〉，章懷注曰：「典謂〈堯典〉，引猶續也。漢承堯後，故述漢德以續〈堯典〉」，語見《後漢書・班固傳》卷四十下，頁 1375。

〔註124〕盧校《白虎通》卷一首附莊述祖〈白虎通義攷〉言：「白虎通義雜論經傳，……六藝並錄，傅以讖記，援緯證經。自光武以赤伏符即位，其後靈臺、郊祀皆以讖決之，風尚所趨然也。故是書之論郊祀、社稷、靈臺、明堂、封禪，悉檃括緯候，兼綜圖書，附世主之好，以緅逼真，違失六藝之本，視石渠爲駁矣」。

〔註125〕《中國哲學發展史・秦漢》，語見頁 474。

受命各統一正也，敬始重本也。（卷八〈三正〉428）

《白虎通》以爲，歷代帝王之興亡，乃是由於天命有三統之流轉，受命之王者乃必有非人力所能致而自至者，其所受源自於天命，因此，受天命之王者，其政權之合法性亦源自於非人力所能抗拒，故王者爲王，亦只是「當奉順而成之」，非人力所能控制。

《白虎通》所謂「三正」者：

十一月之時，陽氣始養根株，黃泉之下，萬物皆赤；赤者，盛陽之氣也，故周爲天正，色尚赤也。十二月之時，萬物始牙而白，白者，陰氣，故殷爲地正，色尚白也。十三月之時，萬物始達，孚甲而出皆黑，人得加功，故夏爲人正，色尚黑。（卷八〈三正〉429～430）

所謂三正，指周十一月爲正月、爲天正、色尚赤，殷以十二月爲正月、爲地正、色尚白，夏以十三月爲正月、爲人正、色尚黑；此說與董氏所謂「三統」者：建子（周爲十一月爲正月）、建丑（商以十二月爲正月）、建寅（夏以十三月爲正月）爲「三正」；又以子爲天配赤，以丑爲地配白，以寅爲人配黑，合三統爲三正之說，如出一轍，《白虎通》之三正說與董氏三統說實無二致。

《後漢書》載章帝元和二年（A.D.85）詔曰：「《春秋》於春每月書『王』者，重三正，慎三微也」，李賢注曰：

三正謂天、地、人之正。所以有三者，由有三微之月，王者所當奉而成之。《禮緯》曰：「正朔三而改，文質再而復。三微者，三正之始，萬物皆微，物色不同，故王者取法焉。十一月，時陽氣始施於黃泉之下，色皆赤。赤者陽氣，故同爲天正，色尚赤。十二月，萬物始牙而色白。白者陰氣，故殷爲地正，色尚白。十三月，萬物荸甲而出，其色皆黑，人得加功展業，故夏爲人正，色尚黑。」〔註126〕

李賢注引《禮緯·斗威儀》說明「三正」之意，〔註127〕與董氏、《白虎通》所言說法相同。

《白虎通》以三正說保證天子之地位，將天子之權推向至高無上之境界，故對於「天子」一職，有如下規定：

〔註126〕《後漢書·章帝紀》卷三，語見頁153。
〔註127〕《七緯》卷十九載〈禮斗威儀〉：「赤，赤者陽氣，故周爲天正，色尚赤。12月，萬物始牙而色白，白者陰氣，故殷爲地正，色尚白。十3月，萬物孚甲而出，其色皆黑，人得加功展業，故夏爲人正，色尚黑」，語見《緯書集成》，頁880。

> 天子者，爵稱也。爵所以稱天子何？王者，父天母地，爲天之子也。
> 故〈援神契〉曰：天覆地載，謂之天子，上法斗極。〈鉤命決〉曰：
> 天子爵稱也。帝王之德有優劣，所以俱稱天子者何？以其俱命于天，
> 而王治五千里也。《尚書》曰：天子作民父母，以爲天下王。何以知
> 帝亦稱天子？以法天下也。〈中侯〉曰：天子臣放勛。《書》亡逸篇
> 曰：厥兆天子爵。何以知皇亦稱天子也，以其言天覆地載，俱王天
> 下也。故《易》曰：伏羲氏之王天下也。（卷一〈爵〉5～10）

如前所述，《白虎通》之天人感應模式中，將天人感應過程完全託付於天子一人，不僅鞏固天子之超然地位，同時亦將天子職位神格化，天子一職，必受之於天，而不由人授，故〈三正〉篇曰王者「受之于天，不受之于人」。因爲天子之職乃天命所降，非人力所及，亦非關個人德行，純然俱出於天命，故歷來有德與不肖之天子，然皆俱稱天子，皆王天下也。且從經緯書中可以證明，帝者法天下，皇者王天下，皇帝亦是天子之別稱，皆是承天所覆、以天爲父，由地所載、以地爲母，而爲天之子，天子爲天所命而爲天下王，故《白虎通》謂天子者乃「天爵」之稱也。

自天子以下，由天子所賜之爵位有兩大系統：一是公、侯、伯、子、男五等之諸侯系統，此系統屬於世襲制之政權方面，依《春秋傳》則又可約分公、侯、伯子男三等，《白虎通》引《禮緯》曰：「故〈含文嘉〉曰：殷爵三等，周爵五等，各有宜也」；〔註128〕二是按公、卿、大夫劃分之官僚系統，此系統則屬非世襲制之治權方面，公、卿、大夫又有「內爵」之稱；此二系統皆從天子以下說起，故天子以下職位始爲「人爵」之稱。《白虎通》此二大系統，皆是承周公制定之禮，從儒家「尊尊之等」而來。〔註129〕由天子之「天爵」與諸侯之「人爵」爵稱之異，得見天子與諸侯不同之發生意義。

> 天子爵，連言天子；諸侯爵，不連言王侯何？即言王侯以王者同稱，
> 爲衰弱僭差生篡弒，猶不能爲天子也，故連言天子也。或曰，王者
> 天爵。王者不能王諸侯，故不言王侯，諸侯人事自著，故不著也。（卷

〔註128〕《白虎通・爵》卷一，語見頁 11。

〔註129〕牟宗三言：「我們要知道，周公制定的禮雖然有那麼多，它主要是分成兩系，一個是親親，一個是尊尊。所謂親親之殺、尊尊之等。……尊尊是屬於政治的，它也有等級。尊尊下面又分爲兩系，一系是王、公、侯、伯、子、男；另一系是王、公、卿、大夫、士。這兩系都是屬於尊尊的」，語見《中國哲學十九講》，頁 57～58。

一〈爵〉27）

《白虎通》嚴名分之辨，天子係由天命所降，有非力之所能致而自至者，而諸侯由天子所封，諸侯終其一生只是諸侯，只能在諸侯內升遷調動，即使天子遭「衰弱僭差生篡弒」，諸侯抑之使北面，猶不能為天子也。此說可以明天子地位之特殊，確保政權之神聖性，而言王侯不連稱，亦可杜絕諸侯覬覦之心。

天子與帝王雖異名而同實，若以政治功能則二者有別：

> 或稱天子，或稱帝王何？以為接上稱天子者，明以爵事天也；接下稱帝王者，明位號天下至尊之稱，以號令臣下也。（卷二〈號〉57）

〈孝經鉤命決〉有曰：「天子或稱帝王：接上稱天子，明以爵神天；接下稱帝王，明以號令群下」，〔註130〕天子（或稱帝王）一人兼具雙重性格，對天而言，天子受天所命而有天下，故天下之事皆由天子管轄，天子代表天下全體；對天下而言，則天子受天命而有天下，當視天子為天，以天子代天視事，故天子又是天之化身；就天子自身言，則統治天下，代天視事，將天下安頓妥當為首要任務，乃是對天負責，故帝王對天負政治責任；而天子嚴守操性，莫使氣逆干天，災變無由而生，並期待德政感天，天下太平，則是天子對天下負政治之責任。故天子或帝王不同稱號，乃是指政治上之功能作用不同而稱號之。

若從陰陽五行說法，則天子屬土。《白虎通》曰：

> 土所以不名時者。地，土之別名也，比於五行最尊，故不自居部職也。〈元命苞〉曰：「土無位而道在，故大一不與化，人主不任部職。」
> （卷四〈五行〉201）
>
> 〈元命苞〉曰：「……口者脾之門戶，脾者土之精，上為北斗，主變化者也。」（卷八〈性情〉457）

從君臣之政治結構與五行說類比，因為土是五行中之尊貴者，人主恰似土在五行之地，無位而道在，人主「上法斗極」，天覆地載，形同道之大一，居高臨下，只主變化，化臣民而不與臣民同化，故人主不任部職。此說又將天子與民眾抽離，身分又提高一層，置天子於政治制度之外。

天子既具有天命之符，其政權受天命之保護，自然不容他人懷疑與挑戰。如前所述，天人感應最重要之事，便是降命於天子之符瑞，而本是象徵天子

〔註130〕《緯書集成》，語見頁1510。

受命之符瑞，在漫長政治變化中，逐漸喪失其本質意義，轉向強調重天子之德，進而淪爲臣屬歌誦帝王德政之題材，故在《白虎通》謂符瑞者，可以是指天所降之符命，同時亦可以指是天因感應到天子德政所降之祥瑞。而符瑞受命之符命，取而代之者，是以文字爲主之讖緯，符瑞、符命與災變成爲讖緯思想不可或缺之一環；但在章帝之時，其帝位早已穩固，故亦無須天降符瑞、或者讖語問世，才能保證其政權正統，名分亦不成問題；有之，只是重申其政權之合法性罷了。故在新莽、光武與公孫述兵馬倥傯之時代，讖緯才會不斷出現，而在太平時代，只須強調天子係受之於天命即可，無須再造符瑞或者讖語以自我驗明正身，可見讖緯爲受命之符，不僅是出於時代流行之思想，更重要者乃是出於實際政治之需求。至於災變作用，與符瑞相似，亦是流於臣屬藉以諷諫天子之藉口，對於天子地位絲毫不受影響。

天人感應說下之符瑞與災變，在名義上，是天對天子行爲所表現出之價值判斷，以符瑞示善，以災變表惡，以符瑞災變表示天對天子所進行之賞罰；而實際上，是臣屬依符瑞災變而代天發言，顯示臣屬對天子行爲之贊許與反對，或者是天子自我褒貶，以示自我反省。質言之：符瑞災變在政治運作上，其象徵意義大於實際作用；符瑞與災變雖然有相當程度影響天子之政治運作，然而對於天子之政權，並無積極之制約作用，且一再強調符瑞災變，象徵著天子與天感應，無異是肯定天子政權由天所受，將天子政權之由來寄託於天命，從而使政權神聖化，置政權於不墜之地位。亦正因爲天子之政權由天所受，爲重申政權之神聖性，必要確保天人感應之必然，而爲象徵天子與天之感應溝通無礙，改制與封禪成爲必要之政治象徵活動與儀式。

二、《白虎通》改制與封禪

依天人感應說下之五德終始說及三統說，新朝帝王即位之時，便當改制與封禪以顯天命，其說已見諸《呂氏春秋》、《春秋繁露》與漢儒等政治思想之中，而《白虎通》則雖以三正說明王者受命之理，其原理實與以上二說近似。《白虎通》同秦始皇與漢武帝時相似，天人感應中之天子居於天與人之間，爲天人之際溝通橋樑，天子受命於天，天子即位之時，必行改制與封禪之事，故改制應天與封禪告天成爲天子最重要、亦是最具象徵意義之政治活動。《白虎通》曰：

> 王者易姓而起，必升封泰山何？報告之義也。始受命之日，改制應

天，天下太平，功成封禪，以告太平也。（卷六〈封禪〉329）

〈孝經鉤命決〉曰：「刑罰藏，頌聲作，鳳皇至，麒麟應，封泰山，禪梁父」，〔註131〕王者所以受天命，乃係天道三正流行，天命三統循環之結果，故王者始受命之時，當以改制封禪，明與前代不同，改制乃因應天命流行，而封禪則是回報天命，天下太平。

《白虎通》進一步言改制之理：

王者受命，必立天下之美號，以表功自克明，易姓爲子孫制也。夏殷周者，有天下之大號也。百王同天下，無以相別。改制，天子之大禮，號以自別于前，所以著己之功業也，必改號者，所以明天命已著，欲顯揚己于天下也。己復襲先王之號，與繼體守文之君，無以異也，不顯不明，非天意也。故受命王者，必擇天下美號，表著己之功業，明當致施是也，所以預自表克于前也。（卷二〈號〉68）

〈春秋元命包〉亦曰：「王者受命，昭然明於天地之理，故必移居處，更稱號，改正朔，易服色，以明天命」。〔註132〕三代因有天下，故以夏殷周爲大號，三代雖同有天下，仍以夏殷周之號以別於其他朝代；故改制之理，仍緣於易姓而王，以自號別於前代，若無異於前代，則不顯不明天命，非天意受命之新王；故改制作意，所以彰顯自己之功業，所以明王者受命於天，改制乃是天子之大禮也。

不過，《白虎通》之改制，並非完全改變前一代所有建制，其改制原則亦是遵從董仲舒所謂「王者有改制之名，無易道之實」之理。《白虎通》稱：

王者受命而起，或有所不改者何也？王者有改道之文，無改道之實。如君南面，臣北面，皮弁素積聲味不可變，哀戚不可改，百王不易之道也。（卷八〈三正〉432）

此一立場，更有強化天子政權之作用。因了所有王者皆由天所受命，凡是何者爲王，皆是天命所降，正如同人之有皮弁素積聲味與哀戚之心，皆是不變之天理，故所有王者之政權皆具有無庸置疑其神聖性；換言之，所有政權之存在，皆是百王不易之天道。故凡是後王改制，只是改前王之名，非改前王之命，因前王所受亦是天命耳。

《史記・秦始皇本紀》所載秦始皇改制，與《史記・孝武帝本紀》、〈封

〔註131〕《緯書集成》，語見頁1510。
〔註132〕同上註，語見頁1447。

禪書〉，《漢書・武帝紀》、〈律曆志〉所載漢武帝之改制，列表如下：〔註133〕

	秦　始　皇	漢　武　帝
正　朔	十月朔（建亥）	正月朔（建寅）
服　色	上黑	上黃
度　數	以六爲紀（例如乘，輿，符）	以五爲紀（例如官名印章）
音　律	上大呂	上黃鍾
政　術	上法	（未言）

　　依上表推論：秦始皇之改制，乃循五德終始之說，以爲秦繼周火德之後，當爲水德，故一切改制以水德爲依歸；武帝以土德爲制，而以建寅爲正朔，則是兼採董仲舒三統之說，至於改制之中，並未言明政術，恐是受董氏改制「改名不改實」之影響。而《漢書・王莽傳》載新莽改制，以十二月癸酉爲建國元年正月之朔、以雞鳴爲時、配德尚黃、應正用白、使節之旄旛皆純黃，顯然是兼採五德終始說與三統說，而其改制項目雖與漢武帝不同，但是其基本原則與武帝無別。西漢末言漢爲堯後，東漢光武帝以復與漢室爲由，故其改制「始正火德，色尚赤」，注曰：「漢初土德，色尚黃，至此始明火德，徽幟尚赤，服色於是乃正」，〔註134〕亦是從再受命之說，更加確立漢爲堯後之說法；而再受命之君只能承續西漢火德之制，故無所謂改制之實。《白虎通》言改制之理，係只是原則性說明改制之理與改制之道，其中並無針對當時提供改制之細則，此一現象固然是章帝政權緣光武帝之後而有，其政權並無改制之理，除此之外，亦是受《白虎通》自身具「國憲」身分與「永爲後世則」之成書性質所決定。

　　秦始皇時代，天子登泰山封，乃源自五德終始說之基礎下所產生之天人感應思想模式，帝王由五德轉移中產生，則轉移時必有符瑞出現以象徵帝王受命於天，故凡受命之帝王必至泰山回覆天命之安排，這是一種人與神交通感應之儀式。如前所述，《白虎通》封禪之說，依然沿襲舊說，封禪典禮自秦始皇、西漢武帝、東漢光武帝實行而後，封禪之說仍未有一明確而系統之理論闡述與實踐準則；甚至在漢武帝時，「及議欲放古巡狩封禪之事」，諸儒五十餘人苦於封禪禮儀用希曠絕，未能有所定；而公卿儒生對於封禪之禮，亦

〔註133〕以下所列表格，係採顧頡剛〈五德終始說下的政治和歷史〉所製，該表見頁441。
〔註134〕《後漢書・光武帝紀》卷一上，語見頁27。

不甚了然，至武帝令諸儒草封禪儀數年之後始成；〔註135〕至《白虎通》列〈封禪〉一篇，對封禪之定義及儀制等相關規定進行概括性之總結後，始確立後世闡述封禪儀禮之定本。

　　《白虎通》謂王者易姓而起，所以升封泰山，乃是向天報告天下太平之義。《白虎通》謂「封」者，「或曰封者，金泥銀繩，或曰石泥金繩，封之以印璽。……封者，廣也」，《御覽》引〈漢官儀〉曰：「封者，以金泥銀繩，印之以璽」，應劭《漢書注》：「王者功成治定，告成功於天，刻石紀號，有金冊、石函、金泥、玉檢之封焉」，乃是天子以印璽印於金泥銀繩或是石泥金繩，於此則是天子自封己為天子記號。以刻石紀號之舉措，早已見諸於秦始皇之世，〔註136〕爾後西漢武帝亦有立石於泰山之顛，〔註137〕光武帝遣侍御史與蘭臺令史上泰山刻石，文中詳引讖緯條文，表明自身係有天地支持，故能「會命岱宗」，以「赤帝九世」、「帝劉之九」、「九世之王」自居，理當繼承祖業而「受命中興」。

　　《白虎通》且離光武帝不久，「封」之方式自然承襲舊法：

　　　太平乃封，知告於天，必也於岱宗何？明知易姓也。刻石紀號，知
　　　自紀於百王也。（卷六〈封禪〉333）

〈孝經鉤命決〉亦曰：「帝王起，緯合宿，嘉應貞祥，封禪刻石，紀號也」，又云：「封于泰山，考績燔燎，禪于梁父，刻石紀號」。〔註138〕而「禪」者，《白虎通》曰：「言禪者，明以成功相傳也」，《廣雅》釋云：「禪，傳也」，「禪」仍是指天子之位受於天命，繼前王之後而傳之。故所謂「封禪」者，在象徵

〔註135〕《史記‧孝武本紀》卷十二曰：「自得寶鼎，上與公卿諸生議封禪。封禪用希曠絕，莫知其儀禮，而群儒采封禪《尚書》、《周官》、《王制》之望祀射牛事。……上於是乃令諸儒習射牛，草封禪儀。數年，至且行」，語見頁473。

〔註136〕《史記‧秦始皇本紀》卷六曰：「28年，始皇東行郡縣，上鄒嶧山。立石，與魯諸儒生議，刻石頌秦德，議封禪望祭山川之事。乃遂上泰山，立石，封，祠祀。……刻所立石，其辭曰：……」語見頁242～243。其事又見於〈封禪書〉卷二十八，曰：「即帝位三年，東巡郡縣，祠騶嶧山，頌秦功業。於是徵從齊魯之儒生博士七十人，至乎泰山下。……而遂除車道，上自泰山陽至顛，立石頌秦始皇帝德，明其得封也。從陰道下，禪於梁父。其禮頗采太祝之祀雍上帝所用，而封藏皆秘之，世不得而記也」，語見頁1366～1367。

〔註137〕《史記‧孝武本紀》卷十二，元封元年（B.C.110）3月：「……於是以三百戶封太室奉祠，命曰崇高邑。東上泰山，山之草木之葉未生，乃令人上石立之泰山顛。上遂東巡海上，行禮祠八神」，語見頁474。

〔註138〕以上二則具見《緯書集成》，頁1510。

意義上，乃是帝王即位之日，登泰山受天封爵，以證明帝王得位實係於天所受命；而在實際儀式上，則是帝王登泰山，自封為天子，登泰山封禪，仍成為一項天子即位時之宣示儀式。《史記‧封禪書》曰：「自古受命帝王，曷嘗不封禪？蓋有無其應而用事者矣，未有睹符瑞見而不臻乎泰山者也。雖受命而功不至，至梁父矣而德不洽，洽矣而日有不暇給，是以即事用希」，〔註139〕因為封禪之禮乃在宣揚政權之合天命，其象徵意義重於實質形式，故封禪之禮隨帝王喜好而「即事用希」，而其作意不僅在政治思想上與天人感應相結合，並且可以反映出當時政局之穩定與否：凡興盛之世，必講究封禪之禮以答天命；至衰微之世，不暇封禪時，則封禪之禮必闕然堙滅，其詳不可得而記聞矣！西漢武帝如此，東漢章帝之時亦復如此。

至於封禪必至泰山之理，《白虎通》謂：

> 所以必於泰山何？萬物之始，交代之處也。必於其上何？因高告高，順其類也，故升封者，增高也，下禪梁甫之基，廣厚也。……天以高為尊，地以厚為德，故增泰山之高以報天，附梁甫之基以報地，明天之命，功成事就，有益於天地，若高者加高，厚者加厚矣。（卷六〈封禪〉329～331）

正因為天子係受之於天命，故報告之處，必於萬物之始、交代之處之泰山進行。封增泰山之高，禪廣梁甫之厚，以明其受之於天，名義雖是在報天地之意，實際則是藉登泰山封禪之名，提升自身政權之神聖性，以及其與地位之尊貴。

封禪之說乃源自符瑞受命理論，然自王莽而後，天子應符瑞而受天命之說法，漸由讖緯取代；而符瑞轉變為宣揚天子功德之象徵，故在東漢時已有多瑞之說。《白虎通》中便記載帝王多瑞之現象，卷六〈封禪〉論封禪之義之後續言符瑞之應，繼續重申天子政權之受於天命之一貫立場：

> 天下太平，符瑞所以來至者，以為王者承天統理，調和陰陽，陰陽和，萬物序，休氣充塞，故符瑞並臻，皆應德而至。德至天，則斗極明，日月光，甘露降。德至地，……（卷六〈封禪〉325）

在《白虎通》中以符瑞之應說成是王者德至天地之間所產生之瑞應，亦有將符瑞象徵為帝王受命之憑藉，《白虎通》論符瑞之應，正鮮明記錄了符瑞之應在當時政治作用之轉型。《白虎通》此一轉型，依然只是強化天子政權之受於天命，天命之徵寄託於符瑞，而天子政權之取得，則以五德終始或三統說之

〔註139〕《史記‧封禪書》卷二十八，語見頁1355。

循環論帶過；至於天如何有效控制政權和平轉移，則是付之闕如。因此，顧頡剛在評論符瑞、封禪與改制之政治作用時說：「那時人看皇帝是上帝的官吏，符應是上帝給與他的除書，封禪是他上任時發的奏書，五德和三統的改制是上任後的一套排場」，〔註140〕且在天子專制時代握有絕對權力，不受任何律法約束，形成一「無限體」，無論是符瑞、封禪或者是改制之說，皆只是用來證明天子係由上帝所派遣之「官吏」之文飾。

三、《白虎通》政道下之治道

如前所述，中國在君主一人專制之下，只有治道而無政道，政道等同於治道，政權一旦落入即位天子手中，即著無庸議，相信天子之政權合法性幾近信仰天道；而治道則在政道，政道之由來，係由天道之運行所致，故政道之由來，當以天道視之，政道等同於天道。既然政道由天命所受，其治道亦當仿天道，治權制度亦以天象運行為藍本，形成「官制象天」之治權制度。《白虎通》將天子以下分為諸侯與官僚二個系統，又以天子統理此二系統，因為天子係受之於天命，天子是天在人世之唯一合法代理人，以天子統理此二系統，則此二系統之編制，應當以天象為唯一參考對象，故《白虎通》之治權系統，乃以「官制象天」為其原則，而此原則又與董仲舒政治主張若合符節。

董仲舒主張官制必須符合天象，乃是以天人感應思想說明天人以類相感之理，因此，政治制度亦參考天數。〔註141〕天數是「以三成之」、「四選而止」，以三為基數，設立三公、九卿、二十七大夫、八十一元士，以治理天下事物。《白虎通》所區分之官僚系統，亦有相似論調。曰：

> 王者所以立三公九卿何？曰：天雖至神，必因日月之光；地雖至靈，

〔註140〕〈五德終始說下的政治和歷史〉，語見頁466。

〔註141〕《春秋繁露・官制象天》卷七曰：「王者制官：三公、九卿、二十七大夫、八十一元士，凡百二十人，而列臣備矣。吾聞聖王所取，儀金天之大經，三起而成，四轉而終，官制亦然者，此其儀與！……何謂天之大經？三起而成日，三日而成規，三旬而成月，3月而成時，三時而成功；寒暑與和，三而成物；日月與星，三而成光；天地與人，三而成德，由此觀之，三而一成，天之大經也。以此為天制，是故禮三讓而成一節，官三人而成一選，三公為一選，三卿為一選，三大夫為一選，三士為一選，凡四選三臣，應天之制，凡四時之3月也。……天以四時之選，與十二節相和而成歲，王以四位之選，與十二臣相砥礪而致極，道必極於其所至，然後能得天地之美也」，語見頁194～197。

必有山川之化；聖人雖有萬人之德，必須俊賢三公、九卿、二十七
大夫、八十一元士，以順天成其道。（卷四〈封公侯〉155）

《白虎通》亦以三爲基數，設立三公、九卿、二十七大夫、八十一元士，乃
爲輔佐天子治理政事，以順天成其道。《白虎通》取三爲基數，乃是配合天之
結構：

天道莫不成於三。天有三光：日、月、星；地有三形：高、下、
平；人有三等：君、父、師。故一公三卿佐之，一卿三大夫佐之，
一大夫三元士佐之。天有三光，然後能遍照，各自有三法，物成
於三：有始、有中、有終；明天道而終之也。三公、九卿、二十
七大夫、八十一元士，凡百二十官，下應十二子。（卷四〈封公侯〉
157～158）

〈春秋元命包〉亦曰：「立三台以爲三公，北斗九星爲九卿，二十七大夫內
宿部衛之列，八十一紀以爲元士，凡百二十官焉，下應十二子」。〔註142〕因
爲天有日、月、星三光，始能遍照；地有高、下、平三形，始能成物；天子
亦須有三公，始能順其天道，以成其政事；而卿、大夫、元士以下，亦依三
之倍數而增加，以成其事，故王者立三公九卿等官僚系統，即是以配合天道
之數而設置。由此可見《白虎通》之治權系統，仍與其天人感應思想緊密聯
係。

《白虎通》認爲，天子既得天下，雖具有最高之權力，天下即是天子之
天下，然而天下不爲天子之獨有，必要土地分封給予具有血緣關係之親屬，
展現儒家親親之義：

天下太平，乃封親屬者，示不私也。即不私封之何？普天之下，莫
非王土；率土之賓，莫非王臣。海內之眾，已盡得使之。不忍使親
屬無短足之居，一人使封之，親親之義也。（卷四〈封公侯〉170）

不僅天子之親屬可以共享土地，而與天子無血緣關係但有功德之臣屬，亦在
分封之列，以示天子不私天下：

受命之王，致太平之主，美群臣上下之功，故盡封之。及中興征伐，
大功皆封，所以襃大功也。盛德之士亦封之，所以尊有德也。以德
封者，必試之爲附庸，三年有功，因而封之五十里。元士有功者，
亦爲附庸，世其位。大夫有功成，封五十里。卿有功成，封七十里。

〔註142〕《緯書集成》，語見頁401。

公功成，封百里。（卷七〈玫黜〉368～369）

天子不私天下，故對於有功之臣屬，亦分封土地。且公、卿、大夫、元士亦
非一成不變固守其位，若有功德，除分封土地之外，尚有升遷機會：

士有功德，遷爲大夫；大夫有功德，遷爲卿；卿有功德，遷爲公；
故爵主有德，封主有功也。（卷七〈玫黜〉369）

官僚系統如此；至於設置諸侯系統，亦復在展現天子不專天下：

王者立三公、九卿、二十七大夫，足以教道照幽隱，必復封諸侯何？
重民之至也。善惡比而易知，故擇賢而封之，以著其德，極其才，
上以尊天子，備蕃輔，下以子養百姓，施行其道。開賢者之路，謙
不自專，故列土封賢，因而象之，象賢重民也。（卷四〈封公侯〉159
～160）

雖云設諸侯是爲表示天子謙不自專於天下，且以諸侯之德，可以上尊天子，
備爲蕃輔，下可以代天子養百姓，更可以樹立天子重賢形象。

從《白虎通》這套治權編制中不難看出，《白虎通》所主張者乃是強幹弱
枝型之君主專制之政治結構。天子所以設置諸侯與官僚，並非爲了諸侯或者
公卿大夫，而是爲了治理百姓：

王者即位，先封賢者，憂民之急也。故列土爲彊，非爲諸侯；張官
設府，非爲卿大夫，皆爲民也。（卷四〈封公侯〉169）

天子雖然分土分權給予諸侯與官僚，但是天子對其權限與土地，可以隨時收
回，故所謂治權，完全操之於天子一人手中，諸侯與官僚之權限，絲毫沒有
客觀而獨立之地位。此一現象，亦可在臣屬「諫諍」制度中證明。《白虎通》
曰：

諸侯之臣諍，不從得去何？以屈尊申卑，孤惡君也。……今己所言，
不合於禮義，君欲罪之可得也。〈援神契〉曰：「三諫待放，復三年，
盡惓惓也。所以言放者，臣爲君諱，若言有罪，放之也。所諫事已
行者，遂去不留；凡待放者，冀君用其言耳；事已行，災咎將至，
無爲留之。」（卷五〈諫諍〉272）

《白虎通》引〈援神契〉言，君臣之間乃是上下對待關係，而非平等對待關
係，臣屬只是聽從君主之言，若對君主有所諫諍，其諫諍結果，取決於君用
其言與否，以及災咎是否將至，合於禮義則留，若言有罪則放之於郊三年，
臣屬諫諍並無任何言論免責之保障，換言之，君主專制政權下之治權，只是

提供君主參考意見，對於君主權位實無制約能力。

從諸侯系統言，諸侯只許在其封地食取租稅，然其治理民眾之事務則由中央統一管理；且爲確保天子專政之權旁落，諸侯必須受天子稟受法令，不得擅自立法。卷八〈瑞贄〉謂「王者始立，諸侯皆見何？當受法稟正教也」，天子更透過攷黜制度，加強對諸侯職權之分配，故諸侯本身並無動眾起兵之權。卷五〈誅伐〉謂：「諸侯之義，非天子之命，不得動眾起兵，誅不義者，所以強幹弱枝，尊天子，卑諸侯也」，若諸侯不法，無論親戚與否，皆可以天子之名，對諸侯進行誅伐，其所持理由是：「尊君卑臣，強幹弱枝，明善善惡惡之義也」。

而以官僚系統看，公、卿、大夫只是盡其職能，「受君之法，施之於民」而已。對於官僚系統，《白虎通》不僅有升遷機會，還有一套固定退休制度：

> 臣年七十懸車致仕者，臣以執事趨走爲職，七十陽道極，耳目不聰明，跋踦之屬，是以退老去，避賢者路，所以長廉遠恥也，懸車示不用也。（卷六〈致仕〉299）

因此，《白虎通》中所規畫之治權系統，實是係之於君主之政權之下，政權爲強幹，治權爲弱枝，治權只是政權之延伸，治理民眾之政治大權，完全由天子一人獨攬。

天子既是天爵，諸侯與官僚同屬人爵，其本身即是說明政道不得逾越之神聖性；而在種種制度中，天子與其他臣屬之區別，充分顯示出《白虎通》君臣、及臣屬間強烈階級意識。現僅茲引有引讖緯文句二例說明：

> 〈含文嘉〉曰：「天子射熊，諸侯射麋，大夫射虎、豹，士射鹿、豕。」
> （卷五〈鄉射〉288）

《白虎通》言，春時陽氣微弱，萬物恐有窒塞難養者，天子所以親射之意，在助長陽氣以達萬物，〔註143〕天子親射實含有政治意義。《白虎通》引〈含文嘉〉規定，天子與諸侯、大夫、士等所射之動物有所區別：天子所以射熊，乃示天子「服猛、遠巧佞也」；諸侯所以射麋，乃示諸侯「遠迷惑人也」；大夫射虎、豹，示大夫「服猛也」；士射鹿、豕，示士「除害也」。〔註144〕大

〔註143〕《白虎通·鄉射》卷五曰：「天子所以親射何？助陽氣達萬物也。春，陽氣微弱，恐物有窒塞不能自達者。夫射，自內發外，貫堅入剛，象物之生，故以射達之也」，語見頁287～288。

〔註144〕《白虎通·鄉射》卷五曰：「天子所以射熊何？示服猛、遠巧佞也。熊爲獸猛巧者，非但當服猛也，示當服天下巧佞之臣也。諸侯射麋何？示遠迷惑人也。

夫與士所以射兩物有二義：一則是示大夫、士「俱人臣」，「示爲君親視事身勞苦也」；二則是「臣陰，故數偶也」。〔註145〕《白虎通》所以區分不同身分射不同動物，其原則便是「各取德所能服也」，故天子射熊，正示天子德最高。

> 封樹者，可以爲識。故〈檀弓〉曰：「古也，墓而不墳，今邱也。東西南北之人也，不可以不識也。於是封之崇四尺。」〈含文嘉〉曰：「天子墳高三仞，樹以松；諸侯半之，樹以柏；大夫八尺，樹以欒；士四尺，樹以槐；庶人無墳，樹以楊柳。」（卷十一〈崩薨〉662）

《禮記‧檀弓》古謂殷時，土之高者曰墳，周禮以爵等高低爲邱封之度制，爵等愈尊，則封墳愈高。《白虎通》亦同周禮，並且嚴格規定，天子之墳最高，諸侯次之，大夫、士再次之，至庶人則不得有墳，不同身份地位之墳，皆有其相對之高度；連所封之樹，亦隨之有別，大概是與其所封之墳之高度有關。

四、三綱六紀

《白虎通》伸張政權以貫徹治權，並從維護君主政權之主張中，衍生出一套政治倫理綱紀思想，而有所謂「三綱六紀」之說，此亦是《白虎通》爲結合君主專政之權與血緣之父權，達到君主專制與父權爲主之宗法制度合而爲一之政治結構。

《禮記‧樂記》曰：「父子君臣，以爲綱紀，綱紀既正，天下大定」，〔註146〕《春秋繁露》有「三綱五紀」之說，〔註147〕君臣、夫婦、父子，爲王道之「三綱」，〔註148〕而「五紀」則不知何所指。〔註149〕《白虎通》所謂「三

麋之言迷也。大夫射虎、豹何？示服猛也。士射鹿、豕何？示除害也。各取德所能服也」，語見頁289～290。
〔註145〕《白虎通‧鄉射》卷五曰：「大夫、士射兩物何？大夫、士俱人臣，示爲君親視事身勞苦也；或曰臣陰，故數偶也」，語見頁290。
〔註146〕《禮記‧樂記》卷三十九，語見頁691。
〔註147〕《春秋繁露‧深察名號》卷十曰：「循三綱五紀，通八端之理」，語見頁268。
〔註148〕《春秋繁露‧基義》卷十二曰：「是故仁義制度之數，盡取之天，天爲君而覆露之，地爲臣而持載之，陽爲夫而生之，陰爲婦而助之，春爲父而生之，夏爲子而養之，秋爲死而棺之，冬爲痛而喪之，王道之三綱，可求於天」，語見頁321。

綱六紀」者：

> 三綱者何謂也？謂君臣、父子、夫婦也。六紀者，謂諸父、兄弟、
> 族人、諸舅、師長、朋友也。故〈含文嘉〉曰：君爲臣綱，父爲子
> 綱，夫爲妻綱。又曰：敬諸父兄，六紀道行，諸舅有義，族人有序，
> 昆弟有親，師長有尊，朋友有舊。（卷八〈三綱六紀〉442）

「三綱」者，謂君臣、父子、夫婦三組相互對待之關係，說法合於《春秋繁
露》，《禮・樂記疏》亦曰：「按〈禮緯・含文嘉〉云，三綱謂：君爲臣綱、
父爲子綱、夫爲妻綱矣」，〔註150〕《白虎通》引〈禮緯・含文嘉〉說明「三
綱」之意，〔註151〕乃是君爲臣之綱、父爲子之綱、夫爲婦之綱，三組相互
對應之關係。而「六紀」係指與諸父、兄弟、族人、諸舅、師長、朋友等之
人我對待關係，《禮・樂記疏》引〈禮緯・含文嘉〉則曰：「六紀謂：諸父有
善、諸舅有義、族人有敘、昆弟有親、師長有尊、朋友有舊，是六紀也」，
〔註152〕《緯捃》則載：「敬諸父兄，諸父有善，諸舅有義，族人有序，昆弟
有親，師長有尊，朋友有舊」，〔註153〕《白虎通》所引文句與上二者稍有不
同，然其中謂諸父、兄弟、族人、諸舅、師長、朋友六種人倫關係，是指我
與他人間之對應關係，則是相同。所謂「三綱六紀」乃指二種關係概念，「三
綱」是含有政治與人倫關係，「六紀」則是人倫關係，然皆是指廣泛之倫理
關係。

《白虎通》標舉「三綱六紀」做爲人倫關係準則，乃有大小之分：

> 何謂綱紀？綱者，張也；紀者，理也；大者爲綱，小者爲紀，所以
> 張理上下，整齊人道也。（卷八〈三綱六紀〉442～443）

「綱」是政治與人倫之綱目，具有統攝一切倫理關係之核心結構，故曰大；「紀」
則是透過三綱所架構出倫理關係，除去三綱以外之人倫邊緣關係，故相對於
「綱」曰大，「紀」則稱小。所謂錯綜複雜之「三綱六紀」，首重君臣之政治
關係，與父子、夫婦、諸父、兄弟、族人、諸舅之血緣關係，而師長與朋友

〔註149〕 賴炎元註譯據蘇輿引《莊子・盜跖》篇云：「子張曰：子不爲行，即將疏戚無
倫，貴賤無義，長幼無序，五紀六位將何以利乎」，又引《國語・周語》曰：
「五義紀宜。」韋昭注曰：「五義，謂父義、母慈、兄友、弟恭、子孝」，董
仲舒所言「五紀」者，或根據於此，語見《春秋繁露今註今譯》頁270。
〔註150〕 《禮記・樂記》卷三十九，語見頁691。
〔註151〕 《緯書集成》，語見頁1487。
〔註152〕 《禮記・樂記》卷三十九，語見頁691。
〔註153〕 《緯書集成》，語見頁1487。

則是隸屬於「六紀」之中，又在「三綱」之下。《白虎通》以三綱六紀做爲人倫準則，乃是出人有五常之性之考量。其曰：「人皆懷五常之性，有親愛之心，是以綱紀爲化，若羅網之有紀綱而萬目張也」，〔註154〕《白虎通》以爲，因爲人有五常之性，有親愛之心，三綱六紀之性隨人生出，三綱六紀早已存在人性之中，若羅網般，規範人之行爲，運作於政治倫理之中，故綱紀做爲人際關係之準則，足以張理上下、整齊人道之作用。《白虎通》謂人性乃出於陰陽之氣，而人五常之性，勢必關聯於陰陽五行之運行；由陰陽五行之運行，人始有五常之性，而由陰陽運行之必然，可以證成人性之必然；故以三綱六紀規範人倫，乃合於陰陽五行說，亦合於人性之要求，「於是『三綱六紀』不只是一種人間秩序，而且是一種信仰，一種不容質疑的永恆眞理」。〔註155〕可見《白虎通》已經將人倫關係納入於陰陽五行結構之中，再由陰陽五行之理論，推導出人倫關係。

　　《白虎通》論「三綱」與「六紀」之關係曰：

　　　君、臣、父、子、夫、婦六人也，所以稱三綱何？一陰一陽謂之道，陽得陰而成，陰得陽而序，剛柔相配，故六人爲三綱。（卷八〈三綱六紀〉443）

　　　三綱法天、地、人，六紀法六合。君臣法天，取象日月，屈信歸功天也；父子法地，取象五行，轉相生也；夫婦法人，取象合陰陽，有施化端也。（卷八〈三綱六紀〉444）

〈春秋感精符〉曰：「三綱之義，日爲君，月爲臣也」；〔註156〕而〈春秋漢含孳〉亦曰：「水火交感陰陽，以設夫婦象也」；〔註157〕

　　　六紀者，爲三綱之紀者也。師長、君臣之紀也，以其皆成己也；諸父、兄弟、父子之紀也，以其有親恩連也；諸舅、朋友、夫婦之紀也，以其皆有同志，爲己助也。（卷八〈三綱六紀〉444）

《白虎通》稱君、臣、父、子、夫、婦六人爲三綱，以爲兩兩相對合於道，剛柔可以相配，六人之三綱是相對性之主從關係。《白虎通》以君臣之義置於句首，無異是強調君權之重要性；又以君臣法天，取象日月，卷九〈日月〉

〔註154〕《白虎通・三綱六紀》卷八，語見頁442～443。
〔註155〕〈帝國意識形態的重建──扮演「國憲」基礎的《白虎通》思想〉，語見頁19。
〔註156〕《緯書集成》，語見頁1462。
〔註157〕同上註，語見頁1471。

又引〈感精符〉曰：「三綱之義，日爲君，月爲臣也」，〔註158〕亦是將君比喻爲日、爲天，由君臣之政治關係統攝其他二綱，再由「三綱」統攝「六紀」，以「三綱爲綱，六紀爲緯」，〔註159〕所有人倫制度必以君爲首；且「三綱」之取象皆來自日月、陰陽、五行，將人倫秩序納入陰陽五行架構之中，用以說明「三綱」具有客觀之實然依據，暗示著「三綱」具有政治與人倫之必然關係。《白虎通》將君臣之政治關係，類比於父子之天倫與夫婦之人倫關係，則是將先秦儒家「親親」之義與政治上「尊尊」之義相提並論，企圖把君權與父權結合爲一，使政治上之君臣關係蒙上一層人倫關係，用宗法制度鞏固君主專制之主張。然而，政治上之關聯與血緣上之關聯分別隸屬於不同層次領域，君主專制與父權至上亦是不同體制，無論在理論上或者實踐上均有其困難；《白虎通》只是同時保留這二種相互矛盾之說法，並沒有辦法解決這一難題。

徐復觀分析董仲舒之三綱與《白虎通》之三綱時稱：

在董氏之前，不論在內容上，在名詞上，絕無三綱之說。只有董氏，在〈深察名號〉第三十五及〈基義〉第五十三，開始提出「三綱」一詞；據（六）（〈基義〉第五十三）所謂三綱，是指君臣夫婦父子各盡其分而言，並非指的「君爲臣綱，父爲子綱，夫爲妻綱」。「君爲（臣）綱，夫爲妻綱」之說，出於緯書〈含文嘉〉。此又爲緯書多演繹自董氏之一證。〈含文嘉〉之說，被《白虎通》所採用，遂成爲後儒所奉的天經地義。覆按《白虎通·三綱六紀》篇的內容，人倫間尚保持先秦儒家相對義務之意義，在過去的社會結構中，仍有團結而非相壓制的意義，較之董氏以陽貴陰賤，陰善陽惡來配入人倫關係的新說爲勝。〔註160〕

《白虎通》雖未必如董仲舒將陽尊陰卑之關係絕對化，緯書〈含文嘉〉之三綱說或許繹自董氏；然〈含文嘉〉明言「君爲臣綱，父爲子綱，夫爲妻綱」，《白虎通》既徵引其文，則〈含文嘉〉該文已然成爲《白虎通》一部分，若

〔註158〕《白虎通·日月》卷九，語見頁504。

〔註159〕陳立語，見《白虎通疏證》，頁444。

〔註160〕《兩漢思想史》卷二，語見頁409。引文中「陰善陽惡」有誤，按《春秋繁露·陽尊陰卑》曰：「是故推天地之精，運陰陽之類，以別順逆之理，安所加以不在？在上下，在大小，在強弱，在賢不肖，在善惡，惡之屬盡爲陰，善之屬盡爲陽」，應爲「陽善陰惡」，語見頁290。

徐氏所謂,《白虎通》之內容較董氏以陽貴陰賤配入人倫關係之新說爲勝,則是不通。不過,由徐氏所提出之矛盾處,正可以說明漢儒宣揚先秦儒家之倫理觀念到《白虎通》中之轉型。此一轉型,便是在政治大一統之環境中,學術界之思想內容,皆欲尋求出一套森羅天地萬事萬物之宇宙全息統一論;〔註 161〕而在君主專制一統下,其理論又勢必將此統一關鍵置於天子之下,由天子統攝一切。《白虎通》之政治理論,在政道方面,只從現實之君主爲起始,分析天子之職權與所需之德性,進而以陰陽化之讖緯學說使君王受命合理化,君命受之於天,不受之於人,確立天子乃代天爲行,意即由非理性面肯定政權之神聖性,造成斷頭式之政治制度;在治道方面,則由此一非理性之政權,參照天體運行之自然原則,制定出政治制度之規範原理,再依此項規範原理籠罩一切政治制度與生活秩序。林聰舜稱:「《白虎通》是統治階級透過統一經義的方式來統一思想,……由此企求《白虎通》中的價值觀成爲全民的價值觀,《白虎通》中的規範成爲帝國的規範」,〔註 162〕換言之,《白虎通》將政治制度類比於天之運行,其政治制度無不依照自然原理之實然義,即使是某些制度早已存在或者承襲前世,亦必須將其原理附會於陰陽五行,以期符合天人感應之思想;更重要者是,此一政治制度適合於君主大一統之要求。因此,《白虎通》整體之政治思想,實是天人感應與陰陽五行學說交互影響下之結果。

　　《白虎通》政治理論以下圖示之:

〔註161〕 王存臻・嚴春友,《宇宙全息統一論》稱:「宇宙全息統一律指出：宇宙是一個統一體。千差萬別的宇宙現象統一于唯一的宇宙全息統一場之中。該場由宇宙全息統一子組成,物質的全息統一子是宇宙的最小單元,是無限小的微型信息宇宙。由全息統一子組成的大大小小的場中場,全息對應著大大小小的物中物。這樣,宇宙萬物都只是全息統一場的表現而已。因此,宇宙才有統一的宇宙定律,宇宙才呈現無比神奇的全息統一圖景」,(北京:山東人民出版社,1988 年 3 月第一版,1992 年 3 月第三次印刷),語見頁 337～338。唯須先說明,此段文字之始意,並非單純論述中國人之天人哲學,誠如作者在其書序言:「宇宙全息統一論正是現代科學和東方古典哲學有機結合的產物」,書中論述:「馬克思主義經典作家們的這些論述,給予我們以深刻的啓發,並成爲宇宙全息論的哲學依據」,(語見頁 38)可見作者之用心與動機;本文藉用引文,乃欲凸顯出中國天人合一或者天人感應思想中,即已隱含如斯觀念而已。

〔註162〕 〈帝國意識形態的重建——扮演「國憲」基礎的《白虎通》思想〉,語見頁 11。

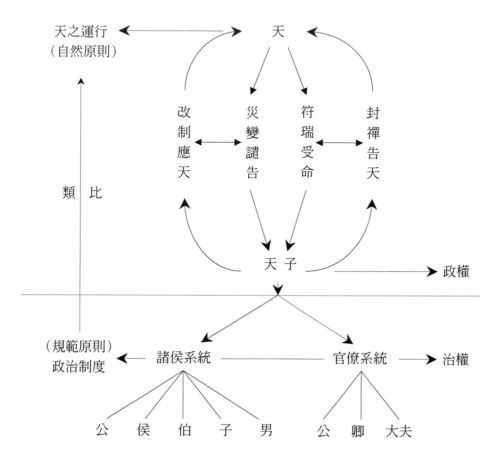

　　從《白虎通》書中不難看出，由政治上之大一統，進而要求學術上之一致；因學術上之一致，不同思想難以各自表述，不同論述混雜同一之結果，衍生出一套龐大而複雜之思想體系。此一思想體系，既非專屬於漢代所獨尊之儒術，亦不是先秦諸子中任何一家所能概括，而是以儒家典籍爲橋樑，參酌天人感應與陰陽五行而成之讖緯思想所取代。羅肇錦即以爲，《白虎通》所以採用「緯書」符號系統解釋制度名號，且將解釋符號與宇宙、政治、社會、道德結合在一起，其目的乃在「達到帝王一統的目標」。〔註163〕讖緯思想既提出以闡發儒家之微言大義爲宗旨，同時又接引天人感應等學說，形成有別於先秦、西漢之儒學；更重要者，讖緯思想乃在政治上支持政治大一統之原則，符合當政者之脾胃，進而登堂入室與儒學相匹敵，蔚爲一時顯學。政治力量影響下之學術發展，可見一斑。

〔註163〕〈讖緯思想與訓詁符號──以白虎通爲例〉，參考頁97。

讖緯思想不僅是關懷政治制度，同時也試圖在建構一套客觀而科學之宇宙論，使主觀應然之政治制度與客觀實然之宇宙科學得到接壤，從而使主觀可變之政治制度獲得客觀不變之保證，確保政治制度永續經營。

然而，袁保新稱：「無論是從思想史的反省、或《道德經》文獻的考察來看，我們都認為老子（甚或先秦諸子）真正的關懷，是政治人生之價值歸趨的問題，而不是尋找第一因來說明宇宙生化的過程，或尋找無限實體來解釋有限實體何以存在，甚至尋找一組律則來說明自然界的運動變化」。〔註164〕亦誠如袁氏所言，「經典是不會說話的，除非我們發問」，〔註165〕如果我們以政治學立場發問，先秦諸子是否有以政治人生之價值為歸趨之思想時，文獻能否提供足夠之證據回答此一問題，便成為論斷先秦諸子之是否有政治關懷之可能；同理，若我們以宇宙論之觀點切入先秦諸子思想時，文獻資料同樣是決定回答此一問題之答案。袁氏亦言「每一個發問都是有預設的，因此每一個發問也都預期了某種答案」，〔註166〕因此，每一個答案能否得到合理證成是一回事，詮釋之結果是否完善，又是另外一回事。每一組發問與答案之間可以說「是」或「不是」，但是每一組與另一組之間，這其中所涉及乃是「好」與「不好」之應然判斷，而不是「是」或「不是」之實然判斷。詮釋學宣稱「沒有任何一種考察可以窮盡作品的意義」，「所以每一部作品的意義都是潛在地無限的，因而每一種詮釋都是有限的和暫時的」，〔註167〕故本文立場以為，先秦諸子（甚至是漢代思想家）真正關懷者，可以是政治人生之價值歸趨，同時也可以是尋找第一因來說明宇宙生化之過程，兩者可以並存，殊途可以同歸；只是，在政治之價值歸趨上往往凌駕於自然科學亦是不爭之事實。試觀中國窮究天人之際之「天人合一」思想之所以形成，且成為傳統思想之一脈，歷代思想家致力於整合此二條不同路徑而成一家之言亦是主因之一。

《白虎通》讖緯思想所蘊含政治之普遍原則，乃是將自然界之一切現象串聯起來解釋，即一切自然現象皆是政治現象之反映，而政治制度皆符合自

〔註164〕袁保新，《老子哲學之詮釋與重建》，（台北：文津出版社，民國80年9月初版），語見頁100。
〔註165〕同上註，語見頁143。
〔註166〕同上註，語見頁143。
〔註167〕「詮釋學」（Hermeneutics）又稱「解釋學」。以上二段引文自〈解釋學〉，韋恩斯摩（Joel Weinsheimer）著，岑溢成譯，收錄於《當代文學理論》，張雙英・黃景進中譯主編，（臺北：合森文化事業公司，民國80年9月初版），二段俱見頁194。

然界運行之規律。不過，在政治大一統之現實與要求前提之下，往往扭曲自然界面貌，進而喪失自然界客觀精神。中國在科學方面始終停留在政治學說附庸地位，無法開出獨立之學科範疇，實與政治大一統之一人專政思想息息相關。

第七章　天文科學知識之昌明

　　徐復觀認爲，「漢代學術基本性格之一，常將許多各有分域的事物，組成一個大雜拌的系統」，〔註 1〕實則，漢代學術思想，乃在尋求一種無所不包之哲學系統。從經學發展歷程看，漢代著重在統一經說，並使經學達到「通經致用」之目的。陰陽五行學說，則是欲將天地萬物之生長法則，及其發展變化歸納成一套可供察考比對之系統；而天人之學，則是將先秦天人感應之學說，由天人分離狀態，更進一步融合成天人不離之一體結構。在政治方面，則是爲鞏固政權而發展出政教合一之大一統思想，由思想上提供一套解釋天人感應之宇宙論，以此觀念安排所有人事物，使施行之政策得到合理化，強化帝王一人專制之統治權力。至於自然科學之發展，如《七略》所載之「術數略」中，天文之書言天星、曆譜之書言曆法、五行之書言五行之形氣、蓍龜雜占之書言以物爲占卜、形法之書言地上九州之勢；「方技略」中則有醫經之書言治疾、房中之書言男女之道、神仙之書言長生；凡此皆屬於今所謂之自然科學，及其應用之科學技術。漢代自然科學研究範圍始終環繞在既有之思想框架之下，此一思想框架，即是以天人感應爲思想核心之「宇宙論」。唐君毅言：「諸子之學所自本之六藝之經學，亦有師法、家法，以各成一專門之學。故中國人之人文世界與學術世界，形成爲一包涵多方面之全體，亦實始于漢；其根本精神，則唯是能綜合諸子之學以爲用，而知其制限與節度之所存、以爲道而已」，〔註 2〕李約瑟稱中國人所建構之宇宙論思考方式爲「關聯

〔註 1〕《中國思想史》卷二，語見頁 29。
〔註 2〕唐君毅《中國哲學原論・原道篇》（卷二），（臺北：學生書局，民國 75 年 10月全集校訂版），語見頁 200。

式的思考」；〔註3〕漢代哲學思考，強調天人間之關聯性，而以天人感應爲理論結構，李氏所謂中國思維中「極其嚴整有序的宇宙」乃繫於意志之和諧，此一和諧之意志，便是指天人間之意志達到和諧，天人間之意志達到和諧依存境地，始有一嚴整有序之宇宙秩序。漢代所建構之宇宙論式，便是唐氏漢代謂「道」之所存焉。

天人之學無疑是漢代思想焦點所在。在天人感應思維模式中，天命是用以指導政治決策與規範社會秩序，而天命最終之根據則在於天象；此一天象範圍，則是陰陽五行及其天文星曆。剋就天文星曆而言，以往，人們只是注意天象之即時狀況，由當時之天象推測天意，經過時間與經驗累積，人們可以提前知道天象狀況，進而提前知悉天欲傳達何種意旨，甚至能預先得知天意將於何時傳達何種意旨。亦由於造就某些瞭解天象之知識，形成人們可以通過對天命過程之了解，進而掌握天道，因此，天道思想之形成，乃有客觀之科學經驗爲依據，且由即時對天象之觀察，進而研究天象之運動規律，亦表現出當時人對自然界之認識，即是由起初敬畏之心，轉向科學知識之建立。

天人感應之思維，以天道做爲人之行爲準則，意指人之行爲符合天意乃是本於天道。天人感應以外在環境做爲人類行爲之準則，固然形成主觀上類比之謬誤，然其本身便展現爲一種哲學系統；而人所依循之天道，具有著相當程度之客觀知識。以天道做爲人類行爲參照對象之思考徑路，類似「宇宙論」。所謂「宇宙論」（Cosmology），就其用途而言，可以分爲兩類：一是屬於哲學之宇宙論，一是指科學之宇宙論；〔註4〕廣義之「宇宙論」便包含哲學與科學雙重屬性。李震言：「宇宙論乃是研究物質世界的哲學，亦稱爲自然哲學」，〔註5〕並稱「所謂自然哲學即指物理學」，宇宙論本身兼具有科學性與哲

〔註3〕 李約瑟言：「中國人關聯式的思考絕不是原始的思想方式。也就是說，它絕非處於邏輯的渾沌，以爲任一事物皆可做爲其他事物的原因，而讓魔術師純粹的幻想來指導人的觀念。它的宇宙，是一個極其嚴整有序的宇宙，在那裡，萬物「間不容髮」地應合著。但這種有機宇宙的存在，並不是由於至高無上的造物者之諭令（萬物皆臣服於其隨伴天使的約束）；也不是由於無數球體的撞擊（一物之動爲他物之動的原因）。它的存在無需依賴於「立法者」，而只由於意志之和諧；……」《中國之科學與文明》（二），（臺北：商務印書館，民國六十二年初版，六十四年 3 月修訂一版），語見頁 475～476。

〔註4〕 （美）M.K.馬尼茨，〈宇宙論〉（Cosmology），收錄於金吾倫編著《自然觀與科學觀》，（臺北：水牛圖書出版事業，民國 80 年 4 月 30 日一版一刷），語見頁 461。

〔註5〕 李震，《宇宙論》，（臺北：臺灣商務印書館，民國 56 年 4 月初版，83 年 12

學性之雙重性質，故又可稱爲物理學。科學與哲學雖是兩種不同形式之知識，可以獨立而不相混，然而兩者之間仍有互通之處：科學重視個別現實，故得重視現實之普遍原理；哲學思考形上普遍原理，亦得依略科學之發現，以此判斷哲學原理是否恰當；因此，從人類認識自然之歷程言，於科學與哲學兩者，從來未曾完全分開過。〔註6〕

　　人生於宇宙之間，乃是無庸置疑之實然存在，哲學思考宇宙之諸問題，亦是無可厚非；若以宇宙哲學之觀點探索宇宙之奧秘，亦是必要之課題。漢代之思維模式，一方面以天人感應學說爲哲學基礎，復以陰陽五行爲其科學根據，正適合於宇宙論之雙重要求；且漢代之宇宙論企圖以科學發現證成其天人哲學理論，而及其他科學發現，皆以此雙重要求爲原則，以達到符合天人感應理論系統之目的。

　　本章論述重點，乃以漢人之自然觀與科學觀爲對象，探討漢代自然科學知識與觀念所形成之宇宙論，由漢代宇宙論之形成過程與特色，說明《白虎通》讖緯思想對自然科學之態度，且由其對自然科學之認識所形成之宇宙論。唯本章論述所及，著重在自然觀與科學觀所形成之自然科學精神，特別是有關漢代之天文學部分，而對於其他自然科學研究之具體事項，亦只僅止於舉證說明自然科學精神之內涵，其餘則無法一一詳述。

第一節　漢代科學宇宙論式

　　如前所述，在《詩》《書》時代，「天」具有自然與至上神雙重之義；先秦儒家致力於建全主體性之觀念，其天道觀乃屬「道德型天人合一論」，與漢代天人感應之說不相涉；而道家之天道觀，乃是做爲其人生哲學之副產物，屬於「形上型天人合一論」，又不同於傳統天人感應學說，天人感應學說成爲一套成熟理論系統，當在秦漢以後。勞思光即以爲，以孔孟爲首之儒學，獨缺一宇宙論，且認爲宇宙論是一種幼稚思想；〔註7〕漢儒以陰陽五行學說建構

月二版第一次印刷），語見頁3。

〔註6〕　（美）S.E.圖爾敏，〈科學哲學〉（Science. Philosophy of），收錄於金吾倫編著《自然觀與科學觀》，語見頁369。

〔註7〕　《新編中國哲學史》（二）言：「由孔孟之努力，此『生活之哲學』逐漸進展而成爲『德性之哲學』；其系統甚大，造境甚高，然獨缺一宇宙論」，語見頁13；勞氏並稱：「『宇宙論』本爲一種幼稚哲學思想；儒學最初無宇宙論，並非一缺點，實爲一優點；蓋正因無此種幼稚思想，儒學始能直見自覺心之大

宇宙論，並以此宇宙論爲儒學正統面目自居，形成漢儒獨特之天人感應學說及其理論架構，故論述漢代科學精神，當由其宇宙論式入手。

《淮南子・齊俗訓》曰：「往古來今謂之宙，四方上下謂之宇」，以現代概念釋之，則「宇」指空間概念，而「宙」是稱時間概念。終漢之世，對於宇宙構造之描述，依蔡邕所言，有三種說法：一曰周髀、二曰宣夜、三曰渾天。〔註8〕《晉書・天文志》並云：「蔡邕所謂周髀者，即蓋天之說也」，〔註9〕周髀又稱蓋天說。以上三說，蓋天說出自《周髀算經》，是中國最古之宇宙觀，其與渾天說同爲中國古代宇宙學說之代表；而宣夜說，其學絕而無師法，雖有東漢秘書卻萌從先師接受宣夜之說，〔註10〕晉天文學家虞喜以宣夜說爲基礎作《穹天論》，其說法於現代科學發明仍有許多可取之處，然皆未能形成完整宇宙論述。〔註11〕以下僅約略說明蓋天說與渾天說。

一、蓋天說

「周髀」者，《晉書・天文志》曰：「其本包犧氏立周天曆數，其所傳則周公受於殷商，周人志之，故曰周髀。髀，股也；股者，表也」，「髀」乃中國古代用以觀測天文之工具，近似西方之「日晷儀」（Gnomon），以周代之學說爲基礎所進行之天文觀測，故曰「周髀」。《周髀算經》記載蓋天說發展過程中二個階段。《周髀算經》舊說以爲：「方屬地，圓屬天，天圓地方」，《晉書・天文志》亦曰：「天圓如張蓋，地方如棋局」，天是圓形，像一頂華蓋；地似棋盤，其形爲方，此乃天圓地方之概念。較新之蓋天說，《晉書・天文志》

本，德性之眞源」，勞氏以爲「宇宙論」是一種幼稚哲學思想，乃是源於其「設準」所造成之價值判斷，屬於「後設性」之思考；實則，一種思想之形成，標誌著當時思想之發展面貌，其本身便具有歷史價值。

〔註8〕 蔡邕在靈帝光和元年上疏表志中曰：「言天體者有三家：一曰周髀，二曰宣夜，三曰渾天。宣夜之學絕，無師法。周髀述數俱存，考驗天狀，多所違失，故史官不用。惟渾天者，近得其情。今史官所用候臺銅儀，則其法也」，《晉書・天文志》，藝文印書館據清乾隆武英殿刊本景印，語見卷十一，頁123。

〔註9〕 同上註。

〔註10〕《晉書・天文志》：「宣夜之書云，惟漢秘書郎郤萌記先師相傳云，天了無質，仰而瞻之，高遠無極，眼瞀精絕，故蒼蒼然也。譬之旁望遠道之黃山而皆青，俯察千仞之深谷而窈黑。夫青非眞色，而黑非有體也」，藝文印書館據清乾隆武英殿刊本景印，語見卷十一，頁124。

〔註11〕同上註，《晉書・天文志》曰：「自虞喜、虞聳、姚信，皆好奇徇異之說，並非極數談天者也」。

云：

> 其言天似蓋笠，地法覆槃。天地各中高外下。北極之下，為天地之
> 中。其地最高，而滂沲四隤。三光隱映，以為晝夜。天中高于外衡
> 冬至日之所在六萬里。北極下地高于外衡，下地亦六萬里。外衡高
> 于北極，下地二萬里。天地隆高相從，日去地恆八萬里。日麗天而
> 平轉，分冬夏之間日所行道為七衡六間。每衡周徑里數，各依筭術，
> 用句股重差，推晷影極遊以為遠近之數，皆得於表股者也，故曰周
> 髀。〔註12〕

其說乃將天視為傘笠，作車蓋形狀，想像為一半圓之穹蒼，蓋天之說由此得
名；而地如覆盤，為一倒置之碗，天地各「中高外下」，呈現天地為二個同心
之穹蒼，且相互分離距八萬里。對天而言，「天中高于冬至日之所在六萬里」；
對地而言，「北極下地高于外衡下地亦六萬里」；其「中天」者，謂北極在天
之中央，其正下方即是北極下地，亦即地之北極；其「冬至日之所在」，即是
「外衡」，即是天球上之南回歸線，其正下方即是「外衡下地」，即是地面之
南回歸線。且「天地隆高相從，」天與地保持一定之距離，天之最高處之正
下方，亦是地之最高處；天在冬至所在之正下方，亦是冬至日直射點之所在。
且「日去地恆八萬里」，意指自天之「北極」至「北極之地」，自天之「外衡」
至「外衡之地」，皆八萬相去八萬里，因為日乃附麗於天。蓋天說之天地關係，
下以圖示之：

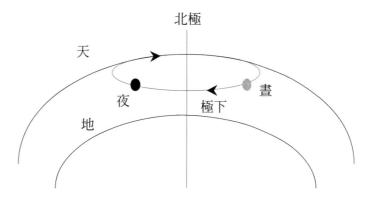

蓋天說描述日在天體中之運動，乃在北極周圍一日旋轉一次，由此產生
日夜之變化；易言之，日位於北極之南方有光輝，至日位於北極之北，距離

〔註12〕同上註，語見頁123。《隋書・天文志》卷十九亦載此文。

觀測者漸遠，光輝漸暗，即是夜晚來臨。而日以北極爲中心運行之軌道，被視爲隨季節不同其大小亦有變化，此亦是一年之中，日有上下南北變化現象。日一年中之運行軌道，北來夏至時所繞行之軌道稱「第一衡」；接近夏至而到達小滿（大暑），其軌道稍大爲「第二衡」；再次是穀兩（處暑）爲「第三衡」；春分與秋分爲「第四衡」；雨水（霜降）爲「第五衡」；大雪（大寒）爲「第六衡」；「第七衡」則是最外圍、最大之冬至圓軌。由太陽所運行之軌道，配合十二節氣變化，產生所謂「七衡六間」。下以簡圖示之：〔註13〕

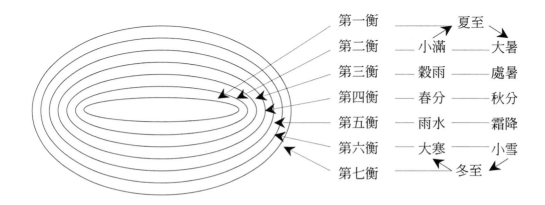

第一衡 ──────→ 夏至
第二衡 ── 小滿 ── 大暑
第三衡 ── 穀雨 ── 處暑
第四衡 ── 春分 ── 秋分
第五衡 ── 雨水 ── 霜降
第六衡 ── 大寒 ── 小雪
第七衡 ──────→ 冬至

二、渾天說

蓋天說是以髀、表觀測天文，渾天說則是與「渾天儀」結合。關於渾天儀之由來，《尚書·堯典》有云：「在璿璣玉衡，以齊七政」，或指渾儀之初型；《史記》謂落下閎「運算轉歷」，索隱曰：「於地中轉渾天」，亦有指渾天儀之事；揚雄《法言》有云：「或問渾天。曰：落下閎營之，鮮于妄人度之。耿中丞象之。幾乎幾乎，莫之能違也」，至於《晉書·天文志》則曰：

〈春秋文曜鉤〉云唐堯即位，羲和立渾儀，此則儀象之設，其來遠矣。綿代相傳，史官禁密，學者不睹，故宣蓋沸騰。暨漢太初，落下閎、鮮于妄人、耿壽昌等造員儀以考歷度。後至和帝時，賈逵繫作又加黃道，至順帝時，張衡又制渾象，具內外規、南北極、黃赤道，列二十四氣，二十八宿，中外星官。及日月五緯，以漏水轉之

〔註13〕有關蓋天說「七衡六間」，亦可參考馮作民編著《中國古代科學》上冊，（臺北：星光出版社，民國71年6月初版），頁60～61。

－244－

於殿上室內，星中出沒與天相應。〔註14〕

故渾天儀之由來已久，而漢太初之前，蓋天說與宣夜說仍未稍歇。漢武帝元封七年（太初元年）「議造漢曆，乃定東西，立晷儀，下漏刻，以追二十八宿相距於四方」，〔註15〕至東漢張衡所製渾象，始與天相應，渾天說似居於優越之勢，可爲漢代科學宇宙論式之代表。

渾天說可以張衡學說爲典型。《後漢書‧張衡列傳》載：「衡善機巧，尤致思於天文、陰陽、歷筭。……遂乃研覈陰陽，妙盡璇機之正，作渾天儀，著《靈憲》、《筭罔論》，言甚詳明」，〔註16〕其說盡在《渾天儀注》與《靈憲》二書。依張衡之意，天似蛋殼，天包著地，像蛋殼包裹著蛋黃。天外是氣體，天內有水，地漂於水之上。全天爲三百六十五又四分之一度，其半在地上，其半在地下，故二十八星宿僅得見於其中一半。南北兩極則在地之正下與正上，天如車輪般滾動，永不停息。綜合其說：天是一圓球；地是一個平面圓形，中高外下，其中心爲地中，其邊有八極，八極之外爲海洋，日與月在八極之外升降出沒。而天與地之關係則是：地之八極同天相接，天被地分成上下二半，且天與地具有相等之半徑，故地之圓心，即天之球心。〔註17〕八極即是地平之八面極點，亦是地之邊緣；因天是圓形，故可轉動，而地是一平面，故不可轉動。「宇之表無極，宇之端無窮」，正說明天體之空間是無限，並且從日星之運行想見其以外不可知之天，其可以觀察者，乃北極之星。〔註18〕金祖孟總結渾天說之理論得

〔註14〕《晉書‧天文志》卷十一，語見頁 126～127。

〔註15〕《漢書‧律曆志》卷二十一上，語見頁 975。

〔註16〕《後漢書‧張衡列傳》卷五十九，語見頁 1897～1898。

〔註17〕《渾天儀注》曰：「渾天如雞子，天體圓如彈丸，地如雞中黃，孤居於內，天大地下，天表裡有水，天之包地，猶殼之裹黃。天地各乘氣而立，載水而浮。天轉如車轂之運也。周旋無端，其形渾渾，故曰渾天」。《歷代天文律歷等志匯編》，（北京：中華書局，）又：「周天三百六十五度四分之一。又中分之，則一百八十二度八分之五覆地上，一百八十二度八分之五繞地下，故二十八宿半見半隱。其兩端謂之南北極，乃天之中也。在正北出地三十六度。然則北極上規徑七十二度常見不隱。南極天之中也，在正南入地下三十六度，南極下規七十二度，常伏不見。兩極相去一百八十二度半強。天之旋轉如同車輪之繞軸而轉」。

〔註18〕《靈憲》曰：「在天成象，在地成形。天有九位，地有九域。天有三辰，地有三形。有象可效，有形可度。情性萬殊，旁通感薄。自然相生，莫之能紀。於是人之精者作聖，實始紀綱而經緯之。八極之維徑二億二千三百里，南北則減短千里，東西則廣增千里。自地至天半於八極。則地之深亦如之，通而度之，則是渾而已。將覆其數，用重差鉤股，懸天之景，薄地之儀，皆移千

出以下結論：其一，天是全球形；其二，地是圓形平面；其三，地之中部屬陸地，其餘四周皆是水；其四，天之高度因天頂距離而不同。〔註19〕渾天說之宇宙，以下圖示之：

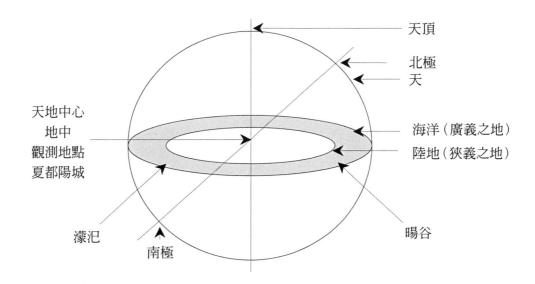

然張衡謂「自地至天半於八極，則地之深亦如之，通而度之，則是渾而已」，又稱「渾天如雞子」，「地如雞中黃」，致使令人誤以爲渾天說已有「地球」之觀念；〔註20〕實則，中國至漢代爲止並未有「地球」之概念，張衡所

里而差一寸得之。過此而往者，未之或知也。未之或知者，宇宙之謂也。宇之表無極，宇之端無窮。天有兩儀，以舞道中。其可觀睹，樞星是也，謂之北極」。

〔註19〕 金祖孟所著《中國古宇宙論》言：「——天是全球形的；它被地分割而成兩個半球。通常所說的天是指地上半球，因而以天頂爲最高點。——地是圓形的平面；它的半徑就是天的半徑。它的圓心就是天的球心，位于天頂的正下方，就是觀測者自己，稱爲地中，通常是指傳說中的夏朝首都陽城。——地的中部是陸地（狹義的地）；陸地的四周都是水，即海洋。其中東方的海洋，叫做暘谷；西方的海洋，叫做濛汜。——天的高度因天頂距而不同；距天頂愈遠，天就愈低。在環形海洋的外緣，天和地相互連接。太陽就是在天地相接處東升和西沒的」，（北京：華東師範大學出版社，1991年9月第1版，第1次印刷），語見頁10。

〔註20〕 例如毛子水在〈中國科學思想〉中言：「我們細想『四角不揜』的話，便可知道我們古代的哲人把地圓看作當然的事情了。因爲地圓，所以天圓；若使地方，天便方了」，並引郗萌「宣夜說」說：「知道日月眾星可以浮在虛空中無所繫者，當然亦可以想到地球浮在虛空中無所繫著的。後世所謂渾天說，

以引用雞蛋形狀說明天體，無非只是方便引喻罷了。至於所謂「一寸千里」之說，亦非渾天說之專利。在蓋天說中，使用八尺之表，以當時觀測地點河南省陽城所測之值，在夏至之時，影長一尺六寸，至冬至則測得一丈三尺五寸，而同時在距地中千里遠之南方觀測，則夏至影長有一尺六寸，故當時天文學家即知，同樣是夏至之時，由於觀測地點不同，千里之遙，表之影長即有一寸之差。而其所「用重差鉤股」所得之值，乃是利用直角三角形之「勾股弦法」，又與蓋天說推求數據之方法相同，其數學理論又載於《周髀算經》之中。

　　蓋天說將天形比喻為傘，而渾天說則是以天涓滴不停旋轉表現狀態而得名，此兩者皆是以天為研究對象所形成之宇宙觀。此兩者在西漢時代互有爭勝，亦相互論難，然從揚雄本從蓋天說，後受其弟子桓譚影響又改信渾天說，與《晉書》所載，渾天說在當時似乎略勝一籌。而金祖孟則以：「渾天說承認天和地在遠方相互連接，把觀測地點（陽城）看成大地中心和宇宙中心，是一種地方性的宇宙學說；它所說的"宇宙"僅僅是觀測者所在的地區和天空。反之，蓋天說通過廣大地區的天象觀測，已經識破天地相連的假象，並把大地中心和宇宙中心從觀測地點遷至極下，即今地球北極，是一種世界性的宇宙學說；它所說的宇宙是指全世界或全地球」，〔註21〕故蓋天說優於渾天說，並極力為蓋天說「翻案」。姑且不論蓋天說與渾天說何者為優，又何者為早，若以現代所見，則兩者不符實情之處甚多；然以當時科學發明程度而言，自屬難能，且若將其學說置於中國人了解宇宙奧秘之歷程，則其學說皆有不可抹滅之歷史價值。

　　嚴格而言，以上三說，並不能涵蓋整個宇宙論，〔註22〕它們只是對宇宙自然之概況做如斯描述，只是宇宙論中科學知識之部分，而對於宇宙創生之原理，極少有哲學性之說明。漢代對宇宙創生原理提出說明者，可以溯自騶衍。

就是以這個想法為基礎的」，該文收錄於郭正昭・陳勝崑・蔡仁堅合編之《中國科技文明論集》，（臺北：牧童出版社，民國67年1月30日初版），語見頁30～32。又如何丙郁與何冠彪合著之《中國科技史概論》中言：「所謂"地如雞中黃"，顯示大地也是球形的。渾天派認為好像卵子的天球裡盛著水，而地球就浮載在水面」，（臺北：木鐸出版社，民國72年6月初版），語見頁162。

〔註21〕《中國古宇宙論》，語見頁74。

〔註22〕殷善培指稱中國傳統用語中之「宇宙」，乃是「含蓋上下古今，是天地、世界、六合的同義語，不單是物質的，也是精神的，這也就是說，中國『宇宙』一詞實可包括自然與文化」，語見《讖緯中的宇宙秩序》，頁9。

第二節　漢代宇宙論

如前所述，騶衍以五德終始解釋歷史更替，以陰陽二氣說明宇宙天道運行之法則，其學說粗略涵蓋宇宙之定位，與人生在宇宙中之哲學意含。至於《呂氏春秋》，始較爲具體說明宇宙生成之原理。

> 一曰天地有始，天微以成，地塞以形；天地合和，生生大經也。以寒暑日月晝夜知之，以殊形殊能異宜說之。夫物合而成，離而生；知合、知成、知離、知生，則天下平矣。

《呂氏春秋》以「物合而成」「離而生」說明宇宙物質之起源與生命之緣起；在〈十二紀〉中，則以陰陽之離合說明四季與十二月令形成之理，並且配合五行之運作生出人類；人類之小宇宙，乃生於大宇宙之中，故人中五行之氣，必與宇宙之陰陽五行相通，質言之，人出於宇宙之中，當是宇宙一部分，人與宇宙在創生之理與形成之質，皆有必然之關聯，人與天之際，當可以相互感應，此亦是漢代天人感應之哲學基礎。

至若《淮南子》言：

> 天地未形，憑憑翼翼，洞洞漏漏，故曰太始。道始於虛廓，虛廓生宇宙，宇宙生氣；氣有涯垠，清陽者薄靡而爲天，重陽者凝滯而爲地；清妙之合專易，重濁之凝竭難，故天先成，地後定。天地之襲精爲陰陽，陰陽之專精爲四時，四時之散精爲萬物；積陽之熱氣生火，火氣之精者爲日；積陰之寒氣生水，水氣之精者爲月，日月之淫氣精者爲星辰；天受日月星辰，地受水潦塵埃。

《淮南子》描述宇宙創生過程，稱天地未形之際爲太始，而道始於虛廓，虛廓生宇宙，宇宙生氣；氣本是一，其中清陽者爲天，重陽者爲地，天先成，地後定；天地成後化有四時，四時生萬物，故宇宙天地萬物之創生皆出於道。由此一理論出發，人同爲萬物之一，〈精神訓〉所謂「剛柔相成，萬物乃形，煩氣爲蟲，精氣爲人。是故精神天之有也，而骨骸地之有也」，必受於陰陽之氣，必與萬物受同一天道，人必當與萬物順天道而行，人與天道間，無論是精神或骨骸，皆存在著必然關聯，此思維模式又暗合於天人感應。

董仲舒之宇宙論，以爲「天地之氣，合而爲一，分爲陰陽，判爲四時，列爲五行」，其陰陽、四時、五行皆氣之表現，構成漢代「氣化宇宙論」之理論架構；而天、地、陰、陽、木、火、土、金、水九者，與人合爲天之十端，人爲天數之一，乃在天地之氣流轉之中；其中狹義之「天」，乃指相對於地之

天上，而廣義之「天」，可以指構成宇宙一切之形與質。而天與人之關係，則是透過「數之偶合」與「類之相感」之模式建構其天人感應學說。漢代天人感應之宇宙論於此大勢底定。（其說俱在本文第三章）

　　東漢王充之宇宙論，俱見於《論衡》，而以其中兩篇〈談天〉與〈說日〉為代表。在天地之關係上，〈說日〉曰：「天平正，與地無異」，此謂天與地乃是一平面，且相互平行，此說近似蓋天說；而以為天是平正面，則是蓋天說不同，故王充之說有時被冠以「天平說」之名。然而在一片天人感應思想之紛圍中，王充《論衡》之天道觀無異是一股非主流之思想。

　　《論衡》篇以十數，其旨在「疾虛妄」。《論衡》曰：

　　　　天動不欲以生物，而物自生，此則自然也；施氣不欲為物，而物自
　　　　為，此則無為也。謂天自然無為者何？氣也恬澹無欲，無為事者也。
　　　　〔註23〕

王充之天道觀乃是「天道自然無為」，此說之「天」，謂廣義之「天」，實包括地在內之萬物。天動與施氣雖是「有為」，然卻是「不欲以生物」、「不欲以為物」之「恬澹無欲，無為事者」，故「物自生」係出天之自然、「物自為」仍因天之無為；故物雖自生自為，然卻出於天之自然無為。因此，天地宇宙間之萬物，之所以能生能為，乃是在天之無目的與無意志下所產生，而物之自生自為，即是出於天之自然無為。

　　王充之天道乃自然無為，純是一物質之形氣，而此一氣非傳統五行之氣，而是「一行之氣」。〈物勢〉曰：

　　　　或曰：五行之氣，天生萬物。以萬物含五行之氣，五行之氣更相賊
　　　　害。曰：天自當以一行之氣生萬物，令之相親愛，不當令五行之氣，
　　　　反使相賊害也。〔註24〕

「一行之氣」乃謂「元氣」，而元氣即是天地萬物以生以長之根源。王充雖然反對讖緯與天人感應，但認同「氣」乃是構成天地萬物之元素。傳統五行之說，無論是相生或者相勝，皆有互動變化之可能；而王充所標榜「一行之氣」，始終停留在機械唯物之靜態說明。王充以「氣」亦是構成人各隨命之決定因素，〈率性〉曰：「人之善惡，同一元氣；氣有多少，故性有賢愚」，〈自然〉曰：「至德純渥之人，稟天氣多，故能則天，自然無為。稟氣薄少，不遵道德，

〔註23〕《論衡》，（臺北：錦繡出版事業，民國82年再版），語見〈自然〉篇，頁186。
〔註24〕《論衡·物勢》，語見頁27～28。

不似天地，故曰不肖。不肖者，不似也」，〔註25〕故王充以氣說明天地萬物形成之由，並以氣解釋賢與不肖；質言之：宇宙間之一切變化，皆是由氣所爲，而有生之物，亦是氣之所爲，故一切事物，皆是因氣而生，構成所謂具有命定思想之「氣化宇宙論」。

王充天道自然無爲思想，向被冠以「自然主義」或是「無爲主義」而源於道家；如錢穆謂：「王充則『從道不隨事，合黃老之義』，一守『自然』而主命定」，〔註26〕唐君毅《中國哲學原論‧原道篇》（二）亦稱：「論衡中對漢人所傳之世書俗說中之種種批評，固有其所依據之一套哲學。此可名之爲自然主義，經驗主義之哲學」，〔註27〕葉祖灝更說：「曠觀西漢思想史，由崇尚黃老，而獨尊儒術，而讖緯學起，而儒家式微，道家復興。在此思想循環嬗變時代，道家門戶中，王充實其中心代表人物」。〔註28〕王充「天道自然無爲」學說，似有承繼道家思想之處，然其材質主義之自然，究竟與道家所言「無爲而無不爲」之「自然」迥異，〔註29〕其重心則是在「疾虛妄」。

王充學說主要是針對當時盛行之天人感應思想而發，爲反駁天人感應之說，強調天道無爲自然，旨在破除天有意志之說，進而瓦解天人感應之理論依據。王充批評當時傳統思想最力者，莫過於天人感應，其連帶亦反對陰陽災異之說，《論衡》中此一議題多所發論。〔註30〕〈自然篇〉曰：

〔註25〕《論衡‧自然》，語見頁 190。

〔註26〕錢穆，《國學概論》，（臺北：臺灣商務印書館，民國 20 年 5 月初版，79 年 8 月臺十五版），語見頁 142。

〔註27〕唐君毅，《中國哲學原論‧原道篇》，（臺北：學生書局，民國 65 年 5 月修訂再版，67 年 6 月三版），語見卷二，頁 210。

〔註28〕葉祖灝，〈王充思想述評〉，《東方雜誌》復刊第二卷第三期，民國 57 年 9 月，語見頁 19。

〔註29〕牟宗三分析王充與道家之自然義言：「王充之材質亦函自然主義。……其基本立場不出荀子『天論篇』之範圍。其所言之自然，雖於某點上可接合道家，然彼究非道家所言之『自然』。彼只是材質主義之自然，而非道家從修養境界上所言之自然。故彼可言自然主義，而道家，若嚴格言之，實不可言自然主義，只可言『無爲而無不爲』之自然境界，只可言『逍遙乘化』之自然境界，而自然境界即獨化境界也」，語見《才性與玄理》，（臺北：臺灣學生書局，民國 78 年 10 月修訂八版，台六版），頁 41～42。

〔註30〕《論衡》中之〈書虛〉、〈變虛〉、〈異虛〉、〈感虛〉、〈福虛〉、〈禍虛〉、〈談天〉、〈說白〉、〈寒溫〉、〈譴告〉、〈變動〉、〈招致〉、〈明雩〉、〈順鼓〉、〈亂龍〉、〈遭虎〉、〈商蟲〉、〈講瑞〉、〈指瑞〉、〈是應〉、〈治期〉、〈自然〉、〈感欺〉等諸篇，皆對天人感應思想多有所議論。

> 天之不故生五穀絲麻以衣食人，由其有災變不欲以譴告人也。物自
> 生而人衣食之，氣自變而人畏懼之。〔註31〕

天固有災異，非在以災異譴告人，正如天生五穀絲麻，非在以衣食人，自然而已矣；只是時人以五穀絲麻衣食之，以氣之自變而畏懼之，其謂：「如有災異，不名譴告。何則？時人愚蠢，不知相繩責也」，故視氣自變爲災異譴告之意者，皆是愚蠢之人。〈自然篇〉曰：

> 夫天無爲，故不言，災變時至，氣自爲之。夫天地不能爲，亦不能
> 知也。〔註32〕

天乃無爲，故天之有災異，乃是氣之使然，不可言災異出於天譴告之意；因爲天道自然無爲，故不能洞悉天意，亦無所洞悉。

由王充反對天人感應說中，可以反映出當時天人感應學說之興盛。然王充學說「其初特以破《公羊》天人感應之說，而矯枉過正，使人爽然失其用力之意」，〔註33〕天人感應之說在當時，已獲學界認同，且以天人感應學說詮釋自然科學，進而形成天人感應哲學體系之趨勢，儼然成爲一時顯學；縱以王充深具科學之精神，仍難以抵抗扭轉當時龐大之學術思潮。漢代對於宇宙之起源雖未有共識，然對於宇宙有始，且其源始當有一種共同元素，則是一致；相較之下，因爲天地萬物成立之初有一共同元素，天人之間存有某種互動之可能，使天人感應之說成爲可能；而王充雖然反對天人感應，但在認同宇宙由一共同元素所組成之前提下，宇宙皆在同一架構中，天人之間只是一種靜態之結構，最後必然走上機械唯物「命定」之路。〔註34〕

自人類探索宇宙之奧秘以來，仍在努力之中。有關宇宙起源及其變化問題、生命如何誕生及其人性如何派生，或是物質世界中，從銀河系以外之大宇宙，到以理論「證明」其存在之「頂夸克」等問題，人類仍無法想像宇宙有多大，粒子有多小，人類始終游走於科學與想像之間。以現代科學知識言，漢代對於宇宙之觀點明顯有許多誤解，然而漢代科學宇宙論式所形成之宇宙論，雖未必完全符合當時自然科學成就，但是有其哲學意義與價值。鄔昆如言：

〔註31〕 《論衡·自然》，語見頁185。
〔註32〕 同上註，語見頁194。
〔註33〕 《國學概論》，語見頁142。
〔註34〕 牟宗三言：「惟王充則無向上開闢之希求。根本未自覺到心之地位與作用。……蓋彼只是氣性之一層，其書中並無眞正之道德意識也，故只落於材質主義之命定主義，而不能進至道德的理想主義」，語見《才性與亦理》，頁40。

就漢代的宇宙體系，無論其起源或發展，到最後都能從宇宙的演變，演生出人類，而指出人的結構基本上和宇宙的結構，有共通之處，因而「天人」是「相應」的。當然，漢代走火入魔的哲學思想，並不在於到此爲止的「天人感應」，而是在宇宙現象中的「災異」或「祥瑞」，與人間世的「禍福」相連；更有甚者，認爲「避凶就吉」的方法，不必要走道德進路，而是用讖緯的方式可以解決。〔註35〕

此語果眞道破漢代宇宙論之眞諦。漢代所發展之宇宙論，仍在牽合科學發明定位宇宙，與安排人生於宇宙中之哲學系體，試圖導出宇宙之結構等同於人之結構之宇宙論，由天人間之結構相同，必然存有感通管道，最後形成天人感應之思維模式。此一天人感應之宇宙論，理應無法承繼先秦儒家以心性爲中心之道德進路，而改採以讖緯解釋超乎當時科學所不能企及之宇宙間萬事萬物之變化，以讖緯方式解決人之智慮所不及之萬事萬物變化之理。

再回到漢代科學宇宙論式。以上宇宙觀三說，「宣夜與渾天同爲無限宇宙論而略異，蓋天說則爲有限宇宙論之流」，〔註36〕然此三說有一共同點：即是皆以地爲中心，地是靜止不動，而天體則是圍繞著地做固定而且規律之旋轉；三說以此解釋地上日夜、四時、十二月令、年歲週而復始之規律。古代以直覺印象以爲天圓而地方，渾天說以觀測點陽城爲地中心，蓋天說以斗星極地爲中心，《隋書・天文志》載葛洪宣夜說則稱，「日月眾星自然浮生虛空之中，其行其止，皆須氣焉。是以七曜，或逝或住，或順或逆，伏見無常，進退不同，由乎無所根繫，故各異也」，〔註37〕其說雖未明言地爲中心，然從其描述七曜之運行可知，地乃是靜止不動。造成古代宇宙觀之偏差，因原固然多端，然而以地爲不動之中心，則是根本癥結之一。相較於西方天文學之發展，托勒密（Claudius Ptolmy, A.D.90～168）提出「地球中心說」：認爲地球是一固定、且不能自行運動之大物體，位於宇宙中心，其他包括太陽及恆星在內一切天體，皆圍繞著地球運轉；故其理論中之宇宙，乃是一封閉之空間，外面是層層大氣，大氣以外，所謂宇宙便是一無所有。至哥白尼

〔註35〕 鄔昆如，〈漢代宇宙論之興起與發展及其在哲學上的意義〉，該篇收錄於《漢代文學與思想學術研討會論文集》，（臺北：文史哲出版社，民國 80 年 10 月初版），語見頁 101～102。

〔註36〕 王璧寰，《漢代天文學與陰陽五行說之關係》，政治大學中國文學研究所碩士論文，民國 69 年 6 月，語見頁 64。

〔註37〕 《隋書・天文志》，語見卷十九，頁 271。

（Nicolaus Copernicus, A.D.1473～1543）宣稱太陽爲宇宙中心，靜止於圍繞
著它運行之各行星之間，而地球亦是太陽系行星之一；然而哥白尼與托勒密
相同，皆認爲宇宙有限，在星辰與大氣之外，空間即不復存在。時至近代，
愛因斯坦（Albert Einstein, 1879～1955）宣稱所有運動皆是相對論，宇宙並
不伸展入無限之太空，而是有定限，但是沒有一定疆界。現代科學家發現，
在概念中，宇宙乃是一無限大，（因爲無限大無法證明），因此，在太陽系外
之銀河系，及銀河系外之河外星雲，亦僅是人類所能觀察到之「宇宙」，至
於總星系外之「宇宙」則未可知；正因爲宇宙是無限大，故以觀測者、北極
星、地球、太陽爲中心之學說，或是在宇宙間尋求一個宇宙中心，皆是不可
思議。隨著人類觀察宇宙之視野不斷擴大，宇宙中心之假設從有至無，此乃
是科學發展之必然趨勢。

　　漢代科學宇宙論式，無論是蓋天說或者是渾天說，甚至宣夜說，皆是由
天文學所提供之資料與數據所構築而成，因此，漢代之天文學，在在影響著
宇宙論之理論基礎；且漢代天文學之發展，並非如今日之科學具有獨立研究
之空間，它又必然與其哲學發展環環相扣。

第三節　漢代天文學

　　「天文」一詞，《易・象傳・賁》曰：「象曰；賁亨，柔來而文剛，故亨。
分剛上而文柔，故小利有攸往，天文也，文明以止，人文也。觀乎天文以察時
變。觀乎人文以化成天下」，〔註38〕此天文與人文相對；《易程傳》曰：「天文，
謂日月星辰之錯列，寒暑陰陽之代變，觀其運行以察四時之遷改也」，〔註39〕
言觀察日月星辰與寒暑陰陽之變化，可知四時與氣侯變化，而人文則可以化成
天下。〈繫辭・上〉亦曰：「仰以觀於天文，俯以察於地理也」，程頤曰：「天文
則有晝夜上下，地理則有南北高深」，〔註40〕此天文與地理乃空間之相對概念，
天文指地以上之天象。此外，《淮南子》有〈天文訓〉，《漢書》有〈天文志〉等，
其說天文，概指天空之現象。而天空之現象，又可分成兩類：其一乃指日月星
辰等星象；其次是指地球上大氣層內之氣象。由於觀測天象，可以知道星象之

〔註38〕《十三經注疏・周易》卷二，語見頁 62。
〔註39〕程頤，《易程傳》，（臺北：文津出版社，民國 76 年初版），語見頁 196。
〔註40〕《易程傳》，語見頁 577。

變遷，以及氣象之變化，對於古代農業生活作息具有莫大之影響，故歷代朝廷莫不極力於天文學之研究。

　　中國自有文字記載以來，有關天文知識率多由官方管理。《尚書‧堯典》載：「乃命羲和，欽若昊天，曆象日月星辰，敬授人時」，〔註41〕自殷商之時，星歷之術即由巫所管。因天文歷數由最高統治者指定專人執掌，故觀測天象之天文臺所在皆在都城。天文臺夏代稱清臺，商稱神臺，至周代則稱靈臺；時至春秋之際，王道衰微，諸侯始建天文臺。《左傳‧僖公五年》載：「正月辛亥朔，日南至。公既視朔，遂登觀臺以望，而書，禮也」，〔註42〕亦可見君主觀望天文乃是一種禮儀，象徵觀象制曆之大權在於君主。在西漢之初，天文臺築在長安，名曰清臺，後改為靈臺，又稱候景之臺。

　　天文學所以由朝廷管理，乃是出於天文學之作用而來。《周禮‧春官》述掌管天文之官曰：

　　　　馮相氏掌十有二歲，十有二月，十有二辰，十日，二十有八星之位，辨其敍事，以會天位。冬夏致日，春秋致月，以辨四時之敍。〔註43〕

　　　　保章氏掌天星，以志星辰日月之變動，以觀天下之遷，辨其吉凶。以星土辨九州之地，所封封域，皆有分星，以觀妖祥。以十有二歲之相，觀天下之妖祥。以五雲之物，辨吉凶水旱，降豐荒之祲象。以十有二風，察天地之和命，乖別之妖祥。凡此五者，以詔救政，訪序事。〔註44〕

蓋馮相氏主要任務是依天文以制定曆法，而保章氏則是實際觀測天文，並以所得天文以觀妖祥，作用在於救政之弊；此外又有「（視）祲」者，「掌十煇之法，以觀妖祥，辨吉凶」。〔註45〕《周禮》謂「設官分職，以為民極」，天文官雖各有所司，其目的在「以為民極」，鄭玄注曰：「極，中也，令天下之人各得其中，不失其所」，〔註46〕天文官所掌管之事，即是以天文所得「以辨四時之敍」及「辨其吉凶」，可見中國古代天文科學與占卜行為密不可分。

　　中國占卜行為，考之史料，至少在新石器時代末期之龍山文化既已出現，

〔註41〕《十三經注疏‧尚書》卷一，語見頁 21。
〔註42〕《十三經注疏‧左傳》卷十二，語見頁 205。
〔註43〕《十三經注疏‧周禮》卷二十六，語見頁 404～405。
〔註44〕《十三經注疏‧周禮》卷二十六，語見頁 405～407。
〔註45〕同上註，語見頁 382。
〔註46〕同上註，語見頁 11。

只是當時所用之占卜工具，是龜甲與牛胛骨等動物甲骨，且尙未有刻辭，至商代晚期，甲骨卜辭始大量出現。卜辭內容，依羅振玉（A.D.1866～1940）《殷虛書契考釋》所分貞卜事類有八項：祭、告、●、出入、田獵、征伐、年、風雨，此外又別立雜卜一項；陳夢家《卜辭綜述》則分：祭祀、天時、年成、征伐、王事、旬夕等六項。〔註47〕從卜辭之內容言，大部分與農業生產有關，如祭祀上帝、祖先，乃是爲求禾、求年、求雨，使年成好，收穫豐；其次是卜王與王婦有無災禍，如卜旬、卜夕、卜上帝是否降禍，祖先是否作祟；其餘又有涉及占卜征伐方國與俘獲之情事。唯須注意者，在卜辭之內容中，已有天象方面：如日、月食，置閏以及雲、虹、風、雨等氣候之記載。而甲骨卜辭之體例，依《中國甲骨學史》歸納有：（1）敍命占驗、（2）敍命占、（3）敍命驗、（4）命占驗、（5）敍命、（6）命占、（7）命驗、（8）占驗、（9）敍、（10）命、（11）占、（12）驗等十二種。〔註48〕

　　周代占卜之事早見於文獻之中。〔註49〕前言《詩》《書》時代之天，具有人格意味，原屬早期社會之普遍信仰，可以劃歸爲原始宗教信仰一類；然而其本身之理論意義雖少，卻對於後世中國思想具有發生意義之關聯。《詩》《書》中以占卜方式詢問天意，保存古代之原始信仰，與《周禮》保章氏實際觀測天文，並以所得天文以觀妖祥，作用在於救政之弊，又有「（視）祲」者，「掌十煇之法，以觀妖祥，辨吉凶」，以星占定吉凶休咎，此兩者在方法與目的上均有雷同之處。在方法上，《詩》《書》時代以占卜見天意，而《周禮》以下則以觀天象辨吉凶，占卜甲骨或許較缺乏理論意義，觀天象以辨吉凶似乎較具科學性，然而兩者基本立場，皆是在肯定人格天之思維模式下進行。而在

〔註47〕陳丁合著，《卜辭綜述》，（臺北：大通書局，民國60年5月初版），參考頁42～43。

〔註48〕吳浩坤・潘悠，《中國甲骨學史》，（臺北：貫雅文化，民國79年9月初版），參考頁101～102。

〔註49〕如《詩經・大雅・文王有聲》曰：「考卜維王，宅是鎬京。維龜正之，武王成之。武王烝哉」，《十三經注疏・詩經》，（語見頁584）言文王與武王爲翦商朝，故逐步將城都東移，而遷都之事則交由龜卜決定。又如《尚書・大誥》曰：「予不敢閉于天，天降威用。寧王遺我大寶龜，紹天明即命。……我有大事休，朕卜并吉。……予永念曰天，惟喪殷若穡夫，予曷敢不終朕畝。天亦惟休于前寧人，予曷其極卜敢弗于從。率寧人有指疆土，矧今卜并吉。肆朕誕以爾東征，天命不僭，卜陳惟若茲」，《十三經注疏・尚書》，（語見頁190～194）言用文王所遺留之大寶龜，可以問天意爲何，據此而卜之，卜兆皆并吉，遂決定東征。

目的上,《詩》《書》時代占卜爲求農業生產與政治措施得宜,而《周禮》觀天象亦在敬授民時與救政之弊,兩者之目的乃是同一;故無論是占卜甲骨,或者是觀測天象,兩者乃是殊途而同歸。目的之所以同歸,乃是皆出於現實社會生活之要求,方法之所以殊途,則是緣於自然科學之進步。

故古代觀測天文主要目的有二:一是制定曆法,以授人時。此一作用目的乃同時包含星象與氣象;制定曆法從觀測星象中推論,而授與人時則需依靠氣象判斷,天文學與農業社會之關係密切;而將天象變化與農業結合,即是古代天文學發展之契機。從政治之作用上言,因爲以天文之智識,順應天行,預告節候週期,以利農業生產,掌握此一訊息,無異是掌握民心之向背,故能掌握天文以制曆法者,即是人民之主宰,而帝王頒佈曆法即是表現其對人民具有統治權。觀測天文之另一目的是,星占以定吉凶休咎。古代之天文學家深信,天文發生變化之時,同時亦會使地上發生事端;反之亦然。《周禮》謂「以志星辰日月之變動,以觀天下之遷,辨其吉凶」,「掌十煇之法,以觀妖祥,辨吉凶」,此便是天人感應思想下之宇宙論之極致表現。

正因爲曆法與國家之統治權密切關聯,觀測天文之所得具有深刻之政治意含,故歷來之管理天文及掌握天文智識,皆在朝廷掌握之中,且爲保障天文智識避免遭有心謀叛之徒利用,有關觀測天文之工具與解讀天文之智識,向來管制極爲嚴密。〔註 50〕故在中國社會之中,有關天文學之著作,乃被視爲專門之學,除與天司監相關之專門技術部門外,極少有人關注,而天文資料皆度藏於朝廷之中,每當時局紛亂,朝代更替之際,輒不免損毀遺失。因爲朝廷視天文學爲御用智識之態度,同時亦阻礙中國天文學之發展。

就古代天文學之二種作用言,制定曆法,以授人時,故觀測天文必有相當客觀性與準確性;而星占以定吉凶休咎,則是帝王用以解釋機祥災異,此又關係到帝王之主觀判斷,故古代之天文學,兼具客觀科學與主觀詮釋雙重性格。古代之天文學皆操之於帝王之手,而此二項作用,又皆與政治有關。以下即就此二方向探索漢代天文學與讖緯之關係。

〔註 50〕 《晉書‧天文上》曰:「儀象之設,其來遠矣。綿代相傳,史官禁密,學者不睹」,即是說明古代天文學並非一般人所能染指,而《舊唐書》載:「開成五年 12 月敕司天台占候災祥,理宜秘密,如聞近日監司官吏及所由等多與朝官並雜色人交遊,既乖慎守,須明制約。自今已後,監司官吏不得更與朝官及諸色人等交通往來,委御史台察訪」,更下敕要求掌管天文官員需嚴加保密。

一、制定曆法，以授人時

　　天文與曆法二者在中國古代與五行家本混而爲一「陰陽家」，〔註51〕可見天文與曆法之關係密切，（天文學甚至與陰陽五行並行而不悖）至司馬遷《史記》始分爲〈曆書〉與〈天官書〉。大體而言，古代天文學制定曆法，以授人時，乃與農業需要有關，而農業生產對於人之重要性，自不待言。制定曆法之目的，《漢書·律曆志》曰：「夫曆《春秋》者，天時也，列人事而以天時」，〔註52〕高平子重申謂：「其要在於順應天行，制爲年月日時配合之規則，以預期天象之回復，節候之來臨，俾人類社會之活動，……一切民生日用之作息皆可納入一定周期之中，凡事有所準備」，〔註53〕故曆書即是日曆，而曆法即是編排曆書之依據；古代天文學乃從實際觀測天文與生活經驗中，歸納出天體運行之規律，與大地氣候之變化，並按自然客觀之規律決定一年之季節，編成曆法，導民活動於一定時機之中，且能使農業生產過程能夠配合季節，以利農業生機，故天文學對於人事活動及其農事生產，均能提供「天時」以爲參考。〔註54〕

　　依曆之基本意義言，主要有三點，即：「什麼時候是一年的開頭、每月日數的分配、設置閏日的方法」，〔註55〕此三項意義亦是決定該曆法屬陰曆、陽曆或陰陽曆之性質。《尚書·堯典》雖載有：「期三百有六旬有六日，以閏月定四時成歲」，可見中國古代既已閏月定四時成歲，然此說仍未詳盡，而其著書年代之眞實性亦可懷疑。中國較具體之曆法，至漢代之前，所傳凡有六曆，

〔註51〕鄺芷人言：「……第三個可能情形是：天文者、曆法（譜）者及五行者皆爲陰陽家。我們以爲第三種情形的可能性最大，這當然只限於戰國至漢初這段時期而言，以後的天文學家就很少再被稱作陰陽家了。……可見曆法學與天文學關係之密切」，語見《陰陽五行及其體系》，（臺北：文津出版社，民國81年12月初版），頁42～43。

〔註52〕《漢書·律曆志上》卷二十一上，語見頁979。

〔註53〕高平子，〈曆法約說〉，《大陸雜誌》第十卷第八期。

〔註54〕《尚書》謂「乃命羲和，欽若昊天，曆象日月星辰，敬授民時」，便是反映出時人認識天時對農業之重要；《孟子·梁惠王》曰：「不違農時，穀不可勝食也」，《荀子·王制》亦曰：「春耕、夏耘、秋收、冬藏，四時不失時，故五穀不絕，而民有餘食也」，皆表示天時對於農作之重要；《呂氏春秋·審時》中言「凡農之道，候之爲寶」，「得時之稼興，失時之稼約」，天時對於農業之影響更爲明確。

〔註55〕陳遵嬀，《中國天文學史·緒論編》，（臺北：明文書局，民國73年2月初版），語見頁184。

曰：「黃帝、顓頊、夏、殷、周及魯曆」，〔註56〕此六曆皆秦漢之際假托之作，不可以此視爲黃帝時代之遺物，但可當做漢承古曆之共同原則。〔註57〕由古代六曆得知，古代測量未精，常以人爲方式去其餘分，而且未能盡合週期，故以古法之多至，四百年而餘三日，合朔則三百零七年後約多一日，故中國自三統曆以來，每曆行用多則二、三百年，少則數十年均需面臨改曆要求，此亦是影響中國曆書二千年來頻頻改曆達七、八十次之主要原因之一。〔註58〕

漢襲秦正朔之初，即是從張蒼之言用顓頊曆，此曆雖較「六曆」「疏闊中最爲微近」，然仍是「正朔服色，未睹其眞，而朔晦月見，弦望滿虧」，歧出甚多而未臻實情。至武帝元封七年（B.C.104）朝廷掀出一片改制聲浪，遂詔公孫卿、壺遂、司馬遷議造漢曆。〔註59〕司馬遷用鄧平所造八十一分律曆，此即太初曆，其曆法乃「以律起曆」，〔註60〕其法與鄧平所治同：以元封七年爲太初元年，改正朔，用寅正。太初曆中，如：二十四節氣、朔晦、閏法、五星、交食等週期，奠定後世曆法之基本內容，它是根據實際觀測所得之曆法，亦是中國保存完整之第一部曆法。

太初曆頒行於天下後二十七年，至元鳳三年（B.C.78），太史令張壽王上書言當今陰陽不調，宜更曆之過，然其考校不合後，竟以下吏，而曆仍用太初。至孝成之世，劉向總六曆，列是非，作《五紀論》；其子歆作三統曆及譜，推法密要。

〔註56〕《漢書・律曆志上》卷二十一上，語見頁 973。

〔註57〕有關古六曆之共同原則，可以參考高平子〈中國古代天文學鳥瞰〉，原文載於《大陸雜誌》第一卷第二期，此不一一列舉。

〔註58〕高平子，〈世界改曆問題〉，《大陸雜誌》第二卷第十期，參考頁 35～37。

〔註59〕治曆者有鄧平及長樂司馬可、酒泉候宜君、侍郎尊及與民間治曆者，凡二十餘人，方士唐都、巴郡落下閎並參與其事。「於是皆觀新星度、日月行，更以算推，如閎、平法。法，1月之日二十九日八十一分日之四十三。先籍半日，名曰陽曆；不籍，名曰陰曆。所謂陽曆者，先朔月生；陰曆者，明而後月乃生」，《漢書・律曆志上》卷二十一上，（語見頁976）此曆法以二十九又八十一分之四十三日爲一朔望月，其餘日分母爲八十一，故又名八十一分法，而陽、陰曆即在於先籍籍半日與不籍曆法不同之別。然曆法必適合於民生日用，每月日數之分配當以整數爲宜，「陽曆朔皆先旦月生，以朝諸侯王群臣便」。

〔註60〕《漢書・律曆志上》曰：「律容一龠，積八十一寸，則一日之分也。與長相終。律長九寸，百七十一分而終復。三復而得甲子。夫律陰陽九爻，爻象所從出也。故黃鍾紀元氣之謂律。律，法也，莫不取法焉。」語見頁 975～976。從《漢書》至《宋史》間之史書，除《新唐書》外，皆將音樂內容與曆法內容收併一冊，故名曰〈律曆志〉。

　　劉歆之三統曆，較之以前曆法有三項特色：其一，三統之月食法約在漢初已有；其二，《史記》改曆草案暗用太歲超辰法，然未有定率以爲上溯下推之用，而三統曆乃制爲定率，而未改歲序；其三，五星法雖載於《史記・天官書》，猶有未密，至三統法乃以今法按算，三統法之差數最微時集中於王莽時代，此乃三統五星法完成於劉歆。〔註61〕三統曆使用之交食周期爲一百三十五月，相當於十一點五食年，並且以數字表示五星之順、逆、遲、疾；所謂：「天以一生水，地以二生火，天以三生木，地以四生金，天以五生土。五勝相乘，以生小周，以乘乾坤之策，而成大周」，〔註62〕三統曆以五星各有其數，並以五星之數相乘以爲曆法之數，此乃合於陰陽五行思想之模式。

　　王莽柄政之時，以夏正十二月爲正月歲首，曆法仍用三統曆；東漢之初，三統曆施行百有餘年，曆稍後天，朔先於曆，朔或在晦，月或朔見，漸與眞實天象不符，遂又倡議改曆。至元和二年（A.D.85），章帝失知其謬錯，乃召治曆編訢、李梵等綜校其狀。四分曆雖是由編訢與李梵等所造，而主持改曆之工作乃是賈逵。其曆法載有合朔弦望、月食加時之方法，並且測定二十四節氣之晷影。然至安帝延光二年（A.D.123）又議改曆，論三統曆與四分曆者持以相訟，而太史令忠謂不可任疑從虛，以非易是，遂改曆事。

　　由於古代天文學家對宇宙之觀念偏差，而測量天文之方法與工具無法達到盡善盡美，故每發現曆法失準時，便有倡議改曆之聲出現，此現象於二千年間達數十次，並不足爲奇；此一現象，亦是反映出中國天文學「前修未密，後出轉精」之歷程。事實上，漢代之數度改曆，並非完全基於曆法功能，更多改曆之原因，是出於政治之動機。

　　如前所論，在天人感應之理論中，每逢朝代更替之際，便有改制之機制，而改制內容不外：定年始、朝賀朔、尚何數、何色、定五行之德，改曆仍是改制中之一部分，而其改曆內容不外乎：釐定北斗星位置、一個特定顏色、特定數字、特定樂器、以及特定之歷史朝代，因此，曆法之改變，並非完全是基於科學之發現，或者是農業灌漑之需要，而是依照陰陽五行之理論，隨自然之變化，象徵之數字、顏色、樂器以及朝代亦隨之改變。以東漢初三統曆與四分曆爲例。劉歆所發展之「三統曆」，以一五三九等數字爲基礎，其理

〔註61〕以上三項特色，詳見於高平子〈漢曆因革異同及其完成時期的新研究（下）〉，《大陸雜誌》第七卷第五期，參考頁13～19。
〔註62〕《漢書・律曆志上》卷二十一上，語見頁985。

論多據陰陽五行，而東漢仍然沿用武帝時之「四分曆」，以四與分數四者爲基礎。按說，劉歆之曆法在方法上較「四分曆」爲優，然卻是爲新朝代而預先訂製，且「劉歆只在三統曆裡引進了歲星超辰法，卻把朔望月和回歸年的長度完全保持原值而未作改變。因爲如果改變的話，他的整套神秘的數字體系就要徹底垮台」；〔註63〕而東漢所以爭辯何曆可行，其興趣亦不在於改進曆法，而是想發展一套能夠記年、月、日之外更能包容所有象徵數字之曆法，以此象徵一個新朝代超自然之力量，進而影響新朝代之命運。由曆法之研究可以看出，古代天文學之功能，表現於曆法之改進，其目的仍是政治性議題，天文學不過是政治之工具，進而以曆法來表現朝代受於天命罷了。

其次，特別值得注意者，在元和二年（A.D.85）章帝詔治改曆書中，又屢次提及讖緯。其詔曰：

> 「朕聞古先聖王，先天而天不違，後天而奉天時。《河圖》曰：『赤九會昌，十世以光，十一以興。』又曰：『九名之世，帝行德，封刻政。』朕以不德，奉承大業，……〈尚書璇璣鈐〉曰：『述堯世，放唐文。』〈帝命驗〉曰：『順堯考德，題期立象。』且三、五步驟，優劣殊軌，況乎頑陋，無以克堪，雖欲從之，末由也已。每見圖書，中心恧焉。閒者以來，政治不得，陰陽不和，災異不息，癘疫之氣，流傷於牛，農本不播。夫庶徵休咎，五事之應，咸在朕躬，信有關矣，將何以補之？〈書〉曰：……〈春秋保乾圖〉曰：『三百年斗曆改憲。』……今改行四分，以遵於堯，以順孔聖奉天之文。冀百君子越有民，同心敬授，倘獲咸熙，以明予祖之遺功。」於是四分施行。〔註64〕

章帝下此詔乃爲改曆由來，所以改曆固然是緣於前曆謬錯，然章帝於其詔書中說明改曆之由，卻充滿陰陽五行與天人感應之思想。所謂政治不得、陰陽不和、災異不息皆因於曆法失準，因曆法謬錯以致農本不播；且政治不得、陰陽不和、災異不息等事，乃成「庶徵休咎、五事之應」之指標，此皆與帝王施政有關。章帝反省自身政事必有闕失，才會導致災異不息，因此，解決政治不得等災異休咎之事，首要在修改曆法；如此，曆法不僅關係政治重大，

〔註63〕《中國天文學史》，中國天文學史整理小組，（北京：科學出版社，1981年），語見頁78。

〔註64〕《後漢書‧律曆上》志第一，語見頁3026～3027。

而且又與陰陽災異學說相隨。此詔不僅凸顯出曆法影響農業，農業起於天時，天時之事關乎曆法，而曆法又以天文智識爲依據，故天文學說必與天意有關，此亦是天人感應思想作用於天文學之必然結果。

　　且章帝此詔又透露另一項訊息。首先章帝以《河圖》兩則說明其位源於天命；又引〈尚書琁璣鈐〉與〈帝命驗〉明漢承堯世之後，章帝雖自謙爲不德、頑陋，然天命已降，既使是不德、頑陋，亦得敬奉天命而承此大業；又謂「三、五步驟」，實是引〈鉤命決〉：「三皇步，五帝趨；三王馳，五伯鶩」，〔註65〕謂法先王「亦步亦驟」，《白虎通‧號》亦有引；其後又引〈春秋保乾圖〉說明歷朝改曆之必要；觀章帝所引讖緯文句，固然可視爲其個人喜好讖緯，亦可以反映出當時有以讖緯解決天文曆法之現象。

　　東漢時期，舉讖緯證明曆法者，屢見不鮮。以章帝所頒之四分曆而言，此曆雖是由編訢與李梵等所造，主持改曆之工作乃是賈逵，而賈逵論曆多引讖緯。如論「編訢等據今日所在牽牛中星五度，於斗二十一度四分一」，賈逵引〈尚書考靈曜〉「斗二十一度，無餘分，多至在牽牛所起」，言編訢與〈考靈曜〉相近，即以明事；〔註66〕又言漢興用太初曆，下至太初百二歲乃改，符合〈春秋保乾圖〉「三百年斗曆改憲」讖文之說。〔註67〕「永元論曆」曰：「天事幽微，若此其難也。中興以來，圖讖漏泄，而〈考靈曜〉、〈命曆序〉皆有甲寅元」，〔註68〕「延光論曆」太尉愷等上侍中施延等議：「甲寅元與天相應，合圖讖，可施行」，太子舍人李泓等四十人議：「元和變曆，以應〈保乾圖〉『三百歲斗曆改憲』之文。四分曆本起圖讖，最得其正，不宜易」，〔註69〕皆言曆法合於圖讖，與天相應，最得其正。至「漢安論曆」尚書侍郎邊韶上言論述漢曆發展：「孝武皇帝，……行夏之正，〈乾鑿度〉八十一分之四十三爲日法。……其後劉歆研機極深，驗之《春秋》，參以《易》道，以〈河圖帝覽嬉〉、〈雒書乾曜度〉推廣九道，……與天相應，少有闕謬。……孝章皇帝以〈保乾圖〉『三百年斗曆改憲』，就用四分」，太史令虞恭、治曆宗訢等議：「孝章皇帝曆度審正，圖儀晷漏，與天相應，不可復尚。〈文曜鉤〉曰：『高辛受命，重黎說文。唐堯即位，羲和立渾。夏后制德，昆吾列神。成周改號，萇弘分官。』〈運斗樞〉曰：『常占有經，世史所明』」，

〔註65〕《緯書集成》，語見頁1510。
〔註66〕《後漢書‧律曆中》志第二，參考頁3027。
〔註67〕同上註，參考頁3028。
〔註68〕同上註，參考頁3033。
〔註69〕同上註，參考頁3034。

〔註70〕而「熹平論曆」議郎蔡邕，蔡邕所論，以圖讖緯文做為曆法參考依據，並且以此反駁光、晃各以庚申為非而以申寅為是。〔註71〕漢曆所以「深引《河》《雒》圖讖以為符驗」，乃是《河》《雒》圖讖與天相應，「非史官私意獨所興構」，故《後漢書‧律曆中》「論月食」曰：「各引書緯自證，文無義要，取追天而已」〔註72〕。凡此以上，皆是漢代天文曆法有取法圖讖緯書資料之明證矣。

　　研究天文，制定曆法，除從事實際觀測外，圖書文獻同樣具有參考價值。在漢代儒家典籍之中，對於天文智識之記載，並不多見；相對於《五經》，讖緯之中顯然有較多之記載，此亦是讖緯具有輔經作用與價值之所在。然而，讖緯雖具有輔助經說不足之價值，但並非表示讖緯所載皆正確無訛，反之，舉讖緯說明曆法，有時乃是基於政治上之考量。誠如高平子言：

> 所謂『天垂象見吉凶』所以注意天象和尋求它的意義，也是古代政治的重要工作。後來雖然人們已經明瞭天象的自然性（譬如日食已能推算）但是政治家還是保持古代的說法來制止無限的君權，隱然成為一種不成文的憲法，也有苦心在內。〔註73〕

曆法之牽合天文，天文脫離不了政治性議題，證明曆法之具有高度之政治性，而天文學於政治上之作用，見於古代天文學另一項目的尤其明顯。

二、星占以定吉凶休咎

　　由占卜甲骨轉化為觀測天文，兩者殊途而同歸，《易傳》見證此一過渡期。《易‧繫辭傳》曰：「《易》有聖人之道四焉，以言者尚其辭，以動者尚其變，以制器者尚其象，以卜筮者尚其占」，〔註74〕王弼注曰：「此四者存乎器象，

〔註70〕同上註，參考頁 3035～3037。
〔註71〕《後漢書‧律曆中》志第二：「術家以算追而求之，取合於當時而已。故有古今之術。今術之不能上通於古，亦猶古術之不能下通於今也。〈元命苞〉、〈乾鑿度〉皆以為開闢至獲麟二百七十六萬歲；及〈命曆序〉積獲麟至漢，起庚午蔀之二十三歲，竟己酉、戊子及丁卯蔀六十九歲，合為二百七十五歲。漢元年歲在乙未，上至獲麟則歲在庚申。推此以上，上極開闢，則元在庚申。讖雖無文，其數見存。而光、晃以為開闢至獲麟二百七十五萬九千八百八十六歲，獲麟至漢百六十一歲，轉差少一百一十四歲。云當滿足，則上達〈乾鑿度〉、〈元命苞〉，中使獲麟不得在哀公十四年，下不及〈命曆序〉獲麟至漢相去四蔀年數，與奏記譜注不相應」，語見頁 3038～3039。
〔註72〕《後漢書‧律曆中》志第二，語見頁 3041。
〔註73〕〈中國古代天文學鳥瞰〉，語見頁 91～92。
〔註74〕《十三經注疏‧周易》，語見頁 154。

可得而用也」，〔註75〕卜筮爲聖人之道，當有取法之處；而觀天地陰陽之變，亦爲聖人之道，當亦可得而用之。〈繫辭傳〉曰：

> 是故法象莫大乎天地，變通莫大乎四時，縣象著明莫大乎日月，崇
> 高莫大乎富貴；備物致用，立成器以爲天下利，莫大乎聖人；探賾
> 索隱，鉤深致遠，以定天下之吉凶，成天下之亹亹者，莫大乎蓍龜。
> 〔註76〕

占卜蓍龜可以定天下吉凶，聖人立成器以爲天下利，而王者可由日月知天地之象，〔註77〕由四時知天地之變，法象莫大乎天地。故法象天地與占卜蓍龜皆可以定天下吉凶，皆可以成天下之亹亹，兩者具有相同作用。故〈繫辭傳〉又曰：

> 是故天生神物，聖人則之；天地變化，聖人效之；天垂象，見吉凶，
> 聖人象之；河出圖，洛出書，聖人則之。〔註78〕

《易傳》明載，天生神物、天地變化、天垂象、河圖洛書等，皆可以做爲聖人準則。至若其疏曰：

> 正義曰：天生神物，聖人則之者，謂天生蓍龜，聖人法則之，以爲
> 卜筮也。天地變化，聖人效之者，行四時生殺，賞以春夏，刑以秋
> 冬，是聖人效之。天垂象，見吉凶，聖人象之者，若璿璣玉衡，以
> 齊七政，是聖人象之也。河出圖，洛出書，聖人則之者，如鄭康成
> 之義，則〈春秋緯〉云：「河以通乾出天，洛以流坤吐地，河龍圖發，
> 洛龜書感。」河圖有九篇，洛書有六篇。〔註79〕

若該疏所言，則天生神物、天地變化、天垂象、河圖洛書等，不僅是聖人所效則，且是爲古代占卜發展之重要過程：由以蓍龜占卜，至以天地變化四時爲政治依據，再由天文曆象以齊七政，最後是以河圖洛書之讖緯圖書爲聖人政治之準則。故《四庫全書總目》曰：「《易》本卜筮之書，故末派寖流於讖緯」，〔註80〕便是說明卜筮演變之過程，以及讖緯學說之由來，而《易經》乃

〔註75〕同上註，語見頁154。
〔註76〕同上註，語見頁157。
〔註77〕孔穎達疏曰：「崇高莫大乎富貴者，以王者居九五富貴之位，力能齊一天下之
　　　　動而道濟萬物，是崇高之極」，語見《十三經注疏・周易》，頁157。
〔註78〕《十三經注疏・周易》，語見頁157。
〔註79〕同上註，語見頁157。
〔註80〕《四庫全書總目》（一），語見頁67。

成兩者過渡之中介；而勞思光謂漢儒說《易》者，多用陰陽五行之觀念，故後之學者受此影響，遂以種種妖言說《易》，故「讖緯」與漢儒說《易》，同為陰陽五行學說侵入儒學之二條重要通路。〔註81〕換言之，古代之占卜雖然逐漸勢微，然其占卜之目的，即藉由占卜以定天下吉凶之精神，仍未隨之消失，取而代之者，乃是以天象為參考依據之天文學。故由古代甲骨之占卜，進而以天文之占星，尤可見天文學於古代之作用，特別是以星占定吉凶休咎，更是漢代天文學首要工作任務。

經由對天文長期觀測，人們已經掌握部分天體運行之規律，這些資料足以建構出一套科學宇宙論式，及編排出一套可用之曆法；但對於不易推算周期之天體現象，如日月薄蝕，五星運行等，或者幾乎無規律可尋，如彗孛飛流等，人們無法以天文科學之方式解釋，只得安置在「宗教神學」之中。故當漢代天文學緣於政治需要而發達時，天人感應學說，理應伴隨著天文學之發達而勢微；然而，天文科學與天人感應思想之界線，在漢代並不易釐清，實際上，兩者在當時被視為一體之兩面，反倒使天人感應學說更加系統化、理論化，科學與哲學之合流，乃是漢代宇宙論必然之程序。

《史記・天官書》實為古代星占觀念之總結，亦可謂是一篇星占理論之架構圖，〔註82〕李約瑟譽之為「中國古天文學中最重要的著作」。〔註83〕太史公曰：

> 自初生民以來，世主曷嘗不曆日月星辰？及至五家，三代，紹而明之，內冠帶，外夷狄，分中國為十有二州，仰則觀象於天，俯則法類於地。天則有日月，地則有陰陽。天有五星，地有五行。天則有列宿，地則有州域。三光者，陰陽之精，氣本在地，而聖人統理之。〔註84〕

星占乃為國家不可或缺之活動，歷代帝王皆有星占。其書以天象一一類比於地上人事，以星象喻為君臣，星宿分布視為地方，故由觀天象以知人事之變化；然天象變化並非只是對已經發生之事之反應，而是對人世未來之事提供

〔註81〕 《新編中國哲學史》（二），參考第一章（C）「漢儒之沒落」，頁9～17。

〔註82〕 書中首論天之五官坐位：「紫宮」、「房心」、「權衡」、「咸池」、「虛危」之五方經星，續述「水」、「火」、「金」、「木」、「填星」天之五佐緯星，繼有日月異象等之歲時雜占，其旨在說明中國歷代之日食星隕之天象變異，與人世之變遷相應驗。

〔註83〕 《中國之科學與文明》（五），語見頁45。

〔註84〕 《史記・天官書》卷二十七。，語見頁1342。

預告，此即古代占卜習慣之遺傳，亦預示了漢代探索宇宙秩序所形成之天道秩序，進而以天道秩序做爲人道秩序之可能；而占卜儀式，便是溝通必然之天道與應然之人道重要橋樑。

　　依《史記》之星占方式，大要可分靜變兩類。靜態又可依其星之明度、[註85] 彩度與合於四時之色、[註86] 與乎五星之恆色等，[註87] 加以分析研判。另一類之星占方式，乃以天體運行之動態變化判斷。如以日、月蝕判斷之，曰：「日蝕，國君；月蝕，將相當之」，[註88] 以日視爲國君，以月譬臣，故日蝕與國君有關，而月蝕則喻將相。如以五星所在之位置判斷之，曰：

　　　　察日行以處位太白。秋日庚、辛，主殺。殺失者，罰出太白。太白
　　　　失行，以其舍命國。……當出不出，當入不入，是謂失舍，不有破
　　　　軍，必有國君之篡。

太白星主殺罰，若太白星運行有失，「當出不出，當入不入」時，非遭破軍之敗，即有國君之篡。由於太白星主殺，而用兵之象，行戰進退亦以太白爲據。[註89] 故五星間，「當出不出，未當入而入，天下偃兵，兵在外，入。未當出

〔註85〕　如謂：「魁下六星，兩兩相比者，名曰三能。三能色齊，君臣和；不齊，爲乖
　　　　戾。輔星明近，輔臣親彊；斥小，疏弱」，(《史記‧天官書》卷二十七。語見
　　　　頁 1293）三能謂上、中、下三階，每階各有上、下二星，若三階平，則陰陽
　　　　和，風雨時，；不平，則稼穡不成，冬雷夏霜，天行暴令，好興甲兵。而所
　　　　謂「輔星」，〈正義〉曰：「大臣之象也。占：欲其小而明；若大而明，則臣奪
　　　　君政；小而不明，則臣不任職；明大與斗合，國兵暴起；暗而遠斗，臣不死
　　　　則奪」，(《史記‧天官書》卷二十七，語見頁 1294）以六星之亮度判斷君臣關
　　　　係是否和諧，若象大臣之星小而明，則君臣和諧，若其星明於斗，則君臣失
　　　　和，君臣失和，則有臣奪君政、或臣不任職、或國兵暴起等情事發生。

〔註86〕　如：「辰星之色，春，青黃；夏，赤白；秋，青白，而歲熟；冬，黃而不明。
　　　　即變其色，其時不昌」，(語見《史記‧天官書》卷二十七，頁 1330）此則以
　　　　星象之彩度判斷。辰星之色，於四時皆有不同變化，然變化之中，亦有固定
　　　　不易之色；若辰星有不合四時之色時，則其時不昌。

〔註87〕　如：「五星色白圜，爲喪旱；赤圜，則中不平，爲兵；青圜，爲憂水；黑圜，
　　　　爲疾，多死；黃圜，則吉。赤角犯我城，黃角地之爭，白角哭泣之聲，青角
　　　　有兵憂，黑角則水。意，行窮兵之所終。五星同色，天下偃兵，百姓寧昌。
　　　　春風秋雨，冬寒夏暑，動搖常以此」，「五星」謂「水、火、金、木、填星，
　　　　此五星者，天之五佐，爲緯」，象臣之星。若五星同爲黃圜色，則吉；若爲白
　　　　圜、赤圜、青圜、黑圜，則有災禍將至。

〔註88〕　《史記‧天官書》卷二十七，語見頁 1332。

〔註89〕　《史記‧天官書》卷二十七曰：「用兵象太白：太白行疾，疾行；遲，遲行。
　　　　角，敢戰。動搖躁，躁。圜以靜，靜。順角所指，吉；反之，皆凶。出則出
　　　　兵，入則入兵」，語見頁 1324～1325。

而出，當入而不入，天下起兵，有破國。其當期出也，其國昌」，〔註90〕五星運行有固定軌道，若五星順行，則國昌；五星脫軌，則有破國之虞。此外，又有以日月與五星在天空相對位置之變化判斷之，如：

> 月蝕歲星，其宿地，饑若亡。熒惑也亂，填星也下犯上，太白也彊國以戰敗，辰星也女亂。蝕大角，主命者惡之；心，則為內賊亂也；列星，其宿地憂。〔註91〕

凡星入月，見於月中，即為星蝕月；月掩星，星滅，則為月蝕星。而以月蝕歲星、熒惑、填星、太白、辰星、大角、心、列星等，皆有災難降臨。

至於星占之時機，以往異常之天象皆以為占驗，然經過長期觀察，逐漸得到某些規律，故在已知之範圍內，便多不占；因此，《史記》星占之原則是「過度乃占」。〔註92〕凡是已能推知天象運行者，多不在占卜之列，唯只有在天象超出當時所能推知範圍之外者，始占卜其天意。〔註93〕由此亦可推知，漢代之天文學，若能掌握周期規律者，便納入曆法；反之，則以為占。

《史記‧天官書》強調天官之重要性，曰：

> 日變脩德，月變省刑，星變結和。凡天變，過度乃占。國君彊大，有德者昌，弱小，飾詐者亡。太上脩德，其次脩政，其次脩救，其次脩禳，正下無之。夫常星之變希見，而三光之占亟用。日月暈適，雲風，此天之客氣，其發見亦有大運。然其與政事俯仰，最近天人之符。此五者，天之感動。為天數者，必通三五。終始古今，深觀時變，察其精粗，則天官備矣。〔註94〕

〔註90〕同上註，語見頁 1324。

〔註91〕同上註，語見頁 1332。

〔註92〕《史記‧天官書》曰：「日變脩德，月變省刑，星變結和。凡天變，過度乃占」，語見頁 1351。

〔註93〕如司馬遷所舉：「夫自漢之為天數者，星則唐都，氣則王朔，占歲則魏鮮。故甘、石曆五星法，唯獨熒惑有反逆行；逆行所守，及他星逆行，日月薄蝕，皆以為占」，（語見《史記‧天官書》卷二十七，頁 1349），如於漢之前，對於五星之運行，只知有順行，不知有逆行，故凡有逆行現象，便以為異，皆以為占；至《史記》時，發現五星皆有逆現象，曰：「余觀史記，考行事，百年之中，五星無出而不反逆行，反逆行，嘗盛大而變色；日月薄蝕，行南北有時：此其大度也。……水、火、金、木、填星，此五星者，天之五佐，為緯，見伏有時，所過行贏縮有度」，（語見《史記‧天官書》卷二十七，頁 1350），亦由此基礎之上，司馬遷提出星占以「過度乃占」之原則。

〔註94〕《史記‧天官書》卷二十七，語見頁 1351。

書中謂觀天象可以知人事，星占所得可以脩德救政，天象之三辰五星爲天數，通過天數考察政事，乃天人感應之必然途徑，故天官職責所在，乃在深觀時變，察其精粗，且貫通古今，得天之命意。書中並以各時代之日食星隕等變異，附會說明其在人世間之應驗，從星占之作用來說明天官之重要，同時亦將天文學導入天人感應理論系統之中。天人感應強調了解天文之重要，無形中提升天文學之地位；而天文學之發展，亦使天人感應學說得到「科學」之證明。

《史記・天官書》以天文智識所建構之天人感應之理論，影響漢代天文學至爲深遠。《淮南子・要略訓》曰：

> 天文者，所以和陰陽之氣，理日月之光，節開塞之時，列星辰之行。
> 知逆順之變，避忌諱之殃，順時運之應，法五神之常，使人有以仰
> 天承順，而不亂其常者也。

《淮南子》說得清楚，天文工作首要在「和陰陽之氣，理日月之光，節開塞之時，列星辰之行」，即是在觀測天文之中，洞悉宇宙間之運行秩序；因爲天象之變化乃是預示人事未來之吉凶休咎，故得其宇宙運行之規律，即可「知逆順之變，避忌諱之殃，順時運之應，法五神之常」，進而「使人有以仰天承順，而不亂其常者」，此人所以仰天承順而不亂其常者，便是宇宙運行之秩序。

《漢書・藝文志》亦強調經由觀測天文以得宇宙秩序之重要，曰：

> 天文者，序二十八宿，步五星日月，以紀吉凶之象。聖王所以參政
> 也。《易》曰：「觀乎天文，以察時變。」然星事凶悍，非湛密者弗
> 能由也。夫觀景以譴形，非明王亦不能服聽也。以不能出之臣，諫
> 不能聽之王，此所以兩有患也。〔註95〕

觀測天文，所以在「序二十八宿，步五星日月」，其目的乃在「紀吉凶之象」，以爲聖王所以施政之參考。然而欲以天文「紀吉凶之象」之目的，必須有二者配合：其一，需有湛密於天文之臣，明天文之由；其二，亦要有觀景以譴形之明王，服聽於天文，同時具備兩者，始能用天文以紀吉凶之象。而以「序二十八宿，步五星日月」，「以紀吉凶之象」，便是以宇宙之秩序規範人事之理論模式。《史記正義》載張衡所言，亦提供了類似天文與人事間具有關聯性之理論。〔註96〕日月五星爲陰陽五行之精，陰陽五行精成於天，體生於地，天

〔註95〕《漢書・藝文志》卷三十，語見頁1765。
〔註96〕《史記・天官書》卷二十七：「文曜麗乎天，其動者有七，日月五星是也。日

地之間是列居錯峙，各有所屬。天文用於在野則象物，在朝象官，在人象事；故日月運行，藉曆以示吉凶，而人當可藉天文日月運行，以知人事之吉凶。

因爲宇宙天體之秩序，乃是地上人事行爲之依據，而宇宙天體之變遷，預示人事將來之變化；漢代以爲天文異象，是天命之預示，故可由天文異象推知人事變化。如《史記・天官書》載：

> 秦始皇之時，十五年彗星四見，久者八十日，長或竟天。其後秦遂以兵滅六王，并中國，外攘四夷，死人如亂麻，因以張楚并起，三十年之閒兵相駘藉，不可勝數。自蚩尤以來，未嘗若斯也。〔註97〕

《史記》言秦始皇之時，天之異象頻傳，此暗示著天下之大難將至；其後果然是秦併六國，外攘四夷，死人如亂麻，三十年之間兵相駘藉，不可勝數，顯示彗星乃爲凶兆。又如：

> 漢之興，五星聚于東井。平城之圍，月暈參畢七重。諸呂作亂，日蝕，晝晦。吳楚七國叛逆，彗星數丈，天狗過梁野；及兵起，遂伏尸流血其下。……由是觀之，未有不先形見而應隨之者也。〔註98〕

對漢而言，漢之興乃是吉事，故五星聚于東井，乃屬吉兆；而月暈參畢七重預示了平城之圍，而日蝕、晝晦，展現諸呂即將作亂；凡此人事一切變化，皆可預知於天文，故所謂「未有不先形見而應隨之者」，亦即如《漢書》所言天文者，所以「紀吉凶之象」也；至於《漢書》所載，更是不知凡幾。〔註99〕

持衡而論，天文變化本無吉凶之分，漢代以星占定吉凶休咎，其中隱含了政治作用。如《史記》所載，秦始皇之起，對秦王而言，乃是吉事，對於後起之漢人，理應無價值之判斷；然而爲說明漢世之受天命，則必視秦爲暴政，或爲「閏朝」，爲天下蒼生，推翻秦政，乃是順天應人之事，故「十五年

者，陽精之宗；月者，陰精之宗；五星，五行之精。眾星列布，體生於地，精成於天，列居錯峙，各有所屬，在野象物，在朝象官，在人象事。其以神著有五列焉，是有三十五名：一居中央；謂之北斗；四布於方各七，爲二十八舍；日月運行，曆示吉凶也」，語見頁 1289。

〔註97〕《史記・天官書》卷二十七，語見頁 1348。

〔註98〕同上註，語見頁 1348。

〔註99〕《漢書》載天文異象者，可分三處：其一，〈本紀〉卷一至十二，其記載各朝重要政治史實，亦包括日、月蝕，墜星等天象，旱災、水災、蟲災等其他反常現象。其二，〈五行志〉卷二十七，以編年體裁紀錄，亦有其他天象、地象、及其他現象。其三〈天文志〉，此以分類體裁，各類之下編年，其中記載天體現象，如墜星，行星之異常動向，日月晦暗等天文奇景。

彗星四見，久者八十日，長或竟天」之凶兆，乃是預示著秦始皇之起；又如言「五星聚于東井」，表漢之興，是爲吉兆，此又是以漢人之立場解釋天象；而日蝕、晝晦則是暗示諸呂作亂，則是以漢朝政權者發言。又如《史記・天官書》已經算出日月蝕之週期，〔註100〕但仍堅持「日蝕，國君；月蝕，將相當之」之論調，試圖藉天文之異象，諫天子之脩德、省刑、結和，此仍然是走機祥災異說之老路；唯機祥災異之說可視爲廣義之災異現象，亦可包含天象在內，而以星占定休咎吉凶，則是狹義之災異說一支。故高平子謂「政治家還是保持古代的說法來制止無限的君權，隱然成爲一種不成文的憲法，也有苦心在內」，無論是以天文異象或是以陰陽災異制約無限之君權，兩者又是殊途而同歸。

若從制約君權之作用言，災異說與星占說兩者，雖然目的類似，但仍有稍異。殷善培分析兩者之同異，稱星占以「觀景以譴形」與說災異者之「天出災異以譴告之」同科，但在解釋方法上仍有區別：

> 災異說是「彷彿一端，假經設誼，依託象類」，重點在「假經設誼」，也就是說必須援引經典來進行類比推演，天文占就不然了，「觀景即可譴形」本不必斷斷於經典，更不必「彷彿一端」。這也就是說災異是發自儒生之手，而天文占倒與方士有密切關係。其次，災異說是人主行有所失，故遭天譴告以敦其改過，亦即由人事而謀及於天，但天文占則是觀天文異象而察人事疏失，與災異說恰成對反。〔註101〕

殷氏所分，頗值得探討。

蓋兩說固然出於不同人之手，但是災異說固然多出於儒生之手，但卻是方士化之儒生，〔註102〕「方士顯說如神仙，封禪，致太平，災異諸說，讖緯並與之相應也」；〔註103〕而天文星占雖與方士有密切關係，但分析天文徵

〔註100〕《史記・天官書》曰：「月食始日，5月者六，6月者五，5月復六，6月者一，而5月者五，凡百一十3月而復始。故月蝕，常也；日蝕，爲不臧也」，語見頁1332。

〔註101〕《讖緯中的宇宙秩序》，語見頁191～192。

〔註102〕陳槃在〈戰國秦漢間方士考論〉云：「方士思想，人物，雖則淹有眾家，然而喜以儒學爲文飾」，並舉《說文》釋「儒」云：「其實儒家自有其本來面目，《說文》此言乃全稱肯定。如依其說，是凡儒皆方術士，方術士皆儒。方士已皆爲儒徒，是儒學乃其家法，則不得云方士以儒學文飾矣」，中央研究院歷史語言研究所集刊第十七本，民國37年出版，語見頁33～34。

〔註103〕〈戰國秦漢間方士考論〉，語見頁51。

兆卻是出於天官、欽天監，故兩說之主其事者雖有區別，乃在於方士化之儒生與染有陰陽五行色彩之天文官，卻不在於儒家與方士之別。至於說災異是「由人事而謀及於天」，而天文占是「觀天文異象而察人事疏失」，亦未必然。災異與星占乃不同二套預警系統，災異固然是「盡生於國家之失」，但仍是在國家之失乃始萌芽之際，而天出災害乃是譴告之意，若不知變，不知畏恐，則殃咎乃至，如此，鄭興始曰：「故災變仍見，此乃國之福也」，故災異之現乃在譴告預警，非以災異為目的；而星占以定吉凶休咎，固然是「觀天文異象而察人事疏失」，仍然是以天文異象為預警符號，故天文異象當然可以視為廣義之災異現象。且殷氏所謂，災異「由人事而謀及於天」，此「人事」是災異之事，而「天」是「天命」、「天意」，並非以人事之災異驗證於天象；至於天文占「觀天文異象而察人事疏失」，其「天文異象」指天體現象，而此「人事」則是指稱國家政治之事，亦非是以天文異象對照人事之災異，故殷氏所舉，兩兩指謂皆不相同，以不同之概念相提並論，乃是類比之謬誤；若災異說與星占說兩者必有所分，亦只在兩者之取樣對象廣狹有別而已，並非有「恰成對反」之實。

漢代以天文學之智識運用於政治之上，天文學雖有利於民生，但一部分卻是服務於政治，甚至成為政治鬥爭之工具；〔註 104〕同時，亦因為天文學之政治作用，阻礙天文學獨立自主之學術研究發展，此又是中國天文科學無法發皇之障礙之一。而天文學研究天體，非只是出於好奇與興趣，星占以定吉凶休咎之活動，自古有之，而於漢代特盛，且將星占系統化與理論化，又源於漢代天人感應與陰陽五行思想充斥所致。自然科學發展之結果，並不能保證自然科學本身具有獨立研究之地位，或者獨立研究之精神，在漢代天人感應思想引導下，有關自然科學之研究及其成果，往往被借用為天人感應說之實證；自然科學之研究領域，同樣是在天人之學領導下發展，而最後又導入於政治作用之中。

〔註 104〕Wolfram Eberhard 著，劉紉尼譯，〈漢代天文學與天文學家的政治功能〉，結論：「天文學、星象學、與氣象學，在本文定義的範圍內，是純粹政治性的：基本上是一種對異常現象與人世生活有某種關連的含混信仰，從這裡生出種種利用它做為政治鬥爭工具的方法。」該文收錄於《中國思想與制度論集》，（臺北：聯經出版社，民國 65 年 9 月初版，74 年 11 月第五次印行），語見頁 75。

第四節　《白虎通》自然哲學宇宙論

前言《白虎通》對「天」之詮釋，可從形上之「天道」與形下之「天體」二方面理解，「天道」之義在天人感應理論中已經述及，「天體」之陰陽五行部分業已交代，故本節著重在探討《白虎通》中之天文學，以天文學之智識爲討論對象。

一、《白虎通》之天文學

《白虎通》有關天文學智識者，大多集中在卷九〈天地〉等篇。對於宇宙之形成，《白虎通》「論天地之始」曰：

> 始起先有太初，然後有太始，形兆既成，名曰太素。視之不見，聽之不聞，然後判清濁既分，精曜出布，庶物施生。精者爲三光，號者爲五行，五行生情性，情性生汁中，汁中生神明，神明生道德，道德生文章。故〈乾鑿度〉云：「太初者，氣也；太始者，形之始也；太素者，質之始也。陽唱陰和，男行女隨也」。（卷九〈天地〉500～501）

如前所述，《白虎通》所設想天地宇宙之形成，以爲宇宙先有太初，後有太始，形成名太素，太素施生庶物，號爲五行，後由五行生情性、文章等；〔註105〕並引〈乾鑿度〉云：「太初者，氣之始也；太始者，形之始也；太素者，質之始也」，太初者，乃是氣之始，有氣，然後有形之太始，形兆既成，既成太素，此即天地萬物之始，此論乃當時學界之共識。唯氣之後判清濁，〈推度災〉曰：「上清下濁，號曰天地」，〔註106〕氣之清者爲天，濁者爲地；天地既分，「精曜出布」爲日、月、星三光，「庶物施生」爲木、火、土、金、水五行；然後「五行生情性，情性生汁中，汁中生神明，神明生道德，道德生文章」。《白虎通》所呈現之宇宙圖式，乃是氣化分爲陰陽，陰陽二氣再分化爲五行，最後以五行統攝天地一切有形物質，形成氣化之宇宙觀，此又是漢代陰陽五行學說之通論。

「天」「地」之形質，有同亦有別。天上三光乃氣之清者，地上萬五行爲氣之濁者，此其別也；然「天」「地」皆由氣所分化而成，是其同也；故天地

〔註105〕《白虎通·天地》卷九，語見頁 500～501。
〔註106〕《緯書集成》，語見頁 1440。

萬物亦有同異。《白虎通》從「天」字形構言「天」之形上義，曰：「天之爲言鎭也，居高理下，爲人鎭也」，〔註107〕〈春秋說題辭〉亦有「天之爲言鎭也，居高理下，爲人經紀，故其字一大以鎭之也」之言；〔註108〕而「地者，元氣之所生，萬物之祖也」，故「地」同爲元氣所生，而爲萬物之祖；又曰「地者，易也，萬物懷任，交易變化」，〈春秋元命包〉曰：「地者，易也，言養物懷任，交易變化，含吐應節，故其立字，土力于乙者爲地」，〔註109〕言「地」乃是萬物懷任，交易變化之所，地既是元氣所生，且是五行所成，故萬物交易變化、含吐應節，均是陰陽五行變化所致。而「天」「地」雖皆由氣所分化而成，但有清濁之別，且「天」「地」之形質不相類，故天與地之無總名。而男女兩性，同生於地，必含陰陽五行，故總名爲「人」。《白虎通》曰：

> 男女總名爲人，天地所以無總名何？曰：天圓地方不相類，故無總
> 名也。（卷九〈天地〉502）

因爲人含陰陽五行，故男女有總名；而天與地「判清濁既分」，清濁之質有別，且天爲圓，地爲方，兩者不相類，故無總名。中國天圓地方之觀念，自古有之，「方」非指幾何圖形之四方形，而是指平面爲方，此說法乃合於張衡之「渾天說」。〈考靈耀〉曰：「從上臨下八萬里，天以圓覆，地以方載」，又曰：「仰觀天形如車蓋，眾星如連貝，日月若懸璧，五星如編珠」，〔註110〕明天地各乘氣而立，天如車轂之運，地載水而浮，日月五星若璧珠浮懸於天空；而〈春秋元命包〉曰：「天如雞子，天大地小，表裡有水，地各承氣而立，載水以浮，天如車轂之過」，〔註111〕此亦可知此時之《白虎通》及讖緯思想均倚重「渾天說」之宇宙觀。

《白虎通》承「天圓地方」說，故在建造明堂時，亦仿其宇宙之構造，所謂「明堂上圓下方，八窗四闥，布政之宮，在國之陽」，「上圓法天，下方法地，八窗象八風，四闥法四時」；〔註112〕〈孝經援神契〉亦曰：「明堂者，天子布政之宮，八窗四闥，上圓下方，在國之陽」。〔註113〕而建造明堂之目的，《白虎通》曰：

〔註107〕《白虎通·天地》卷九，語見頁499。
〔註108〕《緯書集成》，語見頁1477。
〔註109〕《緯書集成》，語見頁1452。
〔註110〕同上註，語見頁1418。
〔註111〕同上註，語見頁1452。
〔註112〕以上二句，語見《白虎通·辟雍》卷六，頁315～317。
〔註113〕《緯書集成》，語見頁1504。

天子立明堂者，所以通神靈、感天地、正四時、出教化、宗有德、
重有道、顯有能、襃有行者也。（卷六〈辟雍〉315）

〈禮含文嘉〉亦云：「明堂所以通神靈、感天地、正四時、出教令、崇有德、
章有道、褒有行」。〔註114〕舉凡天子祭祀、發布詔令、與封賞有功德者，俱在
明堂，顯見明堂乃爲漢世政教之中心。明堂爲布政之宮，是天子感通天道並
且執行天意之處，所以建造結構仿造宇宙，乃是將明堂類比於宇宙，天子在
此布政，顯示出天子能與天感應溝通之獨特身分，亦符合天人感應之要求。
此外，天子可以直接洞悉天意之處，便是靈臺。《白虎通》曰：

天子所以有靈臺者何？所以考天人之心，察陰陽之會，揆星辰之證
驗，爲萬物獲福無方之元。（卷六〈辟雍〉314）

《後漢書・祭祀志注》引〈禮含文嘉〉曰：「禮，天子靈臺，所以觀天人之際，
陰陽之會也。揆星度之驗，徵六氣之瑞，應神明之變化，睹日氣之所驗，爲
萬物獲福於無方之原，招太極之清泉，以與稼穡之根」；〔註115〕〈孝經援神契〉
亦云：「靈臺考符，居高顯聖，王所以宣德察微」；〔註116〕靈臺乃是觀測天文
之處所，其由靈臺所觀測之天文資料，經過陰陽五行理論加以理解，試圖從
觀測天文變化之中，尋找宇宙變化之規律，進而以此規律視爲天道運行之秩
序，最後則是將此天道秩序移做人倫遵循之秩序。

不過，從漢代天文學之二項作用目的論，《白虎通》論述天文學似乎只採
取一般天文曆法之作用，而較少論及星占之事。《白虎通》所載天文曆法，首
言天地之名，依序說明天地之始、天地運行，繼之論日月之運行，及日月運
動所造成之晝夜長短、日月、閏月、四時、年歲、日有朝夜、月有朔晦等現
象。《白虎通》曰：

日行遲，月行疾何？君舒臣勞也。日，日行一度；月，日行十三度
十九分度之七。〈感精符〉曰：「三綱之義，日爲君，月爲臣也。」
（卷九〈天地〉504）

〈考靈耀〉亦曰：「周天三百六十五度四分之一，而日，日行一度，則一期三
百六十五日四分度之一」，〔註117〕並云：「日一歲周天爲十二月，月一歲周天

〔註114〕《緯書集成》，語見頁1486。
〔註115〕《後漢書・祭祀志》志第八，語見頁3178。
〔註116〕《緯書集成》，語見頁1504。
〔註117〕同上註，語見頁1419。

不盡十九分次之，故閏者日之餘也」，〔註118〕明一日乃日行一度，而月行十三度十九分度之七，故日一月行二十九度半餘，月一月行天一匝三百六十五度四分之一，過而更行二十九度半，此標誌當時曆法之準確性。其下所述，皆類似此曆法通論性質。

《白虎通》謂日月之別：

> 日之爲言實也，常滿有節。月之爲言闕也，有滿有闕也；所以有闕
> 何？歸功于日也。三日成魄，八日成光，二八十六日轉而歸功，晦
> 至朔旦，受符復行，故〈援神契〉曰：「月三日而成魄，三月而成時。」
> （卷九〈天地〉505）

此論日常實，月有滿闕，月三日成魄，八日成光，三月而成時，〈詩推度災〉亦曰：「月三日成魄，八日成光，蟾蜍體就，穴鼻時萌」，〔註119〕陳立疏曰：「《白虎通》據緯書及諸家，皆以月初生明爲魄」。〔註120〕

《白虎通》謂星：

> 所以名之爲星何？星者，精也，據日節言也。一日一夜，適行一度，
> 一日夜爲一日，剩復分天爲三十六度，周天三百六十五度四分度之
> 一，日月徑皆千里也。（卷九〈天地〉506）

〈春秋說題辭〉曰：「星之爲言精也，陽之榮也。陽精爲日，日分爲星，故其字日分爲星」。〔註121〕日爲陽精，星由日分，故星乃據日節言精也。又日一周天行三百六十五度四分度之一，〈春秋元命包〉曰：「一歲三百六十五日四分度之一，言陽布散，立數合一，故立字四合其一」；〔註122〕日月徑皆千里，此有二解：其一，指日月直徑皆千里，如〈春秋元命包〉曰：「日員望之，廣尺以應千里」，〔註123〕《古微書》則引鄭玄注云：「凡日景於地，千里而差一寸，異千里同一寸也」，〔註124〕由於觀測地點不同，千里之遙，表之影長即有一寸之差，即是「一寸千里」說。

《白虎通》言造成日有長短之因：

〔註118〕同上註，語見頁 1421。
〔註119〕《緯書集成》，語見頁 1440。
〔註120〕《白虎通疏證》，語見頁 506。
〔註121〕《緯書集成》，語見頁 1477。
〔註122〕同上註，語見頁 1447。
〔註123〕同上註，語見頁 1452。
〔註124〕同上註，語見頁 184。

日所以有長短何？陰陽更相用事也。故夏節晝長，冬節夜長。夏日
宿在東井，出寅入戌；冬日宿在牽牛，出辰入申。（卷九〈天地〉507）

夏至陽盛陰衰，所以晝長夜短；冬至陰盛陽衰，所以晝短夜長；故日所以有
長短，乃出於陰陽盛衰交替所致。〈尚書考靈曜〉曰：「仲春仲秋日出于卯，
入于酉；仲夏日出于寅，入于戌；仲冬出于辰，入于申」，〔註125〕則《白虎通》
說法與讖緯一致。

《白虎通》又論月有大小之分，以及閏月之別：

月有小大何？天左旋，日月右行。日，日行一度，月，日行十三，
月及日爲一月。，至二十九日未及七度，即三十日者，過行七度，
日不可分，故月乍大乍小，明有陰陽也。故《春秋》曰：「九月庚戌
朔，日有食之；十月庚辰朔，日有食之，」此三十日也。又曰：「七
月甲子朔，日有食之，八月癸巳朔，日有食之，」此二十九日也（卷
九〈天地〉508）

此則論月有大小之分，說明當時所用曆法，乃依「日月運行」所造成月有大
小之分，亦屬一般天文曆法通識性質；然其論月有大小之分，則又以爲是陰
陽兩氣運行所致。

月有閏餘何？周天三百六十五度四分度之一，歲十二月，日過十二
度，故三年一閏，五年再閏，明陰不足陽有餘也。故讖曰：「閏者，
陽之餘。」（卷九〈天地〉509）

上則言月有大小之分，係由陰陽所致；此則進而說明，一歲十二月三百六日
五又四分之一日，月有閏餘，故三年一閏，五年再閏，《淮南子》有「十九歲
而七閏」之說，〔註126〕較《白虎通》所載精確；且《白虎通》以爲月之有閏
餘，乃由「陰不足陽有餘」所致，並引讖語「閏者，陽之餘」；考〈尚書考靈
曜〉所載：「日一歲周天爲日十二月，月一歲周天不盡十九分次之，故閏者日
之餘也」，〔註127〕以閏者爲日之餘，或以閏者爲陽之餘，其共同之處，皆是以
陰陽兩氣說明造成月有閏餘之原因。

至於「歲」之義，及一年之週期，《白虎通》曰：

〔註125〕同上註，語見頁 1419。
〔註126〕《淮南子・天文訓》曰：「日行十三度七十六分度之二十六，二十九日九百四
　　　　十分日之四百九十九而爲月，而以 12 月爲歲；歲有十日九百四十分日之八百
　　　　二十七，故十九歲而七閏」。
〔註127〕《緯書集成》，語見頁 1421。

所以名歲何？歲者，遂也，三百六十六日一周天，萬物畢成，故為
一歲也。《尚書》曰：期三百六旬十六日，以閏月定四時成歲。（卷
九〈天地〉510）

三百六十六日一周天，取其閏餘整數，為一歲之期，且以閏月定四時成一歲
之期；〈春秋元命包〉曰：「歲之為言遂也，三年一閏以起紀」。〔註128〕

歲時何？謂春、夏、秋、冬也。時者，期也，陰陽消息之期也。（卷
九〈天地〉510）

歲者遂也，明日一歲三百六十六日一周天，萬物畢成，故為一歲；一歲之中
雖有春、夏、秋、冬四時之分；唯〈元命包〉：「冬至百八十日，春秋成；夏
至百八十日秋冬成；合為三百六十日，日歲數舉」，〔註129〕舉猶備也，謂四時
成於夏至與冬至，故歲時乃是陰陽消息之期也。

或言歲，或言載，或言年何？言歲者，以紀氣物，帝王共之，據日
為歲；年者，仍也，年以紀事，據月言年。……載之言成也，載成
萬物，終始言之也。（卷九〈天地〉512～513）

歲者為總號之稱，歲、載、年同為一周天，對文異，散則通：歲重紀節氣作
物，故據日為歲；年重紀事，故據月言年；載之言成也，取歲功成之義。

最後再論日有朝夜、月有朔晦之理，其曰：

日言夜，月言晦；月言朔，日言朝何？朔之言蘇也，明消更生，故
曰朔；日晝見夜，藏有朝夕，故言朝也。（卷九〈天地〉513）

卷八〈三正〉篇即曰：「朔者，蘇也，革也，言萬物革更于是，故統焉」，〔註130〕
朔為萬物革新更替之時，朔有蘇、革之意，故以朔為統萬物之制，乃合陰陽消
息之理，漢代定正朔之理源於此。又日有朝夜之分，以晝見夜，知日朝夕，「日
所以有長短何？陰陽更相用事也」，故日有朝夜，乃陰陽變化所致；朝主日出地
之時，其義與朔同，故月言朔而日言朝也。

依漢代天文學發展之歷程言，以上所論，只是天文學之一般智識，並無
高深發明。唯《白虎通》所以論述天文學之數據，固然可以視為歷史之記錄，
且《白虎通》具有國憲律法性質，亦是做為曆法之重要依據。但其所論天文
智識，如上所引〈感精符〉「三綱之義，日為君，月為臣也」，其與日行遲、

〔註128〕同上註，語見頁 1447。
〔註129〕《緯書集成》，語見頁 1447。
〔註130〕《白虎通疏證》卷八，語見頁 429。

月行疾何關？天左旋，日月五星右行，亦是普遍可見之現象，何須以〈含文嘉〉「計日月右行」，〈刑德放〉「日月東行」等讖緯爲仲裁？又周天三百六十五度四分度之一，三年一閏，五年再閏，以閏月定四時歲之制，已成定數，何須再提讖語「閏者陽之餘」？凡此種種跡象，顯示出讖緯於《白虎通》中論述天文學之作用與意義。且《白虎通》所論天文智識，大多以陰陽五行推說日月運行之理，且有更多天文學說是用於詮釋君臣之關係。以下便從政治意義與陰陽五行理論二方面分析《白虎通》讖緯之天文學意義。

　　林麗雪稱：「白虎通特重人倫，論『三綱』的意義最詳。它一方面效法董仲舒將『三綱』納入陰陽的統貫中，進而配合天、地、人三統，成就以宇宙論爲中心的倫理觀」。〔註131〕如前所述，《白虎通》主張君主專制，以君主專制貫徹治權，其治權乃是從維護專制政治中所衍生之倫理綱紀，「三綱六紀」便是試圖結合君主專制之君權與血緣之父權，達到君主專制與父權爲主之宗法制度合一之政治結構，故鞏固君權於不墜，乃是首先，亦是首要之工作與目的。

　　《白虎通》天文學之作用與意義，便是以天文學說闡釋政治倫理。如其所謂：「三綱法天、地、人，六紀法六合。君臣法天，取象日月，屈信歸功天也」，君臣之義，可以比擬日月關係，並且君臣法日月之行，即是以行人事同天道之理。故〈日月〉篇曰：「日月所以懸晝夜者何？助天行化，照明下地」，君臣所以存在之理，乃同日月所以懸於晝夜，日月所以助天行化，照明下地，君臣亦是助天行化，政治人世；故君臣之義，必當取象日月。

> 日行遲，月行疾何？君舒臣勞也。日，日行一度；月，日行十三度
> 十九分度之七。〈感精符〉曰：「三綱之義，日爲君，月爲臣也。」
> （卷九〈日月〉504）

〈日月〉篇引〈春秋感精符〉曰：「三綱之義，日爲君，月爲臣也」，正因爲君臣爲日月，日行遲而月行疾，觀日月運行之速度得「君舒臣勞」之義。〈天地〉篇曰：「君舒臣疾，卑者宜勞」，〈五行〉篇亦云：「臣之事君也，其位卑，卑者親視事」，所以「君舒臣勞」，乃是因爲君尊而臣卑，由此又引伸出尊卑與功德之觀念；又因爲君尊而臣卑，故有功當歸於君，尊卑是規範原理，而功德屬於自然原理。〔註132〕〈日月〉篇曰：「日之爲言實也，當滿有節；月之

〔註131〕林麗雪，〈白虎通「三綱」說儒法之辨〉，《書目季刊》第十七卷第三期，語見頁 110。

〔註132〕鍾彩鈞《《白虎通》與《伊川易傳》天人觀的比較》一文稱：「假如家族倫理

為言闕也，有滿有闕也何？歸功于日也」，〈五行〉篇亦曰：「臣有功，歸功於君何法？法歸明於日也」，〔註133〕因為日常滿，月有闕，「月三日而成魄」，月因日而有滿，故臣當法月之明歸功於日，臣有功當歸於君。

君臣所以法日月「助天行化，照明下地」，故〈社稷〉篇曰：「王者所以有社稷何？為天下求福報功」，「故封土立社，示有土也」，明王者所以有社稷，非為一己之私，乃為天下求福報功。天子之有王畿京師千里，亦是法日月之徑而來。〈京師〉篇曰：

> 京師者何謂也？千里之邑號也。京，大也；師，眾也。天子所居，
> 故以大眾言之，明什倍諸侯，法日月之經千里。（卷四〈京師〉191）

〈日月〉篇亦云：「日月徑皆千里也」，君法日，日月有徑千里，故天子所居亦法日月之徑，京師有千里之徑；凡此皆是《白虎通》取象天文日月之象，以為君臣之義。或問：若君臣取象日月，君有千里王畿，而臣雖亦法月，然仍未能有千里之地，文中亦未說明理由；由此亦可看出，《白虎通》以天文取象君臣，乃是選擇性之譬喻，非全然以天文之象做為人世制度之準則，此又是政治利用天文學之明證。《白虎通》引藉天文學說以為政治制度辯護，固然有一部分出自於當時天文學說受制於陰陽五行學說之制約，然而，政治有意扭曲天文智識以為政治樣板，造成天文學智識淪為政治工具，更是戕害天文學之發展。以下一例，可說明當時政治影響天文學發展之嚴重程度。

古代天文學對於日月五星之運行，尤其是行星間運行所產生之順行、逆行現象，無法推究出一套合理之解釋，其中最根本之原因，乃在於當時天文學家皆假設大地是宇宙之中心，且是靜止不動。《白虎通》論天地之運行，有一句值得深思：

> 天道所以左旋，地道右周何？以為天地動而不別，行而不離，所以
> 左旋右周者，猶君臣陰陽相對之義。（卷九〈天地〉502）

《白虎通》此語可以理解為，天地皆在運動之中，亦未曾分離，而天體運行之軌道向左旋轉，地之運動軌道向右行，推翻前人地是靜止不動之假設。而讖緯中亦有類似驚人發現，如〈尚書考靈曜〉：

有自然的血緣根據，君臣之間的政治倫理則全以義合，其根據是尊卑與功德。《白虎通》以為，許多政治制度設計的著眼點皆在彰顯這兩大原理。尊卑是規範原理，功德則從事業的角度而言，較接近自然原理」，《中國文哲研究集刊》第三期，民國82年3月，語見頁583。
〔註133〕《白虎通疏證》卷四，語見頁232。

> 地有四游，冬至地上，行北而西三萬里，夏至地下，行南而東亦三
> 萬里，春秋二分其中矣。地恆動而人不知，譬如人在大舟中，閉牖
> 而坐，舟行而人不覺也。〔註134〕

其如〈春秋元命包〉亦云：「天左旋，地右動」，〔註135〕〈河圖括地象〉曰：「天
左動，起於牽牛；地右動，起於畢」，〔註136〕若以《白虎通》所言具有此意，
觀中國天文學發展上，此種說法無疑是破天荒頭一遭，且具有革命性之突破，
只可惜《白虎通》此語，在中國天文學史上只是「曇花一現」罷了。

　　《白虎通》雖載有此語，顯示出當時天文學獲有空前發現，只可惜《白
虎通》並未就此一議題繼續申論，反而是將天道左旋、地道右周，理解為「君
臣陰陽相對之義」。依其後續言：

> 君舒臣疾，卑者宜勞，天所以反常行何？以為陽不動，無以行其教；
> 陰不靜，無以成其化，雖終日乾乾，亦不離其處也。故《易》曰：「終
> 日乾乾，反覆道也。」（卷九〈天地〉502～503）

以君譬天為陽，以臣喻地為陰，並稱陽動而陰靜，消解「天地動而不別」之
可能發展。又曰：

> 天左旋，日月五星右行何？日月五星，比天為陰，故右行。右行者，
> 猶臣對君也。〈含文嘉〉曰：「計日月右行也。」〈刑德放〉曰：「日
> 月東行。」（卷九〈天地〉503）

言日月五星，相對於天乃為陰，故「天左旋，日月五星右行」，又似乎將日月
五星視為地道而右周，「天地動而不別」之「地」非指地上，而是指天道中之
日月五星，此又無法化解地恆靜不動之觀念。

　　從上例中可以看出，《白虎通》所述之天文學說，特別是講論天體運行之
規律，乃是以陰陽五行之運行規律規範天文星象之軌道，進而以天文星象做
為政治制度之法源依據，天文學之記載不過是證實陰陽五行理論之正確性，
與以陰陽五行做為政治制度之法源依據之必然性，如此而已。至於所謂純科
學之研究，並非《白虎通》之重心，天文科學之討論，亦不是《白虎通》所
欲解決之問題，《白虎通》只是取既有之天文科學成說，說明政治制度規範之
理，並且用以說明陰陽五行運行之道理，進而以陰陽五行之關係，引伸為人

〔註134〕《緯書集成》，語見頁 1418。
〔註135〕同上註，語見頁 1452。
〔註136〕同上註，語見頁 1520。

文世界之秩序結構。中國科學一直無法有效開展，部分原因固然可以歸咎於天人感應思想所帶來之非理性困擾；然而，宣揚大一統專政之政治制度，亦是箝制科學發展，影響科學研究之干擾因素。

從漢代天文學之二項作用目的論，《白虎通》論述天文學似乎只採取一般天文曆法之作用，對於古代以星占定吉凶休咎之舊規，並無明顯記錄。然而，如《史記·天官書》所載以星占定吉凶休咎之舊傳統，至張衡仍有所謂：「在天成象，在地成形。天有九位，地有九域。天有三辰，地有三形。有象可效，有形可度。情性萬殊，旁通感薄。自然相生，莫之能紀。於是人之精者作聖，實始紀綱而經緯之」，顯示在東漢當時，仍然保留以天文星象做為聖人綱紀制度之傳統思維，而《白虎通》並無明文記載。《白虎通》雖仍然保有古代占卜之儀式，然而對於以天文星象定吉凶休咎之學說，在《白虎通》中並不多見，至少在《白虎通》所引之讖緯中，並無如斯論述。此現象或許可理解為非「講論五經同異」之書所能含括，從另一角度看，亦可以訴諸於漢代科學進步所致，以致減少、甚至絕口不提星占之事。不過，如此並不意味著《白虎通》已經放棄天人感應之思維模式，從《白虎通》保留古代龜卜之儀式，以及以陰陽五行為天地萬物之原型架構看，天人感應之理論架構仍未破壞；只是在《白虎通》或許有將天文學視為一門獨立學科之趨勢，並且將天文學純粹運用於曆法制度之中，減少天文智識之「讖緯」意味。若天文星占可施之於人事制度，仍然是在陰陽五行之理論架構之下進行，由此更可看出《白虎通》中天文學之地位。

讖緯論災異現象不只天文一端，讖緯中論災異，可以是指天文星象，亦可以是地上之災異現象，無論是地上，或者天上之災異現象，皆只是做為一種天譴告人之預示符號而已，而非以災異為天譴告人之目的。漢代「氣化宇宙論」形成之宇宙圖象，是以陰陽五行為基礎，天文與地理同出於陰陽二氣，故凡有災異符瑞出現於天文地理之中者，皆是陰陽五行變化所致，而人處於天地之間，天人之間乃是可感應之狀態，故以星占、或是以地上災異定吉凶休咎，乃是當然之理，故包含天文星象在內之災異，仍是讖緯重要論述內容。不過，從《白虎通》所引讖緯條文看，凡讖緯所論天文星象，至多只是將天文星象類比為陰陽五行之作用變化，再將陰陽五行變化法則，轉化成人文世界之參考依據，其中並無以星象做為直接斷定吉凶休咎之材料。質言之：在《白虎通》所引有關天文曆法之讖緯條文中，它雖然依舊保存天人感應之思

維模式，但是在以災異說天人感應之方式中，已經淡化星占之必然性，而是改採以陰陽五行理論推究人文世界之秩序法則；其意義便是反映出當時天文科學進步之一面，使天文學之智識朝向更獨立化之發展；不過仍無法避免天文學淪為政治工具之危險。

如前所述，天文星象同為廣義之符瑞災變之一環，在《白虎通》之前，甚至在當時，以天文星象做為符瑞與災異之符號者，仍是一股潮流；而且，以整個讖緯學說觀之，（專指《緯書集成》中之篇目）以星占定吉凶休咎之說，更佔盡許多篇幅。〔註137〕然而，從《白虎通》有關天文學之記載，並無如《史記‧天官書》之星占，更一步言之，《白虎通》之讖緯已經沒有以天文星象定吉凶休咎之占星說；換言之，《白虎通》雖然保留符瑞與災變之說，但是缺乏對於星占這方面之論述。

或曰，《白虎通‧封禪》有云：「德至天，則斗極明，日月光，甘露降」，此則固然可以視天文為符瑞之一，不過，仍不得視為星占之說。如《白虎通》前言所述，「天下太平，符瑞所以來至者，以為王者承天統理，調和陰陽，陰陽和，萬物序，休氣充塞，故符瑞並臻，皆應德而至」，由此而論，所謂「德至天，則斗極明，日月光，甘露降」，固然可以視為天人感應之一環，但只是上帝回應已經繼承王位之天子之德，屬於事後驗證說明，並無以天文星象做為占卜未來之意味。再者，在《白虎通》天人感應之中，以王者德至而符瑞所以來至者，原是其理論之一環，而以符瑞災變做為預言占卜之材料，更是陰陽五行學說之必然結果。且《白虎通》載此則，並未引讖緯加以確定，雖讖緯〈援神契〉有「王者德至天，則斗極明」呼應，但仍不得視為《白虎通》之讖緯思想所有，故此則不能視《白虎通》讖緯思想之內容，甚至做為《白虎通》之讖緯思想含有以天文星象做為占卜材料之證明。

或曰，《白虎通‧災變》有云：「日食必救之何？陰侵陽也」；〔註138〕「月食救之者，陰失明也」，〔註139〕《白虎通》仍然將日、月食視為災變之一種。中國古代相當重視日食與月食之天文現象，對於月食之規律已經有相當掌

〔註137〕殷善培於《讖緯思想研究》分析以為：「傳統天文學為帝王明天心所示，因此星占是最為重要的課題，讖緯思想的本質既為天文，星占自然會是重要的組成部份，所以我們也能從讖緯文獻中看到許多外同的占法，……」語見頁182～183。
〔註138〕《白虎通‧災變》卷六，語見頁322。
〔註139〕同上註，語見頁326。

握，而日食則因難以預測而被視爲災異記錄之；〔註140〕《史記》言「故月蝕，常也；日蝕，爲不臧也」；《史記》亦載「日蝕，國君；月蝕，將相當之」之語，以日視爲國君，以月譬臣，故日蝕與國君有關，而月蝕則喻將相。如前所論，《白虎通》當時已能預測日、月食之週期，《白虎通》將日、月食納入災變之中，只是保留古代之習俗，對於日、月食之現象，只是從俗記載，虛應故事，並未對政治上有任何改制。對於日食現象，其解決之道是：

> 日食必救之何？陰侵陽也。鼓用牲于社，社者，眾陰之主，以朱絲縈之，鳴鼓攻之，以陽責陰也。故《春秋傳》曰：日有食之，鼓用于社。（卷六〈災變〉322～323）

而解決月食之現象，則曰：

> 月食救之者，陰失明也。故角尾交日。月食救之者，謂夫人擊鏡，孺人擊杖，庶人之妻楔搔。（卷六〈災變〉326）

《白虎通》解決日、月食之方式，只是保留古代之習俗，並且提出陰陽五行之理論說明日、月食形成之理，進而以陰陽五行之理解決日、月食現象，其解說仍是在陰陽五行學說之範圍內進行，與天文智識關係不大。若說日、月食對於當時政治有任何影響，亦只是那些試圖以災變制止無限君權之政治家，所藉用發揮之題材而已，此亦不得視《白虎通》之讖緯思想含有以天文星象做爲占卜之證明。

　　不過，以上所論，僅止於論證《白虎通》讖緯之中不含有以天文星象爲占卜之傾向，並不表示《白虎通》讖緯思想不含所謂「立言於前，有徵於後」，或者「詭爲隱語，預決吉凶」之讖語性質。如前所述，《白虎通‧災變》引〈春秋潛潭巴〉：「災之言傷也，隨事而誅；異之言怪也，先發感動之也」，「異」是上帝先發示人之怪異現象，「異」之本身即含有警告預示之功能，其災異說法即具有預決吉凶之讖語性質，只是《白虎通》放棄以天文星象做爲災異之解讀對象。而且，《白虎通》未引讖緯說明星占，亦並不表示《白虎通》之讖緯思想沒有星占成分，因此，本文亦不敢就此認定《白虎通》之讖緯思想沒有星占學說，只是在可供討論之文本中，《白虎通》之讖緯思想並未包含此一可能性而已。

〔註140〕高平子謂：「我國古代最注意的觀測，恐怕要算日食了，月食卻不大見有紀錄。這是因爲月食相當有規律。日食卻很難準確預報，而且太陽又認爲人君之象，所以日食常被視重要的災異而由史官謹慎記錄」，語見《中國科技文明論集》之〈中國古代天文學鳥瞰〉，頁93。

二、《白虎通》讖緯之宇宙論

　　中國之天文學，從天象之變化中，歸納出天體運行之規律，並由此規律訂定出一套曆法，以爲民用；且以此規律規定星象移動之軌跡，凡天體之運行，皆需合於這套曆法，有不合於曆法者，若非即行改曆，便宣稱是天意藉天象示意於人。

　　中國之天文學，隱然在追求某種宇宙規律，並試圖以宇宙規律，做爲人事爲行之準則範本。李約瑟言：

> 天文學之所以爲中國人所注重的學科，因其自『信仰』天地而起，而
> 此天地即爲宇宙秩序之統一性，甚至含倫理團結性的意義。〔註141〕

天文學所以爲中國人所重視，固然可以視爲中國人取法宇宙秩序之統一性，成爲統一人文世界秩序之範本；另一方面，不論是自然世界之自然原理，或是人文世界之規範原理，其實皆是宇宙秩序之一部分，只因爲自然原理是客觀存在，藉由了解自然原理運行法則，可以透顯部分天道，且人文世界具有可變動性，故中國人常以自然原理視爲人文世界之規範原理，如此始能以人道符合天道，貞定人文世界之秩序；天文學所以受到中國人重視，便是天文學可以提供一套天體運行之規律，符合中國人追求天道秩序之精神。張德勝言：

> 事實上，中國自秦始皇統一天下以來的文化發展，線索雖然很多，大
> 抵上還是沿著『秩序』這條主脈而舖開。……則中國文化形貌
> （cofiguration），就由『追求秩序』這個主題統合起來。如前所言，
> 儒家正是以建立秩序爲終極關懷，由此而發展出來的一套學說，以及
> 以之爲準則的行爲模式，可說正中下懷。它之所以能於傳統時代脫穎
> 而出，長時間成爲國家意識型態，相信這是最主要的原因。〔註142〕

以中國之天文學而言，確實有此意含。殷善培進一步指稱：

> 因爲中國文化之重視秩序並不只是求政治穩定而已，而是一種基於
> 天人和諧的整體考量，天行有常，此中便是秩序；人法天象，自然
> 也強調秩序，這正是中國思維方式的特色。〔註143〕

〔註141〕《中國之科學與文明》（五），語見頁1。
〔註142〕張德勝，《儒家倫理與秩序情結——中國思想的社會學詮釋》，（臺北：巨流圖
　　　　書公司，民國78年9月一版一印），語見頁159。
〔註143〕《讖緯中的宇宙秩序》，語見頁10。

漢代強調秩序之特色，不僅表現在社會或者政治之人倫秩序，更重要者，乃在追求一種天人和諧共處之太平境界。在追求天人和諧之過程中，宇宙論本身所展現之哲學系統中，人所依循之天道，固然具有著相當程度之客觀知識，然而天人感應思想以外在秩序做為人類行為之規範原理，形成主觀類比之謬誤，且以天道做為人類行為參照對象之思考徑路，不免落入占驗吉凶之思維中。況且，在以天文學追求宇宙秩序之過程中，又不全然學習自然秩序以規範人倫，有時在政治利害考量中，常常扭曲天文智識以應和政治需求。

因此，《白虎通》中之人文世界與自然世界並非各自獨立、涇渭分明，而是有意將人文世界與自然世界編織成一有機體，使自然科學達到正德、利用、厚生之目的，此亦是符合漢代「通經致用」之目的。觀《白虎通》之內容所及，依唐君毅稱，實已超越個人、以及人倫間之政治、社會、倫理所合成之人文世界，與人以上之神靈世界，以及人在自然世界之利用厚生之經濟生活與宗教典禮。〔註144〕唐君毅稱《白虎通》之哲學涵義，為一經學家之道術。〔註145〕換言之，《白虎通》之哲學涵義，乃是即器以見道，即事以言理，從實然名器之中尋求應然之道理，是屬於「自然哲學」之宇宙論，而其目的在「通經致用」。究其實，漢代雖然崇仰儒家經典，卻仍然有意將「氣化宇宙論」導入五經之中，此乃是順應當時自然科學發展之要求。儒家經書思想強調內在心性之發揚，此固然與先秦儒家之「夫子不聞性與天道」與孟子「天道性命相貫通」之「道德型天人合一論」思想有關，然卻未能滿足客觀知識之建立。反觀讖緯內容，具有大量有關天文曆法之記錄，並且以天文曆法解釋人事制

〔註144〕《中國哲學原論・原道篇》（二）：「實遍及個人之性情、魂魄、精神、與其姓氏、名字、爵位、稱號；人與人間之倫理、社會、與政治之關係組織、禮樂、法律、兵事、教育、經典、卜筮等，所合成之人文世界；以及人所在之自然世界中之天文、曆法、地理、氣候、物類，人以上之神靈世界之天帝、社稷、祖宗之神；人之在此自然世界之利用厚生之經濟生活、與死葬之事，人之對此諸神之封禪、祭祀之宗教性的典禮」，語見頁 202～203。

〔註145〕《中國哲學原論・原道篇》（二）：「此經學家之道術，與子家史家之道術之不同，……經學家之道術，乃即名器以見道，即事物以言理。其所之名器事物，多承于，故即之以見其道其理，便無古今之分別。更本其道其理之所涵，以創製名器事物，而通經遂可致用。此蓋為漢世之正宗經學家之觀點，而初非只以注釋、考證經文為者也。凡一事一物一名一器之用，無不與其他事物名器相連，故重其用，即導使人之思想，趨于理解此人文世界之名器事物之全體，與其對自然世界及人以上之神靈之關係。此即經學思想所具之哲學的涵義之所在也」，語見頁 203。

度，此舉不僅補充儒家經典之不足，更可提供自然科學發展之可能，若論讖緯具有「輔經」之作用，其可取之處，便是在此。

　　《白虎通》論天地宇宙之事，凡所引讖緯，大多集中在以天文學說申論君臣政治之關係上；《白虎通》引讖緯之文，除提高其天文論述之正確性外，並且將實然之天文現象當做應然之政治制度之理論架構；而藉讖緯說法詮釋儒家經典，無異是將其陰陽五行與天人感應學說經典化、合理化。《白虎通》讖緯思想同時兼顧哲學之應然與科學之必然，藉天文曆法說明人事制度，只是其中一例，其更多說法可見於陰陽五行與天人感應之中。

　　就《白虎通》所引讖緯說明漢代天文學，雖無以星占定吉凶休咎之實，然而此現象並不意味著讖緯已經放棄天文星占之舊習；從讖緯整體之中，以星占定吉凶休咎之言論仍然隨處可見，甚至是讖緯學說理論重心之一部分。從讖緯篇名與甲骨卜辭之體例對照，讖緯篇目幾乎包括所有卜辭之體例。〔註146〕如前所述，依甲骨卜辭之體例，有：「敘」、「命」、「占」、「驗」等十二種；而讖緯篇目，以「敘」名篇者（「敘」一作「序」），如：〈易緯乾元序制記〉、〈春秋命歷序〉。以「命」名篇者，如：〈尚書帝命驗〉、〈尚書帝命期〉、〈中候考河命〉、〈中候雒予命〉、〈赤雀命〉、〈春秋元命包〉、〈春秋命歷序〉、〈春秋揆命篇〉、〈禮稽命徵〉、〈禮元命包〉、〈孝經鉤命決〉、〈河圖稽命徵〉、〈河圖著命〉、〈河圖說命徵〉、〈雒書寶號命〉；又陳槃引鄭玄本書注：「『命』，猶運也」，以「運」名篇者，如：〈易運期〉、〈尚書運期授〉、〈中候運衡〉、〈春秋運斗樞〉、〈春秋運錄法〉、〈河圖運錄法〉、〈雒書運錄法〉、〈雒書運錄期〉。以「占」名篇者：〈河圖令占篇〉、〈洛書三光占〉。以「驗」名篇者，如：〈易通卦驗〉、〈尚書帝命驗〉、〈尚書帝驗期〉；又陳槃引鄭玄本書注：「『徵』，攷其象、驗以事也」，以「徵」名篇者，如：〈禮稽命徵〉、〈樂協圖徵〉、〈河圖秘徵〉、〈河圖說徵〉、〈河圖說徵祥〉、〈河圖稽命徵〉、〈河圖說命徵〉、〈河圖說徵示〉、〈雒書說徵示〉；又陳槃言「從其占驗言之則曰讖」，則以讖名篇者，更佔讖緯篇目多數。〔註147〕從讖緯篇目名稱看，不能視為「不謀而合」，而是有意識承襲甲骨占卜之說，且甲骨占卜之說，悉已隱含在讖緯之中。

〔註146〕有關讖緯篇目命名之由，陳槃於《史語所集刊》〈古讖緯書錄解題〉（一）至（六）系列，其考證甚詳，足供參考。

〔註147〕讖緯中以「讖」名篇者，其例甚多，可參閱第二章緯書輯本篇名表格，此從略。

讖緯中以星占定吉凶休咎之立場，與《史記·天官書》所述，頗爲近似。〈春秋元命包〉曰：「天人同度，正法相授；天垂文象，人行其事謂之教，教之言效也，上爲下效，道之始也」，〔註148〕正說明天人感應之理，天以文象示人，人以天象效之，人道法天道之行，上行下效，道之始也。讖緯論星占災異之實例，不勝遑舉，歸納其中所指對象，不外乎君主失道、后妃專權、宰輔恣橫等人世秩序失衡之現象，〔註149〕不乏系統化之占卜方式。如以靜態星之明度與彩度判斷，〈春秋元命包〉曰：「三台星色齊，君臣和；不齊，大乖」。〔註150〕另一類之星占方式，以天體運行之變化判斷，如〈春秋元命包〉曰：「直弧北有一大星爲老人星，見則治平主壽；亡則君危主亡，常以秋分候之」，〔註151〕又如〈春秋元命包〉「熒惑守軒轅，貴妾爭；熒惑守營室，群妃鬥」，〔註152〕〈河圖帝覽嬉〉曰：「太星流入月中無光，有兵死；又曰使星入月，主失於地；若星入月中無光，將戮」。〔註153〕又有以月蝕進行方向判斷之，〈河圖帝覽嬉〉曰：「月食從上始，謂之失國，國君當之；從旁始，謂之失令，相當之；從下始，謂之失律，將軍當之」。〔註154〕

又有以異常之象預示人事，如「虹貫日」，〈春秋感精符〉曰：

> 虹貫日，天下悉極，文法大擾，百官殘賊，酷法橫殺，下多相告，
>
> 刑用及族，世多深刻，獄多怨宿，吏皆慘毒，國多死孼，天子命絕，
>
> 大臣爲禍，主將見殺。〔註155〕

彗星出現亦是星占重點之一，如〈河圖帝覽嬉〉曰：「彗星出，貫奎庫，兵悉出，禍在強，侯外夷」，〔註156〕又曰：「彗星在月，胡兵大起」、「彗出東方，河逆決，將相有謀」。〔註157〕其例之多，不可勝數。

從整體讖緯內容言，讖緯雖然記載大量有關天文智識，然天文智識並非

〔註148〕《緯書集成》，語見頁 1448。
〔註149〕有關讖緯之災異說，論述對象與內容可以參考殷善培《讖緯中的宇宙秩序》，頁 193～197。唯該書論讖緯之災異採廣義說，本文在此著重在天文星占一面。
〔註150〕《緯書集成》，語見頁 1454。
〔註151〕《緯書集成》，語見頁 1455。又曰：「老人星見則主安，不見則兵起」、「王者安靜則老人星見，當以秋分候之」，語見頁 1457。
〔註152〕同上註，語見頁 1454。
〔註153〕同上註，語見頁 361。
〔註154〕同上註，語見頁 361。
〔註155〕同上註，語見頁 1462。
〔註156〕同上註，語見頁 1524。
〔註157〕以上二則見《緯書集成》，頁 361。

做純科學之運用，而是利用天文智識建構一幅天人感應之宇宙圖象。如前所述，讖緯之宇宙生成論頗近似《淮南子・天文訓》，〔註158〕而《白虎通》亦引〈易乾鑿度〉爲說，亦同於前二者，而此三說皆以「氣化宇宙論」爲其論述核心；亦正因爲漢代（至少在《白虎通》之前）皆以「氣化宇宙論」爲其論述核心，故以星占定吉凶休咎之說不絕，而《白虎通》雖然仍在「氣化宇宙論」氛圍之中，並且在徵引讖緯情況下，卻仍能避免直接引述天文星象以爲占卜之資，此亦是《白虎通》特出於當時之處。

　　前言讖緯篇目有意識承襲甲骨占卜之說，且甲骨占卜之說，悉已隱含在讖緯之中；且在《白虎通》，仍保留龜卜著筮之傳統。所謂「著龜」者：

> 龜曰卜，著曰筮何？卜，赴也，爆見兆也；筮也者，信也，見其卦也。《尚書》曰：卜三龜。《禮・士冠經》曰：筮于廟車外。（卷七〈著龜〉390）

龜卜以爆見吉凶之兆，而著則以筮所成之畫以見其卦，著龜皆是古代占卜方式之遺留。古代占卜所以用龜著，乃取二者久長之意，〔註159〕因龜著同爲天地間最爲壽考之物，故問著龜可得天之命意。問疑於著龜，不僅是因爲著龜爲天地之壽考之物，且問於龜著，乃在顯示天子不獨裁之意。《白虎通》曰：

> 天子下至士，皆有著龜者，重事決疑，亦不自專。《尚書》曰：汝則有大疑，謀及卿士，謀及庶人，謀及卜筮，定天下之吉凶，成天下之亹亹者，莫善乎著龜。（卷七〈著龜〉387）

凡遇有重事無法決疑之時，莫善於著龜。《白虎通》所言，皆承襲〈繫辭傳〉所謂：「以定天下之吉凶，成天下之亹亹者，莫大乎著龜」之立場，問疑於著龜，不僅可定天下之吉凶，成天下之亹亹者，亦可表現出天子雖得命於天，仍尊重天意，以著龜問之，示天子不自專也。以著龜知天意，或是出於重事決疑，人事不能盡知之時。《白虎通》曰：

> 所以先謀及卿士何？先盡人事，念而不能得，思而不能知，然後問

〔註158〕如〈易乾鑿度〉曰：「夫有形生於無形，乾坤安從生？故曰有太易，有太初，有太始，有太素也。太易者，未見氣也；太初者，氣之始也；太始者，形之始也；太素者，質之始也；氣、形、質具而未離，故曰渾淪」，語見《緯書集成》，頁787。

〔註159〕《白虎通》曰：「乾草枯骨眾多，非一獨以著龜何？此天地之間壽考之物，故問之也。龜之爲言久也，著之爲言者也，久長意也」，語見卷七〈著龜〉，頁389。

于著龜。聖人獨見先睹，必問著龜何？示不自專也。或曰：清微無
端緒，非聖人所及，聖人亦疑之。《尚書》曰：女則有疑，謂武王也。
（卷七〈著龜〉389）

每當國家有重事決疑之際，必先謀及卿士、庶人，至盡人事之後，仍念不能
得，思不能知之時，始問之於著龜。由此亦可知，聖人雖是獨見先睹，為示
不自專，同時亦出於事無端緒，非聖人所及，亦聖人所疑，故問於著龜。至
於著龜之所，與卜筮之方向，亦有規定。《白虎通》曰：

筮畫卦所以必於廟何？託義歸智于先祖至尊，故因先祖而問之也。
（卷七〈著龜〉390）

卜春秋何方？以為于西方東面，蓋著之處也，卜時西嚮己，卜退東
嚮，問著于東方西面，以少問老之義。（卷七〈著龜〉391）

《白虎通》問疑決難於著龜，乃是出於聖人念思仍不能得之時，問著卜龜於
宗廟之上，東西方向，其所展現之精神，乃是敬奉鬼神之宗教情懷。唐君毅
稱《白虎通》為經學家之道術，「趨于理解此人文世界之名器事物之全體，與
其對自然世界及人以上之神靈之關係」，此即《白虎通》經學思想所具之哲學
的涵義之所在，亦是其神學思想之所存焉，豈是「迷信」一辭而已。

《白虎通》固然保存古代龜卜著筮之儀式，但只有在盡人事之後，「念而
不能得，思而不能知」之情況下，始問於著龜以決疑，顯示出《白虎通》對
卜筮儀式，著重在法先王之精神，保存古代傳統習俗，而輕於其實質效用。
同時，《白虎通》中並無以星占定吉凶休咎之言論；而在所引讖緯條文之中，
以星占定吉凶休咎之事更是絕無僅有，更顯示出《白虎通》已經逐漸擺脫凡
事求神問卜之習性，朝更為科學而理性之方向發展。在《白虎通》陰陽五行
系統中，固然是以陰陽五行安排一切人事秩序，但亦有以星象做為陰陽五行
重要參考；唯《白虎通》放棄以星象占卜之說，星象只是做為陰陽五行取象
之一，天文學之研究成果，最終仍是在天人感應之思維模式下，以陰陽五行
為理論架構，成就其「氣化宇宙論」。

如前所述，《白虎通》說明宇宙生成過程，始起先有太初，然後有太始，
形兆既成名為太素，續引〈乾鑿度〉云「太初者，氣之始也；太始者，形之
始也；太素者，質之始也」，故太素判清濁，始成陰陽二氣，陰陽只是元氣之
分化；清濁既判，精者為三光，號者為五行，然後五行生情性、汁中、神明、
道德、文章等天地萬物，皆是五行所生出；換言之，天地萬物皆是陰陽五行

運行之結果，亦即是元氣之產物；因此，天地萬物樣貌無論如何多端，變化如何詭譎，皆只是陰陽五行之變化，萬變不離其宗，天地萬物只是一「氣」，天地萬物只是一「體」。說《白虎通》朝向科學而理性方向發展，可分爲二個層次：在科學精神方面，傾向於陰陽五行學說之中；而理性思維，則是表現在天人感應之中。

　　從科學精神言，《白虎通》以陰陽五行做爲歸納天地萬物之結構，其思想乃經歷長時間之醞釀，內在具有合理而客觀之論述，而爲學界所共術。《白虎通》之陰陽五行說，又可分形下與形上。從形而下論，《白虎通》以五行相生與相勝說明具體實物之生成與變化：「木生火，火生土，土生金，金生水，水生木」，以五行相生之理，說明萬物生成之由；而「水勝火，火勝金，金勝木，木勝土，土勝水」，以五行相勝之理，說明萬物變化之法則。故以五行相生與相勝之理，安置：五味、五臭、五色、五音、五精、五祀、五牲、五臟、五官、五嶽及五星宿等天地一切形下萬物。五行之相生與相勝，不唯只在說明形下之理，從而形上論，《白虎通》又以五行之屬性說明形天地萬物形上變化之理，以五行屬性分判：五方、四時、五日、五帝、五神、五性與五經。《白虎通》以陰陽五行學說爲基礎，對天地萬物進行分析，其基本假設是，五行之屬性已經含括所有一切有形物質與無形之理，故以五行模式可以牢籠天地萬事萬物。《白虎通》論五行之性曰：「火者，陽也尊，故上；水者，陽也卑，故下；木者少陽；金者少陰，有中和之性，故可曲直從革；土者最大，苞含物，將生者出，將歸者入，不嫌清濁爲萬物」，故五行雖可分少陽、太陽、（最大）、少陰與太陰，其實只是陰陽二氣之生勝變化而已，歸根究底，宇宙間一切現象變化，只是陰陽五行作用所致，《白虎通》之「言行者，欲言爲天行氣之義也」，陰陽五行又只是「氣」之生成變化而已，此又使陰陽五行分判天地萬物形下與形上之說，回歸到「氣化宇宙論」之結構中。

　　《白虎通》以五行相生之理，說明萬物生成之由，以五行相勝之理，說明萬物變化之法則，並且以陰陽五行學說爲基礎，對天地萬物進行分析，五行之屬性已經含括所有一切有形物質與無形之理，就此而言，所謂天文星象，自然包涵在陰陽五行之中。姑且不論其推論過程是否正確，以五行模式牢籠天地萬事萬物，其推論本身即具有科學之精神；而天文學說避免淪爲星占之用，只強調運用於曆法一面，更是說明《白虎通》已經粗具客觀科學之精神；雖然《白虎通》所引讖緯思想中，有關天文曆法部分，乃是引渡天文自然秩

序成為人文秩序之間接橋樑，其最終目的仍在彰顯陰陽五行理論架構之完整。從自然科學層面看，陰陽五行理論固然滿足人類追求客觀智識之心靈，卻未必能安置自然科學於生命之中；換言之，中國思想家在追求宇宙秩序之初，非僅是以自然科學智識為目的，自然科學所得，不單純僅用以改善客觀生活品質，更重要者，仍在以自然科學智識為橋樑，從客觀自然之中尋找一套自然生成變化之規律，進而從自然規律之中確立一套宇宙秩序，而這套宇宙秩序，便是做為人世間之倫理制度之最終與最高之指導原則。由此亦可知，漢代經學雖然「充滿了災異機祥、五行陰陽之說，而事實上那亦可以看出漢人企圖洞窺宇宙秩序的用心。其經學辯難及釋經之作，更是高度理性化的表現」；〔註160〕至於如何將自然秩序合理化為人文秩序，乃是哲學思維問題。

正因為天地萬物皆出於一「氣」，天、地、陰陽、五行與人，同出於一「氣」，故天人之間存在著此一共同元素，天人之間可以藉由此元素溝通彼此訊息，形成以「氣」為天人間溝通之媒介。《白虎通》有意藉用此天人感應學說，以為政治主張之形上依據，並且依其學說，建構以天人感應學說符合當時政治制度之模式；因此，《白虎通》之天人感應學說，側重於政治作用一面。

《白虎通》之天人感應說，與董仲舒等西漢儒生說法，頗為近似。《白虎通》其倡天人感應說因有陰陽五行理論之支撐而更見周延，而《白虎通》所以引用天人感應之目的，為達「通經致用」之目的，乃在尋求一種具有可規範與可遵循之宇宙秩序，以為人文世界倫理制度之參考依據，並且為政治制度提供一套具有權威性之理論依據。從《白虎通》所提之天人感應方式中看，天人之關係，無寧說是上帝與君主之委任關係，而其感應目的，皆是出於政治之要求。在天人感應之循環中，上帝所用之符瑞與災變，是用以褒顯受命與譴告君主；而君主之封禪告天與改制應天，同樣是回報上帝之任命，而對於災變譴告之義，君主則是以「覺悟其行，修德深思慮」以回應上帝譴告之義。因此，無論是上帝所施之符瑞或災變，或是君主所行之封禪與改制，皆必須符合陰陽五行理論之要求；意即，上帝唯有通過陰陽五行，始能彰天命所在，為君主獲悉；同理，君主亦唯有利用陰陽五行體系，始能傳遞人世報告上帝之義，此亦是陰陽五行所以成為天人感應系統中不可或缺之一環。此亦是「氣化宇宙論」之必然結果。陰陽五行理論之完整，有助於論證天人感應學說之有效性，而天人感應之確立，更有助於「大一統」專政體制之合法

〔註160〕《文化符號學》，語見頁 33。

性，此一合法性，乃是強調「大一統」政治之不二法門。

由於時間與經驗之累積，造就某些瞭解天象之知識，形成人們可以通過對天命過程之了解，進而掌握天道，因此，天道思想之形成，乃有客觀之科學經驗為依據，且由即時對天象之觀察，進而研究天象之運動規律，亦表現出當時人對自然界之認識，即是由起初敬畏之心，轉向科學知識之建立。事實上，《白虎通》所論天文智識，並未如理想般建立純科學知識，而是以天文學所得印證陰陽五行之理論架構，天文科學反倒成陰陽五行之驥尾。

若說讖緯是按當時天文智識理解宇宙秩序，則天象秩序勢必成為人文秩序之一環；而《白虎通》所論天文秩序，雖然落在陰陽五行結構之中，並非以天文秩序直接運用於人文秩序，它是經由掌握天文秩序，再以天文秩序說明陰陽五行運行之規律，最終是以陰陽五行運行之規律，做為人文秩序之藍本。故《白虎通》之讖緯所引天文說法，其所呈現之意義，一則《白虎通》逐漸脫離以星占定吉凶休咎之舊習，讖緯之占驗吉凶意味逐漸消退，逐朝向以解經為目的；再者天文科學雖漸趨獨立，不過仍在天人感應與陰陽五行牢籠之中，成為君主專政制度之藉口，最終淪為政治學說之工具。

第八章 結 論

　　本文嘗試從思想史角度探討《白虎通》讖緯思想，其目的在同時展現《白虎通》讖緯思想之來源，及其思想理論架構，並且通過思想史之比較方式中，發掘《白虎通》讖緯思想之時代意義，並由其時代意義分析漢儒學術之性格。

　　本文第二章討論讖緯起源問題。若以劉師培之觀點言，「讖緯之言，起於太古」，則無事不可自太古探源；然而，劉氏所論突顯出讖緯思想內容森羅萬有之特性。廣義之讖緯，包含範圍極為廣泛，探求其源頭固然可以依各家所持觀點而有不同結論，本文重心並非在此一問題上定於一說，探求廣義讖緯之定義亦非本文主旨；本文旨在貞定讖緯篇目之範圍，並且以此範圍為基準文本，故本文所指讖緯者，在範圍與意義上，均有別於廣義讖緯。亦如劉氏所言，「以經淆緯，始於西京」，「以緯儷經，基於東漢」，在在指涉讖緯與漢代經學之關係密切，故無論就讖緯之發生意義，或者是讖緯之理論意理，論究讖緯，若忽略漢代經學對讖緯之效應，勢必無法有效掌握讖緯核心意義。

　　第三章論述《白虎通》讖緯思想之形成，實與漢代經學息息相關。就《白虎通》讖緯思想之形式言，漢代經學所崇奉之「五經」，是「七經緯」模仿對象，「方士化之儒生以『讖』附經，因名為『緯』」；而漢代儒者言讖緯必推孔子，踵事增華，變本加厲，甚至神化孔子形象，乃為適應當時學術環境之要求，此又可說明漢代讖緯與儒家經典之關聯性；因此，在漢代經學未興之前，不得有「讖緯」之名與實。而從內容言，至武帝立五經博士，設科射策，勸以官祿，大開以學術謀利祿之路，刺激經學蓬勃發展，乃至「博士專守一經乃至經中的一傳」，「於是在故訓、傳說之外，又興起章句之學」，章句之學興起，標誌著儒學朝多元性詮釋發展，非官方主流之各種學說如陰陽五行、天

人感應等，得以藉此融入儒家典籍而成爲漢代儒學之一部分，補益發明經學不足之處，其目的乃在「通經致用」，而其學術融合成果之結晶，便具體而微表現於《白虎通》讖緯思想之中。

從《白虎通》並列經說與讖緯現象，亦頗能說明漢儒學術性格之轉變。漢代經今古文學之爭，固然是利祿之途使然，同時也是儒學朝多元性詮釋發展之結果，從漢代博士官絕大多數由今文經學掌控之情況言，經今文學顯然獲得官方較多肯定，究其原委：古文家所代表之魯學，「較爲拘謹，頗守典章制度」，偏重章句訓詁，未合時宜；而代表齊學之今文家，「於經義多參雜陰陽讖緯，作自由之發揮」，合於「通經致用」之目的；且經今文學以爲經義與讖緯皆是孔子爲漢制法，經說與讖緯之結合乃是必然趨勢；至白虎觀經學會議旨在「講議《五經》同異」，卻輔以讖緯學說，此又合於漢代立博士官「所以扶進微學，尊廣道藝」之宗旨；因此，至東漢初期，讖緯學說滲透於儒學經義已是無庸置疑之事，而因經今古文學之爭所詔開之白虎觀經學會議，其會議記錄並列經說與讖緯，適可以爲當時學術歷程留下吉光片羽。

第四章分析《白虎通》讖緯思想之陰陽五行基調。陰陽五行提供讖緯思想之理論基礎，而讖緯則是陰陽五行理論之實踐，讖緯無寧是陰陽五行學說另一種表現方式。《白虎通》讖緯思想以陰陽五行概括天地萬物之生成變化，宇宙萬物之變化只是陰陽五行變化之結果，歸根究柢，宇宙之變化不過是「氣」之運行變化而已，此亦是暗合於漢代「氣化宇宙論」之觀點。《白虎通》讖緯思想所以引陰陽五行學說，不僅是安立科學之必要性，更有意以陰陽五行學說證成天人感應之必然性。

第五章論述《白虎通》讖緯思想之天人感應理論，乃是基於「氣化宇宙論」之前提下繼續引申。因爲天地萬物同出於一「氣」，有「氣」始有陰陽、五行、天地、萬物等，而人亦在萬物之中，故整個宇宙物質具有「同質」性，人與萬物同在一「氣」中生成流轉，而「氣」又是置於具有人格天之下，故「氣」成爲天人感應溝通之媒介。「氣」在天人感應理論中乃是抽象義，落在政治層面上之具體象徵，便是天以啓示人之災異與符瑞，與人以回應天之封禪與改制，形成天與人可以彼此溝通之感應系統。就漢代學術所面臨之大一統專制政治與天人性命問題，此二問題，在《白虎通》讖緯思想之天人感應系統中，企圖一併獲得解決。

第六章處理《白虎通》讖緯思想與漢代政治思想之關係。漢代施行大一

統之專制政治，不僅在政治上主張大一統，影響學術所及，便是以「獨尊儒術」結束學術爭鳴局面，其他學說受制於現實政治制度，紛紛更弦易張附會於儒學之中，形成以儒學爲首，而兼論陰陽五行與天人感應等龐大而複雜之大一統思想。在大一統政治所主導之學術，勢必以迴護既有之政治制度爲目的，因此，《白虎通》讖緯思想所含之天人感應實與其政治制度互爲表裡：天人感應理論落實於政治制度，體現天人感應之應然性；而政治制度之設計符合天人感應理論，適又證成政治制度之必然性。

　　《白虎通》讖緯思想中所呈現之政治傾向，便是藉助陰陽五行與天人感應學說，以證成大一統政治制度之必然性：在政權方面，以天命符瑞鞏固天子政權於不墜，以封禪改制宣示政權之合法性，而以機祥災異制約無限揮灑之天子；而在治權方面，則是天子參照天體運行之自然原則，制定一套「官制象天」之規範原理，再依此規範原理安排一切「三綱六紀」之倫理制度與生活秩序。概言之：《白虎通》讖緯思想乃是伸張政權以貫徹治權，並從維護君權之主張中，衍生出「三綱六紀」之倫理制度，企圖結合君主專政之政權與血緣之父權，達到君主專政與宗法制度合而爲一之政治結構。

　　第七章則以漢代天文學爲基準，討論《白虎通》讖緯思想與當時自然科學發展之關係。在天人感應思維模式影響之下，「不僅是經學家們講，皇帝大臣們講，就是從事自然科學（如天文、歷法、數學、醫學）的人們也都或多或少處于這種思想模式的支配之下」；換言之，漢代在追求人倫秩序規範原理之時，有意藉用自然秩序之自然原理爲其模仿對象，強調人倫秩序與自然秩序之相似性與同質性，進而轉化自然原理之秩序爲規範人倫之秩序，使人倫秩序之應然性抹上一層不可抗力之必然性。因此，在漢代天人感應之思維模式下，自然科學之研究及其成果，往往被當做天人感應之實證，進而以自然科學之成果導入政治作用之中，而《白虎通》讖緯思想所呈現之自然哲學宇宙論，便是在此一思想氛圍下形成。

　　《白虎通》讖緯思想之自然哲學宇宙論，最直接取法對象便是之天文學。天文學所以受漢人重視，乃因天文學可以提供一套天體運行之規律，以做爲人倫秩序之規範，符合中國人追求天道秩序做爲人倫秩序之精神。以漢代天文學之二項作用目的言，《白虎通》讖緯所論述之天文智識，偏重於記載普遍性之天文曆法，而殊少涉及古代以降以星占定吉凶休咎之說；不過，如此並不意味著《白虎通》已經擺脫機祥災異之舊思想。實則，《白虎通》仍然秉持

陰陽五行及天人感應學說中之符瑞災異，天文研究依然在陰陽五行理論系統下解讀，並且以天文學所得映證陰陽五行之理論架構，天文科學反倒成爲陰陽五行之驥尾；且在以天文學追求宇宙秩序之過程中，並非全然接受自然秩序以規範人倫，而是此一宇宙秩序必須符合陰陽五行與天人感應學說，及其學說下之大一統之政治制度，科學便在此一現實政治壓力下喪失獨立研究之地位。《白虎通》讖緯中所呈現之宇宙秩序，乃是以陰陽五行理論解釋天文現象，以陰陽五行說明天體運行之理，最終以陰陽五行運行之規律做爲人倫秩序之張本。因此，《白虎通》之自然科學雖已逐漸退卻宗教神學色彩，不過仍在陰陽五行與天人感應思想典範之中，成爲大一統政治制度客觀之實證，淪爲宣傳政治學說之工具。

基於以上討論，《白虎通》讖緯思想雖只佔整部《白虎通》之一部分，然其具體而微展現漢代學術風貌，相當程度反映出東漢儒學之學術性格。徐復觀言「常將許多各有分域的事物，組成一個大雜拌的系統」是漢代學術基本性格之一，亦如唐君毅言，《白虎通》論述內容是涵蓋「人文世界」、「自然世界」與「神靈世界」，確實展現漢代學術無所不包之「雜拌」性格；儘管《白虎通》讖緯思想內容無所不包，但卻是有條無紊地安排天地間之事物名器，「導使人之思想，趨于理解此人文世界之名器事物之全體，與其對自然世界及人以上之神靈之關係」，展現出無比龐大之組織結構。《白虎通》讖緯思想雖只是漢代讖緯一部分，其思想雖未必能涵蓋整個漢代讖緯，卻頗能代表漢代讖緯思想之一部分，呈現出漢代讖緯思想之縮影。從漢代思想史之比較中亦可以看出，《白虎通》讖緯思想絕大多數是繼承前人既有之成說，思想內容極少有特出於前人之處，此現象固然是緣於會議主旨之要求，亦可視爲當時學術之共識。透過思想史之比較方式中，可以更具體呈現《白虎通》讖緯思想之由來，以及其思想本身所隱含之理論架構，進而更爲有效論證《白虎通》讖緯思想之理論體系。《白虎通》讖緯思想此一龐大而且組織嚴密之思想體系，其中無論是經學思想、陰陽五行、天人感應、政治思想與自然科學思想，皆可以各自獨立自成體系，亦可彼此環環相扣，形成更爲完整之有機組織；若說《白虎通》讖緯思想有特出於前人之處，那便是在於《白虎通》讖緯思想展現出恢宏之組織結構，及其組織結構所蘊含之博大包容性。

反省《白虎通》讖緯思想之現代義意。中國現代儒學經由接觸與比較西方文化，並且從實踐過程中，反省傳統以道德生命與文化理想爲終極關懷之

儒學，無法安立客觀之科學智識與民主政治，故現代「新儒學」宣稱，〔註1〕
儒學客觀化是現代儒學問題，〔註2〕而現代儒學「最迫切的問題，就在中學的
超越之體，要如何自覺的轉出西學的內在之體，再由西學的內在之體，去引
進民主與科學的西學之用」，〔註3〕現代新儒學解決之道，是「儒學的自我轉
化，就在由德性心轉出認知心，才能落實在知識與技術的層次，自我坎陷其
自身，客觀化其自身，以建構民主制度與科學技術的現代主會」。〔註4〕牟宗
三嘗以康德之「兩層存有論」與佛學之「一心開二門」理論架構提出「良知
自我坎陷」說，解決儒學客觀化如何自我轉化而成為可能之文化問題，然而
其「良知自我坎陷」說，不僅引發當前學術界廣泛討論，仍有許多學者對「良
知自我坎陷」之必然性提出質疑。〔註5〕雖然勞思光批評漢儒之宇宙論與其宇
宙論形成獨特之天人感應學說是一種幼稚思想，唐君毅則認為《白虎通》乃
「為漢世之正宗經學家之觀點」，而《白虎通》思想內容，「即經學思想所具
有之哲學的涵義之所在」。如王邦雄所言，「民主與科學是共法，本質上發自
人的認知心靈」，〔註6〕《白虎通》讖緯思想以「前科學性」之陰陽五行概括
一切萬有，以陰陽五行詮釋宇宙間一切現象變化，進而以陰陽五行做為道德
之根據，形成以氣為宇宙中心之一元論，其本身便具有科學精神。而政治制
度雖然支持大一統君主專政，仍然有意向客觀之自然律規尋求一套合於人文

〔註1〕 張灝在《新儒家與當代中國的思想危機》指出張君勱、唐君毅、牟宗三、徐
　　　 復觀等四人：「自一九四九年後，這四位先生是中國文化傳統最為積極與最具
　　　 詮釋力的發言人，……一般即稱之曰『新儒家』」。
〔註2〕 王邦雄〈論儒學客觀化的曲成問題──為「一心開二門」進一解〉言：「儒學
　　　 的現代化，是第三期儒學的時代使命。所謂儒學的現代化，實則是儒學客觀
　　　 化的問題」。《鵝湖月刊》第一五〇期，民國76年12月，語見頁1。
〔註3〕 同上註。
〔註4〕 同上註。
〔註5〕 如伍玲玲說：「在『良知自我坎陷』說中，『坎陷』的功力在那裡呢？是不是
　　　 突然之間感到了有坎陷的必要，就可以坎陷成功了？『良知自我坎陷』說的
　　　 前提沒有必然性，偶然性太大，不能說服人」；鄭家棟亦指出：「正是在超越
　　　 的層面上，『良知坎陷』缺乏必然的根據。儒家的道德理性與黑格爾的絕瓶精
　　　 神是兩種完全不同的精神實體，所以套用黑格爾精神的『內在有機發展』的
　　　 觀念，並不足以證成『良知坎陷』之『辯證的必然性』。更重要還在於：我認
　　　 為就基本精神而言，牟先生的哲學離『外王』最遠，它是形上的、超越的、
　　　 空靈的。牟先生所論的道德理性（良知本體）本身就是圓滿自足的，它不需
　　　 要『坎陷』，也不能夠『坎陷』」，以上二則俱見〈牟宗三與當代新儒家學術思
　　　 想研討會紀要〉，李翔海整理，《鵝湖月刊》第二一一期，頁31～32。
〔註6〕 〈論儒學客觀化的曲成問題──為「一心開二門」進一解〉，語見頁1。

化成之倫理秩序，並且經由天人感應之方式中設計出一套制約機制，以規範漫無節制之專政君權，此亦反映出漢儒鼓吹天人感應與陰陽災異之可能動機，於此雖未必符合現代民主思想，但仍涵有否定絕對君權之政治思想。因此，《白虎通》讖緯思想之中，雖未回應現代新儒學之發問，但亦不難看出漢儒致力於建立客觀科學智識與政治制度之用心。

　　附帶說明，從思想史之比較觀點而言，《白虎通》讖緯思想所呈現之面貌，實與現代廣義讖緯有極大差距：最明顯者，《白虎通》讖緯思想中已經將「立言於前，有徵於後」之預言性質減至最低，亦不再強調「王者受命之徵驗」之「符命」之說；甚至所謂「明審律歷以定吉凶」，以天文星占以定吉凶休咎之舊傳統，在《白虎通》讖緯思想中亦絕口不提，此舉不僅大幅降低讖緯思想宗教神學之迷信色彩，同時亦逐漸展現追求客觀科學之時代精神。林聰舜即明白表示：「《白虎通》對讖緯思想的大量援引，即是反映當時主流的世界觀或思維模式，代表儒學自我調整的活力，代表儒學能與當時風行一時的思想結合，順利推展儒家倫理。由此一角度，我們就可看到《白虎通》與讖緯合流的積極意義，而不必譏笑為荒誕怪異或愚昧荒謬」；〔註7〕若謂《白虎通》因援引讖緯，「以緄道眞，違失六藝之本」，而遭後世學者詬病之指控，〔註8〕則有失公允。

〔註 7〕 〈帝國意識形態的重建——扮演「國憲」基礎的《白虎通》思想〉，語見頁 30。
〔註 8〕 林麗雪在〈白虎通與讖緯〉言：「尤其遺憾的是，儘管白虎通全書處處透露出漢儒企圖賦予大一統專制政體新的政治理想和內容的苦心，譬如它主張……，但往往因全篇累牘援引讖緯而遭到後世學者的詬病」，《孔孟月刊》第二十二卷第三期，語見頁 25。

參考資料

一、古籍文獻資料（依四庫分類為序）

（一）經　部

1. 《周易》，十三經注疏本，臺北：藍燈文化事業公司。

2. 《尚書》，十三經注疏本，臺北：藍燈文化事業公司。

3. 《詩經》，十三經注疏本，臺北：藍燈文化事業公司。

4. 《周禮》，十三經注疏本，臺北：藍燈文化事業公司。

5. 《儀禮》，十三經注疏本，臺北：藍燈文化事業公司。

6. 《禮記》，十三經注疏本，臺北：藍燈文化事業公司。

7. 《左傳》，十三經注疏本，臺北：藍燈文化事業公司。

8. 《公羊傳》，十三經注疏本，臺北：藍燈文化事業公司。

9. 《穀梁傳》，十三經注疏本，臺北：藍燈文化事業公司。

10. 《春秋公羊傳何氏解詁》，何休解詁，《四部備要》，中華書局據永懷堂本校刊。

11. 《說文解字》，許慎，臺北：黎明文化事業，民國78年9月增訂四版。

12. 《重修緯書集成》，安居香山・中村璋八合編，東京：明德出版社。

13. 《緯書集成》，上海古籍出版社編，上海：上海古籍出版社，1994年6月版。

（二）史　部

1. 《史記》，司馬遷，北京：北京中華書局，1982年11月版。

2. 《漢書》，班固，北京：北京中華書局，1982年11月版。

3. 《後漢書》，范曄，北京：北京中華書局，1993 年 3 月第六次印刷。

4. 《東觀漢記》，劉珍等撰，大西洋圖書公司印行，中華古籍叢刊（九）。

5. 《晉書》，房玄齡等著，臺北：藝文印書館，據清乾隆武英殿刊本景印。

6. 《隋書》，魏徵等著，臺北：鼎文書局，民國 79 年 7 月六版。

7. 《文獻通考》，馬端臨，洪浩培影印，臺北：新興書局發行，民國 52 年
   10 月新一版。

8. 《歷代職官表》，清永瑢等奉敕修纂，臺北：臺灣商務印書館，民國 55
   年出版。

（三）子　部

1. 《荀子》，荀況著・王先謙集解，臺北：世界書局，民國 76 年版。

2. 《淮南子》，劉安，臺北：中華書局據武進莊氏本校刊。

3. 《春秋繁露註》，凌曙註，臺北：世界書局據《皇清經解續編》影印。

4. 《論衡》，王充，臺北：錦繡出版事業，民國 82 年再版。

5. 《申鑒》，荀悅，臺北：藝文印書館據四庫善本叢書子部影印。

6. 《少室山房筆叢》，胡應麟，臺北：世界書局，讀書箚記叢刊，民國 52
   年 4 月初版。

7. 《原抄本日知錄》，顧炎武著・黃侃、張繼校勘，臺中：臺中市河北同鄉
   會印行。民國 47 年 4 月出版。

8. 《白虎通疏證》，陳立疏證，臺北：廣文書局，民國 76 年 5 月初版。

（四）集　部

1. 《文選》，蕭統編・李善注，臺北：華正書局，民國 76 年 9 月初版。

二、近世研究論著

（一）現代論著書籍（依作者筆劃為序）

1. 《氣的思想》，小野澤精一等編・李慶譯，上海：上海人民出版社，1992
   年 6 月版。

2. 《中國人的人生觀》，方東美著・馮滬祥譯，臺北：幼獅文化事業，民國
   69 年出版。

3. 《緯學探原》，王令樾，臺北：幼獅文化事業，民國 73 年 4 月。

4. 《釋名疏證補》，王先謙，臺北：臺灣商務印書館，民國 75 年。

5. 《宇宙全息統一論》，王存臻・嚴春友，北京：山東人民出版社，1992
   年 3 月第三次印刷。

6. 《中國哲學論集》，王邦雄，臺北：臺灣學生書局，民國 72 年 8 月初版。

7. 《中國學術思想演進史》，王伯祥・周振甫，《民國叢書》第二編，上海，上海書店，1990 年版。

8. 《中國學術體系》，王治心，《民國叢書》第二編。

9. 《神秘文化》，王步貴，北京：中國社會科學出版社，1993 年 1 月版。

10. 《鄒衍遺說考》，王夢鷗，臺北：臺灣商務印書館，民國 55 年 1 月臺初版。

11. 《青巖叢錄》，王褘，《百部叢書集成》，臺北：藝文印書館印行。

12. 《蛾術編》，王鳴盛，臺北：信誼書局印行，民國 65 年 7 月初版。

13. 《中國天文學史》，中國天文學史整理小組，北京：科學出版社，1981 年版。

14. 《中國思想與制度論集》，中國思想研究委員會編輯，臺北：聯經出版社，民國 65 年 9 月初版，74 年 11 月第五次印行。

15. 《中國經學史》，本田成之，臺北：廣文書局，民國 79 年 7 月再版。

16. 《呂氏春秋探微》，田鳳台，臺北：臺灣學生書局，民國 75 年 3 月初版。

17. 《黃老學說與漢初政治平議》，司修武，臺北：臺灣學生書局，民國 81 年六初版。

18. 《經學歷史》，皮錫瑞，臺北：藝文印書館，民國 76 年 10 月二版。

19. 《讖緯思想之綜合的研究》，安居香山編，東京：國書刊行會。

20. 《緯書之基礎研究》，安居香山・中村璋八，東京：漢魏文化研究社。

21. 《中國古代政治思想史》，朱日耀主編，吉林：吉林大學出版社，1988 年 4 月第一版。

22. 《先秦學術風貌與秦漢政治》，朱寶昌，湖北：武漢大學出版社，1989 年 1 月版。

23. 《中國哲學發展史・秦漢》，任繼愈主編，北京：北京人民出版社，1985 年 2 月第 1 版。

24. 《中國哲學的特質》，牟宗三，臺北：臺灣學生書局，民國 52 年 6 月初版，79 年 10 月再版七刷。

25. 《才性與玄理》，牟宗三，臺北：臺灣學生書局，民國 78 年 10 月修訂八版，台六版。

26. 《政道與治道》，牟宗三，臺北：臺灣學生書局，民國 80 年 4 月增訂新版四刷。

27. 〈緯候不起于哀平辨〉，汪繼培，《詁經精舍文集》卷十二，臺北：臺灣商務印書館叢書集成簡編。

28. 《中國古代哲學與自然科學》，李申，北京：中國社會科學出版社，1993 年 3 月第一版。

29. 《中國之科學與文明》，李約瑟，臺北：臺灣商務印書館，民國 62 年初版，64 年 3 月修訂一版。

30. 《中國經學發展史論》，李威熊，臺北：文史哲出版社，民國 77 年 2 月初版。

31. 《宇宙論》，李震，臺北：臺灣商務印書館，民國 56 年 4 月初版，83 年 12 月二版。

32. 《先秦兩漢之陰陽五行學說》，李漢三，臺北：維新書局，民國 70 年 4 月再版。

33. 《中國青銅器的奧秘》，李學勤，臺北：臺灣商務印書館，民國 76 年 6 月香港第一版，77 年 9 月臺灣初版。

34. 《先秦學術概論》，呂思勉，《民國叢書》第四編，上海：上海書店，1992 年版。

35. 《中國政治思想史》，呂振羽，《民國叢書》第四編。

36. 《鄭玄之讖緯學》，呂凱，臺北：臺灣商務印書館，民國 71 年 5 月初版。

37. 《中國甲骨學史》，吳浩坤‧潘悠，臺北：貫雅文化，民國 79 年 9 月初版。

38. 《中國科技史概論》，何丙郁‧何冠彪合著，臺北：木鐸出版社，民國 72 年 6 月初版。

39. 《記號學導論》，何秀煌，臺北：水牛出版社，民國 82 年 7 月 30 日四版三刷。

40. 《中國學術思想史》，林啓彥，臺北：書林出版公司，民國 83 年 1 月一版。

41. 《秦漢史》，林劍鳴，臺北：五南圖書公司，民國 81 年版。

42. 《經今古文學》，周予同，《民國叢書》第二編。

43. 《漢代哲學》，周紹賢，臺北：臺灣中華書局，民國 72 年 2 月初版。

44. 《自然觀與科學觀》，金吾倫編著，臺北：水牛圖書出版事業，民國 80 年 4 月 30 日版。

45. 《中國古宇宙論》，金祖孟，北京：華東師範大學出版社，1991 年 9 月第 1 版。

46. 《儒家天人合一思想之研究》，施湘興，臺北：正中書局，民國 70 年版。

47. 《中國哲學史大綱》，胡適之，《民國叢書》第一編，上海：上海書店，1989 年版。

48. 《中國思想史》，韋政通，臺北：大林出版社，民國 68 年。

49. 《中國思想通史》，侯外廬，北京：北京人民出版社。

50. 《癸巳類稿》，俞正燮，臺北：世界書局，民國 49 年 11 月初版。

51. 《唐君毅全集》，唐君毅，臺北：臺灣學生書局，民國 75 年 9 月全集校訂版。

52. 《中國哲學原論·原道篇》，唐君毅，臺北：臺灣學生書局，民國 75 年 10 月全集校訂版。

53. 《中西哲學思想之比較論文集》，唐君毅，臺北：臺灣學生書局，民國 77 年 7 月。

54. 《中華人文與當今世界》，唐君毅，臺北：臺灣學生書局，民國 77 年 11 月全集初版。

55. 《三民主義》，孫文，臺北：臺北中央文物供應社，民國 74 年 3 月十四版。

56. 《清末的公羊思想》，孫春在，臺北：臺灣商務印書館，民國 74 年 10 月初版。

57. 《墨子閒詁》，孫詒讓撰·小柳司氣太校訂，臺北：驚聲文物供應公司，民國 59 年 8 月。

58. 《先秦兩漢陰陽五行說的政治思想》，孫廣德，臺北：臺灣商務印書館，民國 82 年 6 月初版。

59. 《中國經學史》，馬宗霍，臺北：臺灣商務印書館，民國 57 年臺二版。

60. 《白虎通義考》，莊述祖，《四部精要》上海：上海古籍出版社，1993 年 3 月第一版。

61. 《兩漢儒學研究》，夏長樸，臺北：臺灣大學文史叢刊之四十八，民國 67 年 2 月初版。

62. 《老子哲學之詮釋與重建》，袁保新，臺北：文津出版社，民國 80 年 9 月初版。

63. 《孟子三辨之學的歷史省察與現代詮釋》，袁保新，臺北：文津出版社，民國 81 年 2 月初版。

64. 《荀子與兩漢儒學》，徐平章，臺北：文津出版社，民國 77 年 2 月出版。

65. 《學術與政治之間》，徐復觀，臺北：臺灣學生書局，民國 74 年 4 月臺再版。

66. 《中國經學史的基礎》，徐復觀，臺北：臺灣學生書局，民國 79 年 7 月初版二刷。

67. 《兩漢思想史》，徐復觀，臺北：臺灣學生書局，民國 82 年 9 月初版第五次印刷。

68. 《緯候不起于哀平辨》，徐養原，《詁經精舍文集》卷十二。

69. 《陰陽五行說之來歷》，梁啟超，《民國叢書》第四編據樸社 1935 年版影印。

70. 《先秦政治思想史》，梁啓超，《民國叢書》第四編據中華書局 1936 年版影印。

71. 《文史通義校注》，章學誠著・葉瑛校注，臺北：里仁書局，民國 73 年 9 月。

72. 《兩漢經學史》，章權才，臺北：萬卷樓圖書公司，民國 84 年 5 月初版。

73. 《中國科技文明論集》，郭正昭等合編，臺北：牧童出版社，民國 67 年 1 月初版。

74. 《十批判書》，郭沫若，《民國叢書》第四編據群益出版社 1947 年版影印。

75. 《偽書通考》，張心澂，香港：友聯書局。

76. 《政治學概論》，張金鑑，臺北：三民書局，民國 65 年 9 月初版。

77. 《中國秦漢思想史》，張國華，北京：人民出版社，1994 年 1 月版。

78. 《儒家倫理與秩序情結：中國思想的社會學詮譯》，張德勝，臺北：巨流圖書公司，民國 78 年 9 月一版一印。

79. 《當代文學理論》，張雙英・黃景進主編，臺北：合森文化事業公司，民國 80 年 9 月初版。

80. 《漢文化論綱》，陳玉龍等著，北京：北京大學出版社，1993 年 6 月版。

81. 《公羊家哲學》，陳柱，臺北：臺灣力行書局，民國 59 年。

82. 《殷虛卜辭綜述》，陳夢家，臺北：大通書局，民國 60 年。

83. 《中國天文學史》，陳遵嬀，臺北：明文書局，民國 73 年 2 月初版。

84. 《秦漢政治制度》，陶希聖・沈任遠著，臺北：臺灣商務印書館，民國 56 年臺一版，66 年 4 月臺三版。

85. 《中國古代科學》，馮作民，臺北：星光出版社，民國 71 年 6 月初版。

86. 《董仲舒與新儒學》，黃朴民，臺北：文津出版社，民國 81 年 7 月初版。

87. 《呂氏春秋與諸子之關係》，傅武光，臺北：東吳大學中國學術著作獎助委員會出版，民國 82 年 2 月初版。

88. 《春秋三傳比義》，傅隸樸，臺北：臺灣商務印書館，民國 72 年 5 月初版。

89. 《中古史學觀念史》，雷家驥，臺北：臺灣學生書局，民國 79 年 10 月初版。

90. 《漢代社會性質研究》，楊生民，北京：北京師範學院出版社，1993 年 6 月。

91. 《中國學術史講話》，楊東蓴，《民國叢書》第二編。

92. 《緯學源流興廢考》，蔣清翊，日本研文出版據蔣氏雙唐碑館刊本景印。

93. 《經學概述》，裴普賢，臺北：開明書局，民國 58 年 3 月初版。

94. 《中國政治思想史》，蕭公權，臺北：中國文化大學出版部，民國 74 年 7 月新三版，77 年新四版。

95. 《先秦兩漢冥界及神仙思想探原》，蕭登福，臺北：文津出版社，79 年 8 月出版。

96. 《漢晉學術編年》，劉汝霖，上海：上海書店，1991 年版。《民國叢書》選印，據商務印書館 1935 年版影印。

97. 《中國選士制度史》，劉虹，湖南：湖南教育出版社，1992 年 9 月第一版。

98. 《泰山宗教研究》，劉慧，北京：北京文物出版社發行，1994 年 4 月第一版第一次印刷。

99. 《中國古代政治思想史》，劉澤華・葛荃副主編，南開大學出版社，1992 年 1 月第 1 版。

100. 《春秋繁露今註今譯》，賴炎元註譯，臺北：臺灣商務印書館，民國 73 年 5 月初版，76 年 4 月二版。

101. 《董仲舒政治思想之研究》，賴慶鴻，臺北：文史哲出版社，民國 70 年 4 月初版。

102. 《孟子哲學》，薛保綸，臺北：輔仁大學出版社，民國 65 年初版，74 年 12 月再版。

103. 《潛研堂文集》，錢大昕，上海：上海古籍出版社，1989 年 11 月第 1 次印刷。

104. 《兩漢經學今古文平議》，錢穆，臺北：東大圖書公司，民國 60 年 8 月初版，78 年 11 月臺三版。

105. 《國學概論》，錢穆，臺北：臺灣商務印書館，民國 20 年 5 月初版，79 年 8 月臺十五版。

106. 《天人象：陰陽五行學說史導論》，謝松齡，山東：山東文藝出版社，1991 年 6 月版。

107. 《讖緯論略》，鍾肇鵬，臺北：洪葉文化，民國 83 年 9 月初版。

108. 《秦漢文化史》，韓養民，臺北：里仁書局，民國 75 年 10 月廿日版。

109. 《陰陽五行及其體系》，鄺芷人，臺北：文津出版社，民國 81 年 12 月初版。

110. 《漢代風俗制度史》，瞿兌之，上海：上海文藝出版社，1991 年 3 月影印本。

111. 《殷墟書契考釋》，羅振玉，臺北：藝文印書館。

112. 〈五德終始說下的政治和歷史〉，顧頡剛，《民國叢書》第四編。

113. 《漢代學術史略》，顧頡剛，《民國叢書》第二編。

114. 《秦漢的方士與儒生》，顧頡剛，臺北：里仁書局，民國 74 年出版。

115. 《文化符號學》，龔鵬程，臺北：臺灣學生書局，民國 81 年 8 月初版。

（二）博・碩士學位論文（依時間為序）

1. 《天人和諧論——中國先哲有關天人學說之研究》，金忠烈，中國文化學院三民主義研究所博士論文，民國 63 年 6 月。

2. 《白虎通義引禮考述》，陳玉台，師範大學國文研究所碩士論文，民國 63 年 6 月。

3. 《白虎通義研究》，王新華，政治大學中文研究所碩士論文，民國 64 年 6 月。

4. 《東漢讖緯與政治》，陳郁芬，臺灣大學中文研究所碩士論文，民國 66 年 6 月。

5. 《漢代天文學與陰陽五行說之關係》，王璧寰，政治大學中文研究所碩士論文，民國 69 年 6 月。

6. 《東漢儒學與東漢風俗》，劉瀚平，政治大學中文研究所碩士論文，民國 72 年 6 月。

7. 《先秦齊學考》，林麗娥，政治大學中文研究所博士論文，民國 77 年 6 月。

8. 《《春秋繁露》的天道觀與治道思想》，林明昌，淡江大學中文研究所碩士論文，民國 80 年 6 月。

9. 《漢儒革命思想研究》，胡正之，淡江大學中文研究所碩士論文，民國 80 年 6 月。

10. 《讖緯中的宇宙秩序》，殷善培，淡江大學中文研究所碩士論文，民國 80 年 6 月。

11. 《戰國至漢初關於「大一統」的思考》，顧邦猷，淡江大學中文研究所碩士論文，民國 82 年 6 月。

12. 《《白虎通》禮制思想研究》，唐兆君，輔仁大學中文研究所碩士論文，民國 83 年 6 月。

13. 《揚雄、桓譚的反讖緯神道思想》，許時珍，政治大學中文研究所碩士論文，民國 83 年 6 月。

14. 《漢代學官制度與儒家典籍的發展》，邱秀春，淡江大學中文研究所碩士論文，民國 84 年 6 月。

15. 《氣化宇宙論主體架構的形成及其開展》，陳明恩，淡江大學中文研究所碩士論文，民國 84 年 6 月。

16. 《讖緯思想研究》，殷善培，政治大學中文研究所博士論文，民國 85 年 6 月。

17. 《漢代《尚書》讖緯學述》，黃復山，輔仁大學中文研究所博士論文，民

國 85 年 6 月。

（三）期刊・會議論文（依時間爲序）

1. 〈古讖緯書錄解題（一）〉，陳槃，《史語所集刊》第十本，民國 60 年 1 月再版。

2. 〈讖緯釋名〉，陳槃，《史語所集刊》第十一本，民國 60 年 1 月再版。

3. 〈讖緯溯源上〉，陳槃，《史語所集刊》第十一本。

4. 〈古讖緯書錄解題（一）〉，陳槃，《史語所集刊》第十二本，民國 60 年 1 月再版。

5. 〈古讖緯書錄解題（二）〉，陳槃，《史語所集刊》第十二本。

6. 〈古讖緯書錄解題（二）〉，陳槃，《史語所集刊》第十七本，民國 60 年 1 月再版。

7. 〈古讖緯書錄解題（三）〉，陳槃，《史語所集刊》第十七本。

8. 〈戰國秦漢間方士考論〉，陳槃，《史語所集刊》第十七本。

9. 〈讖緯命名及其相關之諸問題〉，陳槃，《史語所集刊》第二十一本第一分，民國 60 年 1 月再版。

10. 〈古讖緯書錄解題（四）〉，陳槃，《史語所集刊》第二十二本，民國 60 年 1 月再版。

11. 〈古讖緯書錄解題（五）〉，陳槃，《史語所集刊》第四十四本第四分，民國 62 年 3 月再版。

12. 〈古讖緯書錄解題（六）〉，陳槃，《史語所集刊》第四十六本第二分，民國 64 年 3 月再版。

13. 〈論讖緯及其分目〉，陳槃，《大陸雜誌特刊》，第一輯下冊。民國 41 年 7 月。

14. 〈中國古代天文學鳥瞰〉，高平子，《大陸雜誌》第一卷第二期，民國 39 年 7 月。

15. 〈曆法約說〉（上），高平子，《大陸雜誌》第二卷第十期，民國 40 年 5 月。

16. 〈漢曆因革異同及其完成時期的新研究（上）〉，高平子，《大陸雜誌》第七卷第四期，民國 42 年 8 月。

17. 〈曆法約說〉，高平子，《大陸雜誌》第十卷第八期，民國 44 年 4 月。

18. 〈王充思想述評〉，葉祖灝，《東方雜誌》復刊第二卷第三期，民國 57 年 9 月。

19. 〈古籍神秘性編撰型式補證〉，楊希枚，《國立編譯館館刊》第一卷第三期，民國 61 年 6 月。

20. 〈董仲舒的治道和政策〉，賀凌虛，《思與言》第十卷第四期，民國 61 年

11 月。

21. 〈讖緯思想下的東漢政治和經學〉，金發根，《沈剛伯先生八秩榮慶論文集》，臺北：聯經出版社，民國 65 年 12 月。

22. 〈白虎通與讖緯〉，林麗雪，《孔孟月刊》第二十二卷第三期，民國 72 年 11 月。

23. 〈白虎通「三綱」說儒法之辨〉，林麗雪，《書目季刊》第十七卷第三期，民國 72 年 12 月。

24. 〈漢碑裡的緯書說〉，中村璋八撰‧陳鴻森譯，《孔孟月刊》第二十三卷第六期，民國 74 年 2 月。

25. 〈有關白虎通的著錄及校勘諸問題〉，林麗雪，《孔孟月刊》第二十五卷第四期，民國 75 年 12 月。

26. 〈論儒學客觀化的曲成問題──為「一心開二門」進一解〉，王邦雄，《鵝湖月刊》第一五○期，民國 76 年 12 月。

27. 〈讖對秦漢政治的影響〉，賀凌虛，《社會科學論叢》第三十七輯，民國 78 年 3 月。

28. 〈讖緯思想與訓詁符號──以白虎通為例〉，羅肇錦，《臺北師院學報》第三期，民國 79 年 6 月。

29. 〈漢代宇宙論之興起與發展及其在哲學上的意義〉，鄔昆如，《漢代文學與思想學術研討會論文集》，臺北：文史哲出版社，民國 80 年 10 月初版。

30. 〈《白虎通德論》之思想體系及其倫理價值觀〉，張永，《漢代文學與思想學術研討會論文集》。

31. 〈論兩漢經學的流變〉，章權才，《中國經學史論文選集》，林慶彰編。臺北：文史哲出版社，民國 81 年 10 月初版。

32. 〈兩漢章句之學重探〉，林慶彰，《中國經學史論文選集》。

33. 〈論漢代讖緯神學〉，黃開國，《中國經學史論文選集》。

34. 〈《白虎通義》的思想體系〉，楊向奎，《中國經學史論文選集》。

35. 〈《白虎通》與《伊川易傳》天人觀的比較〉，鍾彩鈞，《中國文哲研究集刊》第三期，民國 82 年 3 月。

36. 〈淺論漢初公羊學災異說〉，王初慶，《兩漢文學學術研討會論文集》，民國 84 年 5 月。

37. 〈「讖」「緯」異名同實考辨〉，黃復山，《兩漢文學學術研討會論文集》。

38. 〈漢代的「政治明牌」──讖緯〉，陳文豪，《歷史月刊》第九十二期，民國 84 年 9 月。

39. 〈帝國意識形態的重建──扮演「國憲」基礎的《白虎通》思想〉，林聰舜，國科會 85 年度哲學學門專題計劃研究成果發表會，民國 85 年 11 月。